... er Les...

wir freuen uns, dass Sie sich für en...

Galileo Business zeigt betriebswirtschaftlichen ... Experten, Business-Managern, Projektleitern und Beratern, wie Unternehmen durch neue Strategien und Konzepte Kosten senken, Wettbewerbsvorteile gewinnen und neue Geschäftsfelder erschließen.

Jedes unserer Bücher will Sie überzeugen. Damit uns das immer wieder neu gelingt, sind wir auf Ihre Rückmeldung angewiesen. Bitte teilen Sie uns Ihre Meinung zu diesem Buch mit. Ihre kritischen und freundlichen Anregungen, Ihre Wünsche und Ideen werden uns weiterhelfen.

Wir freuen uns auf den Dialog mit Ihnen.

**Ihr Oliver Gorus**
Lektorat Galileo Business

oliver.gorus@galileo-press.de
www.galileobusiness.de

Galileo Press
Gartenstraße 24
53229 Bonn

Bullinger · Baumann · Fröschle · Mack · Trunzer · Waltert

# Business Communities

Professionelles Beziehungsmanagement von Kunden, Mitarbeitern und B2B-Partnern im Internet

Galileo Business

Die Deutsche Bibliothek – CIP-Einheitsaufnahme
Ein Titeldatensatz für diese Publikation ist bei
Der Deutschen Bibliothek erhältlich

ISBN 3-89842-121-X

© Galileo Press GmbH, Bonn 2002
1. Auflage 2002

Der Name Galileo Press geht auf den italieni-schen Mathematiker und Philosophen Galileo Galilei (1564–1642) zurück. Er gilt als Grün-dungsfigur der neuzeitlichen Wissenschaft und wurde berühmt als Verfechter des moder-nen, heliozentrischen Weltbilds. Legendär ist sein Ausspruch **Eppur se muove** (Und sie be-wegt sich doch). Das Emblem von Galileo Press ist der Jupiter, umkreist von den vier Galileischen Monden. Galilei entdeckte die nach ihm benannten Monde 1610.

**Lektorat** Oliver Gorus, Jörg Achim Zoll **Kor-rektorat** Johannes Gerritsen, Karoline Weh-ren-Schicht **Gestaltung des Einbands und der Titelseite** Hommer Design Production, Haar **Grafiken** Stefan Engenhorst **Herstellung** Iris Warkus **Satz** reemers publishing services gmbh, Krefeld – gesetzt aus der Linotype Syntax mit FrameMaker **Druck und Bindung** Bercker Gra-phischer Betrieb, Kevelaer

# Inhalt

# Vorwort und Navigator

Willkommen liebe Leserinnen und Leser! Dieses Buch richtet sich an Business-Entscheider, die mitwirken beim Zusammenwachsen von Wirtschaft und Internet zu einer Internet Economy.

Ein Buch für Business-Entscheider

Das E-Business, das elektronische Geschäft, ist an drei Dreh- und Angelpunkten aufgehängt: Content, den Inhalten, Commerce, dem Handel, und Community, der Gemeinschaft. Es gibt viele Bücher zu Content und Commerce; für Communities sehen die Autoren eine Lücke, v.a. in der deutschsprachigen Fachliteratur. Explizit zum Thema Business Communities, den Geschäftsgemeinschaften im Internet, fehlt ein solches Buch, das Grundlagen und Beispiele, Geschäftsstrategie, Geschäftsstrukturen, Kultur, Wissensmanagement, Technologie, Softwareauswahl und Zukunftsszenarien miteinander verbindet. Dabei kommt gerade dem professionellen Management von Kunden, Mitarbeitern und B2B-Partnern eine erfolgskritische Rolle für Wirtschaftlichkeit, Effizienz, Innovation und Nachhaltigkeit in der heutigen Ökonomie zu. Aus diesem Grund möchten wir Ihnen dieses Buch anbieten, in das wir den langjährigen Erfahrungshintergrund des Fraunhofer Instituts Arbeitswirtschaft und Organisation (IAO) in der angewandten Business-Community-Forschung, -Beratung und -Entwicklung sowie des Betriebs einbringen. Die unten stehende Grafik gibt einen Überblick über den Aufbau des Buchs und soll Ihnen als Navigator dienen.

Gegenstand und Aufbau

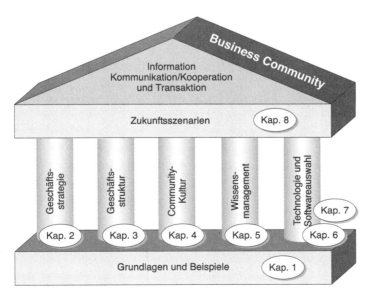

Folgende acht zentrale Fragenkomplexe werden adressiert und beantwortet:

▶ **Grundlagen und Beispiele**

Was sind Business Communities im Internet? Was ist ihr alleinstellendes Nutzenmerkmal im Vergleich zu klassischen Unternehmenswebsites, Portalen und Marktplätzen? Wie lassen sich auf einer Landkarte
Typen und Beispiele verorten? (Kap. 1)

▶ **Strategien und Geschäftsmodelle**

Wie können Business Communities systematisch aufgebaut und
betrieben werden? Welche unternehmerischen Strategien und wirtschaftlich erfolgreichen Geschäftsmodelle kommen für Anbieter und
Betreiber in Frage? Wie kann die Wirtschaftlichkeit von Business Communities bewertet werden? (Kap. 2)

▶ **Geschäftsstrukturen**

Welche typischen Rollen sind auf Seiten der Anbieter und Betreiber
einerseits und bei den Mitgliedern von Business Communities andererseits zu finden? Mit welchen Aufgaben und Prozessen sind diese Rollen
verbunden? Welche Kooperationspartner sind für Anbieter und Betreiber wichtig? (Kap. 3)

▶ **Community-Kultur**

Welchen Beitrag liefert eine funktionierende Community-Kultur zum
Erfolg einer Business Community? Aus welchen Elementen besteht
eine Community-Kultur? Mit welchen Maßnahmen und Mitteln lässt
sich in einer Business Community eine Kultur des Vertrauens und der
Kooperationsbereitschaft etablieren? (Kap. 4)

▶ **Wissensmanagement**

Wie können Business Communities das Wissensmanagement unter-
stützen? Durch welche Ansätze kann die Entwicklung, Teilung und
Nutzung von Wissen gefördert und der Erfolg der durchgeführten
Maßnahmen gemessen werden? (Kap. 5)

▶ **Technologie**

Welche Technologien können zum Aufbau und Betrieb einer Plattform
zur Unterstützung von Geschäftsgemeinschaften eingesetzt werden?
Welche Funktionalitäten dienen der Umsetzung der der Gemeinschaft
zugrunde liegenden Prozesse? Welche Funktionalitäten können einer
virtuellen Gemeinschaft zur Verfügung gestellt werden? (Kap. 6)

► **Auswahl von Community-Software**

Wie vollzieht sich der Prozess zur Auswahl eines Community-Systems? Welche Eigenschaften hat welches aktuelle System am Markt? Wie sind die einzelnen Systeme zu beurteilen? (Kap. 7)

► **Herausforderungen für die Zukunft**

Welche Rahmenbedingungen beeinflussen zukünftig die Entwicklung von Business Communities? Welche sind in Zukunft die zentralen Herausforderungen für die Anbieter und Betreiber von Business Communities? (Kap. 8)

**Vielen Dank!**

An dieser Stelle möchten wir vielen Dank sagen an unsere Familien und Freunde. Herzlichen Dank den Gastautoren für ihre kompetenten Beiträge zum Thema »Communities im Internet quer gedacht« (Kap. 1.7 – 1.9) und für einzelne Fallstudien in diesem Buch, an Susanne Volz (freie Beraterin), Barbara Teutsch, Raphael Menez (Akademie für Technikfolgenabschätzung in Baden-Württemberg), Sven Krüger (Freier Berater), Joseph Cothrel, John Mc Brearty, Jeremy Perlman (Participate.com), Henrik Hörning (Diebold Deutschland GmbH), Uwe Hofmann (jobfair24), Steffen Jentsch (Landesbank Hessen-Thüringen), Dirk Wäscher, Andrea Müller und Thomas Fleckstein (Fraunhofer IAO). Ein Dankeschön auch an die Unternehmen für die Beteiligung an der vergleichenden Software-Auswahl-Studie (Kap. 7), den Teilnehmern und Experten des Zukunftsworkshops (Kap. 8) sowie an Achim Gölz, Michael Röhm, Beate Zirn, Norbert Jäkel und Susanne Haas für die wissenschaftliche Mitarbeit. Ferner möchten wir uns bedanken bei Galileo Press und unserem Lektor Oliver Gorus.

Besonderer Dank geht an Sie, liebe Leser, für all die Gespräche, Konferenzen, Vorlesungen, Messen und Projekte mit Ihnen, die dieses Buch erst möglich gemacht haben.

Stuttgart, im November 2001

**Prof. Dr. Hans-Jörg Bullinger**

und

**Timo Baumann, Norbert Fröschle, Oliver Mack, Thomas Trunzer und Jochen Waltert**

# 1 Grundlagen und Beispiele

*In den Fünfzigerjahren gab es zwei Klassen von Unternehmen:
die mit Computern und die ohne. Durch IBM wandelte sich
der Computer von der strategischen Investition zur unterneh-
mensinternen Selbstverständlichkeit.*
*(Dennis Jones, Geschäftsleitung von FedEx)*

*Wie, wenn nicht durch Communities, soll Erfolg im E-Busi-
ness materialisiert werden?*
*(Task Force Business Communities)*

Die Besonderheit und Vehemenz der stattfindenden Internetionalisierung
schafft die Herausforderung, elektronische Geschäfte als Beziehungsmanagement zu Kunden, Mitarbeitern und Geschäftspartnern (B2B-Partner)
führen zu müssen. Erfolgsfaktoren hierbei sind Business Communities im
Internet, die ihrem Ziel, Kern und Konzept nach ein erhebliches Mehr an
Nutzenpotenzial bergen als die klassischen Unternehmenswebsites, Portale und Marktplätze. Nach einer Einführung in die Thematik folgt über-
blicksartig eine kleine Geschichte der Communities und eine Analyse der
Bedeutung der Entwicklungslinien von Online-Gemeinschaften für heu-
tige Business Communities. Um von existierenden Business Communities
zu lernen, entwerfen wir anschließend anhand der Frage »Wer macht Wie
Was?« eine Landkarte mit sieben Business Community-Typen und vergleichen 133 Business-Community-Beispiele miteinander.

Abschließend runden drei Gastbeiträge unter dem Motto »Communities
quer gedacht« den ersten Teil des Buchs ab. In einem ersten Themenkreis
»Community und Mensch« machen sich die Autorinnen und Autoren
Susanne Volz, Barbara Teutsch und Raphael Menez Gedanken zu »Geld
oder Liebe? Erfolgsfaktoren beim Community Building aus soziologischer
Sicht«. Zum zweiten Themenkreis »Community und (Software) Agenten«
blickt Sven Krüger mit »Du musst es mir befehlen, Boss!« auf die Gegen-
wart und in die Zukunft. Im dritten und letzten Themenkreis »Communities und Märkte« diskutieren Joseph Cothrel, John Mc Brearty und Jeremy
Perlman vom führenden US-amerikanischen Community-Forschungs-
und Beratungs-Thinktank Participate.com zu »Aufbau von Online-
Geschäftsbeziehungen als Schlüssel zur erfolgreichen Gestaltung von
Handel im Internet«.

## 1.1 Internetionalisierung

Die Geschichte des Internets ist die Geschichte der Zivilisierung des Netzes durch Menschen – des Aufbaus und Managements von Technologien und Inhalten auf der einen Seite und des Aufbaus und Managements von Gruppen auf der anderen. Das Angebot und die Nutzung dieser Faktoren haben dabei das Internet als Medium für spezifische Gruppen immer wieder evolutionär selektiert und mutiert. Die Vernetzung von Rechner- und Menschengruppen ist der Grundbaustein des Erbguts des Internets: seine DNA.

### Communities und Netze

Communities als diese spezifischen Internetgruppen, -gemeinschaften oder -gemeinden sind das wirtschaftliche und soziale Gegenstück zu den Begriffen Intranet, Extranet und Internet auf technischem Gebiet. Sie bilden die Bevölkerung, die sich diese virtuellen Räume aneignet (siehe Abbildung 1.1).

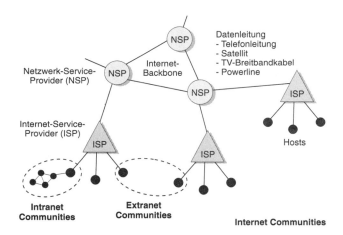

**Abbildung 1.1** Intranet, Internet, Extranet und Communities

Über Datenleitungen und Internet-Service-Provider/Netzwerk-Service-Provider werden die Rechner der Unternehmen und der Privatnutzer, die so genannten Hosts, miteinander verbunden. Die Rechner werden so Teil des weltumspannenden Netzes. Die Menschen, die sich informieren, kommunizieren, kooperieren und Transaktionen tätigen, bilden Communities im Internet.

Während das Internet für ein Unternehmen das Tor zur Welt, zum letzten potenziellen Kunden im »Global Village« darstellt, ist ein Intranet das »Internet im Unternehmen« selbst, das seine internen Funktionseinheiten, Abteilungen, Projekte und Mitarbeiter in einem geschlossenen System vernetzt. Das Funktionsprinzip des Internets ist seine Offenheit. Aus wirtschaftswissenschaftlicher Sicht ist das Internet ein klassisches öffentliches Gut (vgl. z.B. Bernholz/Breyer 1984). Zum einen können Kunden grundsätzlich nicht am Bezug eines solchen Guts gehindert werden, auch wenn sie beispielsweise nicht zu seiner Bereitstellung oder Finanzierung beigetragen haben (»Trittbrettfahrerproblematik«). Zum anderen erfüllt das Internet die Bedingung der »Nichttrivialität im Konsum«, da der Benutzer an einem Gut mitkonsumieren kann, ohne dass der Konsum eines anderen dadurch prinzipiell geschmälert wird. Anschaulich ist das beim Aufbau einer Webpräsenz eines Unternehmens: Der Nutzer bezahlt nichts für die Befriedigung seiner Informations- und Servicebedürfnisse. Außerdem bedient bis zu einem bestimmten Grad der Webserver eine Vielzahl von Nutzeranfragen zeitgleich ohne Beeinträchtigung. Das Intranet hingegen ist geprägt vom Prinzip des Abschlusses und Ausschlusses.

Evolutionär ist die Entwicklung von Gruppen und Räumen mit dynamischem und halboffenem Charakter: von Communities in Extranets. Diese Gruppen sind für die geschäftliche Anwendung und Nutzung des Internets besonders interessant, da ein Unternehmen in der Internet-Ökonomie nicht am Werkstor endet, sondern die Beziehungen an den Schnittstellen zwischen Kunde, Mitarbeiter und B2B-Partner gestalten kann und muss.

**Herausforderung Beziehungsmanagement**

Ein kurzer Blick zurück: Meilenstein des technischen und sozialen Fortschritts des Internets war die Erfindung der Komponenten des World Wide Webs (WWW) im Jahr 1989, mit der Tim Berners-Lee das Internet als ein bis dato militärisches und wissenschaftliches Fachnetz in ein öffentliches Medium zu verwandeln mithalf. Erst diese Komponenten erlaubten eine Darstellung von Multimedia-Inhalten und unterstützten eine Hypertext-Struktur. 1990 gab das CERN Forschungszentrum für Kern- und Elementarteilchenphysik in Genf die Entwicklungen von Berners-Lee frei. Das WWW war geboren. 1991 konnte er die drei das WWW tragenden Softwaremodule vorstellen:

**Die Erfindung des World Wide Webs**

▶ HTML (Hypertext Markup Language) für die Erzeugung und Formatierung von Dokumenten

▶ die weltweit eindeutige URL-Adressierung (Uniform Resource Locator) zum Finden von Dokumenten und Objekten im Internet

▶ HTTP (Hypertext Transfer Protocol) zum Transport von Dokumenten zwischen unterschiedlichen Arten von Rechnern und Computernetzwerk-Infrastrukturen als Protokoll für die Übertragung von Daten von einem Webserver zu einem Web-Browser

Neben der Herausbildung und Annahme dieser Standards als Sprache zwischen Computer und Menschen wurden die Navigationswerkzeuge der Webbrowser zum Automobil, mit denen man sich kinderleicht per Mausklick von Link zu Link im »Cyberspace« bewegen konnte. Die Erfindung des multimedialen WWW-Browsers Mosaic im Jahr 1993 durch Marc Andreessen setzte den Startpunkt für die explizite Verbreitung des Internets und seiner Nutzung.

**Wirtschaftlicher »Big Bang«**
Nachdem 1991 das Internet erstmals für kommerzielle Zwecke zugänglich gemacht wurde, traten mehr und mehr wirtschaftliche Interessen in den Vordergrund. Ab 1995 waren alle Voraussetzungen für die geschäftliche Nutzung des Internets, mit der die Entstehung von Business Communities einhergeht, erfüllt. Das Jahr 1995 stellte einen »Big Bang« der geschäftlichen Nutzung des Internets dar (Warms et al. 1999):

► Der Internet-Zugang wurde für eine breite Masse von Nutzern erschwinglich.

► Das Internet und sein WWW waren durch die Entwicklung von Webbrowsern benutzerfreundlich geworden, und für die breite Öffentlichkeit wurden Browser zugänglich.

► Das US Federal Government erklärte das Internet als offen für kommerzielle Nutzung.

**Selbsterfahrung der Autoren und Zahlen**
Diese Entwicklung deckt sich in interessanter Weise mit den Erfahrungen der Buchautoren. 1995/96 konnten in einer ersten Webrecherche seinerzeit gerade zwei Handvoll Internetauftritte von Firmen in Baden-Württemberg gefunden werden. Es folgen einige Zahlen zu Entwicklung und Entwicklungsstand heute.

Auf der Nachfrageseite gibt es im Jahr 2000 global 374,9 Mio Nutzer[1], davon allein in Deutschland 24,2 Mio.[2]. Global Reach beschreibt eine Entwicklung von 70 Mio. im Jahr 1997 auf 490 Mio. im Jahr 2001 weltweit[3]. Auf der Angebotsseite existieren 2001 in Deutschland 3,9 Mio. Hostrechner[4] und 109,6 Mio. weltweit[5], mit Billionen von verfügbaren Webseiten. Die Anzahl der .de-Domains ist von 55.000 im Jahre 1997 auf derzeit 4,2 Mio. angestiegen[6].

---

1  www.internetindicators.com
2  www.gfk.de
3  www.glreach.com
4  www.denic.de
5  www.isoc.org
6  www.denic.de

Führt man sich diese quantitative Entwicklung des Internets gepaart mit seinen Freiheitsgraden für Information, Kooperation und Transaktion vor Augen, befindet sich die Wirtschaft ausgangs des zwanzigsten Jahrhunderts in einem Paradigmenwechsel: Sie internetionalisiert sich.

Diese Internetionalisierung basiert auf zwei Megatrends: erstens, dem der wirtschaftlichen Globalisierung, und zweitens, dem der technischen Digitalisierung. Einschließlich all ihrer individuellen und sozioökonomischen Auswirkungen.

Die Globalisierung manifestiert sich darin, dass Kapital und Arbeit weltweit fortschreitend einsetz- und rekrutierbar werden, Güter weltweit produziert und verkauft werden können, Informationen jederzeit auf der ganzen erschlossenen Welt abruf- und versendbar sind. Grenzüberschreitender Handel zur Realisierung komparativer Kosten- und Standortvorteile sowie zur Erschließung neuer Märkte ist nichts Neues. Durch die Vernetzung via Internet oder andere proprietäre Telekommunikationskanäle wachsen Volumina und Diffusion allerdings immens. Staaten, Konzerne und Nichtregierungsorganisationen wie Greenpeace oder Amnesty International werden zu schnellen globalen Playern – aber auch ein Ein-Mann-Online-Shop im Internet, der sieben Tage die Woche rund um die Uhr geöffnet ist, nimmt teil. Es werden jeden Tag 1,3 Billionen US-Dollar über die Finanzmärkte abgewickelt, wovon 90% in effizienzverbessernde Transaktionen oder Spekulationen fließen und 10% in Gütertransaktionen[7]. Eine weitere Größenordnung des Ausmaßes der Globalisierung gibt z. B. auch der »Globalization Index« von Foreign Policy Magazine und A.T. Kearney an, für dessen Berechnung verschiedene Pro-Kopf-Faktoren herangezogen werden, wie die Zahl ausländischer Touristen, Handelsbeziehungen, internationalen Telefongesprächen, die Zahl der Internetnutzer etc[8].

Die Grundlagen dieser »Netzwerk-Ökonomie« des globalen Informationszeitalters beschreibt Bob Metcalfe, der Erfinder der lokalen Netzwerktechnologie Ethernet, durch ein nach ihm benanntes Gesetz. Nach Metcalfes Law nimmt die Zahl der Knoten in einem Netzwerk arithmetisch zu. Der Wert eines Netzes steigt aber quadratisch im Verhältnis zur Größe des Netzwerks. Mit anderen Worten: Je mehr Nutzer ein Netz zählt, desto wertvoller wird der Zugang zu ihm; je mehr Einheiten darin eingebunden sind, desto höher ist der Wert jeder einzelnen Netzwerkeinheit. Da die Beziehungen entlang der wirtschaftlichen Wertschöpfungkette

---

7  www.oecd.org
8  www.foreignpolicy.com

sich immer mehr ausdifferenzieren in Richtung multidimensionale Beziehungen zwischen Anbietern und Nutzern in wechselnden Rollen und Funktionen, entsteht ein »Wertschöpfungsnetz« (Urchs 1999), dessen Wert explosiv steigt.

Die Digitalisierung geht Hand in Hand mit der Globalisierung. Die Codierung jeglicher Information in eine Abfolge von Nullen und Einsen schafft die Transfermöglichkeiten für Text, Datenbank, Grafik, Foto, Audio, Video, Animation und Simulation für wirtschaftliche Interaktion. Heere von Spezialisten arbeiten weltweit an der Verbesserung von Komprimierungsalgorithmen und am Ausbau der Bandbreite zur Datenübertragung: Wirtschaftsgüter und Dienstleistungen werden so miniaturisiert und dematerialisiert.

Ausdruck der Wirtschafts- und Leistungskraft der Digitalisierung beschreibt das Moore'sche Gesetz: Die Oberfläche der Transistoren, die in integrierte Schaltkreise eingeätzt werden, verringert sich alle 18-24 Monate um die Hälfte – bei Verdopplung der Anzahl der Schaltelemente auf einem Chip und empirisch beobachtbarer Verdopplung derer Arbeitsgeschwindigkeit. Dies bedeutet de facto im Ergebnis eine Erhöhung der Performance um den Faktor vier.

Alleinstellungs-<br>merkmal der<br>Internet-Economy

Diese Megatrends sind nicht neu seit Aufkommen des Internets, sie werden aber durch dasselbe verstärkt. Denn Alleinstellungsmerkmal der Internet-Economy ist die Auflösung des konstanten Verhältnisses von räumlichem Sein und zeitlicher Erfahrung (Freyermuth 2000, Kelly 1999, Kurzweil 1999). Es gibt nunmehr Folgendes:

▶ **Wirtschaftsprozesse quasi in Echtzeit**
Handlungen werden bis hin zur »Instant Gratification«, der unmittelbaren Wunscherfüllung, durchführbar. Beispiele solcher entorteter Parallelprozesse sind Finanzkontenabfragen, Internet-Trading oder Online-Kauf von Software. Physische Vorgänge werden durch vernetzte digitale Prozesse in Real-Time ersetzt.

▶ **Beschleunigung des Lernens und das Lernen der Beschleunigung**
Wahrnehmung, Bewertung und Entscheidungen zwischen Unternehmen und ihrer Umwelt sind im Hinblick auf Menge, Frequenz, Intensität, Qualität und Innovationspotenzial beschleunigt. Es wächst die Anforderung an die Geschwindigkeit der Überführung der Information in individuelles und kollektives Bewusstein und der Anwendung des Erlernten. Dies z.B. gilt gerade für die Internet-Kompetenz eines Mitarbeiters und erst recht für die eines Unternehmens im Ganzen.

► Virtualisierung von Wirtschaftssubjekten

Ein Unternehmen entsteht als »Extended Enterprise«, es hat die Aufgabe, Grenzen zwischen sich und seinen Kunden, Mitarbeitern, B2B-
Partnern und Konkurrenten neu zu schaffen und auszugestalten. Es
agiert nicht mehr von einem Standort aus mit dem Ziel der Maximie-
rung des Firmenwerts, sondern maximiert den Wert des Netzwerkes in
einem Beziehungsraum.

Bleibt die Frage, warum verschiedene Menschen ausgerechnet bestimmte Orte im Internet besuchen, besiedeln und dort ihre Geschäfte
tätigen bzw. warum sie dies nicht tun. Oder anders ausgedrückt: Wie
können Unternehmen ihr reales Geschäft mit dem Internet unterstützen
und ins Internet transformieren, wie können sie Technologien, Inhalte
und Communities aufbauen und diese nachhaltig erfolgreich managen?

## 1.2    E-Business ist Beziehungsmanagement

Unternehmen eröffnen sich in Anbetracht der Internetionalisierung uner-
schöpfliche geschäftliche Potenziale. Das Internet durchdringt das Leben
vieler Menschen und macht den Kunden, Mitarbeiter und B2B-Partner
»allgegenwärtig«. Die Unternehmen stehen vor der Herausforderung,
ihre Geschäftsmodelle, Geschäftsfelder und Geschäftsprozesse weiterzu-
denken und für den potenziellen Kunden in der Internet-Wirtschaft, in
der Internet-Öffentlichkeit, am Internet-Arbeitsplatz und im Internet-
Haushalt umzusetzen (siehe Abbildung 1.2).

Der »allgegen-
wärtige« Kunde

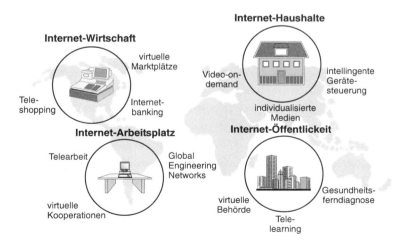

**Abbildung 1.2**  Der »allgegenwärtige« Kunde in der Internet Economy

**Hyperwettbewerb** Auf der anderen Seite bedeutet das Internet mit seiner DNA der dezentralen Vernetzung von Rechner- und Menschengruppen für den Status Quo eine existenzielle Bedrohung. Wache Unternehmen sehen sich in ihren Entscheidungen heute im Hyperwettbewerb des Internets einem immensen Geschwindigkeits- und Größenwettbewerb ausgesetzt. Märkte nähern sich der Marktform der vollkommenen Konkurrenz an, geprägt von asymptotischer Transparenz von Güterverfügbarkeit und Preisen. Unabhängig von der Branche, unabhängig davon, ob es sich um eine so genannte Old-Economy-, Start-up- oder Click&Mortar-Unternehmung handelt: Eine Firma in der Internet-Economy sieht sich einer Entscheidungssituation gegenübergestellt, in der bisherige Geschäftsmodelle, Geschäftsfelder und Geschäftsprozesse zur Disposition stehen, im Sinne einer kreativen Zerstörung demontiert und neu zusammengesetzt werden können, ja zum Teil sogar müssen. Eine Matrix mag dies auf den Achsen Geschwindigkeits- und Größenwettbewerb verdeutlichen (siehe Abbildung 1.3).

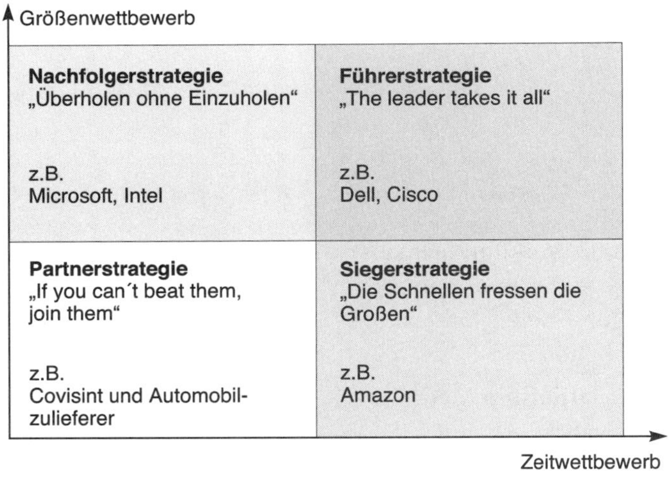

**Abbildung 1.3** E-Busines-Entwicklungsstrategien im Hyperwettbewerb

Während für hinreichend große und in der Performance bisher erfolgreiche Unternehmen eine Führerstrategie naheliegend ist, versuchen oftmals die Kleinen und deshalb Schnelleren eine Nische über eine Siegerstrategie anzugehen. Paradebeispiel hierfür sei das als Internetbuchhändler gestartete Unternehmen Amazon angeführt. Große Unternehmen, die den Internetzug verpasst haben, sehen mitunter ihr einziges Heil darin, entweder die Strategie anderer zu kopieren oder aber E-Business-Konkurrenten zu übernehmen. Eine Partnerstrategie der Potenzialerschließung bei gleichzeitiger Risikominimierung ist der Entwicklungspfad vieler Kleiner, die für sich ihre E-Business-Chancen wahrgenommen haben. Der Beitritt von mittelständischen Zulieferern zu elektronischen Beschaffungsmarktplätzen wie der Automobil-Supermarktplatz Covisint von Daimler Chrysler, General Motors, Ford und Renault/Nissan ist hier ein gutes Beispiel.

Beim Beschreiten des Wegs vom alleinigen klassischen Business in Richtung auf ein elektronisches Geschäft bedarf es der kritischen unternehmerischen Selbstanalyse. E-Business ist nicht allein E-Commerce. Die Identifikation derjenigen realweltlichen Kernprozesse ist entscheidend, die für ein Unternehmen in die E-Bussiness-Welt überführt werden können oder müssen:

Was ist E-Business?

▶ **(E-)Procurement**
Elektronische Unterstützung von Beschaffungsprozessen und deren Integration in den unternehmerischen Arbeitsablauf (Bestellung, Lieferung und Einkauf von Erhaltungs-, Reparaturdienstleistungen, Ressourcen etc.)

▶ **(E-)Supply Chain Management**
Planung, Steuerung, Integration und Controlling aller Waren-, Informations- und Finanzflüsse in der Wertschöpfungskette eines Unternehmens

▶ **(E-)Collaboration&Workflow&Datamanagement**
Dynamische Pflege, Sicherung und gezielte Bereitstellung der Unternehmensaktiva und deren Interaktionsleistungen zwischen Mitarbeitern, Prozesseinheiten und Daten, Information und Wissen

▶ **(E-)Customer Relationship Management**
Abfrage, Identifikation und Befriedigung der Kundenbedürfnisse und -erwartungen mit dem Ziel, neue Kunden anzuziehen und stabile Kundenbeziehungen zu etablieren; elektronischer Kundendienst, Marketing und Verkauf: Customer Care über E-Services in Pre-Sales, Sales und After-Sales

▶ **(E-)Commerce**
Angebot von Waren und Dienstleistungen an andere Unternehmen und Endkunden durch Einsatz von integrierten, sicheren Transaktionssystemen wie z.B. Online-Kataloge oder Online-Banking

Die Fragen, die die Unternehmen zu E-Business wirklich haben, sind folgende (vgl. Bullinger 1999):

1. Wie manage ich Kundenbeziehungen im Internet?
2. Wie erreiche ich eine Win-Win-Position für mein Unternehmen, meine Mitarbeiter, meine Geschäftspartner und meine Kunden?
3. Wie realisiere ich Profit im E-Business?

Entlang der Wertschöpfungskette von der Beschaffung über die Produktion bis hin zu Marketing und Vertrieb geraten hier elektronische Dienstleistungen als prozessuales Konzept des E-Business ins Blickfeld der Entscheider. Der Kerndefinition von Dienstleistungen folgend, stellen diese immaterielle Güter dar, die weder lager- noch transportierbar sind. E-Services im Speziellen bezeichnet die netzbasierte, kooperative Leistungserstellung zwischen Unternehmen, Kunden, Mitarbeitern und Geschäftspartnern zur Optimierung bestehender Geschäftsprozesse und zur Erschließung neuer Geschäftsfelder in Form von Produkten, Dienstleistungen und Märkten (Bullinger 1999).

Es gilt die drei Dimensionen des E-Business, »Content«, »Community« und »Commerce«, über die Schnittstellen zwischen den beteiligten Akteuren zu verknüpfen, über die drei funktionalen Ziele »Information«, »Kommunikation/Kooperation« und »Transaktion« auszugestalten sowie in ein professionelles Beziehungsmanagement zu überführen (siehe Abbildung 1.4).

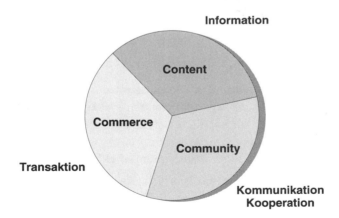

**Abbildung 1.4** Beziehungsmanagement und Content-Community-Commerce-Kreis

Dabei sind die drei Dimensionen und Bausteine des E-Business im Einzelnen:

1. **Digitaler Content**
   alles was ein Unternehmen in digitalisierter Form internettauglich zur Unterstützung seiner Geschäftsmodelle, Geschäftsfelder und Geschäftsprozesse vorhält, z.B. Broschüren, Kundenerfahrungen, Zielgruppen-E-Mailverteiler, Angebotskonfiguratoren etc.

2. **Reale Community**
   die wirklichen Menschen, die im virtuellen Raum den Content besuchen, mit anderen Menschen in Interaktion treten und über E-Service-Beziehungen am Mehrwert mitarbeiten

3. **Geschäftlicher Commerce**
   die marktwirtschaftliche Verwertung für das Unternehmen in Form von indirekten Kostenersparnissen und direkten Gewinnen

Dabei sind die drei funktionalen Ziele im Einzelnen:

1. **Information**
   die Übermittlung von Zeichen und Botschaften

2. **Kommunikation/Kooperation**
   der Austausch dieser Informationen und deren gemeinsame Anwendung und Nutzung

3. **Transaktion**
   die Interaktion zwischen mindestens zwei Kommunikations-/Kooperationspartnern, die entweder einen Materialfluss generiert oder ersetzt (z.B. Online-Bestellung weitergehender Informationsmaterialien erzeugt Postversendung zur Kaufauswahlunterstützung oder z.B. der Online-Kauf eines Computerprogramms ersetzt Päckchen)

Der Zusammenhang zwischen den oben dargestellten veränderten Rahmenbedingungen der sich internetionalisierenden Wirtschaft (siehe Abschnitt 1.1) und den Anforderungen an das Beziehungsmanagement eines Unternehmens im E-Business liegen auf der Hand (siehe Abschnitt 1.2). Was können hier Business Communities im Internet leisten? Was ist ihr alleinstellendes Nutzenmerkmal im Vergleich zu klassischen Unternehmenswebsites, Portalen und Marktplätzen?

## 1.3 Business Communities – Ziel, Kern, Konzept

Ziel von Business
Communities
Zentraler Nutzen von Business Communities ist das *Teilen*: das Teilen von Know-how und Beziehungen – zwischen denen, die dazugehören, abzielend auf den Nutzen des Einzelnen, den des Unternehmens und den der neuen Einheit »Community«. Ziel von Business Communities (siehe Abbildung 1.5) ist demnach Folgendes:

1. Die Überführung und Entwicklung eines Internet-Besuchers zu einem Community-Mitglied und weiter zu einem loyalen Kunden, der markentreu ist und Wiederholungskäufe tätigt

2. Die Überführung und Entwicklung eines Arbeitsplatzinhabers zu einem Community-Mitglied und weiter zu einem High-Potential-Wissensmitarbeiter

3. Die Überführung und Entwicklung eines losen Geschäftspartners zu einem Community-Mitglied und weiter zu einem institutionellen B2B-Kooperationspartner für transaktionskostenoptimierte Zusammenarbeit in Beschaffung, Entwicklung, Vertrieb etc.

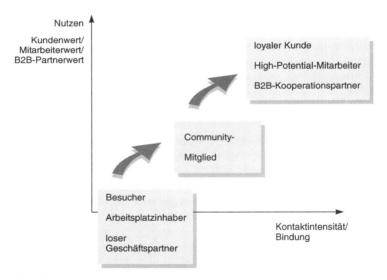

**Abbildung 1.5** Ziel und Nutzen von Business Communities

Das Nutzenkalkül ist klar. Die **Anbieter** setzen Business Communities, virtuelle Räume und Gruppen mit ihren Kunden, Mitarbeitern und Business Partnern ein, um Geschäftsprozesse zu optimieren, zur Verbesserung von Markenbekanntheitsgrad, Kundenbindung und Produktqualitäten sowie zur Durchführung ihrer Transaktionen (E-Commerce, E-Procurement).

Die **Kunden** nutzen Business Communities als Instrument, um Mehrwertinformationen für ihre Informations- und Transaktionsentscheidungen zu generieren. Diese Informationen sind von Nutzen, um die Qualität, die Aktualität, die Verfügbarkeit und die Liefergeschwindigkeit sowie die Preiseffizienz von Produkten und Dienstleistungen zu bewerten.

Es schließt sich die Frage nach den typischen unverzichtbaren Wesenselementen einer Business Community an: die Frage nach ihrem Kern. Im Vergleich z. B. mit statischen Webauftritten, Internetportalen oder Online-Marktplätzen gibt es drei elementare Alleinstellungsmerkmale einer Business Community:

**Kern von Business Communities**

▶ **Kern 1 – Prosumertum**
Der Kunde, Mitarbeiter oder B2B-Partner arbeitet durch seine Interaktion mit an der Wertschöpfung des Netzwerks. Er wird vom einfachen Konsumenten zum Co-Produzenten. Der Business Community wachsen so Werte zu, die ein Einzelner nicht zu erstellen imstande ist.

▶ **Kern 2 – Entwicklung von 1:1-Beziehungen hin zu n:n-Beziehungen**
Im Unterschied zu klassischen Broadcast-Medien wie Hörfunk oder TV werden Community-Mitglieder im Internet zu Sendern und Empfängern gleichermaßen, und zwar in der Beziehung zum Unternehmen und untereinander. Dabei erhöht sich der Interaktionsgrad kontinuierlich, und die Anzahl der Interaktionsrichtungen nimmt zu. Singuläre Punkt-zu-Punkt-Kommunikation und losgelöste Einzelbeziehungen werden von n:n-Beziehungen abgelöst. Technologisch durch Community-Werkzeuge unterstützt, werden die Prozesse derjenigen, die dazugehören sollen und wollen, miteinander verbunden.

▶ **Kern 3 – geschäftliches Angebot und geschäftliche Nutzung**
Ein Wirtschaftsunternehmen mit ökonomischem Nutzenkalkül und Handeln setzt Business Communities im Internet ein, um seine unternehmerischen Ziele wie Kostenersparnis und Gewinnrealisierung umzusetzen. Business Communities spielen eine Schlüsselrolle bei der Abbildung realer Geschäftsprozesse auf E-Business-Modernisierungs-, Rationalisierungs- und Wettbewerbsertüchtigungsprogramme: Sie sind der »Missing Link«, das fehlende Glied zwischen realen Geschäftsbeteiligten, Produkten, digitalem Content und elektronischem Handel.

Business Communities sind Geschäftsgemeinschaften im Internet für professionelles Beziehungsmanagement zwischen Kunden, Mitarbeitern und B2B-Partnern. Zur Differenzierung werden unterschiedliche Gruppen unterschiedlich behandelt. Den Unterschied machen Mitgliedschaften.

**Konzept von Business Communities**

Mitgliedschaft ist das Grundprinzip der Beteiligung an einer Business Community und ihren Unter-Communities.

Bei der Registrierung erhalten Nichtmitglieder ihren Account, also ein eigenes Benutzerkonto, das dem Zugangsschutz zu Communities z. B. für Lese-, Schreibrechte oder der Abrechnung dient. An einem Rechner meldet sich das Mitglied beim Log-in an. Hierbei werden die Benutzerkennung und ein persönliches Passwort abgefragt und mit den Daten des Accounts verglichen. Der Log-in dient zur Identifizierung des Anwenders und ermöglicht es darüber hinaus, genauere Profile der Nutzer zu erstellen (siehe Abschnitt 6.2.7).

Aus dem Internet als Television – »alle sehen alles gleich« – werden durch die Mitgliedschaft massenindividuelle Interaktionskanäle zwischen bestimmten Gruppen geschaffen. Hierbei nutzen Business Communities E-Services (siehe Abschnitt 1.2). Hierfür sind geeignete Gruppen und Räume im Internet notwendig. Herausforderungen aus der Sicht eines Unternehmens sind also die Strategie, das Design, das Engineering und der Betrieb der Business Community auf der Ebene der Geschäftsstrategie (Kap. 2) und Geschäftsstruktur (Kap. 3) sowie der Technologie (Kap. 6) und der Technologieauswahl (Kap. 7).

Darüber hinaus sind bei Business Communities die Aspekte Transaktionskostenreduzierung und Schaffung qualitativen Mehrwerts besonders wichtig. Business Communities helfen dabei, die Such-, Anbahnungs-, Abschluss- und Kontroll-Aufwände und Auszahlungen zu minimieren. Vor allem hervorzuheben ist hierbei die erfolgskritische Verringerung der Risiken, durch die Geschäftsprozesse aufgrund zu hoher Transaktionskosten verspätet oder gar nicht ablaufen können. Des Weiteren schaffen transparente Community-Beziehungen, die Wissen und Erfahrungen von Geschäftsprozessen speichern, qualitativen Fortschritt: Kundenwünsche, Mitarbeiterfragen, Abfrage von Zahlungsbereitschaften, alle digitalen und realen Transaktionsprozesse zwischen B2B-Partnern, die bisher nicht erkannt werden konnten und so unmöglich zu bedienen schienen, können adressiert werden. Business Communities können so oftmals einzigartige Inhalte und einzigartiges Prozesswissen als Wettbewerbsvorsprung gegenüber Nicht-Mitgliedern nutzen. Damit rücken die Erfolgsfaktoren Wissen (Kap. 5) sowie Kultur und Vertrauen (Kap. 4) in den Mittelpunkt des Interesses. Denn bei alldem ist eines klar: Wirtschaftsindividuen sind keine Altruisten mit Helfersyndrom: Sie werden nur in Communities mitspielen und an ihnen partizipieren, wenn sie den erwarteten Ertrag höher als ihren Einsatz bewerten können. Es muss demnach eine Win-Win-Situation für alle Beteiligten realisiert werden.

Begriff und Konzept von Business Communities bieten den breiten, aber dennoch handhabbaren Zugriff auf Analyse und Synthese von Geschäftsgemeinschaften im Internet. Der Analyse-Aspekt bezieht sich auf die Beschreibung, Erklärung und Vorhersage der Geschäftsgemeinschaften. Der Synthese-Aspekt bezieht sich auf die unternehmerische Entscheidungsunterstützung für Aufbau und Gestaltung der Communities. Dies kann geleistet werden in dreierlei Hinsicht: sozioökonomisch-gruppendynamisch, technologisch-organisational und E-Business-unternehmensstrategisch.

Business Communities als Konzept für Analyse und Synthese

Als **sozioökonomisch-gruppendynamisches Konzept** betrachtet, lässt sich daran eine Vielzahl von wissenschaftlichen Ansätzen andocken und deren Instrumentarium verwenden, wie z.B. soziologische Netzwerktheorie, Rational-Choice und Spieltheorie, empirische Verhaltenstheorie und Marketinglehre.

sozioökonomisch-gruppendynamisch

Ein gutes sozialwissenschaftliches Dimensionen-Raster, um Netzwerke einschätzen zu können, bietet beispielsweise van Waarden (siehe Tabelle 1.1).

| Netzwerk-Dimensionen | operationalisiertes Merkmal | Merkmalsausprägungen |
|---|---|---|
| Mitglieder | Anzahl | 1 … n |
| | Typ | Unternehmen, Interessengruppe, staatliche Einrichtung etc. |
| | Repräsentationsmonopol | ja, nein |
| Funktion | Steuerung des Zugangs Konsultation Verhandlung Koordination Kooperation | ja, nein |
| Struktur | Abgeschlossenheit Art der Mitgliedschaft Ordnung | geschlossen, fließend, offen freiwillig, unfreiwillig niedrig, mittel, hoch, gemischt |
| | Intensität Multiplexität Symmetrie | niedrig, mittel, hoch, gemischt |
| | Untergruppen | ja, nein |
| | Beziehungsmuster | hierarchischer Aufbau, horizontale Absprache |

Tabelle 1.1 Netzwerk-Dimensionen (Quelle: nach van Waarden 1992: 39ff.)

| Netzwerk-Dimensionen | operationalisiertes Merkmal | Merkmalsausprägungen |
|---|---|---|
| | Zentralität Stabilität | niedrig, mittel, hoch |
| | Natur der Beziehungen | konfliktär, kooperativ |
| Institutionalisierung | Institutionalisierungsgrad | niedrig, mittel, hoch |
| Konvention der Interaktionen | Kompromiss-Suche | gegnerschaftlich, konsensual, beides |
| | Formalität | formelle oder informelle Kontakte, beides |
| | Geheimhaltung | ja, nein |
| | Ideologie | ja, nein |
| Verteilung von Macht | Unabhängigkeit | niedrig, mittel, hoch |
| | interessendominiert Balance, Symbiose | ja, nein |

**Tabelle 1.1** Netzwerk-Dimensionen (Quelle: nach van Waarden 1992: 39ff.) (Forts.)

An und für sich sind Business Communities im Internet eine Gruppe wie jede andere auch. Es gibt Mitglieder, Rechte, Zugangsordnungen, Spielregeln und Machtkonstellationen. Einziger Unterschied bleibt, dass diese Gemeinschaften sich im Internet konstituieren und dort leben. Zum Teil handelt es sich dabei um eine Abbildung realer Gruppen im Internet, z.B. wenn ein Handyhersteller Zusatzsoftware exklusiv im Internet für seine reale Kunden-Community bereithält. Zum Teil stellen diese Gemeinschaften aber auch Neugründungen dar, wie z.B. die Musiktausch-Community Napster (siehe Abschnitt 2.5). Es wird interessant sein, zu beobachten, wie der virtuelle Widerpart im Internet die realen Gruppen ergänzen und ersetzen wird.

technologisch-organisational
Business Communities als **technologisch-organisationales Konzept** angewandt, sind fokussiert auf Aufbau, Gestaltung und Steuerung der Gemeinschaften. Das Community-Konzept definiert sich hierbei über die Beziehungen und Interaktionen zwischen den Beteiligten.

Den Anbietern und Betreibern von Business Communities stellt sich die erfolgskritische Frage, welche technologischen internetbasierten Werkzeuge sie den Community-Mitgliedern anbieten und im Betrieb einsetzen wollen. Eine Community-Plattform kann einzeln oder aus einer Kombination vielfältiger Module bestehen:

- ▶ **Personalisierungs-Modul** zur dynamischen Kundenansprache und zur Profilierung, was das Community-Mitglied wirklich interessiert
- ▶ **Foren-Modul** zur Diskussion von Themen, eventuell mit aufgesetztem Frage/Antwort-Modul für generierte und mitlernende FAQ-Mitgliederberatung
- ▶ **Chat-Modul** z. B. zum moderierten oder freien Business-Talk
- ▶ **MyHomepage-Modul** bzw. Yellow-Pages-Modul für die Vorstellung von Mitgliedern bzw. die Darstellung z. B. von Handbuchwissen und den Anwendungserfahrungen der Mitarbeiter,
- ▶ **Mitgliederverwaltungs-Modul** für Administratoren und Nutzer zum Organisieren und Kommunizieren mit Gruppen und Untergruppen, z. B. für Instant Messaging
- ▶ **Hyperlink-Modul** bzw. Dateien-Up-/Download-Modul zum Wissenspeichern im Netz beispielsweise für Projekt-Bookmarks bzw. gemeinsame Dokumente
- ▶ **News-Modul** bzw. Newsletter-Modul zum Einstellen und Verschicken von Community-relevanten Neuigkeiten
- ▶ **Messaging-Modul** bzw. Mailabo-Modul für Mailinglisten
- ▶ **Projekt-Modul** zum Organisieren von Kontaktdaten, Aufgaben, Terminen und Meetings etc., eventuell mit Benachrichtiger-Modul bei Ereignissen
- ▶ **Teleconsulting-Modul** bzw. Shared-Applikation-Modul zur medienbruchfreien Beratung durch einen Spezialisten mit digitalen Formularen via TCP/IP-Videoconferencing
- ▶ **Matchmaking-Modul** zum erfolgskritischen intelligent-kontext-sensitiv unterstützen Suchen und Finden in Communities
- ▶ **Webevent-Modul** mit Video-Streaming oder Powerpointpräsentationen-Übertragung und Rückkanal, z. B. live oder als Aufzeichnungskonserve

Ihrer Natur nach sind die Community-Werkzeuge in vier Dimensionen aufgestellt: 1. synchron vs. asynchron (z. B. Chat – Foren), 2. geschlossen vs. offen (Projektworkspace – Community-News), 3. 1:1-Verbindungen vs. n:n-Verbindungen (z. B. Instant Messaging – Webevent) und 4. pull vs. push (Mailingliste – Newsletter). Bei den hier angedeuteten Ausführungen handelt es sich um eine kleine Auswahl, die vollständigen Möglichkeiten an technologischen Funktionalitäten finden Sie in Abschnitt 6.2.

Business Communities können auch als ein **unternehmensstrategisches Konzept** angesehen werden (siehe Kap. 2). In diesem Zusammenhang sind vor allem zwei Fragen von Interesse: Erstens, wie wandeln Business Communities die Geschäftsmodelle, und zweitens, wie wandeln Geschäftsmodelle die Business Communities?

Zum ersten Punkt: Geschäftsmodelle sind die einzigartige Kombination von Vermögenswerten, welche die Fähigkeit einer Organisation bestimmt, Wert zu schaffen und Wert zu vernichten. Solche materiellen oder immateriellen Vermögenswerte, auch Assets genannt, sind z.B. Infrastruktur, Finanzaktiva und Kundenbeziehungen (Boulton/Libert/ Samek 2000). Die Errichtung exklusiver Räume und Gruppen im Internet für Lieferung, Fakturierung, Entwicklung oder Vertrieb bringt die Herausforderung mit sich, die Bestandteile von Geschäftsmodellen – Business Mission, Produkt-/Marktumfang, strategische Aktivposten und firmeneigene Kernprozesse – neu zu denken. In Business Communities liegen die Quellen für Kostenersparnis und Einnahmequellen.

Zum zweiten Punkt: In der E-Business-Debatte wird oft auf Stärken und Schwächen der Old-und New-Economy-Firmen abgehoben. Zum Beispiel macht Bain&Company als Stärke der New Economy Geschwindigkeit, Talent, kulturelle Leistungskultur und organisatorische Flexibilität aus. Dem stehen in manchen Fällen strategische Defizite, operative Mängel (z.B. Controlling) oder Finanzierungsausfälle gegenüber. Die Old Economy glänzt mit detaillierten Kundenkenntnissen, Beziehungen, Marken, Finanzstärke und umfangreicher Wissensbasis. Wobei ihr der Malus der eingeschränkten organisatorischen Flexibilität, der niedrigen Performanz und strategische Defizite, was E-Business anbetrifft, anhängt. Zum einen lässt sich die Entwicklung hin zu einer One Economy mit Click&Mortar-Firmen feststellen, das sind Unternehmen die stationär und im Internet agieren (Bain&Company 2000). Zum anderen führt das Lernen von New und Old Economy voneinander zusammen mit der Make-or-Buy-Grundentscheidung zu einer Zusammenarbeit, ja manchmal sogar zu Fusionen. Es entstehen Geschäftsgemeinschaften im Internet, wo vorher (noch) keine waren.

Als Zwischenfazit lassen sich die drei alleinstellenden Nutzenmerkmale im Vergleich mit klassischen Unternehmenswebsites, Portalen und Marktplätzen festhalten. In Business Communities *kennen* sich Anbieter und Kunden – im Gegensatz zu normalen Websites. Über Business Communities können Mitglieder *miteinander kommunizieren* – im Gegensatz zu hergebrachten Portalen. Mit Business Communities lassen sich *Markt-Plätze* bevölkern, die das Wort auch verdienen – ganz im Gegensatz zu vielen Online-Marktplätzen, die allein aus Katalogdatenbanken bestehen. »Märkte sind Gespräche« wie das Web-Buch »Cluetrain Manifesto«[9] sagt und wie Joseph Cothrel, John Mc Brearty und Jeremy Perlman von Participate.com in Abschnitt 1.9 noch näher beschreiben werden.

## 1.4 Kleine Community-Geschichte

Virtuelle Gemeinschaften (VC) haben, wie in Abschnitt 1.1 aufgezeigt, Ursprünge, die bis in die Anfangsphase des Internets zurückreichen und untrennbar mit seiner Entwicklungsgeschichte zusammenhängen.

Der 29. Oktober 1969 gilt hier gemeinhin als Geburtstag des Internets. Im Rahmen des ARPANET-Projekts gelang es Forschern in den Vereinigten Staaten zum ersten Mal, Datenpakete zwischen zwei Rechnern via Telefonnetz auszutauschen. Das Ergebnis des legendären ersten Kontakts war ein Systemabsturz bei Eingabe des Buchstabens G für »OGIN« gewesen. Mit der erfolgreichen Verbindungsaufnahme noch am selben Abend nahm damit die Entwicklung der einmaligen Ausbreitung von dezentral vernetzten Rechner-Menschen-Gruppen seinen Lauf (vgl. Zakon 2000).

Wo genau aber kommen Business Communities her? Wo ist die Entstehung der Geschäftsgemeinschaften festzumachen, und wie kann man ihre Entwicklung in Literatur und Ausprägungen in der realen Welt nachvollziehen? Diese Frage beantwortend, werden entlang des Überblicks in Abbildung 1.6 die Vorläufer ARPANET, USENET, Bulletin-Board-Systeme, kommerzielle Online-Dienste sowie die Virtuelle Community The WELL als Community-Generation I, die Kunden-Communities à la Hagel/Armstrong als Generation II und Business Communities als Generation III gewürdigt und ihre genetischen Linien nachgezogen.

Entscheidend ist die Evolution von non-kommerziellen Gemeinden hin zu geschäftlich initiierten Gemeinschaften für und um Kunden herum; diese bleiben jedoch nicht in einer evolutionären Sackgasse stehen, sondern beziehen Zug um Zug über den eigentlichen Kunden hinaus noch Mitarbeiter und B2B-Partner eines Unternehmens mit ein. Deren Beziehungen untereinander schaffen den Wert in der Netzwerk-Ökonomie (siehe Abbildung 1.7).

---

9  www.cluetrain.com

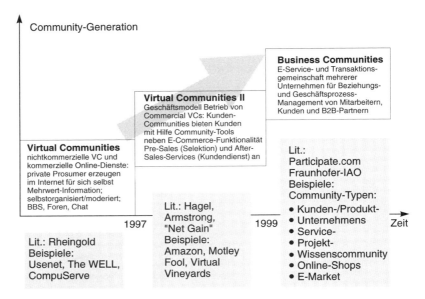

**Abbildung 1.6** Die Geschichte der Communities

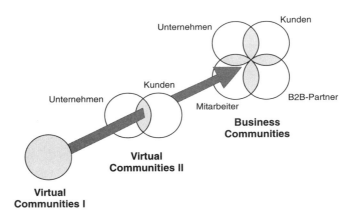

**Abbildung 1.7** Entwicklung virtueller Communities zu Business Communities

ARPANET:
E-Mail, Chat,
Mailing-Listen

1969 verband das ARPANET (Advanced Research Projects Agency), ein Projekt des amerikanischen Verteidigungsministeriums, erstmals vier Universitäten in den USA. In den folgenden Jahren wurden immer mehr Forschungseinrichtungen angeschlossen, so dass Mitte 1971 bereits mehr als 23 verschiedene Computerzentren in das Netz eingebunden waren[10]. Ein E-Mail-Dienst für Versand und Empfang von asynchronen Text-Nachrichten in verteilten Netzen wurde im ARPANET 1972 entwickelt. Ursprünge

---

10 www.pbs.org/internet/timeline

der textlichen Live-Unterhaltung im Netz, des so genannten »Chats«, sind 1972 in einem Patienten-Doktor-Gespräch zwischen Computer und Computer sowie 1973 im ARPANET-Chatprogramm PLANET[11] zu finden. 1975 entstand aus den ersten E-Mail-Anwendungen heraus mit der MsgGroup die erste Mailingliste im ARPANET.

Obwohl das ARPANET zunächst für den Austausch von Daten zwischen Forschern und den Zugriff der Forschungseinrichtungen auf entfernte Computer verschiedener Hersteller und Architekturen ausgelegt war, wurde E-Mail neben Chat schnell zu einer der beliebtesten Anwendungen[12]. Das Netz, das ursprünglich gebaut worden war, um Computer miteinander zu verbinden, verdankte schließlich den durchschlagenden Erfolg seiner zunächst nicht vorhergesehenen Fähigkeit, die Kommunikation unter Menschen zu fördern (vgl. Abbate 1994).

Unabhängig vom ARPANET entwickelten 1979 drei Studenten, Tom Truscott, Jim Ellis und Steve Bellovin, die ersten USENET Newsgroups: USENET-Nutzer konnten online an Foren-Diskussionen teilnehmen, indem sie sich mit einem Namen und ihrer E-Mail-Adresse anmeldeten (vgl. Zakon 2000). Das USENET bot hierzu ein Verfahren, mehrere öffentliche Gesprächsrunden zu bestimmten Themen zu verwalten, die nicht in einer zentralen Einrichtung lokalisiert waren und auch nicht zentral gesteuert wurden. Mit USENET wurde der erste Kanal für interaktives Handeln der Teilnehmer geschaffen. USENET-Teilnehmer konnten nicht nur Nachrichten posten, sondern auch antworten bzw. ihre Kommentare zu Beiträgen abgeben. 1980 waren erst 15 Rechner an das USENET angeschlossen. Die durchschnittliche Anzahl von täglich etwa 10 News, gab noch ein sehr überschaubares Bild. Dies änderte sich aber im Laufe der Zeit. Mit etwa 1300 angeschlossenen Rechnern und einer täglichen Anzahl von 375 News stieg das Datenvolumen 1985 erstmals über ein Megabyte an[13]. Ab 1986 wuchs das USENET explosionsartig, womit die Notwendigkeit einer Strukturierung der Diskussionsgruppen in einer übergeordneten Hierarchie gegeben war. Die Einteilung erfolgte nach grundlegenden Themengebieten und war Wissenschaft, Freizeitgestaltung, Computern, sozialen Angelegenheiten oder Neuigkeiten gewidmet[14]. Nach entsprechenden Vorschlägen, Diskussionen und erfolgreichen Abstimmungen wurden und werden seither ständig weitere Untergruppen in den Haupthierarchien eingerichtet.

USENET:
Newsgroups

---

11  http://livinginternet.com/r/ri_planet.htm
12  www.isoc.org/internet/history/brief.html
13  www.psychologie.uni-bonn.de/sozial/staff/musch
14  www.netplanet.org

Nutzer auf der ganzen Welt haben sich an den Diskussionen in den Newsgroups beteiligt. Das USENET ist die erste wirkliche Community-Plattform, die bis heute ihre Bedeutung nicht verloren hat. Struktur und Unabhängigkeit sind seit 1994 trotz der Integration in das WWW erhalten geblieben, und die Anzahl der Newsgroups könnte derzeit bei 15.000 bis 20.000 liegen. Das Wichtigste ist: Newsgroups sind gekennzeichnet durch eine strikt non-kommerzielle Ausrichtung und Kultur.

**Kommerzielle Dienste**  Weitere Vertreter früherer Netz-Communities waren Mailboxen mit Bulletin-Board-Systemen (BBS). Zeitschriften oder Hard- und Softwarehersteller aber auch private Personen boten die Möglichkeit an, sich dort einzuwählen, digitale Contents und Programme herunterzuladen und in Form von Schwarzen Brettern (Bulletin oder Message Boards) zu diskutieren. Wobei dies im Gegensatz zum Internet durch proprietär direkte Einwahl über einen speziellen Modemeingang erfolgen musste. Als wichtigstes Beispiel für ein weltumspannendes BBS sei das 1984 gegründete FidoNet genannt.

Andere Netz-Communities aus den Anfängen der elektronischen Kommunikation finden sich bei kommerziellen Online-Dienst Anbietern wie CompuServe, AOL (America Online) oder Btx/T-Online. Erst stellten sie den Zugang zu einem E-Mail-Dienst und ihren kostenpflichtigen Seiten ihres Servers her. Dann entwickelten sie sich mehr und mehr zu Internet Service Providern oder gingen in Internet-Angeboten auf. CompuServe wurde 1969 als so genannter »Time-Sharing Service« gegründet.

1979 bot CompuServe als erster Online-Dienst E-Mail-Anwendungen und technischen Support für PC-Nutzer an. Nur ein Jahr später wurde das Angebot um Real-Time Chat erweitert[15]. Die CompuServe-Nutzer bildeten so eine der ersten großen weltweiten Gemeinschaften im Internet. Am Scheitelpunkt im Mai 1995 waren es weltweit 3,98 Millionen Mitglieder. Der Zugang war mit hohen Gebühren verbunden, so dass CompuServe meist nur zu beruflichen Zwecken genutzt wurde. In Folge der Übernahme durch AOL wurden die deutschen CompuServe-Foren zum 30. April 2001 gekündigt. Für die amerikanischen Foren gibt es noch eine Gnadenfrist.

**The WELL**  The WELL (Whole Earth eLectronic Link) gilt gemeinhin als die Urmutter der Netz-Communities. 1985 zunächst als soziales Experiment entstanden, entwickelte sich The WELL schnell zu einer der bedeutendsten Online-Gemeinschaften (siehe Abschnitt 1.7). Die Vision, die Larry Bril-

---

15 www.compuserve.com

liant und Stuart Brand damals hatten, lässt sich in drei Zielen zusammenfassen: Erstens wurde mit The WELL versucht, die Kommunikation zwischen interessanten Leuten im Großraum San Francisco zu erleichtern,
zweitens wurde ein ausgefeiltes Konferenzsystem zu einem revolutionär
niedrigen Preis zur Verfügung gestellt und drittens wurde E-Mail-Zugang
für alle Mitglieder angeboten, was 1985 ein absolutes Novum war. Einer
der prominentesten Teilnehmer von The WELL war Howard Rheingold,
dessen Buch »Virtual Communities« die Online-Gemeinschaft bekannt
machte und den Begriff »Community« und sein dahinterstehendes Konzept prägte (Rheingold 1994).

Rheingold versteht Virtual Communities in erster Linie als Interessensgemeinschaften im Internet. Die Beziehungen der Mitglieder von The WELL
sind allein durch das gemeinsame Interesse, das Kennenlernen und Verstehen, das Feedback und den Meinungsaustausch über bestimmte
Schwerpunktthemen geprägt und als Alleinstellungsmerkmal massiv vom
wirklichen Leben rückgekoppelt. Die Mitgliedschaft war dabei stets kostenpflichtig und beträgt bei ca. 6000 Mitgliedern heute 10 bis 15 US-
Dollar/Monat für einen Essential Membership Plan oder Complete Membership Plan mit eigener Homepage und Teilnahme an Konferenzen[16].
The WELL als kommerzielle Community bezeichnen zu wollen, wäre
grundfalsch, mit Beiträgen und Zeitengagement tragen die Mitglieder ihre
Community. Allerdings gilt auch bei privaten Netzwerken als Anbietern
von Communities – genau wie bei Business Communities mit einem oder
mehreren Unternehmen als Anbieter – grundsätzlich: Sie müssen wirtschaftlich arbeiten und sollen sich refinanzieren.

The WELL war als soziales Experiment entstanden, eine kommerziell-
wirtschaftliche Orientierung von Gemeinschaften im Internet gab es
damals noch nicht. CompuServe war eine Business Community, aber
noch ohne Anschluss ans World Wide Web. Hagel und Armstrong gehen
an diesem Punkt einen entscheidenden Schritt weiter. In ihrem Buch
»Net Gain« schreiben sie als erste von der Möglichkeit einer kommerziellen Ausrichtung von virtuellen Gemeinschaften.

Hagel/Armstrong:
»Net Gain«

> [...] virtuelle Community und geschäftliche Nutzung müssen sich nicht ge-
> genseitig ausschließen. Die virtuelle Gemeinschaft liefert vielmehr ein ein-
> maliges Umfeld für Geschäfte, da sich die Kunden selbst gegenseitig mit
> besseren Informationen ausstatten. (Hagel/Armstrong 1997: 11ff.)

---

16  www.well.com/nu

Virtuelle Gemeinschaften, die durch die gemeinsamen Interessen intera-gierender Teilnehmer mit dem Ziel, Informationen, Meinungen und Wis-sen auszutauschen, gekennzeichnet sind, werden nun erweitert und unter dem Aspekt der geschäftlichen Nutzung betrachtet. Hagel und Armstrong stellen mit ihrer Definition einer kommerziellen virtuellen Gemeinschaft eine Community-Form in den Mittelpunkt, die den Inter-essensaustausch zwischen Kunden fördert.

Hagel und Armstrong nennen fünf Merkmale für ihre Form der Virtual Communities (Hagel/Armstrong 1997: 23f.):

1. ein spezifischer Interessensschwerpunkt
2. das Vermögen, Inhalt und Kommunikation zu integrieren
3. die Verwendung von Informationen, die die Mitglieder bereitstellen
4. der Zugang zu konkurrierenden Anbietern
5. die kommerzielle Orientierung

Die beiden Grundthesen von Hagel/Armstrong lauten:

> *1. Virtuelle Gemeinschaften werden als Agenten ihrer Mitglieder fungie-ren und ihnen helfen, von den Anbietern mehr Informationen über Pro-dukte und Dienstleistungen sowie niedrigere Preise zu erhalten, während sie gleichzeitig einen Großteil des Bedarfs an zwischenmenschlicher Kom-munikation abdecken. (Hagel/Armstrong 1997: 23)*

> *2. Sobald eine virtuelle Gemeinschaft einen bedeutenden Anteil an den Kaufabschlüssen innerhalb eines Wirtschaftsbereichs innehat, ergeben sich für die Organisatoren der Gemeinschaft wahrscheinlich zahlreiche Mög-lichkeiten, Wirtschaftsstrukturen entscheidend zu verändern.*
> *(Hagel/ Armstrong 1997: 88)*

Mit der Veröffentlichung von »Net Gain« war Debatte und Wettlauf um die Errichtung geschäftlicher Gemeinschaften im Internet eröffnet. Das Zwischenfazit lautet: Mailinglisten, Foren und Chat, die technologischen Bausteine des Lebens einer Community, wurden in ARPANET, USENET usw. erfolgreich entwickelt. Sowohl reine Interessengemeinschaften wie The WELL als auch kommerzielle Mailboxen und Online-Dienste lebten das Community-Prinzip und stellen einzelne Evolutionslinien der Gattung »Virtuelle Community« dar. Die Community-Entwicklung in Literatur und Ausprägungen in der realen Welt gehen über Kunden-Communities wie bei Hagel/Armstrong hinaus und tendieren zu umfassenden Business Communities.

Ziel, Kern und Konzept von Business Communities als für diesen Entwicklungsprozess entscheidend wurden in Abschnitt 1.3 erläutert. Konzept ist das professionelle Beziehungsmanagement von Mitarbeitern, Kunden und B2B-Partnern. Kern ist das Prosumertum, die Entwicklung von 1:1-Beziehungen hin zu n:n-Beziehungen sowie geschäftliches Angebot und Nutzung. Ziel ist es, anonyme Menschen zu Community-Mitgliedern und Kunden zu machen.

## 1.5 Wer macht Wie Was?

Wie bereits ausgeführt, betrachten wir den Begriff »Business Communities« und die dahinter stehenden sozioökonomisch-gruppendynamischen, technologisch-organisationalen und E-Business-unternehmensstrategischen Konzepte als offenes Modell für Beschreibung, Erklärung und Prognose der Wirklichkeit. Wenn neue Befunde nicht Definition und Strategie in der Literatur entsprechen, wie z. B. das oft genannte Muss-Kriterium »Nonkommerzialität« (Rheingold) oder »ein gemeinsames Mitgliederinteresse« (Hagel/Armstrong), heißt dies nicht, dass in der Realität keine Gemeinschaften mit geschäftlichem Nutzenzentrum entstehen, angeboten und betrieben werden oder sich im Extremfall im Niedergang befinden. Für ein Unternehmen gilt gleichwohl, sich einzig und allein den Herausforderungen und Risiken im Management von Kunden-, Mitarbeiter- und B2B-Partnernbeziehungen zu stellen, und nicht künstliche oder historisierende Abgrenzung zu verfolgen, was normativ einer »idealtypischen« Community entspricht.

Obschon Business Communities ein offenes Konzept darstellen, muss Begriff und Konzept handhabbar bleiben und Business-Entscheidungsträgern systematische Vergleichsmöglichkeiten und Entscheidungshilfen anbieten.

Im Folgenden werden wir nicht nur mit der pragmatischen Fragestellung »Wer macht Wie Was?« Business Communities sowohl nach ihren Akteuren, Werkzeugen und Zielen differenzieren und klassifizieren, sondern darüber hinaus eine Landkarte mit unterschiedlichen Typen erstellen. In Abschnitt 1.6 erhält der Leser dann Zugriff auf 133 geordnete Beispiele. Einen Überblick über das Klassifizierungsschema bietet Tabelle 1.2.

| Merkmalsträger | Business Communities | | |
|---|---|---|---|
| **Merkmal** | Akteure<br>Wer? Mit Wem? | Werkzeuge<br>Wie? | Ziel(e)<br>Was? |
| **Merkmalsaus-prägungen** | Anbieter<br>Betreiber | Werkzeuge, techno-logisch-organisatio-nale Prozesse | Zentrum der Com-munity zu unter-scheiden nach:<br>- Thema<br>- Ort(sbezug)<br>- Zeit(bezug)<br>- Funktion<br>- Zielgruppen |

**Tabelle 1.2** Überblick »Wer macht Wie Was?«

**Wer?**  Die Frage *Wer?* analysiert, welche natürlichen oder juristischen Personen, eine Business Community anbieten, von der Infrastruktur wirtschaftlich aufrechterhalten oder überhaupt gegründet haben. Es kann sich hierbei um Firmen, Organisationen, Interessenvertretungen, Parteien oder Nutzergruppen handeln. Dabei ist klar, dass sich im Lebenszyklus Rollen verändern, Teilhaber ausscheiden oder hinzukommen können. Die Anschlussfrage *Mit wem?* hebt auf die Frage der Kooperationspartnerschaftsmodelle ab. Neben innerbetrieblichen und überbetrieblichen Kooperationen sind hier zwischenbetriebliche Kooperationen auszumachen. Aus Akteurssicht gliedern sich diese Kooperationen in Joint Ventures, strategische Allianzen oder Unternehmensnetzwerke. Unternehmensnetzwerke zeichnen sich durch Funktionsabstimmung, und nicht etwa durch Funktionszusammenlegung aus; sie sind auf häufigere Zusammenarbeit ausgerichtet (vgl. Schumann 2000). Entscheidende Bedeutung kommt bei der Frage nach den Akteuren der Unterscheidung zu, wer die Community anbietet und wer sie betreibt. Anbieter initiieren Communities, sie zeichnen verantwortlich für die Geschäftsstrategie einer Business Community und verfolgen damit also deren grundlegende Idee. Betreiber sind zuständig für den technologischen und organisatorischen Betrieb einer Community-Plattform. Anbieter und Betreiber können aber müssen nicht notwendigerweise identisch sein (siehe Kap. 3).

**Wie?**  Die Frage *Wie?* widmet sich den Werkzeugen, ihrem Einsatz und den technologisch-organisationalen Prozessen, die dahinter stehen. Keine Business Community gleicht der anderen was den Einsatz der Mittel und Features angeht. Des Weiteren bleibt natürlich der Unterschied zwischen potenziell angebotenen Tools und ihrer tatsächlichen Nutzung in der gelebten Realität. Keineswegs gilt die von Halbfachleuten aufgemachte

Gleichung »Community = Diskussionsforen plus Chat«. Es ist vielmehr die Interaktion der Surfer mit der besuchten Site, idealerweise mit anderen Personen innerhalb der Plattform, die ein Community-Building im Internet begründet.

Die Frage *Was?* stößt vor ins mehrdimensionale Zentrum einer Business Community. Hierbei gibt es das Thema, »was die Community im Innersten zusammenhält«. Dies können beispielsweise Produktinformationen und Austausch von Kundenerfahrungen sein. Typischerweise nimmt eine Business Community einen Ort(sbezug) und Zeit(bezug) ein – z.B. zwischen regional/global und projekt-/betriebsbezogen. Funktional zielen sie normalerweise hauptsächlich auf Information, auf Kommunikation/Kooperation oder auf Transaktion ab, bisweilen ist ein Kombinationsmix mit und ohne Hierarchie zu beobachten. Als Zielgruppen sind z.B. B2C-Kunden (Business-to-Consumer), B2B-Kunden (Business-to-Business), Mitarbeiter und B2B-Partner die segmentierten Mitgliedergruppen einer Community.

*Was?*

Zunächst galt es, Business Communities in zweifacher Hinsicht abzugrenzen: zum einen von allgemeinen Websites, zum anderen von nicht-kommerziellen Communities. Bei Ersterem war die Registrierungsmöglichkeit bei einem Internetangebot das K.o.-Kriterium. Beim Zweiteren gab den Ausschlag, ob eine Community von privaten Non-Kommerziellen für private Non-Kommerzielle betrieben wird und ausgeschlossen wurde. Auch und gerade Communities, die nicht mit einem direkten Commerce- und Profitziel, sondern mit interessanten indirekten Geschäftsmodellen gefahren werden, wie z.B. Portale mit Registrierung, verblieben in der Grundgesamtheit.

*Abgrenzungen*

Während die bisherige Fachliteratur und E-Business-Berichterstattung überwiegend selektiv bis beliebig Community-Typen in Aufzählung aneinander reihte, war es unser Anliegen, der Gemeinde der Business-Entscheider eine systematische Klassifizierung anzubieten.

*Herleitung der Typologien*

Hierbei wurden theoretische und empirisch-analytische Erkenntnisse zusammengeführt und als Ergebnis sieben Business Communities-Typen identifiziert. Aus der Erfahrung der Forschungs-, Beratungs- und Entwicklungstätigkeit der Fraunhofer Task Force BC und des Community-Labors[17] heraus konnte in einem zweistufigen parallelen Prozess vorgegangen werden: In einem Top-down-Verfahren wurden konzeptionell Merkmale und Merkmalsausprägungen differenziert und gebündelt. In einem Bottom-

---

17  www.businesscommunities.iao.fhg.de

up-Verfahren wurden in einer Studie Business Communities empirisch beobachtet, gemessen und miteinander verglichen (siehe die Beispiele in Abschnitt 1.6).

Als typbildend kristallisierten sich Kombinationen von Merkmalsausprägungen zwischen Verhältnis und Anzahl der Anbieter bzw. Betreiber, den funktionalen Hauptorientierungen sowie dem thematischen Zentrum heraus. Dies ergab folgendes Bild:

1. Kunden- oder Produkt-Communities – (Typ 1)
2. Unternehmens-Communities – (Typ 2)
3. Service-Communities – (Typ 3)
4. Projekt-Communities – (Typ 4)
5. Wissens-Communities – (Typ 5)
6. Online-Shop-Communities – (Typ 6)
7. E-Market-Communities – (Typ 7)

**Informations-Communities**

Bei Business Communities mit funktionaler Hauptorientierung auf Information gibt es zwei Ausprägungen: Kunden- oder Produkt-Communities (Typ 1) und Unternehmens-Communities (Typ 2).

Beide haben gemein, dass sie von genau einem Anbieter selbst angeboten und betrieben werden. Beide Typen nutzen idealerweise nicht den Dienst Dritter, manchmal erfolgt auch eine Kooperation mit einem Technologiepartner wie z.B. einer Serverfarm. Es geht dem Anbieter auf jeden Fall darum, seine Community weitestgehend in Eigenregie zu betreiben. Die Information stammt aus dem Fundus des Anbieters und aus den Interaktionen Kunde-zu-Unternehmen und Kunde-zu-Kunde. Unterschied zwischen diesen beiden Community-Arten ist die zielgruppengenaue Informationsbereitstellung zum communitythematischen Kern ihrer selbst: Bei **Kunden-Communities** bilden Produkte, Kundenerfahrung und Kundenbeziehungen untereinander das Zentrum. Bei **Unternehmens-Communities** liegt das Zentrum im Branding über den Unternehmensnamen. Zur Besetzung von meist unternehmensstrategischen Themenfeldern in der öffentlichen oder Expertendiskussion wird versucht, das Unternehmen oder Unternehmensteile in Verknüpfung mit denselben quasi als Begriffseinheit darzustellen, z.B. zu Public-Relations-Zwecken.

Tabelle 1.3 zeigt Unterschiede und Gemeinsamkeiten im Überblick.

| BC-Typ | BC-Beispiele | BC-Merkmale | | | | | | | |
|---|---|---|---|---|---|---|---|---|---|
| | | Akteure | | Werkzeuge | Ziele | | | | |
| | | Anbieter (A) | Betreiber (B) | Werkzeuge | Thema | Ort | Zeit | Funktion | Zielgruppe |
| Kunden- oder Produkt-Community (1) | ChipCenter Ask-us, Club Nokia | A = 1 | B = A | | Produkt und Kunde | | betriebs-bezogen | Informa-tion | |
| Unternehmens-Community (2) | Disney, Venturenetwork. oracle. com | A = 1 | B = A | | Unternehmen | | | | |
| Service-Community (3) | Communityzero. com, Jobfair24, Web.de | A = 2..n | B ≠ A | | | | | Kommuni-kation/ Koopera-tion | |
| Projekt-Community (4) | DL2000. de, Virtueller Parteitag | A = 1..n | B = A oder B ≠ A | keine Trenn-schärfe | keine Trenn-schärfe | keine Trenn-schärfe | projekt-bezogen | | keine Trenn-schärfe |
| Wissens-Community (5) | Experts-Exchange, Geno Bank | A = 1..n | B = A oder B ≠ A | | | | betriebs-bezogen | | |
| Online-Shop-Community (6) | Amazon, Alternate | A = 1 | B = A | | | | | Trans-aktion | |
| E-Market-Community (7) | Covisint, eBay, VerticalNet, Supply On | | B = A (Beschaf-fungsseite) | | | | | | |
| | eBay, VerticalNet | A = 2..n | B ≠ A (Netmar-ketmaker | | | | | | |
| | SupplyOn | | B = A (Lieferan-tenseite) | | | | | | |

**Tabelle 1.3** Business-Communities-Typen

Ihre Stärken spielen Kunden- oder Produkt-Communities vor allem in der Pre-Sales- und After-Sales-Phase aus. Denn Kunden suchen so lange, bis sie die Kaufentscheidung treffen (Selektion). Und nach einem getätigten Kauf suchen sie Support in Form von Anwendungsinformation, um ihre Kaufgüter bestmöglich zu nutzen oder aber aufzuwerten. Einem Unternehmen bietet sich mittels des Typs 1 am Produkt bzw. des Typs 2 am Unternehmen ansetzend die Möglichkeit, die ganze Klaviatur der elektronischen Kundenbindungsinstrumente einzusetzen, da es seine registrierten Besucher, die einen Mehrwert wollen, kennt – im Gegensatz zu offenen Firmen-Webpräsenzen ohne Community-Räume. Hier ist eine Vielzahl an einzelnen oder zu bündelnden Kundenbindungsinstrumenten zu nennen (vgl. Stolpmann 2000):

▶ **Added Value:** Sonderangebote, Sonderaktion, exclusive Mitgliedervorteile wie Prämienmechanismen oder Powershopping, Selbstbedienung, kostenlose Services und Zusatzangebote (z.B. spezielle Software), Personalisierungsservices, Infotainment, non-lineare Preisbildung usw.

▶ **Transaktionskostenminimierung:** Convenience (einfache Navigation, keine Medienbrüche), Teleconsulting per Mensch und/oder Agent, Statusbericht über Verfügbarkeiten und Transportstand

▶ **Imagebuilding:** Sicherheitsfeatures, Gütesiegel, Garantien, Awards, E-Mail Newsletter, E-Mail-Reaktionsgarantie z.B. binnen 48 Std.

▶ **Wechselbarrierengenerierung:** Kundenkonto, Kundenkarte, exclusive Dienste und Profilingbenefits

▶ **Institutionalisierungen:** Webevents, Blackboards und Wissensdatenbanken; z.B. Werkstattchat »Expert meets Expert« oder Forum »Kunden helfen Kunden«, Partnerprogramme für Kunden

Gute Beispiele für Kunden- oder Produkt-Communities sind Beinggirl.com, eine Community für Mädchen von Procter&Gamble, oder die McAfee Community rund um die Belange der Nutzer von Virenprogramm. Der Club Nokia ist ein Beispiel für eine selbstangebotene geschlossene Kunden-Community – ausschließlich Personen, die Nokia-Handys erworben haben, können beitreten. Die ChipCenter Ask-Us-Community hingegen ist ein Beispiel für eine unabhängige Community mit Informationen zu vielerlei Produkten unterschiedlicher Hersteller.

Gute Beispiele für Unternehmens-Communities sind die von Disney, LEGO, SAP, Shell oder Oracle. Letztere z.B. mit Gemeinschaften zu übergreifend strategischen Themen von Venture Capital bis E-Education.

**Kommunikations- und Kooperations- Communities** Business Communities, die ihre funktionale Hauptorientierung auf Kommunikation und Kooperation legen, sind aufzufächern in Service-Communities (Typ 3), Projekt-Communities (Typ 4) und Wissens-Communities (Typ 5).

Den Typ der **Service-Communities** zeichnet aus, dass die Person des Anbieters und die des Betreibers der Community nicht identisch sind. Der Betreiber stellt dem Anbieter und den Mitgliedern Community-Services bereit, der Anbieter ist der Kunde des Betreibers. Die Betreiber sind typischerweise Internet Service Provider (ISP; derjenige, der ein Unternehmen ans

Netz bringt), Application Service Provider (ASP; derjenige, der Unternehmen Internetdienste über das Web kostenlos zur Verfügung stellt bzw. vermietet), Werbeagenturen, redaktionelle Nachrichtendienste oder Webportale. Als »Community Platform Services Provider« stellen sie technische Services wie Hosting- und Kundendatenbankdienste bereit, als »Community Management Services Provider« übernehmen sie organisationale Community-Managementaufgaben bis hin zu inhaltlichem Domänenmanagement (zu Betreiberrollen siehe die Abschnitte 2.4 und 3.2).

Service-Communities sind üblicherweise häufig in einem vortransaktionellen Stadium und entwickeln sich in Richtung Online-Shops Communities oder E-Market Communities.

Einige Beispiele: Daybyday bietet über Webrowser einzelnen Gemeinschaften Community-Groupware an. GMX.de offeriert seinen Mitgliedern neben kostenfreien auch kostenpflichtige Unified-Messaging-Werkzeuge. Lycos hat in seinem Angebot Chat, Clubs und Message Boards personalisierter Art. Betreiber wie Communityzero eröffnen die Möglichkeit, dort gleich eine eigene Community zu gründen. Jobfair24 veranstaltet virtuelle Absolventen-Messen für B2C- und B2B-Kunden.

Charakteristisch für den Typ der **Projekt-Communities** ist, dass ein oder mehrere Anbieter die Community betreiben. Projekt-Communities sind zeit- und projekterfolgsbezogen angelegt und arbeiten (zunächst) mit einem geschlossenen Pool von Community-Mitgliedern.

Sie agieren oftmals als virtuelle Teams in Vorhaben, in denen sie verteilt über Unternehmensgrenzen hinweg zusammenarbeiten. Sie haben als Anforderung Projektmanagement-Aufgabenbeschreibungen, Statusberichte, Kostenreports, Who-is-who-Nutzerlisten und Neuigkeitsbörsen. Besondere Bedeutung kommt geteilten Terminen und Kontakten sowie gemeinsamen Dokumenten (z.B. Handbüchern) und dem Austausch von Projektergebnissen (z.B. CAD-Zeichnungen in der Konstruktion) zu. Solche Projekt-Communities sind vielfach Vorstufen, die sich in einem fest abgesteckten finanziellen und technologischen Rahmen bewegen, bevor sie sich dem Kunden öffnen und z.B. zu Kunden- oder Produkt-Communities, Online-Shops Communities etc. reifen.

Gute Beispiele diese Typs sind die Fit4Service Community für internationale Benchmarking-Clubs und COSMOS, ein Forschungs- und Entwicklungsprojekt für mobile Communities in unterschiedlichen Lebensbereichen wie Freizeit oder Krankheit (Krebs). Weitere Beispiele sind EKOP, ein Projekt zu virtuellen Handwerkskooperationen für das Gebäudemanagement, die Dienstleistungs-Community DL2000.de und der Virtuelle Parteitag von Bündnis90/Die Grünen in Baden-Württemberg.

Den Typ 5 der **Wissens-Communities** ist dadurch gekennzeichnet, dass ein oder mehrere Anbieter die Community betreiben. Das thematische Zentrum bilden produkt- und abteilungs-/unternehmensübergreifendes Wissen bzw. Wissens(netz)werke.

Wissens-Communities und Projekt-Communities ähneln einander, was ihre Community-Konfiguration angeht, sehr stark. Im Gegensatz zu Projekt-Communities sind Wissens-Communities jedoch zeitlich betriebsbezogen und typischerweise mitgliederoffen angelegt. Ihrer Ansatzhöhe entsprechend gibt es zwei Untertypen von Wissens-Communities. Communites of Practice, wie Wissens-Communites auch bezeichnet werden, konstituieren sich entweder als Praktiker-Gemeinschaft auf Unternehmensebene (Netzwerkgedanke »einer für viele«) oder als offene Wissens(netz)werke (»viele für viele«). Communities of Practice sind flexible Organisationseinheiten außerhalb offizieller Organisationseinheiten, Projekt-Teams oder informeller Einheiten. Sie werden gespeist vom gemeinsamen Interesse der Teilnehmer am Wissensgebiet. Die Mitglieder nehmen in der Regel freiwillig und aus eigenem Antrieb aufgrund eines persönlichen Aufwand-Nutzen-Kalküls teil (Wenger 1998, Wenger/Snyder 2000).

Beispiel für Einsatz und Förderung von Communities of Practice auf Unternehmensebene ist die Siemens AG (vgl. Schoen 1999) und die GENO Bank-Community (siehe Abschnitt 5.4). Gute Beispiel für offene Wissensnetzwerke sind Wallstreet-Online.com oder Garage.com, eine Venture Capital Comunity in Silicon Valley. Weitere Beispiele sind COS.com, eine US Community im Bereich Forschung und Entwicklung, oder die Fachleute-Community Experts-Exchange (siehe Abschnitt 5.2).

**Transaktions-Communities** Unter dem Dach der Communities, die ihre funktionale Hauptorientierung auf Transaktion legen, sind zwei Grundkonfigurationen auszumachen: Online-Shop-Communities (Typ 6) und E-Market-Communities (Typ 7).

Spezifisch für **Online-Shop-Communities** ist, dass ein Anbieter seine Community betreibt. Dieser eine Community-Anbieter bietet z.B. über eine einfache Kunden-Community hinaus direkt im Internet für registrierte Mitglieder eine Transaktionseinkaufskomponente an. Der Anbieter agiert als sein eigener Verkäufer, als »Community Supported Vendor«. Im B2C-Bereich zur Realisierung von E-Commerce im Kleinen oder im B2B-Bereich mit E-Procurement-Schnittstelle im Großen (zu Betreiberrollen siehe die

Abschnitte 2.4 und 3.2). Auf seiner Webseite ist der Community-Anbieter sein Monopolist, aber sowohl der Konkurrent als auch der Kunde sind nur einen Click weit entfernt. Mit Community-Services, die seine Kunden bei der Auswahl und nach dem Kaufakt mit umfassenden Support betreuen, eventuell sogar Kunden-zu-Kunden-Beratung zulassen, hat der Anbieter die Chance, die Schwäche der meisten Online Shops ohne Community zu überwinden: geringer Umsatz bei flüchtigen Kunden. Eine entscheidende Rolle hierbei spielt der Mix der Community-Funktionalitäten (siehe Abschnitt 6.2). Der Mix muss die Käuferzielgruppen genau adressieren und ihren Bedürfnissen entsprechen. Bei den Käufern gibt es nach VALS (Values and Lifestyles Consumer Psychographic Segmentation System) drei Grundtypen: den prinzipienorientierten, den statusorientierten und den aktionsorientierten Käufer (vgl. SRI Consulting 1999). Nach dieser Eintei-lung handelt der prinzipienorientierte Käufer qualitäts- und preisorien-tiert. Um ihn mit Community-Services abzuholen, hat die Bereitstellung fairer Angebote mit einer hervorragenden Darstellung des Contents in Bezug auf Recherchierbarkeit und Transparenz höchste Priorität zu. Der statusorientierte Käufer macht seine Entscheidung abhängig von denen seiner Mitmenschen. Um solche Kunden zu interessieren, sollte man Rang-listen anbieten, die ihn über Verkaufszahlen, Punktbewertungen anderer Mitglieder oder Referenzbeziehung eine Orientierungshilfe an die Hand geben (Amazon.de: »Kunden, die sich dieses Buch angesehen haben, haben sich auch für diese Produkte interessiert ...«). Der aktionsorientierte Käufer handelt erlebnisorientiert und entscheidet situativ nach Erfahrun-gen. Hier ist es erfolgsversprechend, sein Engagement zu adressieren, z. B. über Foren, Chats oder Online Produkt-Konfiguratoren, die sein Interesse und seinen Spieltrieb fördern und fordern.

Gute Beispiel für Online Shops Communities sind der bekannteste Inter-net-Einzelhändler Amazon oder Dell als B2C- und B2B-PC-Produzent im Direktvertrieb. Ein weiteres Beispiel ist der mit dem Deutschen Internet-preis 2001 prämierte Shop-Auftritt des Computerhändlers Alternate mit seiner Community.

Wenn mehrere Anbieter die Angebots- oder Nachfrageseite eines Online Shops bilden, dann entsteht ein E-Market. Charakteristisch für **E-Market-Communities** ist, dass mehrere Anbieter auf der Angebots- und/oder Nachfrageseite oder ein unabhängiger Anbieter als Netmarketmaker eine Community betreiben. Der unabhängige Anbieter spielt die Rolle des Vermittlers, des »Community Intermediary« (zu Betreiberrollen siehe die Abschnitte 2.4 und 3.2).

Bei E-Markets kann man unterscheiden zwischen Gütermärkten mit Betriebsmitteln (Wartung, Reparatur und Unterhaltung) oder mit Produktionsfaktoren (Rohstoffe) einerseits und vertikalen (zu einer Branche) und horizontalen Märkten (branchenübergreifend) andererseits (vgl. Kaplan/Sawhney 2000). Des Weiteren gibt es unterschiedliche Formen der Preisbildung auf E-Markets (vgl. Amor 2000).

▶ Ein Käufer erwirbt zum vorher fixierten Preis (Festpreis).

▶ Ein Verkäufer verkauft zum höchsten Preis (Auktion).

▶ Ein Käufer kauft zum niedrigsten Preis (Reverse Auction = Ausschreibung).

Ungeachtet der zu handelnden Güter, ungeachtet ob vertikal oder horizontal und ungeachtet der Preisbildung: Die richtigen Produkte zu vernünftigen Preisen und Konditionen anzubieten, ist notwendige Bedingung für den nachhaltigen Erfolg von E-Markets; entscheidender Erfolgsfaktor ist aber die Online-Kaufgemeinschaft und das Community-Management. Content is King, Community is Kingmaker.

Gute Beispiele für eine beschaffungsorientierte E-Market Community ist Covisint, gegründet von DaimlerChrysler, General Motors, Ford und Renault/Nissan. SupplyOn hingegen ist eine angebotsorientierte E-Market Commmunity der Automobil-Zulieferer. Beispiel für neutrale betriebene E-Market Communities sind eBay, der Prototyp für erfolgreiches Community-Management bei Auktionshäusern im Internet, oder VerticalNet, ein so genannter Netmarketmaker.

Die von der Fraunhofer Task Force Business Communities theoretisch hergeleiteten und empirisch beobachteten Community-Typen decken sich sehr stark mit den Ergebnissen einer Trendumfrage von Telemat.de, die die Frage »Welche Communities existieren im Markt?« stellte. Die Rangliste der wahrgenommenen Communities lautet folgendermaßen[18]:

▶ Wissens-Communities mit 28,6%

▶ Portal Site Communities (=Service Communities) mit 20,8%

▶ Customer Communities (=Kunden-Communities) mit 16,9%

▶ Virtual Teams (=Projekt-Communities) mit 10,4%

▶ Image- und PR-Communities mit 7,8%, Enterprise Sites mit 3,9% sowie Branding&Partner Communities mit 2,6% (= Unternehmens-Communities)

▶ Virtuelle Stadtkommunen mit 9,1%

---

18 Community-Bereich von www.telemat.de

Aus den Business-Community-Typen ergibt sich zusammen mit den drei Bestandteilen Content, Community und Commerce des E-Business eine Business-Community-Landkarte (siehe Abbildung 1.8). Aus der Sicht eines Unternehmens ist sie von dem Business-Kern der Internet-Business-Community im Kreismittelpunkt aus zu lesen. Auf den Strahlen, die nach außen weisen, liegen die Funktionen Information, Kommunikation/Kooperation und Transaktion. Mit dem Uhrzeigersinn steigt der Grad der Interaktion zwischen Kunden-, Mitarbeitern, B2B-Partnern und dem Unternehmen als Community-Anbieter und -Betreiber.

Business-Community-Landkarte

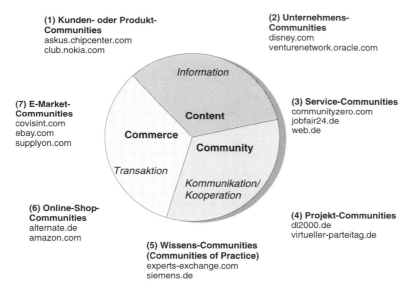

**(1) Kunden- oder Produkt-Communities**
askus.chipcenter.com
club.nokia.com

**(2) Unternehmens-Communities**
disney.com
venturenetwork.oracle.com

**(7) E-Market-Communities**
covisint.com
ebay.com
supplyon.com

**(3) Service-Communities**
communityzero.com
jobfair24.de
web.de

**(6) Online-Shop-Communities**
alternate.de
amazon.com

**(4) Projekt-Communities**
dl2000.de
virtueller-parteitag.de

**(5) Wissens-Communities (Communities of Practice)**
experts-exchange.com
siemens.de

Information

Content

Commerce

Community

Transaktion

Kommunikation/ Kooperation

**Abbildung 1.8** Business-Community-Landkarte

## 1.6  Beispiele, Beispiele, Beispiele

Im folgenden werden 133 Communities »aus der freien Wildbahn« vorgestellt, verglichen und als Typ eingeordnet mit dem Ziel, von ihnen zu lernen. Das Material ist das Ergebnis einer vergleichenden Studie im Mai und August 2001 auf der Basis eines Internet-Scannings und der Analyse von Printmedien, Newslettern, Fachliteratur, Werbebroschüren etc.

Hier noch einige Hinweise zur Erhebung. Die Namen der Communities sind v.a. bezüglich der Groß- und Kleinschreibung sehr unterschiedlich und oft nicht einmal auf einer Webpage der Community selbst konsistent. Die Wer-Wie-Was-Antworten wurden nach dem Relevanz- und nicht nach dem Vollständigkeitsprinzip ausgefüllt. Anliegen war es, Charakteristika nach bestem Wissen und Gewissen und ohne Gewähr in einem groß angelegten Vergleich darzustellen und nicht in fallstudienhafter Detailliertheit. Als typimmanentes Problem zeigt sich, dass manche geschlossenen E-Market Communities nicht zugänglich sind. An dieser Stelle wurde auf Sekundärmaterialien zurückgegriffen.

Viel Spaß bei der Reise durch den State-of-the-Art bei Business Communities!

| Nr. | Community-Typ | Name der Community | Kurzbeschreibung | WWW-Adresse | Branche |
|---|---|---|---|---|---|
| 1 | Kunden- oder Produkt-Communities (Typ 1) | AudiWorld | AudiWorld ist eine führende Web-Community für Audi-Liebhaber, angeboten von AudiWorld und nicht von Audi selbst. | http://www.audiworld.com/forum | Automobil |
| 2 | Kunden- oder Produkt-Communities (Typ 1) | Autocert.de | Das 5-Sterne-Auto-Communityportal von TÜV Süddeutschland und Süddeutsche Zeitung mit Autobörse, Magazin und Serviceseiten. | http://www.autocert.de | Automobil, Verkehr |
| 3 | Kunden- oder Produkt-Communities (Typ 1) | Bank Austria | Bankkunden-Community der Bank Austria | http://www.bankaustria.com | Finanzdienst-leistung |
| 4 | Kunden- oder Produkt-Communities (Typ 1) | Battle.net | Battle.net bietet den Kunden von Blizzard eine kostenlose Arena für Multiplayer-Games und Chats. | http://www.battle.net | Software |
| 5 | Kunden- oder Produkt-Communities (Typ 1) | Beinggirl.com | Beeinggirl.com ist eine Community, in der sich Mädchen austauschen, Ratschläge einholen können und über Procter&Gamble Produkte informiert werden. | http://www.beinggirl.com | Konsumgüter-industrie |
| 6 | Kunden- oder Produkt-Communities (Typ 1) | brigitte.de | Mitglieder können unter anderem untereinander Nachrichten austauschen, virtuelle Freundschaften pflegen, ein eigenes Gästebuch anlegen, an Diskussionen teilnehmen. | http://www.brigitte.de | Medien |

| Wer? Akteure/Allianzen | Wie? Werkzeuge | Was1? Thema | Was2? Ort | Was3? Zeit | Was4? Funktion | Was5? Zielgruppe |
|---|---|---|---|---|---|---|
| AudiWorld; Partner Websites: vwvortex.com, swedespeed.com, pickuptruck.com | Foren-Modul, Messaging-Modul, angekündigter One-Stop-Marketplace für alle Produktbedürfnisse rund um Audi | Audi-Modelle, Audi-Teile, Technik, Motorsport im allgemeinen | global | betriebsbezogen | Information, Kommunikation | B2C-Kunden, B2B-Kunden, B2B-Partner |
| TüV Süddeutschland und Süddeutsche Zeitung; Finanzierungsservicepartner: SG Bank AG, Norisbank, Deutsche Bank 24 | News, Autovermittlungsbörse, Gewinnspiele, täglicher Newsletter | Themen rund um Mobilität, Ratgeber zu Finanzierung, Musterverträgen, Zertifikaten | deutschsprachiger Raum | betriebsbezogen | Information, Kommunikation | B2C-Kunden, B2B-Kunden, B2B-Partner |
| Bank Austria Aktiengesellschaft | Online/Mobile Banking Account-Modul, Börse Online-Trader, MyAnalyzer | Bauen&Wohnen, Euro, Finanzieren, Sparen, Vorsorgen | deutschsprachig, Englisch | betriebsbezogen | Information, Transaktion | B2C-Kunden, B2B-Kunden |
| Blizzard; Hosts z.B. AT&T, DaCom, Tella | Frage-Antwort-Modul, Chat-Modul, News-Modul, Foren-Modul | Multiplayer Games | global | betriebsbezogen | Information, Kommunikation | B2C-Kunden |
| Procter&Gamble | Chat-Modul, Foren-Modul, User-Modul, Messaging-Modul, »Ask Iris«-Expertenratgeber, Umfragen | Alles was Mädchen im Alter von ca. 10-16 Jahren interessiert, mit besonderem Fokus auf den Marken von Procter&Gamble | global | betriebsbezogen | Information, Kommunikation | B2C-Kunden |
| Gruner+Jahr AG & Co | Chat-Modul, Foren-Modul, News-Modul | Diät und Ernährung, Mode und Kosmetik, Gesund und Fit, Rezepte, Liebe und Beziehung... | deutschsprachiger Raum | betriebsbezogen | Information, Kommunikation/ Kooperation | B2C-Kunden, B2B-Kunden |

| Nr. | Community-Typ | Name der Community | Kurzbeschreibung | WWW-Adresse | Branche |
|---|---|---|---|---|---|
| 7 | Kunden- oder Produkt-Communities (Typ 1) | ChipCenter Ask-Us-Community | Remote Access Community und Collaboration Community zum Thema Microchips, in der Mitglieder bei Erlaubnis Zugriff auf PCs im WWW erhalten können. | http://askus. chipcenter. com | Elektronik |
| 8 | Kunden- oder Produkt-Communities (Typ 1) | Club Nokia | Kunden-Club exclusiv für Nokia-Gerätebesitzer (Seriennummer!). Darüber hinaus gibt es den Nokia-Online-Shop unter http://www.nokia-online-shop. de. | http://www. club.nokia. de http://www. club.nokia. com | Mobilfunk |
| 9 | Kunden- oder Produkt-Communities (Typ 1) | Compaq Customer Community | Kunden-Community, in der sich Laien und Experten treffen, um Wissen und Informationen zu teilen und sich gegenseitig zu helfen. | http:// communities. compaq.com | Hardware |
| 10 | Kunden- oder Produkt-Communities (Typ 1) | debitel Einsteiger- und Kundenforum | debitel Kunden-Community für Information und exclusive Kundenbetreuung. Darüber hinaus gibt es ein B2B-Händlerforum als Extranet der debitel-Vertriebspartner. | http://www. debitel.net | Mobilfunk, TK-Netz-dienste, ISP (Internet Service Provider) |
| 11 | Kunden- oder Produkt-Communities (Typ 1) | learnetix.de | Lern-Community für Schüler | http://www. learnetix.de/ learnetix | Verlag/Bildung |
| 12 | Kunden- oder Produkt-Communities (Typ 1) | McAffee Online Services | Support-Community von McAffee | http://www. mcafee.com/ support | Software |

| Wer?<br>Akteure/Allianzen | Wie?<br>Werkzeuge | Was1?<br>Thema | Was2?<br>Ort | Was3?<br>Zeit | Was4?<br>Funktion | Was5?<br>Zielgruppe |
|---|---|---|---|---|---|---|
| eChips, Inc.; powered by QUIQ, Inc. | User-Modul, Frage-Antwort-Modul, Foren-Modul, Messaging-Modul, News-Modul | Mikrochips, Audio, Prozessoren, Graphiken ... | global | betriebsbezogen | Information, Kommunikation/ Kooperation, Transaktion | B2C-Kunden |
| Nokia | Kundensupport-Modul, Download von Klingeltönen und Bildmitteilungs-Editoren, Spiele, Cover-Katalog, Designs, Software | Nokia-Produkte, aktuelle Informationen zu Nokia Produkten und der Mobilkommunikation, Informationen zu örtlichen Nokia Events und Kampagnen | national, global | betriebsbezogen | Information | B2C-Kunden |
| Compaq; powered and hosted by QUIQ, Inc. | Chat-Modul, Foren-Modul, Frage/Antwort-Modul, Messaging-Modul | insbesondere Compaq-Produkte, aber auch allgemeine Themen | global, Schwerpunkt USA | betriebsbezogen | Information, Kommunikation/ Kooperation | B2C-Kunden, B2B-Kunden, B2B-Partner |
| debitel Network Services GmbH | Service-Chat, Newsletter, Kontenverwaltung, Jamba WAP und SMS Services, Mobilfunk- und Festnetzaufträge via Internet | Mobilfunk, Festnetz, Internet | Deutschland, Frankreich, Dänemark, Niederlande, Slowenien | betriebsbezogen | Information, Kommunikation/ Kooperation, Transaktion | B2C-Kunden, B2B-Kunden, B2B-Partner |
| Cornelsen Verlag | 3-D Welten Chat-Modul, Foren-Clubs, Experten-Hilfe für Hausaufgaben, Lernspiele | Schulwissen diesseits und jenseits von Lehrbüchern, Schule | deutschsprachiger Raum | betriebsbezogen | Information, Kommunikation/ Kooperation | B2C-Kunden, B2B-Kunden |
| McAfee.com Corporation | Foren, Frage-Antwort-Modul, Web-Assistant, Online-Virenscanning | McAffee-Produkte | global | betriebsbezogen | Information, Kommunikation/ Kooperation | B2C-Kunden, B2B-Kunden |

| Nr. | Community-Typ | Name der Community | Kurzbeschreibung | WWW-Adresse | Branche |
|---|---|---|---|---|---|
| 13 | Kunden- oder Produkt-Communities (Typ 1) | meinbmw | Community exclusiv für BMW-Besitzer (Fahrgestellnummer!) | http://www.bmw.de/meinbmw | Automobil |
| 14 | Kunden- oder Produkt-Communities (Typ 1) | mysap.com Community | Produktlinien-Community MySAP von SAP mit Chat, Diskussionsforen und Live Events | http://www.mysap.com/community | EDV, Software |
| 15 | Kunden- oder Produkt-Communities (Typ 1) | National Instruments Developer Exchange | Mit Hilfe des Developer Exchanges können National Instruments Kunden Fragen stellen sowie weltweit Ideen und Informationen mit Mitarbeitern von National Instruments austauschen. | http://exchange.ni.com | Software, Hardware |
| 16 | Kunden- oder Produkt-Communities (Typ 1) | Nokia-Forum.de | unabhängiges Handy-Forum | http://www.nokia-forum.de | Mobilfunk |
| 17 | Kunden- oder Produkt-Communities (Typ 1) | pdaforum.de | unabhängiges Forum für Palm User darüber hinaus existiert ein Palm-Shop unter http://www.delineo.de | http://www.palmconsult.de/forum | High Tech |
| 18 | Kunden- oder Produkt-Communities (Typ 1) | Puschkin Bar | Online »In-Bar« mit allem was so dazugehört: schrille Typen, interessante Gespräche, Meinungen und Eventankündigungen. Darüber hinaus gibt einen Puschkin-Shop. | http://www.puschkin.de | Getränke- und Spirituosen-handel |

| Wer?<br>Akteure/Allianzen | Wie?<br>Werkzeuge | Was1?<br>Thema | Was2?<br>Ort | Was3?<br>Zeit | Was4?<br>Funktion | Was5?<br>Zielgruppe |
|---|---|---|---|---|---|---|
| BMW Deutschland | User-Modul, Frage/Antwort-Modul, News-Modul, BMW Card, Forum für BMW-Fahrer | BMW-Automobile, z. B. Zusammenstellung eines individuellen Fahrzeuges über den BMW Car-Configurator | deutsch-sprachiger Raum | betriebs-bezogen | Information | B2C-Kunden |
| SAP AG | Disscussion Forums, Webcasts, Polls, Demos, Newsletters, My-Profile | allgemeine eBusiness Themen und SAP-Produkte (mySAP Business Intelligence, mySAP Collaborative Business, mySAP CRM, mySAP E-Procurement, mySAP Financials, my SAP Hosted Solution, mySAP Human Resources ...) | global | betriebs-bezogen | Information, Kommunikation/ Kooperation | B2B-Kunden, B2B-Partner |
| National Instruments Corporation; powered and hosted by QUIQ, Inc. | Chat-Modul, Foren-Modul, Frage/Antwort-Modul, Messaging-Modul | insbesondere NI-Produkte, aber auch allgemeine Themen | global | betriebs-bezogen | Information, Kommunikation/ Kooperation, Transaktion | B2C-Kunden, B2B-Kunden, B2B-Partner |
| Oliver Vollmer | Foren-Modul, Link-Modul | Mobiltelefone unterschiedlicher Marken | deutsch-sprachiger Raum | betriebs-bezogen | Information, Kommunikation/ Kooperation | B2C-Kunden, B2B-Kunden |
| DELINEO, keine offizielle Seite von 3Com | News-Modul, Foren-Modul, Chat-Modul, Messaging-Modul | Palmpilots | deutsch-sprachiger Raum | betriebs-bezogen | Information, Transaktion | B2C-Kunden, B2B-Kunden |
| Puschkin International | News-Modul, Foren-Modul, Chat-Modul, Messaging-Modul, Event-Modul, Shop-Modul, WC-Gästebuch, Bild als Avatar | Getränke, allgemeine Themen wie Musik, Internet, Mädels, Jungs,... | deutsch-sprachiger Raum | betriebs-bezogen | Information, Kommunikation, Transaktion | B2C-Kunden |

| Nr. | Community-Typ | Name der Community | Kurzbeschreibung | WWW-Adresse | Branche |
|---|---|---|---|---|---|
| 19 | Kunden- oder Produkt-Communities (Typ 1) | SAT.1 Community | Community des Privatfernsehsenders SAT.1 | http://www.sat1.de/community | Medien |
| 20 | Kunden- oder Produkt-Communities (Typ 1) | see-portal.de | Portal für die Bodensee-Region Friedrichshafen | http://www.see-portal.de | Tourismus |
| 21 | Kunden- oder Produkt-Communities (Typ 1) | smart-forum.de | unabhängiges Forum für Smart-Fahrer und -Begeisterte | http://www.smart-forum.de | Automobil |
| 22 | Kunden- oder Produkt-Communities (Typ 1) | smartvia.de | Smartvia ist Anbieter von Unified Messaging Lösungen für Unternehmen und Endkunden; die Community bietet Wissenswertes zu Unified Messaging und Internet. | http://www.smartvia.de | Online-Dienste/ASP (Application Service Provider) |
| 23 | Unternehmens-Communities (Typ 2) | daftclub.com | Club der Musikgruppe Daft Punk, die im Club Ausschnitte neuster Singles und Remixes vorstellt. | http://www.daftclub.com | Medien |
| 24 | Unternehmens-Communities (Typ 2) | disney.com | Spiellandschaften des Unternehmens Disney | http://www.disney.com | Unterhaltungsindustrie |
| 25 | Unternehmens-Communities (Typ 2) | lego.com | LEGO bietet ein »Erfahrungs-Universum« für Fun und Spiele. | http://www.lego.com | Unterhaltungsindustrie |

| Wer?<br>Akteure/Allianzen | Wie?<br>Werkzeuge | Was1?<br>Thema | Was2?<br>Ort | Was3?<br>Zeit | Was4?<br>Funktion | Was5?<br>Zielgruppe |
|---|---|---|---|---|---|---|
| SAT.1 Online | Chat-Modul, Foren-Modul, Bookmark-Modul, Free SMS, Gäste-buch, Toplist, Mit-gliedersuche, Mail | SAT.1 Programm, aber auch allge-meine Themen in den Kategorien News&Service, Action&Erotic, Love&Contact, Games&Win, Comedy&Fun, SAT.1Kids | deutsch-sprachiger Raum | betriebs-bezogen | Kommu-nikation/ Koopera-tion, In-formation | B2C-Kun-den |
| Region Friedrichs-hafen GmbH | Chat, Diskussion, persönliche Homepages, Blackboard, Buddy-List, Top-list, Blackboard, ePostcards, Mail-center, Spiele | Stadt/Region, Tourismus, Wirt-schaft, Gemeinde-rat, Messe, Kul-tur, Freizeit, Bil-dung, Fasnet | regional | betriebs-bezogen | Informa-tion, Kommu-nikation/ Koopera-tion | B2C-Kun-den |
| smart-forum: Goyko Kleensang und Nicolai Rybnikar | Chat-Modul, Foren-Modul, Link-Modul, kleine Umfragen | Smart-Automobil | deutsch-sprachiger Raum | betriebs-bezogen | Informa-tion, Kommu-nikation/ Koopera-tion | B2C-Kun-den |
| smartvia.de | News-Modul, Unified Mes-saging (mit Ge-schäftsbrief-Digi-talisierungsser-vice) | Unified Mes-saging, Travelser-vice, Hotelreser-vierung, Gewinn-spiele | deutsch-sprachiger Raum | betriebs-bezogen | Informa-tion | B2C-Kun-den, B2B-Kunden |
| die Musikgruppe Daft Punk | News, Sounds | Daft Punk und ihre Musik | global | betriebs-bezogen | Informa-tion, Kommu-nikation | B2C-Kun-den |
| Disney, powered by Compaq | interaktive Games, Lern- und Spiele-Clubs, Shop-Modul, Dis-ney-World-Reise-buchung, Fragen-Antwort-Modul, individuelles Dis-ney-Radio | Disney und Inter-essensgebiete von Kindern und Jugendlichen | global | betriebs-bezogen | Informa-tion, Kommu-nikation | B2C-Kun-den, B2B-Kunden |
| The LEGO Group | Shop-Modul, in-teraktive Games, FAQ | Legowelten | global | betriebs-bezogen | Informa-tion, Kommu-nikation | B2C-Kun-den, B2B-Kunden |

| Nr. | Community-Typ | Name der Community | Kurzbeschreibung | WWW-Adresse | Branche |
|---|---|---|---|---|---|
| 26 | Unternehmens-Communities (Typ 2) | look-look.com | Zukunftsforschung bei Look-Look.com ist »learning by doing«. Geschlossene Lifestyle Community, in der ausgewählte Jugendliche auf der ganzen Welt Trends nachspüren und über sie Bericht erstatten. Unternehmen zahlen als Mitglieder Beiträge, um Informationen aus erster Hand über die Zielgruppe »Jugendliche« zu bekommen. | http://www.look-look.com | Forschung (Zukunftsforschung) |
| 27 | Unternehmens-Communities (Typ 2) | McKinsey Quarterly | Unternehmens-Community von McKinsey | http://www.mckinsey-quarterly.com | Unternehmensberatung |
| 28 | Unternehmens-Communities (Typ 2) | Mercedes-Benz Portal | Mobilitäts-Community, Remote Access Community und Collaboration Community, in der Mitglieder »anywhere« Zugriff auf das WWW und Community-Dienste haben. | http://www.mercedes-benz.t-online.de | Automobil, Verkehr, mobile Telekommunikation |
| 29 | Unternehmens-Communities (Typ 2) | SAP Community | SAP Unternehmens-Community | http://www.sap.com/community | EDV, Software |
| 30 | Unternehmens-Communities (Typ 2) | shell.com | Shell ermöglicht auf seinem Web-Unternehmensauftritt auch kontroverse Diskussionsforen. | http://www.shell.com | Chemie/Öl |

| Wer?<br>Akteure/Allianzen | Wie?<br>Werkzeuge | Was1?<br>Thema | Was2?<br>Ort | Was3?<br>Zeit | Was4?<br>Funktion | Was5?<br>Zielgruppe |
|---|---|---|---|---|---|---|
| Look-Look.com | News-Modul, Up-/Download (Bild- und Tonmaterial, Zukunftsreports, Forschungsberichte) | Activities, Essen und Trinken, Entertainment, Fashion, Gesundheit/Schönheit, Mindset, Technologie | global | betriebsbezogen | Information, Kommunikation, Transaktion | B2B-Kunden |
| McKinsey & Company | Newsletter, anmeldepflichtiger Zugang zu Whitepapers und sonstigen Arbeitsergebnissen | wirtschaftliche Entwicklung in Industrie-/Dienstleistungssektoren und Regionen | global | betriebsbezogen | Information | B2B-Kunden, B2B-Partner |
| StarMobility GmbH (DaimlerChrysler mit 51 Prozent und T-Online mit 49 Prozent beteiligt) | Dienste per PC, PDA, Handy oder via Call Center abzurufen, Routenplanung mit aktuellen Stau- und Wettermeldungen, Bürofunktionen mit Kalender, E-Mail, SMS und Unified Messaging, Nachrichten-Modul, Transaktions- und Reservierungs-Modul für Mietwagen, Restaurants und Hotels | Mobilität und Mobilitätsdienstleistungen | deutschsprachig | betriebsbezogen | Information, Kommunikation/Kooperation | B2C-Kunden |
| SAP AG | Online-Event: Interactive Webcasts mit simultanem Ask-the-Expert Chat, 1-zu-1 Internet-Conferencing, Foren, Newsletter, Poll-Abstimmungen, System-Check-Modul | SAP-Systeme/Produktpalette und die Anwendungserfahrungen mit ihnen | global | betriebsbezogen | Information, Kommunikation/Kooperation | B2B-Kunden, B2C-Kunden, B2B-Partner |
| Shell Gruppe | Foren-Modul | Shell, Umweltschutz, Motorsport, Aktuelles | global | betriebsbezogen | Information, Kommunikation | B2C-Kunden, B2B-Kunden |

| Nr. | Community-Typ | Name der Community | Kurzbeschreibung | WWW-Adresse | Branche |
|---|---|---|---|---|---|
| 31 | Unternehmens-Communities (Typ 2) | venturenet-work. oracle.com | Die Venturenetwork Community wurde von Oracle gegründet, um unabhängige Entrepreneurs mit einer Reihe von Dienstleistungen zu unterstützen. | http:// venturenet work. oracle.com | Software, Venture Capital |
| 32 | Unternehmens-Communities (Typ 2) | webagency.de | Forum rund um den elektronischen Handel im Internet und die speziellen wirtschaftlichen Bedingungen des World Wide Webs | http://www. webagency. de/ wwwboard | Online-Dienste/ASP |
| 33 | Service-Communities (Typ 3) | akoor.com | Spiele-Community im französischsprachigen Raum | http://www. akoor.com | Online-Dienste/ASP |
| 34 | Service-Communities (Typ 3) | AOL | Mit über 27 Millionen Mitgliedern ist America Online AOL einer der größten Online-Dienste und Internet-Provider und betreibt selbstverständlich Community-Dienste. | http://www. aol.de http://www. aol.com | ISP, Webportal, Online-Dienste/ASP |
| 35 | Service-Communities (Typ 3) | community-zero.com | CommunityZero bietet Usern die kostenlose Einrichtung einer eigenen Community. | http://www. community-zero.com | Online-Dienste/ASP |
| 36 | Service-Communities (Typ 3) | daybyday | webbasierter Organizer mit vielen Funtionalitäten für virtuelle Teams | http://www. daybyday.de | Online-Dienste/ASP |

| Wer?<br>Akteure/Allianzen | Wie?<br>Werkzeuge | Was1?<br>Thema | Was2?<br>Ort | Was3?<br>Zeit | Was4?<br>Funktion | Was5?<br>Zielgruppe |
|---|---|---|---|---|---|---|
| Oracle Corporation | Business Plan Manager, Forum, Message Boards, Wettbewerbe | Unternehmens-gründungen | Oracle Venture-Network country corners: Asien/Pazifik, Dänemark, France, Italien, Korea, Spain | betriebs-bezogen | Informa-tion, Kommu-nikation | B2C-Kun-den, B2B-Kunden |
| WEBAGENCY E-Commerce AG | Diskussionsforum, interaktive Bera-tung, News, Basis-wissen Internet | Internet-Wissen, E-Commerce-Themen | deutsch-sprachiger Raum | betriebs-bezogen | Informa-tion | B2B-Kun-den |
| Akoor | Chat-Modul, Foren-Modul, User-Modul | Spiele von A bis Z | franzö-sischspra-chiger Raum | betriebs-bezogen | Kommu-nikation/Koopera-tion | B2C-Kun-den |
| AOL; Kooperatio-nen mit Händlern, z.B. eBay, Barnes&Noble etc. | Chat-Modul, Foren-Modul, News-Modul, Unified Mes-saging, User-Mo-dul, Online Shop-ping | Nachrichten, Rei-sen, Sport, Busi-ness, Finanzen, Entertainment, Computing, Treff-punkt, Lifestyle | national, global | betriebs-bezogen | Kommu-nikation/Koopera-tion und Informa-tion, Trans-aktion | B2C-Kun-den, B2B-Kunden, B2B-Part-ner |
| Ramius Corpora-tion; powered by Sun, Network Appliance | Chat-Modul, Mes-saging-Modul, News-Modul | Themen frei ge-staltbar, je nach persönlichen Interessen | global | betriebs-bezogen | Informa-tion/Kommu-nikation/Koopera-tion je nach ver-wende-ten Mo-dulen | B2B-Kun-den, B2C-Kunden, B2B-Part-ner |
| daybyday Media | Personal-Profiling, Adress-Manager, Time-Manager, Link-Manager, File-Manager, eMail/SMS, Uni-fied-Messaging, Group-Manager-Modul | offen | Deutsch, Englisch | betriebs-bezogen | Kommu-nikation/Koopera-tion | B2C-Kun-den, B2B-Kunden |

| Nr. | Community-Typ | Name der Community | Kurzbeschreibung | WWW-Adresse | Branche |
|---|---|---|---|---|---|
| 37 | Service-Communities (Typ 3) | dooyoo.de | Die Dooyoo Meinungs-Community bietet Entscheidungshilfen für Verbraucher. | http://www.dooyoo.de | Webportal, Online-Dienste/ASP |
| 38 | Service-Communities (Typ 3) | eblvd.com | Remote Access Community und Collaboration Community, in der Mitglieder bei Erlaubnis Zugriff zu PCs im WWW bekommen können. | http://www.eblvd.com | Webportal, Online-Dienste/ASP |
| 39 | Service-Communities (Typ 3) | excite.com | Excite Communities beinhalten diverse E-Mail Services und andere Internet-Tools. | http://www.excite.de http://www.excite.com | ISP, Webportal, Online-Dienste/ASP |
| 40 | Service-Communities (Typ 3) | fortunecity.com | Stadt im Internet | http://www.fortunecity.de http://www.fortunecity.com | Webportal, Online-Dienste/ASP |

| Wer?<br>Akteure/Allianzen | Wie?<br>Werkzeuge | Was1?<br>Thema | Was2?<br>Ort | Was3?<br>Zeit | Was4?<br>Funktion | Was5?<br>Zielgruppe |
|---|---|---|---|---|---|---|
| dooyoo AG | Newsletter, Diskussions-Foren, Buddies-List, Funmail, dooyoo-Wap, Event-Modul, Frage-Antwort-Modul, Fanshop | aktuelle Themen; allgemeine Themen: Bildung& Karriere, Sport, Shopping | europaweit | betriebsbezogen | Kommunikation/ Kooperation, Information | B2C-Kunden, B2B-Kunden, B2B-Partner |
| Eblvd | User-Modul, Chat-Modul, Event-Modul, Messaging-Modul | Remote Access/ Fernsteuerung und -zugriff auf PCs, (P2P) Software/Internet Infrastruktur | global | betriebsbezogen | Kommunikation | B2B-Kunden, B2C-Kunden, B2B-Partner |
| Excite, Inc.; Partner: At Home Corporation, Associated Press, Reuters Limited, United Press International, Tribune Media Services, Hearst Communications, Inc., SportsTicker Enterprises LP, TicketMaster Corp., The Weather Channel Enterprises, Inc., Quicken.com, Quotes provided by S&P/Comstock | User-Modul (Personalisierte Page), Chat-Modul, Messaging-Modul, Event-Modul, Anreiz-Module (freebies - photos, ecards etc.) | offen | national, global | betriebsbezogen | Kommunikation, Information | B2C-Kunden, B2B-Kunden, B2B-Partner |
| Fortunecity, Inc.; Partner/Beteiligungen: FreePage.de; Citeweb.fr; Bravenet; WAPDrive; Hotgames; WSX. | Messaging-Modul, User-Modul, Foren-Modul | Aufbau eigener Websites; ansonsten sehr offene Themen wie Business, Kunst/Kultur, Computer, Shopping ... | national, global (USA, Frankreich, Großbritannien, Italien, Spanien, Niederlande, Portugal, Schweden, Japan) | betriebsbezogen | Kommunikation, Information | B2C-Kunden, B2B-Kunden, B2B-Partner |

| Nr. | Community-Typ | Name der Community | Kurzbeschreibung | WWW-Adresse | Branche |
|---|---|---|---|---|---|
| 41 | Service-Communities (Typ 3) | gmx.de | Mit über 8,2 Mio. Mitglieder-Accounts gehört GMX zu den großen deutschen Kommunikations- und Informationsservices mit Community-Features. | http://www.gmx.de http://www.gmx.com | Webportal, Online-Dienste/ASP |
| 42 | Service-Communities (Typ 3) | guenstiger.de | Preisvergleichsagentur mit Community der Kunden und Produkt-Anbieter | http://www.guenstiger.de | Webportal, Online-Dienste/ASP |
| 43 | Service-Communities (Typ 3) | ICQ (»I seek you«) | Online Freunde-Community derjenigen, die online sind und über die ICQ-Plattform miteinander kommunizieren wollen. | http://www.icq.com/community | Webportal, Online-Dienste/ASP |
| 44 | Service-Communities (Typ 3) | ifay Consumer Center | ifay Service-Gemeinde für die Personalisierung des Web: Nutzer geben gemäss ihrer Präferenzen gezielt ihr Profil frei für massgeschneiderte dynamisch-individualisierte Webangebote und gegen 40% Erlösbeteiligung an Profileweiterverkauf (»Consumer Value Chain«). | http://www.ifay.de | Online-Dienst/ASP |
| 45 | Service-Communities (Typ 3) | jobfair24.de | Jobfair24, das ist die erste virtuelle, interaktive und dreidimensionale Kontaktmesse für arbeitssuchende Akademiker und für Studenten der höheren Semester. | http://www.jobfair24.de | Online-Dienste/ASP |
| 46 | Service-Communities (Typ 3) | kostenlos.de | Reiseführer und Forum der kostenlosen Welt via Internet | http://www.kostenlos.de | Webportal, Online-Dienste/ASP |

| Wer?<br>Akteure/Allianzen | Wie?<br>Werkzeuge | Was1?<br>Thema | Was2?<br>Ort | Was3?<br>Zeit | Was4?<br>Funktion | Was5?<br>Zielgruppe |
|---|---|---|---|---|---|---|
| GMX AG; Partner: United Internet AG, Tomorrow Internet AG, dooyoo AG, eBay GmbH, Lycos, TNS EMNID | User-Modul, Chat-Modul, Messaging-Modul | offen | insbesondere deutschsprachiger Raum, aber mehrsprachige Website | betriebsbezogen | Kommunikation/ Kooperation, Information | B2C-Kunden, B2B-Kunden, B2B-Partner |
| Hartmann & Schnoor Informationsdienste Verlag | Matchmaking-Modul, Newsletter, Preistipp, Erfahrungs-Foren (zu Produkt und Lieferant), Einkaufsführer-Konfigurator | Produkte, Produkte, Produkte und Erfahrungen | deutschsprachiger Raum | betriebsbezogen | Kommunikation/ Kooperation, Information, Transaktion | B2C-Kunden, B2B-Kunden, B2B-Partner |
| ICQ Inc. | Instant Messaging, Text- und Voice-Chat, Audio- und Video-Conferencing via Internet | sich virtuell treffen oder erst kennen lernen | global | betriebsbezogen | Kommunikation/ Kooperation | B2C-Kunden, B2B-Kunden, B2B-Partner |
| COCUS AG | Personalisierungs-Fragebögen, ifay-Key, personalisierte Webangebote, selbstbestimmte Profile und Freigabe, »virtuelle Spardose« für Erlösbeteiligung | Nutzer-Profile und individualisierte Webangebote | deutschsprachiger Raum | betriebsbezogen | Kommunikation/ Kooperation, Information, Transaktion | B2C-Kunden, B2B-Kunden |
| Veranstalter: Jobfair24 GmbH; Westerwelle Consulting & Media AG | User-Modul, Chat-Modul, News-Modul, Event-Modul, Frage/Antwort-Modul | High Level Jobmatchmaking, Jobs, Praktika, Diplomarbeiten | global | betriebsbezogen | Kommunikation/ Kooperation, Information | B2C-Kunden, B2B-Kunden, B2B-Partner |
| valudo AG; Kooperation mit TVToday | Shop, Newsletter, Forum, Gewinnspiele | was »wo« nichts kostet | deutschsprachiger Raum | betriebsbezogen | Kommunikation, Information | B2C-Kunden, B2B-Kunden |

| Nr. | Community-Typ | Name der Community | Kurzbeschreibung | WWW-Adresse | Branche |
|---|---|---|---|---|---|
| 47 | Service-Communities (Typ 3) | lycos communities | Lycos Communities machen es möglich, die Bereiche Chat, Clubs und Message Boards je nach persönlichen Präferenzen zu gestalten. | http://www.clubs.lycos.com | Webportal, Online-Dienste/ASP |
| 48 | Service-Communities (Typ 3) | metropolis | Die virtuelle Gemeinschaft Metropolis existiert bereits seit 1996 und zählt mittlerweile einige Hunderttausend registrierte Einwohner. | http://www.metropolis.de http://www.metropolis.com | Webportal, Online-Dienste/ASP |
| 49 | Service-Communities (Typ 3) | motley-fool Fool Community | Interessengemeinschaft zwischen Information und Unterhaltung, für Teilnehmer, die an privaten Geldanlagen interessiert sind. | http://www.motleyfool.com | Webportal, Online-Dienste/ASP |
| 50 | Service-Communities (Typ 3) | msn (Microsoft Network) Communities | Microsofts Community Services | http://communities.msn.de/home | ISP, Webportal, Online-Dienste/ASP |
| 51 | Service-Communities (Typ 3) | napster.com Music Community | Napster ermöglicht es Teilnehmern, MP3 Musik-Dateien zur Verfügung zu stellen bzw. von anderen herunterzuladen. | http://www.napster.com | Webportal, Online-Dienste/ASP |

| Wer?<br>Akteure/Allianzen | Wie?<br>Werkzeuge | Was1?<br>Thema | Was2?<br>Ort | Was3?<br>Zeit | Was4?<br>Funktion | Was5?<br>Zielgruppe |
|---|---|---|---|---|---|---|
| Lycos, Inc.; Unternehmensnetzwerk Lycos.com: Tripod, WhoWhere, Angelfire, MailCity, HotBot, HotWired, Wired News, Webmonkey, Suck.com, Sonique, Quote.com, Gamesville and LycosZone | Chat, Clubs, Message Boards, »create your own community-Dienst«, Newsletter, Benachrichtigungs-Alert | Community Hilfe, Kleidung, Arbeitsplatz, Kinder etc. | global | betriebsbezogen | Kommunikation/ Kooperation, Information | B2C-Kunden, B2B-Kunden |
| Metropolis; Partner von Metropolis.de: Unitied Internet, n-tv online, spiegel online; Manager Magazin Online; ICN4U, jobpilot, Spiegel TV; ejay; AdLINK; Mitfahrzentrale.de; Offerto.de ... | Chat-Modul, Foren-Modul, Tagebuch, Avatar, Gästebuch, User-Modul | Kunst, Musik, Literatur, Film, Erotik, Trendsport, Spiele, Leben, Studieren, Politik | national, global | betriebsbezogen | Kommunikation/ Kooperation, Information | B2C-Kunden, B2B-Kunden, B2B-Partner |
| The Motley Fool, Inc.; Technologische Partner: Akamai, Cisco, Microsoft, Transform Research etc. | Webradio, -audio, News, Foren-Modul wie Discount Broker Board/Full-Service Broker Board, My Portfolio | Aktien A-Z, Investment Clubs, Marktanalysen, Speaker's Corner | USA, UK | betriebsbezogen | Kommunikation/ Kooperation, Information | B2C-Kunden, B2B-Kunden, B2B-Partner |
| Microsoft | eine eigene Community erstellen, anderen Communities beitreten, eine Liste der Lieblingscommunities erstellen, Chat, Foren-Modul | Arbeitswelt, Computer, Gesundheit, Haus&Familie, Religion etc. | Deutsch, Englisch | betriebsbezogen | Kommunikation/ Kooperation, Information | B2C-Kunden, B2B-Kunden |
| Napster, Inc., Bertelsmann E-Commerce Group | News-Modul, Up-/Download-Modul für File Sharing (Perr-to-Peer), Transaktions-Modul in Ankündigung | MP3 Musik-Dateien | global | betriebsbezogen | Kooperation, Transaktion | B2C-Kunden, B2B-Kunden, B2B-Partner |

| Nr. | Community-Typ | Name der Community | Kurzbeschreibung | WWW-Adresse | Branche |
|---|---|---|---|---|---|
| 52 | Service-Communities (Typ 3) | neuropeans.com | Neuropeans.com ist eine Community zur Völkerverständigung in Europa. | http://www.neuropeans.com | Online-Dienste/ASP |
| 53 | Service-Communities (Typ 3) | payback | Offline- und Online-Rabattzirkel | http://www.payback.de | Webportal, Online-Dienste/ASP, Rabattdienst offline unf online |
| 54 | Service-Communities (Typ 3) | placeware.com | Der »Ort«, um sich für geographisch (oder zeitlich) verteilte Online-Vorträge (1-zu-n) und Web-Events (n-zu-n) Community Services zu mieten. | http://www.placeware.com/seminar | Online-Dienste/ASP |
| 55 | Service-Communities (Typ 3) | ShortNews | Nutzernetzwerk-Nachrichtenagentur. Die Nutzer und nicht Redakteure stellen hier nach ihren Informationsbedürfnissen ihre News-Community zusammen. | http://www.shortnews.de | Webportal, Online-Dienste/ASP |
| 56 | Service-Communities (Typ 3) | spotlight.de community | Netzgemeinschaft mit Verbraucher-Foren und Archiv ausgewählter Artikel zu den Themen Hardware, Software, Browser, Programme, Sport, Motor | http://www.spotlight.de | Finanzdienstleistung, Online Brokerage |
| 57 | Service-Communities (Typ 3) | teamone.de | Die SELFHTML-Community gibt sich in Form von Online Dokumentation, Chat und Foren Hilfestellung beim Erstellen von Webseiten. | http://www.teamone.de/selfaktuell | Webportal, Online-Dienste/ASP |
| 58 | Service-Communities (Typ 3) | TheGlobe.com | TheGlobe.com ist eine Online Community, in der Menschen weltweit interagieren, sich in gemeinsamen Interessensgruppen zusammenfinden und Meinungen austauschen. | http://www.theglobe.com | Webportal, Online-Dienste/ASP |

| Wer?<br>Akteure/Allianzen | Wie?<br>Werkzeuge | Was1?<br>Thema | Was2?<br>Ort | Was3?<br>Zeit | Was4?<br>Funktion | Was5?<br>Zielgruppe |
|---|---|---|---|---|---|---|
| Neuropeans.com; Partner: Metropolis, jobpilot | Chat-Modul, Foren-Modul | Jobs, Sport, Kunst&Kultur, Esperanto (»the language that connects Europeans«) | Europaweit | betriebsbezogen | Kommunikation/ Kooperation, Information | B2C-Kunden, B2B-Partner |
| Loyality-Partner; Partner reichen von AOL oder Europcar über die Supermarktkette Real bis hin zu diversen Online-Shops | User-Modul, Konten-Modul | Unternehmen und Produkte, Payback-Rabatte | deutschsprachiger Raum | betriebsbezogen | Kooperation, Information | B2C-Kunden, B2B-Kunden, B2B-Partner |
| PlaceWare, Inc.; Partner: MCI, Sprint, Global Crossing, Conference Plus, Inc., Hewlett Packard | Event-Modul, Frage/Antwort-Modul, Vortrags-Modul, Shared-Screen/Shared Application-Modul, Chat-Modul | TOPs in Business Meetings, Konferenzen, Vorträgen, Arbeitsgruppen | global | betriebsbezogen | Kommunikation/ Kooperation, Information | B2B-Kunden, B2B-Partner |
| ShortNews.com GmbH | Umfragen, Foren, Chat, MyShort-News | alles Mögliche und Unmögliche im Nachrichtenbereich | deutschsprachiger Raum | betriebsbezogen | Kommunikation, Information | B2C-Kunden, B2B-Kunden |
| Spotlight.de; Partner im Auktionsbereich ist eBay | News-Modul, Newsletter, Foren-Modul, Gästebuch | Hardware, Software, Browser, Programme, Allgemeines, Sport, Motor, Verschiedenes | deutschsprachiger Raum | betriebsbezogen | Kommunikation/ Kooperation, Information, Transaktion | B2C-Kunden, B2B-Kunden, B2B-Partner |
| Teamone; Seiten werden gehostet von PrimeKom International Consulting | Foren-Modul, Chat-Modul, Link-Modul | Webseiten - HTML, CSS, JavaScript, CGI/Perl, DHTML; Einführung, Tutorial, Referenz. Beispiele, Tips, Übersichten, Hintergründe | deutschsprachiger Raum | betriebsbezogen | Kommunikation/ Kooperation, Information | B2C-Kunden, B2B-Kunden, B2B-Partner |
| TheGlobe.com | User-Modul, Foren-Modul, Chat-Modul | Shopping (featured category), ansonsten sehr offen; Familien/ Freunde, People, Lifestyle, Entertainment, Arts, Books, Sports | global | betriebsbezogen | Kommunikation/ Kooperation, Information | B2C-Kunden, B2B-Kunden |

| Nr. | Community-Typ | Name der Community | Kurzbeschreibung | WWW-Adresse | Branche |
|---|---|---|---|---|---|
| 59 | Service-Communities (Typ 3) | t-online | t-online.de ist der Online-Dienst der Deutschen Telekom AG. | http://www.t-online.de | ISP, Webportal, Online-Dienste/ASP |
| 60 | Service-Communities (Typ 3) | tripod.de | Tripod ist eine internationale Hompage Building Community. | http://www.tripod.de http://www.tripod.lycos.com | Webportal, Online-Dienste/ASP |
| 61 | Service-Communities (Typ 3) | vaybee.de | türkische Community | http://www.vaybee.de | Webportal, Online-Dienste/ASP |
| 62 | Service-Communities (Typ 3) | Web.de | Das Angebot von Web.de umfasst einen redaktionell gepflegten Internetkatalog deutscher Seiten und Dienste rund um Navigation, Information, Kommunikation, Diskussion und Unterhaltung. | http://www.web.de | Webportal, Online-Dienste/ASP |
| 63 | Service-Communities (Typ 3) | Webmiles | Branchenübergreifendes Online-Prämiensystem für »incentivierungsbezogene« Kundenbindung und Kundengewinnung | http://www.webmiles.de | Webportal, Online-Dienste/ASP |

| Wer?<br>Akteure/Allianzen | Wie?<br>Werkzeuge | Was1?<br>Thema | Was2?<br>Ort | Was3?<br>Zeit | Was4?<br>Funktion | Was5?<br>Zielgruppe |
|---|---|---|---|---|---|---|
| Deutsche Telekom AG; Partner in Spanien Ya.Com, in Italien Eugeniu, in Portugal Terravista | Shop-Modul, User-Modul, News-Modul, Foren-Modul, Yellow-Pages | Nachrichten, Business, Finanzen, Computer, Bildung/Beruf, Shopping, Reise, Lifestyle, Fun, Action, Sport | deutsch-sprachiger Raum | betriebs-bezogen | Kommunikation/Kooperation, Information | B2C-Kunden, B2B-Kunden, B2B-Partner |
| Lycos, Inc.; Unternehmensnetzwerk Lycos.com: Tripod, WhoWhere, Angelfire, MailCity, HotBot, HotWired, Wired News, Webmonkey, Suck.com, Sonique, Quote.com, Gamesville and LycosZone | User-Modul, Chat-Modul, Foren-Modul, Event-Modul | Stammtische, Foyer, Ausbildung, Gesellschaft, Gesundheit, Kultur, Lifestyles | national, global | betriebs-bezogen | Kommunikation/Kooperation, Information | B2C-Kunden, B2B-Kunden, B2B-Partner |
| Vaybee.com AG | Foren-Modul, Chat-Modul, Messaging-Modul, User-Modul | Lifestyle, Entertainment, Familie, Wirtschaft, Szene | Türkisch, Deutsch | betriebs-bezogen | Kommunikation/Kooperation, Information | B2C-Kunden, B2B-Kunden, B2B-Partner |
| Web.de AG | News-Modul, Chat-Modul, Messaging-Modul, User-Modul | Computer, Internet, Wirtschaft, Kultur … | deutsch-sprachiger Raum; Partner-guides in Europa | betriebs-bezogen | Information, Kommunikation | B2C-Kunden, B2B-Kunden, B2B-Partner |
| Webmiles AG (70% der Anteile liegen bei Bertelsmann Services Group); Partner im Handel: z.B. Quelle, Conrad, Vobis; Finanzen: z.B. American Express, Direkt Anlage Bank; Reisen/Touristik: z.B. TUI, e-Sixt, l'tur; Verlage: z.B. Focus; B2B: Schober, Hach, Office XL etc. | Modul zum Sammeln und Ausgeben von Bonus-punkten | Unternehmen und Produkte, Rabatt, Webmiles | deutsch-sprachiger Raum | betriebs-bezogen | Information, Kommuniktion | B2C-Kunden, B2B-Kunden, B2B-Partner |

| Nr. | Community-Typ | Name der Community | Kurzbeschreibung | WWW-Adresse | Branche |
|---|---|---|---|---|---|
| 64 | Service-Communities (Typ 3) | WiredReality.com | Sammlung von Chatseiten für alle Altersgruppen und Interessen | http://www.wiredreality.com | Webportal, Online-Dienste/ASP |
| 65 | Service-Communities (Typ 3) | yahoo! Clubs | yahoo! Clubs bietet die Möglichkeit, einem Club beizutreten oder selbst einen Club zu gründen. | http://www.clubs.yahoo.com | Webportal, Online-Dienste/ASP |
| 66 | Projekt-Communities (Typ 4) | bizcity.de | Die bizcity Community besteht aus Menschen, die sich für Aktien und Börse interessieren. | http://www.bizcity.de | Finanzdienst-leistung |
| 67 | Projekt-Communities (Typ 4) | COSMOS | Community Online Services and Mobile Solutions (COSMOS) | http://www.cosmos-community.org | Forschung und Entwick-lung |

| Wer?<br>Akteure/Allianzen | Wie?<br>Werkzeuge | Was1?<br>Thema | Was2?<br>Ort | Was3?<br>Zeit | Was4?<br>Funktion | Was5?<br>Zielgruppe |
|---|---|---|---|---|---|---|
| Partner von WiredReality.com: Chatspace, Planetz.Net, WebFuse.Net, InnogenDesigns u.a. | Chat-Modul | Chats für alle Altersgruppen und Interessen | global | betriebs-bezogen | Kommu-nikation/ Koopera-tion | B2C-Kun-den, B2B-Kunden, B2B-Part-ner |
| Yahoo! Inc.; Part-ner: Kana Commu-nications, Venture Law Group; Perkins Coie LLP; Fleish-man-Hillard Inc., Reuters New Media, Inc.; Net-work Appliance, Inc.; FreeBSD Inc., TIBCO Inc.; GlobalCenter; Sequoia Capital; Palm Computing, Inc. | User-Modul, Chat-Modul, News-Modul, Messaging-Modul, Foren-Modul | sehr weites The-menspektrum von Business/Finance bis Sex/Romance | global | betriebs-bezogen | Kommu-nikation/ Koopera-tion, In-formation | B2C-Kun-den, B2B-Kunden, B2B-Part-ner |
| Projekt der Kliegel & Hafner GbR | Messaging-Mo-dul, Chat-Modul, Frage-Antwort-Modul, News-Modul, Shopping-Modul | Börse, Wirtschaft, Internet | deutsch-sprachiger Raum | projekt-bezogen | Kommu-nikation/ Koopera-tion | B2B-Kun-den, B2C-Kunden, Mitarbei-ter, B2B-Partner |
| TU München, Uni-versität Hohen-heim, Ericsson Deutschland GmbH und Viag Interkom GmbH u. Co | Freunde-Online, Newsgroup-Mo-dul, Pull- und Push-Dienste über konventionelle Plattform und PC als auch über trag-bare Zugangsge-räte (z.B. auf den Mobilfunkstan-dards GPRS und UMTS basierend) | unterschiedliche mobile Gemein-schaften in Lebensbereichen wie Freizeit oder Krankheit (Krebs) | deutsch-sprachiger Raum | projekt-bezogen | Kommu-nikation/ Koopera-tion, In-formation | B2C-Kun-den, B2B-Partner, Mitarbeiter |

| Nr. | Community-Typ | Name der Community | Kurzbeschreibung | WWW-Adresse | Branche |
|---|---|---|---|---|---|
| 68 | Projekt-Communities (Typ 4) | Dienstleistung 2000 bzw. DL2000.de | Die Community innovativer Dienstleister in Deutschland | http://www.dl2000.de | Forschung und Entwicklung (Dienstleistungssektoren und E-Business) |
| 69 | Projekt-Communities (Typ 4) | ekop | EKOP – Virtuelle Handwerkskooperation für das Gebäudemanagement | http://www.ekop.iao.fhg.de | Forschung und Entwicklung (Dienstleistungssektoren, E-Business) |
| 70 | Projekt-Communities (Typ 4) | erp-consulting.com | Unternehmensberater-Community für inhaltlichen Austausch, Vermittlung etc. | http://www.erp-consulting.com | Unternehmensberatung |
| 71 | Projekt-Communities (Typ 4) | Fit4service.com Benchmarking-Community | Wissensplattform für Benchmarking in der Dienstleistungswirtschaft mit der Zielsetzung »Fit for Service«. Offener Lobby-Bereich, geschlossener Benchmarking-Club-Bereich. | http://www.fit4service.com | Forschung und Entwicklung (Dienstleistungssektoren und E-Business) |

| Wer?<br>Akteure/Allianzen | Wie?<br>Werkzeuge | Was1?<br>Thema | Was2?<br>Ort | Was3?<br>Zeit | Was4?<br>Funktion | Was5?<br>Zielgruppe |
|---|---|---|---|---|---|---|
| Fraunhofer IAO; Kooperationspartner: Bundesministerium für Bildung und Forschung BMBF | User-Modul, Linking-Modul, Newsletter, Bekanntmachung Fördervorhaben, Video-on-Demand, MyDL-persönliche Redaktionsumgebung zum Einstellen und Empfangen von Terminen, News, Projekten und Publikationen des realen Netzwerks | aktuelle und innovative Themen der Dienstleistungswirtschaft und zu E-Services | deutschsprachiger Raum | projektbezogen | Kommunikation/ Kooperation, Information | B2B-Kunden, B2B-Partner, Mitarbeiter |
| Fraunhofer IAO, Handwerkskammer Region Stuttgart, Fachverband Elektro- und Informationstechnik Baden-Württemberg, Wirtschaftsministeriums Baden-Württemberg, Deutsche Telekom AG | Werkzeuge für auftragsrelevante Gebäude- und Anlagendaten (Ekop-Gebäudeakte), Telekooperations-Module | Facilitymanagement: ganzheitliche Planung und Gestaltung des gesamten Lebenszyklus eines Gebäudes, mit der Absicht Nutzungsqualität und Wirtschaftlichkeit zu optimieren | Baden-Württemberg | projektbezogen | Kommunikation/ Kooperation, Information | B2B-Kunden, B2B-Partner, Mitarbeiter |
| erp-consulting, das sind: SAP, Baan, PeopleSoft, J.D. Edwards | Messaging Boards, Bookmarks-Modul, Link-Modul | Interessantes für Consultants | global | projektbezogen | Kommunikation/ Kooperation | Mitarbeiter |
| Fraunhofer IAO; Projektpartner: Integrata, Lufthansa, M+W Zander, Multimedia Software GmbH, Rofa Gastronomie GmbH, Württembergischer Genossenschaftsverband, DIW, WZB etc.; Fit for Service wird mit Mitteln des Bundesministeriums für Bildung und Forschung gefördert. | Foren-Modul, News, Chat, Freunde-Online, Dateienup-/download-Modul, Bewertungsrating, dezentrale Club-Administration, Nutzerrechte-Upgrade Workflow, Benchmarking-Fragebögen&Werkzeuge, Best-Practice-Datenbank (Service Performance Center) | nationaler und internationaler Vergleich von Dienstleistungsunternehmen, Organisationen und Forschungsinstituten sowie Best Practices im Dienstleistungsbereich | global | projektbezogen | Kommunikation/ Kooperation, Information | B2B-Kunden, B2B-Partner, Mitarbeiter |

| Nr. | Community-Typ | Name der Community | Kurzbeschreibung | WWW-Adresse | Branche |
|---|---|---|---|---|---|
| 72 | Projekt-Communities (Typ 4) | iDevelop 2000 | Remote Access Community und Collaboration Community, in der Mitglieder bei Erlaubnis Zugriff zu PCs im WWW bekommen können. | http://idevelop2000.com | Software |
| 73 | Projekt-Communities (Typ 4) | lotus sametimedevelopers | Seite für Entwickler von Real-Time Applikationen mit Lotus Sametime | http://www.lotus.com/home.nsf/welcome/sametimedevelopers | Software |
| 74 | Projekt-Communities (Typ 4) | Virtueller Parteitag | Der erste virtuelle Parteitag im Internet in Deuschland für die Community der Parteimitglieder und die interessierte Öffentlichkeit | http://www.virtueller-parteitag.de | Politik |
| 75 | Wissens-Communities (Typ 5) | adac.de | ADAC-Online-Forum für ADAC-Mitglieder und Nicht-Mitglieder | http://www.adac.de | Automobil, Verkehr |
| 76 | Wissens-Communities (Typ 5) | askme.com | globale Wissens-Community | http://www.askme.com | Online-Dienste/ASP |
| 77 | Wissens-Communities (Typ 5) | Bloomberg | Das Bloomberg Forum ist eine Präsentationsplattform für Entscheidungsträger aus der Finanzwelt, Unternehmen, Politik. | http://www.bloomberg.com/products/bbforums.html | Finanzdienstleistung |
| 78 | Wissens-Communities (Typ 5) | Communities of Entrepreneurship CoE | Gemeinschaft im Internet zur proaktiven Förderung von Unternehmertum an Hochschulen mit dem Community-Modell | http://www.c-o-e.org | Forschung und Lehre |
| 79 | Wissens-Communities (Typ 5) | Competence SITE | Coaching Network für Manager und Nachwuchskräfte | http://www.competencesite.de | Wissenstransfer |

| Wer? Akteure/Allianzen | Wie? Werkzeuge | Was1? Thema | Was2? Ort | Was3? Zeit | Was4? Funktion | Was5? Zielgruppe |
|---|---|---|---|---|---|---|
| Oracle, Inc.; sponsored by Hewlett-Packard, Intel, Sun | Frage/Antwort-Modul, Event-Modul | Produkt iDevelop2000 | global | projekt-bezogen | Kommunikation/ Kooperation, Information | B2B-Kunden, Mitarbeiter, B2B-Partner |
| Lotus Development Corporation | Event-Modul (Online Seminare), Chat-Modul | Lotus Sametime | global | projekt-bezogen | Kommunikation/ Kooperation, Information | Mitarbeiter, B2B-Kunden, B2B Partner |
| Bündnis90/Die Grünen Baden-Württemberg | Chat, Foren, Antragsstellungs- und Abstimmungs-Modul | Parteitag zum Thema elektronische Bürgerdemokratie und Ladenschluss | Baden-Württemberg, D | projekt-bezogen | Kommunikation/ Kooperation, Information | B2C-Kunden |
| Allgemeiner Deutscher Automobil-club ADAC | Foren-Modul, Frage-Antwort-Modul | Rund ums Autofahren | deutschsprachiger Raum | betriebs-bezogen | Kommunikation, Information, Transaktion | B2C-Kunden, Mitarbeiter |
| AskMe Corporation | Newsletter-Modul, Match-making-Modul Experten, (Fragen&Antworten), Bewertungsrating | Alles | global | betriebs-bezogen | Kommunikation/ Kooperation, Information | B2B-Kunden, B2B-Partner |
| Bloomberg L.P. | Event-Modul, Foren-Modul | Diskussion neuester Nachrichten, aktueller Geschäftsentwicklungen und zukünftiger Projekte | global | betriebs-bezogen | Kommunikation/ Kooperation, Information, | B2B-Kunden, B2B-Partner, Mitarbeiter |
| Lehrstuhl für Organisation Universität Stuttgart BWI, Abt. II | z.Z. Newsletter-Modul | Unternehmertum und Unternehmensgründung | deutschsprachiger Raum | betriebs-bezogen | Kommunikation/ Kooperation, Information | B2C-Kunden, B2B-Parter, Mitarbeiter/ Studenten |
| NetSkill AG, Netz der kooperierenden Wissenschaftler und Praktiker | Personalisierungs-Modul, News, Stellenmarkt, Foren, Dialog-Modul mit Top-Experten und hochkarätigen Nutzern, Bewertungs-Modul | Management und Unternehmensführung | deutschsprachiger Raum | betriebs-bezogen | Kommunikation/ Kooperation, Information | B2B-Kunden, B2B-Partner, Mitarbeiter |

| Nr. | Community-Typ | Name der Community | Kurzbeschreibung | WWW-Adresse | Branche |
|---|---|---|---|---|---|
| 80 | Wissens-Communities (Typ 5) | consors.com | Die Consors Community ist eine Informationsquelle rund um das Thema Finanzen, Börse und Wirtschaft. | http://www.consors.de/community | Finanzdienstleistung und Online Brokerage |
| 81 | Wissens-Communities (Typ 5) | cos.com | Remote Access Community und Collaboration Community zum Thema Forschung, in der Mitglieder bei Erlaubnis Zugriff zu PCs im WWW bekommen können. | http://www.cos.com | Forschung und Entwicklung |
| 82 | Wissens-Communities (Typ 5) | cycosmos.com | Cycosmos ist eine Community, die Personen, Charaktereigenschaften und Interessen virtuell abbildet und so eine intelligente Wissenssuchmaschine neuen Stils für ihre Mitglieder aufbaut. | http://www.cycosmos.de | Online-Dienste/ASP |
| 83 | Wissens-Communities (Typ 5) | edulix.com | Community für Studenten, Universitäten und Gastfamilien | http://www.edulix.com/community | Forschung und Lehre |
| 84 | Wissens-Communities (Typ 5) | etnoka.com | europäisches Studentennetzwerk | http://www.etnoka.com | Bildung |
| 85 | Wissens-Communities (Typ 5) | Experts-Exchange | kostenpflichtiger Experten-Wissensaustausch in Frage-/Antwort-Szenarien (Punktesystem) | http://www.experts-exchange.com | Software, Hardware |
| 86 | Wissens-Communities (Typ 5) | garage.com | Garage.com ist eine Venture Business Community. | http://garage.com/forums | Finanzdienstleistung |

| Wer?<br>Akteure/Allianzen | Wie?<br>Werkzeuge | Was1?<br>Thema | Was2?<br>Ort | Was3?<br>Zeit | Was4?<br>Funktion | Was5?<br>Zielgruppe |
|---|---|---|---|---|---|---|
| Consors Discount Broker AG | Chat- Modul, Messaging-Modul, User-Modul, Event-Modul | Finanzmärkte - News und Tipps, auch wissenschaftliche Beiträge | deutschsprachiger Raum | betriebsbezogen | Kommunikation/ Kooperation, Information | B2B-Kunden, B2C-Kunden, Mitarbeiter, B2B-Partner |
| Community of Science, Inc.; COS Partner sind u.a.: Verticalnet, Trip.com, WebEx | User-Modul, Foren-Modul, »Funding Alert« | Forschungsgelder und Zuschüsse, Patente, Forschung und Entwicklung allgemein | USA | betriebsbezogen | Kommunikation/ Kooperation, Information | Mitarbeiter, B2B-Partner |
| cycosmos.com ist ein Produkt der I-D Media AG | Avatare, Suchmaschine, Freunde-Online, Chat-Modul, Messaging-Modul | Sub-Communities Frauen, Städte&Reisen, Lifestyle&Szene, Job&Business, Medien etc. | deutschsprachiger Raum (global) | betriebsbezogen | Kommunikation/ Kooperation, Information | B2C-Kunden, B2B-Partner |
| edulix.com | Messaging-Modul | Studium | global | betriebsbezogen | Kommunikation/ Kooperation, Information | B2C-Kunden |
| Etnoka | Foren-Modul, Messaging-Modul | Studium, Freizeit, Jobs, Stipendien | Spanien, Frankreich, Niederlande, Großbritannien | betriebsbezogen | Kommunikation/ Kooperation, Information | B2C-Kunden |
| Experts-Exchange | Foren-Modul, Transaktions-Modul | überwiegend zu Programmiersprachen und zur Systemkonfiguration | global | betriebsbezogen | Kooperation, Information, Transaktion | B2C-Kunden, B2B-Kunden |
| Garage.com, Start-ups und VCs im Silicon Valley; einzelne Foren werden von Unternehmen gesponsert (Bsp. Silicon Valley Bank sponsert das Forum Commercial Banking. | Foren-Modul, News-Modul, Event-Modul, Frage-Antwort-Modul | Risikokapital, Informationen für Start-ups, die zusätzliches Funding in Höhe von $500000 and $10 Million benötigen. Bringt Start-ups und Investoren zusammen. | regional (Silicon Valley) | betriebsbezogen | Kommunikation/ Kooperation, Information | B2B-Kunden, B2B-Partner, Mitarbeiter |

| Nr. | Community-Typ | Name der Community | Kurzbeschreibung | WWW-Adresse | Branche |
|---|---|---|---|---|---|
| 87 | Wissens-Communities (Typ 5) | GENO | GENO Extranet Community | http://www.rwg.de http://www.fiducia.de | Finanzdienst-leistung |
| 88 | Wissens-Communities (Typ 5) | herbwalk.com | Kräuter-Community | http://herbwalk.com | Ernährung und Gesundheit |
| 89 | Wissens-Communities (Typ 5) | HerPlanet.Com | HerPlanet.Com hilft Frauen, die richtige Community mit spezifischen Inhalten zu finden. Verzeichnis mit Frauen-Communities und deren Inhalten. | http://www.herplanet.com | Online Dienste |
| 90 | Wissens-Communities (Typ 5) | hortnet.com | Forum für Gärtner | http://www.hortnet.com/bboard | Gartenbau |
| 91 | Wissens-Communities (Typ 5) | investorworld.de | Die Finanz-Community Investorworld hilft Mitgliedern, die für sie richtigen Anlageentscheidungen zu treffen. | http://www.investornet.de http://www.investor world.de | Finanzdienst-leistung |
| 92 | Wissens-Communities (Typ 5) | ivillage.com | ivillage.com Frauennetzwerk | http://www.ivillage.com | Online-Dienste |
| 93 | Wissens-Communities (Typ 5) | kundenbeziehungen.com | Online-Fachinformationsdienst mit Community zur Gestaltung von Kundenbeziehungen | http://www.kundenbeziehungen.com | Online-Dienste |

| Wer?<br>Akteure/Allianzen | Wie?<br>Werkzeuge | Was1?<br>Thema | Was2?<br>Ort | Was3?<br>Zeit | Was4?<br>Funktion | Was5?<br>Zielgruppe |
|---|---|---|---|---|---|---|
| Rechenzentrale Württembergischer Genossenschaften (RWG), fusioniert zu FIDUCIA AG | Informations-Modul (Rundschreiben, Produktinformationen, Telefonverzeichnisse), Suche, FAQ, Linkliste, Kalender, Wissensforen | Anlageberatung und IT-Management | Baden-Württemberg | betriebsbezogen | Kommunikation/Kooperation, Information | Mitarbeiter |
| Herbal.com | Foren-Modul, Link-Modul, Frage-Antwort-Modul | Kräuter und deren Anwendungsmöglichkeiten | global | betriebsbezogen | Kommunikation, Information | B2C-Kunden |
| HerPlanet.Com | Foren-Modul, News-Modul, Chat-Modul, Messaging-Modul, free email | Frauen-Communities | global | betriebsbezogen | Kommunikation/Kooperation, Information | B2C-Kunden |
| Hortnet.com | Messaging-Modul, Foren | offenes Diskussionforum für Gärtner, Forum mit Thema Pflanzenkrankheiten etc. | global | betriebsbezogen | Kommunikation/Kooperation, Information | B2C-Kunden |
| investorworld und business channel (Direkt Anlage Bank und Gruner + Jahr mit Wirtschaftstitel »Capital«, »Börse Online«, »Bizz« und »Impulse«) | Messaging-Modul, Chat-Modul, Alert-Modul, Foren-Modul, Shopping-Modul | Börse und allgemeine Themen wie Politik&Wirtschaft, Spass&Unterhaltung etc. | deutschsprachiger Raum | betriebsbezogen | Kommunikation/Kooperation, Information | B2C-Kunden, B2B-Kunden, Mitarbeiter, B2B-Partner |
| iVillage Inc.; AOL ist Anteilseigner | Chat-Modul, Messaging-Modul, User-Modul, News-Modul | Women network – Gesundheit, Beauty, Schwangerschaft ... | global | betriebsbezogen | Kommunikation | B2C-Kunden |
| Unternehmensberatung Christa Klickermann | Frage/Antwort-Modul; News-Modul | Kundenmanagement, Service-Excellenz, Kundenbegeisterung, Empfehlungsmarketing, Kundenkommunikation, Online-Beziehungen, Markttrends | deutschsprachiger Raum | betriebsbezogen | Kommunikation/Kooperation, Information | B2B-Kunden, B2C-Kunden |

| Nr. | Community-Typ | Name der Community | Kurzbeschreibung | WWW-Adresse | Branche |
|---|---|---|---|---|---|
| 94 | Wissens-Communities (Typ 5) | linuxlab.dk | regionale Open Source Umgebung für Studenten, Forscher und Öffentlichkeit | http://www.linuxlab.dk | IT-Branche, Software |
| 95 | Wissens-Communities (Typ 5) | siemens.de | Communities of Practice (Praktiker-Gemeinschaften) im Hause Siemens | http://www.siemens.de | Elektrotechnik-/Elektronikindustrie |
| 96 | Wissens-Communities (Typ 5) | Urbia.de | Urbia bietet eine Community rund um das Thema Familie. Außerdem besteht die Möglichkeit, seine eigene (geschlossene) Community aufzusetzen und zu managen. | http://www.urbia.de | Webportal, Online-Dienst, ASP |
| 97 | Wissens-Communities (Typ 5) | virtual-organization.net | Diskussionsforum und Untersuchungen zum Schwerpunktthema Virtuelle Organisation. Community-Bereich von »The Journal of Organizational Virtualness«, einer der ersten wissenschaftlichen Journale, die exclusiv im Internet vertrieben werden. | http://www.virtual-organization.net/ | Online-Dienste |
| 98 | Wissens-Communities (Typ 5) | wallstreet: online community | Die Wallstreet-Online-Foren, Chats und Boards beinhalten Themen, die von den Nutzern frei bestimmt werden können. Der größte Teil der Diskussionen dreht sich natürlich rund um das Thema Börse und Wirtschaft. | http://www.wallstreet-online.de | Finanzdienstleistung, Online Brokerage |
| 99 | Wissens-Communities (Typ 5) | wer-weiss-was.de | wer-weiss-was versteht sich als umfassender Kommunikationsdienst zur Vermittlung von Experten. | http://www.wer-weiss-was.de | Wissensdienstleistung |

| Wer?<br>Akteure/Allianzen | Wie?<br>Werkzeuge | Was1?<br>Thema | Was2?<br>Ort | Was3?<br>Zeit | Was4?<br>Funktion | Was5?<br>Zielgruppe |
|---|---|---|---|---|---|---|
| IT University of Copenhagen, Sponsoren: IBM, AlSoft Denmark, Transtec Denmark, SuSE Germany, Forlaget Globe | Chat-Modul, Messaging-Modul, Foren-Modul, Frage/Antwort-Modul | Linux | regional (Øresund/ Dänemark) | betriebs-bezogen | Kommu-nikation/ Koopera-tion, In-formation | B2C-Kun-den, B2B-Partner, Mitarbeiter |
| Siemens AG | Wissens-Foren | Elektrotechnik und Elektronik | global | betriebs-bezogen | Kommu-nikation/ Koopera-tion, In-formation | Mitarbei-ter, (B2B-Partner) |
| urbia.de AG, Part-ner: amazon.de, alltoys.de, mypara-dise.de, OTTO, Tchibo, douglas-beauty.com; vitaGO, desas-ter.com, hobby-web.de, zoo-plus.de | Chat-Modul, Foren-Modul, User-Modul | Familie | deutsch-sprachiger Raum | betriebs-bezogen | Kommu-nikation, Informa-tion | B2C-Kun-den, B2B-Kunden, B2B-Part-ner |
| VoNet | Foren-Modul, News-Modul | empirische und theoretische Un-tersuchungen zum Thema Virtuelle Organisation | global | betriebs-bezogen | Kommu-nikation, Informa-tion | Mitarbei-ter, B2C-Kunden, B2B-Part-ner |
| wallstreet:online AG | Messaging-Modul, Foren-Modul, User-Modul, News-Modul, Frage/Antwort-Modul | Wirtschaft, Börse etc. | deutsch-sprachiger Raum | betriebs-bezogen | Kommu-nikation/ Koopera-tion, In-forma-tion, Trans-aktion | B2B-Kun-den, B2C-Kunden, Mitarbei-ter, B2B-Partner |
| I-D Media AG; Partner:xipolis.net | Messaging-Modul, Foren-Modul, User-Modul, Frage/Antwort-Modul | Wissen A-Z | deutsch-sprachiger Raum | betriebs-bezogen | Kommu-nikation/ Koopera-tion, In-formation | B2C-Kun-den, Mit-arbeiter, B2B-Part-ner |

| Nr. | Community-Typ | Name der Community | Kurzbeschreibung | WWW-Adresse | Branche |
|---|---|---|---|---|---|
| 100 | Wissens-Communities (Typ 5) | wissen.de | wissen.de bietet Zugang zu Fakten, Hintergrundinformationen und Meinungen. Mit Experten-Community | http://www.wissen.de | Wissens-dienstleistung |
| 101 | Online-Shops Communities (Typ 6) | Amazon | bekanntester Online-Shop, Verkauf von Büchern, Videos u.v.m. und weitgehende Kundeneinbindung | http://www.amazon.de http://www.amazon.com | Handel |
| 102 | Online-Shops Communities (Typ 6) | Bricsnet | Bricsnet ist ein weltweit führender Anbieter von internetbasierenden, den gesamten Lebenszyklus eines Bauvorhabens abdeckenden Softwarelösungen und Serviceleistungen. Bricsnet´s Kernangebot ist das BuildingCenter, eine ASP-Lösung, die die Lücke zwischen dem Design- und Konstruktionsprozess und dem Immobilienmanagement für die Zusammenarbeit zwischen corporate real estate executives und Baufirmen füllen soll. | http://www.de.bricsnet.com/portal/bn | Bauindustrie |
| 103 | Online-Shops Communities (Typ 6) | Community@ Alternate | Online-Shop mit Community für Computer und Computerzubehör. Gewinner des Deutschen Internetpreises 2001 | http://www.alternate.de | Handel |
| 104 | Online-Shops Communities (Typ 6) | Karstadtsport.de | Community um Kundenclub und Einkaufende des Karstadt Warenhauses | http://www.karstadt-sport.de/experten/community | Handel |
| 105 | Online-Shops Communities (Typ 6) | Lufthansa | Online-Shop Community der Lufthansa um Kundenkarte, Meilenkonto und Flüge | http://cms.lufthansa.com | Flugverkehr |

| Wer?<br>Akteure/Allianzen | Wie?<br>Werkzeuge | Was1?<br>Thema | Was2?<br>Ort | Was3?<br>Zeit | Was4?<br>Funktion | Was5?<br>Zielgruppe |
|---|---|---|---|---|---|---|
| Wissen.de GmbH; powered by NIONEX | Chat-Modul, Foren-Modul, Event-Modul | Wissen A-Z | deutschsprachiger Raum | betriebsbezogen | Kommunikation/ Kooperation, Information, Transaktion | B2C-Kunden, Mitarbeiter, B2B-Partner |
| Amazon; Partner: Deutsche Post World Net; powered by HP | Transaktions-Modul, User-Modul, Messaging-Modul, Käufer-Kritiken, Auktionen, Gutscheine, Wunschzettel, personalisierte Empfehlungen | Bücher, Elektrogeräte, Musik-CDs, DVDs, Software und Spiele, Hardware, Special Events | national global | betriebsbezogen | Transaktion, Information | B2C-Kunden, B2B-Partner |
| Bricsnet | Transaktions-Modul, News-Modul, Messaging-Modul, Foren-Modul | Bauindustrie | Deutschland, Frankreich, Niederlande, Belgien | betriebsbezogen | Transaktion, Kommunikation/ Kooperation | B2B-Kunden |
| Alternate Computerversand GmbH | Transaktions-Modul, Auktionen, Tracking-Nachverfolgung, Preislisten-Abonnement, Grenzpreis-Benachrichtiger | Hardware, Software | deutschsprachiger Raum | betriebsbezogen | Transaktion, Information | B2C-Kunden, B2B-Kunden |
| Karstadt Warenhaus AG | Shop-Portal-Modul, Preisfilter, Newsletter-Modul | Sportarten, Sportprodukte, Sportmarken | deutschsprachiger Raum | betriebsbezogen | Transaktion, Information | B2C-Kunden, B2B-Partner |
| Lufthansa AG, Star Alliance, Fluggesellschaften; Shop-Partner | User-Modul, Konten-Modul, Shop-Modul, Download-Modul, Checkin-Modul | Lufthansa-Flüge, Dienste zu Mobilität, Logistik und Tourismus | global | betriebsbezogen | Transaktion, Information, Kommunikation/Kooperation | B2B-Kunden, B2C-Kunden, B2B-Partner |

| Nr. | Community-Typ | Name der Community | Kurzbeschreibung | WWW-Adresse | Branche |
|---|---|---|---|---|---|
| 106 | Online-Shops Communities (Typ 6) | support.dell.com | Dell ist einer der weltweit führenden Produzenten und Direktvermarkter von Computersystemen. Neben Transaktionen erfolgt ein individueller Kundenservice online. | http://www.dell.de http://www.dell.com | Handel |
| 107 | Online-Shops Communities (Typ 6) | WineAccess.com | Remote Access Community und Collaboration Community zum Thema Wein, in der Mitglieder bei Erlaubnis Zugriff zu PCs im WWW bekommen können. | http://www.wineaccess.com | Getränke-/Weinhandel |
| 108 | E-Market Communities (Typ 7) | !deaExchange | Online Handelsplatz für Ideen, Erfinder und Suchende | http://www.ideaexchange.com | Webportal, Online-Dienste/ASP |
| 109 | E-Market Communities (Typ 7) | BauNetz.de | Branchen-Plattform mit aktuellen Informationen für seine Community an Architekten, Bauunternehmer, Bauherren, Handwerker und Baustoff-Fachhändler. | http://www.baunetz.de | Bauindustrie |

| Wer?<br>Akteure/Allianzen | Wie?<br>Werkzeuge | Was1?<br>Thema | Was2?<br>Ort | Was3?<br>Zeit | Was4?<br>Funktion | Was5?<br>Zielgruppe |
|---|---|---|---|---|---|---|
| Dell Computer Corporation; Partner: Intel | Transaktions-Modul, Online-Configurator, User-Modul, Tracking-Nachverfolgung, Dell-Knowledgebase, DellTalk Chat | PC, Servers, Notebooks, Software | national, global | betriebsbezogen | Transaktion, Information, Kommunikation/Kooperation | B2C-Kunden, B2B-Kunden, B2B-Partner |
| WineAccess.com | Message Boards, MyWineportfolio, Wine Finder, Wine&Travel, Verköstigungs-Gruppen, Top Rated Wines, Weinempfehlungen, E-Mail-Listen, Presseraum | Wein und Reben | global | betriebsbezogen | Transaktion, Information, Kommunikation/Kooperation | B2C-Kunden, B2B-Kunden |
| Idea Exchange; Kooperationspartner: TRUSTe | Newsletter, Transaktions-Modul, Bewertungs-Modul »Verkaufsgeschichte« | Ideen und Fragen zu Computer, Familie, Hobby, Haustiere, Reisen etc. | global | betriebsbezogen | Transaktion, Kommunikation/Kooperation, Information | B2C-Kunden |
| Neben den Verlagen BertelsmannSpringer Science + Business Media, Bertelsmann Fachzeitschriften GmbH und Verlagsgesellschaft Rudolf Müller GmbH & Co. KG hat BauNetz.de zahlreiche weitere Kooperationspartner wie z. B. Institute, Universitäten, die Verbraucher-Zentrale NRW und das Bundesministerium für Verkehr, Bau- und Wohnungswesen | Transaktions-Modul (öffentliche Ausschreibungen und geplante Bauvorhaben), Foren-Modul | Architektur und Bauwesen | deutschsprachiger Raum | betriebsbezogen | Transaktion, Information, Kommunikation/Kooperation | B2B-Kunden, B2B-Partner |

| Nr. | Community-Typ | Name der Community | Kurzbeschreibung | WWW-Adresse | Branche |
|-----|---------------|--------------------|------------------|-------------|---------|
| 110 | E-Market Communities (Typ 7) | Commerce One.net | Commerce One ermöglicht durch seine Software, Services und die Verbindung von globalen Business Communities den weltweiten Handel über das Internet. Commerce One.net verbindet Käufer, Lieferanten und Netmarketmakers. | http://www.commerce-one.net | Webportal, Online-Dienste/ASP |
| 111 | E-Market Communities (Typ 7) | Converge | Converge ist eine unabhängige Marktplatz-Community für die High Tech-Industrie. | http://www.converge.com | High Tech |
| 112 | E-Market Communities (Typ 7) | Covisint | Covisint ist eine globale Business Community von Ein-/Verkäufern, Konstrukteuren, Ingenieuren und Zulieferern in der Automobilindustrie. | http://www.covisint.com | Automobil |
| 113 | E-Market Communities (Typ 7) | eBay.com | Die eBay-Community ist der Ort, um sich über das eBay-Auktionshaus zu informieren und eBay-Nutzer kennenzulernen. eBay bietet nach dem Flohmarktprinzip als Netmarketmaker Konsumenten-zu-Konsumenten Auktionen an. | http://pages.ebay.com/community | Auktionshaus, Online-Dienste/ASP |
| 114 | E-Market Communities (Typ 7) | Elemica | Remote Access Community und Collaboration Community zu Chemikalien. | http://www.elemica.com | Chemie/Öl |

| Wer?<br>Akteure/Allianzen | Wie?<br>Werkzeuge | Was1?<br>Thema | Was2?<br>Ort | Was3?<br>Zeit | Was4?<br>Funktion | Was5?<br>Zielgruppe |
|---|---|---|---|---|---|---|
| Commerce One, Inc. | Transaktions-Modul, Auktionen, Newsletter-Modul | weltweiter Handel; Handelsbereiche u.a. Luftfahrt, Energieversorgung, Maschinenbau, Finanzdienstleistungen, Nahrungsmittel, Gesundheitsdienste, Life Science | global | betriebsbezogen | Transaktion, Kooperation | B2B-Kunden |
| Converge, Inc; Gründer: Agilent Technologies, AMD, Canon, Compaq, Gateway, Hitachi, Hewlett-Packard, NEC,Quantum,Samsung Electronics, SCI Systems, Solectron, Synnex, Tatung und Western Digital | Transaktions-Modul, Kombination weiterer Community-Services zur Unterstützung des E-Procurements und Supply Chain Managements der Mitglieder | Optimierung der Wertschöpfungsaktivitäten in der High-Tech-Industrie | global | betriebsbezogen | Transaktion, Kommunikation/Kooperation | B2B-Kunden, B2B-Partner |
| DaimlerChrysler, Ford Motor Company and General Motors, Renault/Nissan. | Transaktions-Modul, Katalog-Einkäufe, Auktionen und Ausschreibungen, Collaborative Development Tools | Kommunikation und Transaktion in der Automobilindustrie, Zulieferbeziehungen | global | betriebsbezogen | Transaktion, Kommunikation/Kooperation | B2B-Kunden |
| eBay, Inc. | News-Modul, Chat-Modul, Shopping-Modul, Frage/Antwort-Modul | Anregungen/Ideen, Diskussionen um verschiedenen Themen (Hobbys, Auctioning ...) | global | betriebsbezogen | Transaktion, Kommunikation/Kooperation | B2C-Kunden |
| Elemica wurde von 22 der weltweit führenden Chemieunternehmen gegründet, z.B. BASF, Bayer, Ciba, DuPont, Mitsui, Shell etc. | Transaktions-Modul | Chemikalien: Kauf, Verkauf und Transport | global | betriebsbezogen | Transaktion | B2B-Kunden, B2B-Partner |

| Nr. | Community-Typ | Name der Community | Kurzbeschreibung | WWW-Adresse | Branche |
|---|---|---|---|---|---|
| 115 | E-Market Communities (Typ 7) | ENX European Network eXchange | ENX setzt eine geschlossene Community auf, über das Unternehmen aller Größen direkt Handel treiben können. In geschützten Bereichen wird der direkte Zugang zu Produkt-, Bestell- und Finanzinformationen über Unternehmensgrenzen hinweg zur Verfügung gestellt. | http://www.enxo.com | Automobil |
| 116 | E-Market Communities (Typ 7) | e-STEEL | e-STEEL ist Anbieter von Collaborative-Commerce-Lösungen für die Stahlindustrie und betreibt mit e-STEEL Exchange eine eigene Community. | http://www.e-steel.com | Stahlindustrie |
| 117 | E-Market Communities (Typ 7) | eVITA | Shopping-Community der Deutschen Post für B2C-Kunden und Premium-Shops der Geschäftspartner | http://www.evita.de | Logistik, Webportal, Online-Dienst/ASP |
| 118 | E-Market Communities (Typ 7) | farmworld.de | Farmworld.de ist Marktplatz, Auktionshaus und Treffpunkt für in der Landwirtschaft Beschäftigte. | http://www.farmworld.de | Landwirtschaft und Agrar |
| 119 | E-Market Communities (Typ 7) | Guru | Guru.com ist eine Online-Marktplatz-Community, die Freelancer und Unternehmen, die vorübergehend Selbständige für den Einsatz in bestimmten Projekten suchen, verbindet. | http://www.guru.com | Webportal, Online-Dienst/ASP |
| 120 | E-Market Communities (Typ 7) | industrialweb | offene, herstellerübergreifende Online-Marktplatz Community der Investitionsgüterbörse | http://www.industrial-web.de | Maschinen und Anlagenbau |

| Wer? Akteure/Allianzen | Wie? Werkzeuge | Was1? Thema | Was2? Ort | Was3? Zeit | Was4? Funktion | Was5? Zielgruppe |
|---|---|---|---|---|---|---|
| 13 europäische Automobilherstel- ler, Zulieferer aus sechs Staaten und vier nationale Ver- bände Galia, AN- FAC, SMMT, VDA | sowohl spezifische Anwendungen (CATweb, EDI- web, etc.) als auch real-time Koope- rations-Anwen- dungen (Applica- tion-Sharing, Video-Conferen- cing etc.) | Kommunikation und Transaktion in der Automobilin- dustrie, Zuliefer- beziehungen | global | betriebs- bezogen | Trans- aktion, Kommu- nikation | B2B-Kun- den, B2B- Partner |
| e-STEEL Corpora- tion; Partner: Sun, Oracle, Silknet, Bea, Java, Web Methods, UEC | Transaktions-Mo- dul mit Entschei- dungsunterstüt- zung und Ausnah- menmanagement, News-Modul, Frage/Antwort- Modul | Stahlindustrie und ihre Supply Chain | global | betriebs- bezogen | Trans- aktion | B2B-Kun- den, B2B- Partner |
| Deutsche Post eBusiness GmbH; Partner: Postbank, Postcenter, easy- trade, jobworld | Auktionen, Shops | Tipps zum Online- Shopping, Ratge- ber, Shops für ver- schiedene Pro- duktkategorien | deutsch- sprachiger Raum | betriebs- bezogen | Trans- aktion, Kommu- nikation/ Koopera- tion, In- formation | B2B-Kun- den, B2C- Kunden, B2B-Part- ner |
| Farmworld gmbh; Partner: TÜV Nord u.a | Transaktions- Modul, Foren- Modul, Chat- Modul | Agrarbranche all- gemein, BSE- Forum, Wetter … | deutsch- sprachiger Raum | betriebs- bezogen | Trans- aktion, Kommu- nikation/ Koopera- tion | B2B-Kun- den |
| Guru, Inc. | User-Modul, Link- Modul, Matchma- king | Personalvermitt- lung für Freie, Freelancertum, Head-Hunting, Enabler-Dienst- leistungen für Selbständige | regional (Silicon Valley) | betriebs- bezogen | Trans- aktion | B2B-Kun- den |
| Initiative der Sie- mens AG; Koope- rationspartner Sachon Industrie- daten und click4logistics | Gebrauchtmaschi- nen-Datenbank, Produkt- und Fir- menkatalog re- daktioniert/aus Community gene- riert, Online-Auk- tionen, Live-Auk- tionen | Gebrauchte Inves- titionsgüter, ver- bundene Dienst- leistungen, Logis- tik-Service, Global Sourcing, eColla- boration | Deutsch, Englisch, Italienisch | betriebs- bezogen | Trans- aktion, Informa- tion, Kommu- nikation/ Koopera- tion | B2B-Kun- den, B2B- Partner |

| Nr. | Community-Typ | Name der Community | Kurzbeschreibung | WWW-Adresse | Branche |
|---|---|---|---|---|---|
| 121 | E-Market Communities (Typ 7) | mondus | virtuelle Marktplatz-Community kleiner und mittelständischer Unternehmen (KMU) | http://www.mondus.de | Webportal, Online-Dienst/ASP |
| 122 | E-Market Communities (Typ 7) | monster | Monster.com ist ein Karriere-Netzwerk, das Unternehmen mit Stellensuchenden verbindet. | http://www.monster.de http://www.monster.com | Personaldienstleister |
| 123 | E-Market Communities (Typ 7) | offerto.de | Offerto ist eine Ein- und Verkaufsplattform, auf der Artikel höchstbietend er- oder versteigert werden. | http://www.offerto.de | Auktionshaus, Online-Dienste/ASP |
| 124 | E-Market Communities (Typ 7) | projektwerk.de | Business Community für Freelancer, kleine Unternehmen, Netzwerke und virtuelle Teams | http://www.projektwerk.de | Personaldienstleister |

| Wer? Akteure/Allianzen | Wie? Werkzeuge | Was1? Thema | Was2? Ort | Was3? Zeit | Was4? Funktion | Was5? Zielgruppe |
|---|---|---|---|---|---|---|
| mondus.de GmbH (deutsche Tochter der britischen mondus.com); Partner u.a. Deutsche Bank, Bürgel Wirtschaftsinformationen GmbH & Co. KG, Bundesverband Materialwirtschaft, Einkauf und Logistik | Transaktions-Modul, Userpersonalisierungs-Modul | Produkte und Dienstleistungen, z.B. Bürobedarf, Hardware, Recht, Übersetzungen, Weiterbildungen etc. | Deutschland, Frankreich, Grossbritannien, USA, Schweden, Finnland | betriebsbezogen | Transaktion | B2B-Kunden, B2B-Partner |
| Monster.com | mein Monster-Konto, Bewerbungs-Management, persönliche Job-Such-Assistenten, Foren, Optionen zum Datenschutz und Experten-Tipps | Job und Karriere | national, global | betriebsbezogen | Transaktion, Kommunikation, Information | B2C-Kunden, B2B-Kunden |
| Offerto; Partner: Aktivist Network, ConSors Discount-Broker AG, ProSieben, Bayern 3 Rundfunk, TV Movie Online, Ingram Macrotron Distribution GmbH, Siemens AG, Fritz Berger, Yves Rocher, Shoppingcenter24, Toshiba | News-Modul, Foren-Modul (Feedback-Forum), Ideen-Pool, mypersonal offerto | Versteigerung von Artikeln in 21 Rubriken | regionale Auktionen in über 40 deutschen Städten, ansonsten: Auktionen im deutschsprachigen Raum | betriebsbezogen | Transaktion, Kommunikation/ Kooperation | B2C-Kunden, B2B-Kunden, B2B-Partner |
| projektwerk GmbH | Newsletter, aktuelle Presseberichte u. -mitteilungen, Wissensdatenbank, Partner-Pool (Projekt-Partner, Technologie-Partner, Netzwerk-Partner) | Community, Support und Service für Freelancer | deutschsprachiger Raum | betriebsbezogen | Transaktion, Kommunikation, Information | B2C-Kunden, B2B-Kunden |

| Nr. | Community-Typ | Name der Community | Kurzbeschreibung | WWW-Adresse | Branche |
|-----|---------------|--------------------|--------------------|-------------|---------|
| 125 | E-Markets Communities (Typ 7) | smarterwork.de | smarterwork ist ein Full-Service-Partner für Dienstleistungen, die elektronisch abgewickelt werden können. | http://www.smarterwork.de | Online-Dienste/ASP |
| 126 | E-Markets Communities (Typ 7) | SupplyOn.com | SupplyOn.com ist eine Community von Zulieferern für Zulieferer. | http://www.supplyon.com | Automobil |
| 127 | E-Markets Communities (Typ 7) | telinex.de | Plattform für Projekt-Aufträge aus Wirtschaft, Industrie, Verwaltung, Handel, Gewerbe und Dienstleistung | http://www.telinex.de | Online-Dienste/ASP |
| 128 | E-Markets Communities (Typ 7) | T-Mart | Marktplatz-Community-Plattform, die Marktplatzanbietern (z. B. Telekommunikation, Broker, Vertrieb) eine offene, kostengünstige Lösung zur Einrichtung offener, miteinander kompatibler Marktplätze anbietet, die wiederum mit bestehenden Handelsgemeinschaften verknüpft werden können. | http://www.t-mart.com | Webportal, Online-Dienste/ASP |
| 129 | E-Markets Communities (Typ 7) | TranShopNet.com | Marktplatz für die Eisenbahnindustrie Business Community | http://www.transhopnet.com | Eisenbahn-industrie |

| Wer?<br>Akteure/Allianzen | Wie?<br>Werkzeuge | Was1?<br>Thema | Was2?<br>Ort | Was3?<br>Zeit | Was4?<br>Funktion | Was5?<br>Zielgruppe |
|---|---|---|---|---|---|---|
| Partner: AB-ORI.de, akademie.de, ALLAGO, AMERICAN EXPRESS, Business-Webguide, Derag Hotels & Appartement-Residenzen, Hotel Reservation Service (HRS), MSN, officeXL.de, offizz, VISCOMP, | Smarterwork Expert Communities, My Office | Vermittlung von Projekten | global | betriebsbezogen | Transaktion, Information, Kommunikation | Unternehmen und potenzielle Mitarbeiter |
| Gründer: der Automobilzulieferer Robert Bosch GmbH, der Reifenhersteller Contintental AG, der Getriebespezialist ZF Friedrichshafen AG, INA Wälzlager Scheffler OHG | Transaktions-Modul, SCM-Dienste in Entwicklung | Kommunikation und Transaktion in der Automobilindustrie, Zulieferbeziehungen | global | betriebsbezogen | Transaktion, Information, Kommunikation/ Kooperation | B2B-Kunden, B2B-Partner |
| Telinex Germany | Experten-Selbstauskunft, Experten- und Auftrags-Profilierung | Vermittlung von Projekten | global | | Information, Kommunikation, Transaktion | B2B-Kunden, potenzielle Mitarbeiter als B2C-Kunden |
| Deutsche Telekom AG; powered by Commerce One | Transkations-Module: Auktionen, Ausschreibungen, Rahmenverträge und dynamische Preisgestaltung | Fokus liegt auf der Beschaffung geringwertiger Verbrauchsgüter, wie z.B. Büro- oder Wartungsmaterial, MRO-Gütern (Maintenance - Erhaltung, Repair – Reparatur, Operations - Funktionieren), zum Beispiel einem Bleistift | deutschsprachiger Raum | betriebsbezogen | Transaktion | B2B-Kunden, B2B-Partner |
| General Electric Company | Billing-Modul, User-Modul, Nachfrager/Anbieter-Services, Yellow Pages | Mobilität und Logistik, Schienenverkehr | global | betriebsbezogen | Transaktion, Information | B2B-Kunden, B2B-Partner |

| Nr. | Community-Typ | Name der Community | Kurzbeschreibung | WWW-Adresse | Branche |
|---|---|---|---|---|---|
| 130 | E-Markets Communities (Typ 7) | VerticalNet. com | VerticalNet, Inc.wurde 1995 gegründet und bietet mit einer weltweit führenden B2B E-Commerce-Plattform end-to-end-E-Commerce-Lösungen für unterschiedliche Geschäftssegmente. | http://www. verticalnet. com | Webportal, Online-Dienste/ASP |
| 131 | E-Markets Communities (Typ 7) | yelloutPRO. de | yelloutPRO schafft einen Gateway-Zugang zu einer Community von Dienstleistungsanbietern. Die Privat- und Geschäftskunden erhalten Angebote auf ihre Gesuche nach passenden Dienstleistern und Dienstleistungen aus der yelloutPRO-Community. | http://www. yelloutpro. de | Webportal, Online-Dienste/ASP |
| 132 | E-Markets Communities (Typ 7) | yet2.com | virtuelle Marktplatz-Community in der HiTech-Branche | http://www. yet2.com | Transaktions-Modul, Matchmaking-Modul |
| 133 | E-Markets Communities (Typ 7) | zulieferer. bmw.de | BMW-Community zur Integration der Zulieferer. Ziel: Erfolgreiche Markterschließung dadurch, dass Hersteller und Zulieferer Hand in Hand agieren. | http://www. zulieferer. bmw.de | Finanzdienstleistung, Online Brokerage |

| Wer? Akteure/Allianzen | Wie? Werkzeuge | Was1? Thema | Was2? Ort | Was3? Zeit | Was4? Funktion | Was5? Zielgruppe |
|---|---|---|---|---|---|---|
| VerticalNet Markets kooperiert mit unterschiedlichen Partnern auf den über 58 vertikalen Einzelmärkten. | Transaktions-Modul, User-Modul, Messaging-Modul, News-Modul, Forum-Modul | Brancheninformationen, Branchenangebot und -nachfrage | global | betriebsbezogen | Transaktion, Information | B2B-Kunden, B2B-Partner |
| Yellout AG; Partner: Web.de, Payback, Evita, Lycos, Cycosmos | User- und Messaging-Modul zum Matchmaking von Gesuchen und Angeboten, Payback-Punkte | professionelle Dienstleistungen | deutschsprachiger Raum | betriebsbezogen | Transaktion, Kommunikation/ Kooperation, Information | B2B-Partner, B2B-Kunden |
| Kooperationsangebot von Arthur D. Little, Deloitte&Touche, Kuhnen&Wacker etc. und 57 Sponsoring-Partnern | Transaktions-Modul, Matchmaking-Modul | lizensierbare und neueste Technologien aus Forschung&Entwicklung | global | betriebsbezogen | Transaktion, Information, Kommunikatio/ Kooperation | B2B-Kunden, B2B-Partner |
| BMW und Zulieferer | Transaktions-Modul, News-Modul, Messaging-Modul | Kommunikation und Transaktion in der Automobilindustrie, Zulieferbeziehungen, Standards für Zulieferer | global | betriebsbezogen | Kommunikation/ Kooperation, Information, Transaktion | B2B-Kunden, B2B-Partner |

## 1.7 Communities quer gedacht, Teil I: Geld oder Liebe? Erfolgsfaktoren beim Community Building aus soziologischer Sicht[1]

The WELL ist ein gern zitiertes Beispiel für eine gut funktionierende Online Community. Ob sich The WELL auch als Vorbild für den Aufbau und das Betreiben einer Business Community eignet, und ob man von dem Wissen über »reale« Gemeinschaften profitieren kann – diesen Fragen geht der folgende Beitrag anhand theoretischer und empirischer Erkenntnisse der Soziologie nach.

Die Idee und die Konzepte zu Business Communities erfreuen sich zurzeit großer Beliebtheit. Mit der Einrichtung von Business Communities ist die Hoffnung verbunden, die zwei zentralen Probleme des E-Business, nämlich die mangelnde Kundenbindung und die Informationsüberlastung der Nachfrager, in den Griff zu bekommen. Zudem soll das Ziel verfolgt werden, einen Return of Investment zu erzielen, das Unternehmen als vertrauenswürdigen Interaktionspartner zu etablieren und die Kundenbindung zu erhöhen.

Diesen Business Communities liegt die Vorstellung zugrunde, E-Business zu einem Erlebnis für die Kunden und zu einem Infopool für die Anbieter zu machen, indem durch gezielte Marketingmaßnahmen und die Bündelung von Kunden- und Anbieter-Interessen eine Win-Win-Situation für beide Parteien erzielt wird. Ansatzpunkt ist dabei die Prämisse, dass der Nachfrager nicht nur materielle Bedürfnisse hat, sondern auch seine Bedürfnisse nach stabilen sozialen Beziehungen in Computernetzen zu verwirklichen sucht, deren Befriedigung durch Business Communities zu langfristigen Geschäftsbeziehungen mit dem Unternehmen führt:

> *Das Virtuelle-Community-Konzept basiert auf der Hypothese, dass durch diese Beziehungen Vertrauen unter den Gemeinschaftsmitgliedern aufgebaut wird, welches das Informations- und Kaufverhalten wesentlich beeinflusst und auch positive Ausstrahlungseffekte auf den Betreiber der Community ausübt, die dieser in seinem Sinne nutzen kann. (Meyer 2000: 2)*

---

1 Dieser Beitrag stammt aus der Feder von Susanne Volz, Freie Beraterin, Barbara Teutsch und Raphael Menez, Akademie für Technikfolgenabschätzung in Baden-Württemberg.

Der Einrichtung von Business Communities liegen also drei zentrale Annahmen zugrunde:

▶ Auch in der Online-Welt sind stabile, auf Vertrauen basierende soziale Beziehungen zwischen verschiedenen Akteuren möglich.

▶ Diese stabilen Beziehungen können durch die Betreiber von Business Communities vorstrukturiert und instrumentalisiert werden.

▶ Es kommt dann auch zu dem von den Betreibern der Business Communities anvisierten ökonomischen Handeln der Konsumenten.

Die Frage ist also: Kommt es in der Online-Welt analog zur realen Welt zum Aufbau von stabilen sozialen Beziehungen, die sich in Form von virtuellen Gruppen bzw. Gemeinschaften manifestieren? Und: Lassen sich aus den Erfahrungen von virtuellen Gemeinschaften Hinweise für einen erfolgreichen Aufbau und Betrieb von Business Communities ableiten, und führen diese dann zu den angestrebten ökonomischen Effekten?

Die folgenden Abschnitte versuchen dies aus einem soziologischen Blickwinkel zu beantworten.

### Kommt es im Internet zur Bildung von virtuellen Gemeinschaften?

Der gemeinsame Nenner der unterschiedlichen soziologischen Definitionen zum Begriff der Gemeinschaft besteht in der Vorstellung, dass sich eine Gemeinschaft durch eine enge Verbundenheit der Mitglieder auszeichnet, die auf Vertrauen und dem Bewusstsein emotionaler oder traditioneller Zusammengehörigkeit beruht. Darüber hinaus liefert der soziologische Gruppenbegriff noch einige präzisere Aussagen, die über den Gemeinschaftsbegriff hinausgehen, aber für Online Communities durchaus von Interesse sind. Eine Gruppe ist geprägt durch Dauerhaftigkeit und Stabilität, durch gemeinsame Ziele der Gruppenmitglieder, durch eine Gefühl der Zusammengehörigkeit (»Wir-Gefühl«), durch gemeinsame Normen und Werte und ggf. durch eine Verteilung anstehender Aufgaben. Die Normen und Werte werden in der Regel von den Gruppenmitgliedern selbst gebildet, um das Erreichen des gemeinsamen Ziels gewährleisten zu können.

> *Virtuelle Gemeinschaften sind soziale Zusammenschlüsse, die dann im Netz entstehen, wenn genug Leute diese öffentliche Diskussion lange genug führen und dabei ihre Gefühle einbringen, so dass im Cyberspace ein Geflecht persönlicher Beziehungen entsteht. (Rheingold 1994: 16)*

In dieser Definition von Rheingold finden sich viele der Merkmale wieder, die bereits in den soziologischen Gruppen- und Gemeinschaftsdefinitionen eine Rolle spielen: die Dauerhaftigkeit, ein gemeinsames Ziel oder Interesse sowie ein Zusammengehörigkeitsgefühl. Betont wird bei ihm der Gemeinschaftscharakter, der sich im Einbringen von Gefühlen und einem dadurch entstehenden Vertrauen und einer Nähe der Mitglieder untereinander äußert.

Die Sozialpsychologin Sonja Utz fasst die Merkmale und Besonderheiten von virtuellen Gemeinschaften in drei Punkten zusammen (Utz 1999). Virtuelle Gemeinschaften zeichnen sich durch Folgendes aus:

▶ Sie beruhen auf computervermittelter Kommunikation.

▶ Sie sind Interessensgemeinschaften.

▶ Sie lassen soziale Beziehungen entstehen.

Der Begriff der computervermittelten Kommunikation kann dann noch präzisiert werden durch den Terminus der virtuellen Interaktion (vgl. Thiedeke 2000), der durch die folgenden Charakteristika geprägt ist:

▶ Anonymität

▶ Selbstentgrenzung

▶ Interaktivität

▶ Optionalität

Virtual Communities sind also auf einer virtuellen Interaktion beruhende Gruppen, wobei der Gemeinschaftscharakter ein Qualitätsmerkmal der sozialen Beziehungen in diesen Gruppen darstellt.

**Empirisches**

Das Konzept der Virtual Communities geht davon aus, dass sich in der Online-Welt die gleichen vertrauensbildenden Strukturen verfestigen wie in der Offline-Welt und sich demnach eine Vergemeinschaftung sozialer Beziehungen etabliert. Allerdings wird diese Diskussion in der Soziologie seit Jahren kontrovers geführt: Während die einen davon ausgehen, dass computervermittelte Kommunikation zur Isolation und Erosion natürlicher Beziehungen führt (vgl. Stoll 1996, Guggenberger 1997), vermuten die anderen ein gestiegenes Freiheits- und Demokratisierungspotenzial durch die virtuellen Realitäten sowie die Herausbildung neuer sozialer Strukturen.

In ihren Untersuchungen zu MUDs (Multi User Dungeons – Rollenspielgemeinschaften im Internet) beschäftigte sich Sonja Utz mit der Frage, ob es sich bei virtuellen Gemeinschaften um »echte« Gemeinschaften im

Sinne des Vorbildes in der realen Welt handelt und ob die Teilnahme an diesen Gemeinschaften zur sozialen Identifikation mit derselben führt (Utz 1999). Dabei kommt sie zu dem Ergebnis, dass sich im Internet prinzipiell Gruppen und Gemeinschaften entwickeln können, die die wesentlichen Merkmale »realer« Vorbilder aufweisen, bei denen also eine soziale Identifikation der Mitglieder gegeben ist. Voraussetzung für die Bildung einer virtuellen Gemeinschaft ist zum einen der thematische Fokus, zum anderen die Einstellung der Beteiligten zur Gruppe.

Die Erwartungen der Mitglieder haben einen starken Einfluss auf die Gruppe und deren Intensität und Stabilität. Erwarteten die Mitglieder nur ein lustiges gemeinsames Spiel, so zeigte sich eine geringe soziale Identifikation und es bildete sich kein echtes Gemeinschaftsgefühl, keine Gruppenzugehörigkeit aus. Begriffen die Mitglieder ihre Teilnahme jedoch als mehr als nur ein Spiel, zeigten sich durchaus Anzeichen sozialer Identifikation mit der Gruppe der Spielpartner.

Ebenfalls als zuträglich für das Entstehen einer geschlossenen Gruppe erwies es sich, den Mitgliedern nicht die Möglichkeit zu geben, unter einem Pseudonym aufzutreten – so sind gemeinsam entwickelte Gruppennormen und -werte für die Teilnehmer verbindlicher, da auch die Sanktionen bei Nichteinhaltung wirksamer durchgesetzt werden können. Die Identifikation mit der eigenen Gruppe ist dann besonders hoch, wenn eine starke Abgrenzung zu anderen Gruppen nach außen gewährleistet ist. Diese Abgrenzung kann vor allem durch die Fokussierung auf ein gemeinsames Interesse (das im Gegensatz zum Interesse einer anderen Gruppe stehen kann) erreicht werden. Das bedeutet – auch für virtuelle Gruppen –, dass die soziale Identifikation durch eine starke Themenorientierung der Gruppe begünstigt werden kann, dies aber nicht ausreicht, um die Beteiligten zur Anbindung an eine feste Gruppe oder Gemeinschaft im Internet zu motivieren, der sie sich dann verbunden und zugehörig fühlen.

In der Fallstudie »Die Sozialwelt des Internet« befassen sich Bettina Heintz und Christoph Müller mit der Frage, ob es im Internet zu einer virtuellen Vergemeinschaftung kommt (Heintz/Müller 1999). Die Autoren der Studie befragten 101 Nutzer aus 2 Newsgroups und 3 Chats und kommen zu dem Schluss:

> [...] *die Strukturspezifika computervermittelter Kommunikation und die Tatsache, dass die Hürden für kooperatives Verhalten im Internet um einiges höher sind als in der Realwelt, lassen es als zweifelhaft erscheinen, ob es im Internet tatsächlich häufig zur Bildung stabiler Gruppen kommt.*

*Sehr viel verbreiteter sind vermutlich netzwerkartige Beziehungen, in denen die einzelnen News- oder Chatgruppen nur den Status eines Treffpunktes haben, ohne selbst ein eigenständiges soziales System zu bilden (Heintz/Müller 1999: 2).*

Nur etwa ein Drittel der Teilnehmer war überhaupt auf der Suche nach einer Erweiterung des eigenen Freundes- und Bekanntenkreises. Weniger als ein Drittel verbanden mit der Teilnahme an Foren und Chats Spaß und Vergnügen, und nur sehr wenige fühlten sich hier gar verstanden oder integriert. Nur jeder 15. hatte bereits eine persönliche Bekanntschaft in einer elektronischen Gemeinschaft gemacht. Ihrer Ansicht nach ist es also eher unwahrscheinlich, dass sich Gemeinschaften bzw. Gruppen bilden, da die Motive zur Teilnahme an virtuellen Gemeinschaften nicht in der Suche nach persönlichem Anschluss oder einem Gemeinschaftsgefühl liegen, sondern in erster Linie der Suche nach Informationen und dem Interesse für Diskussionsrunden liegen.

### Beispiel The WELL

Wie steht es jedoch mit dem allgemein bekannten und von Rheingold ausführlich beschriebenen Beispiel, der »Urmutter aller Communities«, The WELL (Rheingold 1994)? Ist The WELL nicht der Beweis dafür, dass es durchaus funktionierende Gemeinschaften im Internet geben kann?

Die Schilderungen von The WELL legen den Eindruck nahe, dass es sich hier tatsächlich um eine Gruppe mit starkem Gemeinschaftscharakter handelt, mit der sich die Mitglieder identifizieren, bei der sie auf Dauer aktiv sind und aus der alle Beteiligten einen Nutzen ziehen. So findet sich in der Beschreibung von The WELL eine Vielzahl an Beispielen, in denen der Autor von der regen Anteilnahmen am Leben der anderen Community-Mitglieder berichtet, von der gegenseitigen Hilfestellung und Unterstützung und insbesondere von dem von ihm empfundenen Gefühl der Geborgenheit schwärmt.

Rheingold gibt auch eine Erklärung dafür, was den besonderen Zusammenhalt in The WELL ausmacht und beruft sich in diesem Zusammenhang auf das Prinzip des kollektiven Nutzens, den er als Klebstoff für die virtuelle Gemeinschaft bezeichnet. Er identifiziert drei Arten von kollektivem Nutzen für die Mitglieder (Rheingold 1994):

▶ den sozialen Nutzen, der sich darin zeigt, dass Menschen, die auf eine virtuelle Gemeinschaft stoßen, erst einmal willkommen geheißen werden,

- das Wissenskapital, das zum einen das Wissen, das von der virtuellen Gemeinschaft zur Verfügung gestellt wird, zum anderen das von den Mitgliedern eingebrachte Wissen beinhaltet
- das Gemeinschaftsgefühl, das durch die tiefgreifenden Erlebnisse oder Probleme, die mit der virtuellen Gemeinschaft ausgetauscht werden, entsteht

Heißt das nun, dass The WELL als leuchtendes Beispiel dafür steht, dass die Etablierung von engen Beziehungen innerhalb einer Community durchaus möglich ist, dass The WELL als gelungenes Vorbild für den Aufbau von Internetgemeinschaften dienen kann und dass das Prinzip des kollektiven Nutzens als Klebstoff auch auf andere Online-Gemeinschaften übertragen werden kann, um die Mitglieder zu binden?

An diesem Punkt erheben sich kritische Stimmen, die dazu aufrufen, die Rahmenbedingungen, unter denen The WELL entstanden ist, genauer zu beleuchten:

> *Entrepreneurs brandish the term community building as a simple matter of putting up a chat space on a website. But can the Well ever be re-created? Doubtful! Like all natural systems, it was dependent on the conditions under which it began« (Hafner 1997).*

Unter welchen besonderen Rahmenbedingungen entstand also damals die virtuelle Vorzeigegemeinschaft The WELL? Nicht zu unterschätzen ist der absolute Neuigkeitswert, den The WELL zu Beginn hatte – so etwas war vorher in dieser Art noch nie da! Die Mitglieder von The WELL können als Pioniere betrachtet werden, die ein gemeinsames Ziel hatten: Sie wollten den Computer einsetzen, um die Welt zu verändern. Der Teilnahme an The WELL lag demnach eine ganz besondere Art der Motivation zur Teilnahme zugrunde, die auf völliger Freiwilligkeit, Neugier und Eigeninitiative der Beteiligten beruhte.

Hinzu kam, dass bei The WELL keiner der Teilnehmer anonym bleiben konnte – jeder war mit echtem Namen und Adresse in der realen Welt bekannt, und jeder Beitrag trug eine persönliche Nutzerkennung. Die besondere Bedeutung dieses Aspektes spielt vor allem dann eine wichtige Rolle, wenn man sich vor Augen führt, dass für den Umgang der Teilnehmer zu Beginn von The WELL keinerlei Vorschriften existierten – die Mitglieder entwickelten im Laufe der Zeit eigene Normen und Regeln im Umgang miteinander, für ihr »Leben« in The WELL. Um die Einhaltung dieser Normen und Regeln zu gewährleisten, müssen diejenigen, die sich nicht daran halten, sanktioniert werden können – was konsequent nur funktioniert, wenn die Personen sich nicht hinter einem Pseudonym verstecken. Hinzu kommt, dass die meisten WELL-Mitglieder sich in einem engeren räumlichen Umkreis befanden, was dazu führte, dass sich die Mitglieder nicht nur in der virtuellen, sondern auch häufiger in der realen Welt, z.B. bei den so genannten »WELL-Partys«, trafen. Man kannte sich also häufig auch persönlich von Angesicht zu Angesicht.

Der kurze Exkurs zu The WELL zeigt auf, dass es sich bei dieser vielzitierten virtuellen Gemeinschaft eher um einen Ausnahmefall handelt, der sich unter ganz besonderen Rahmenbedingungen entwickelt hat. The WELL kann also nicht unbedingt als Vorzeigegemeinschaft im Internet herangezogen werden, wenn es um den Aufbau und den Betrieb einer Online/Business-Community geht – zumal auch Rheingolds Versuch, einen kommerziellen Ableger von The WELL zu schaffen, fehlschlug.

**Virtual Communities – Vorbilder für Business Communities?**

Business Communities liegt die Idee zugrunde, das Konzept der virtuellen Gemeinschaften wirtschaftlich zu nutzen, um so die Kundenbindung zu erhöhen, Transaktionskosten zu minimieren und eine strategische Besetzung potenzieller Geschäftsfelder durch Errichtung von Markteintrittsbarrieren für Konkurrenten zu erreichen. Dabei geht die Leistung einer Business Community weit über traditionelle Websites hinaus, indem sie die herkömmlichen Inhalte mit für Communities typischen interaktiven Medien zum Austausch von Interessen und Meinungen verknüpft, um so die Hemmschwelle für kommerzielle Transaktionen durch den Kunden zu senken sowie produkt- und marketingrelevante Informationen für den Anbieter zu generieren.

Die Anbieter einerseits erhalten z.B. Informationen:

▶ zur Optimierung ihrer Geschäftsprozesse

▶ zur Verbesserung von Markenbekanntheitsgrad, Kundenbindung und Produktqualitäten

▶ zur Durchführung ihrer Transaktionen für E-Commerce, E-Procurement

Die Kunden andererseits erhalten Informationen:

▶ zur qualitativen Bewertung der Produkte und Dienstleistungen

▶ bezüglich Aktualität, Verfügbarkeit und Geschwindigkeit

▶ bezüglich der Preiseffizienz von Produkten und Dienstleistungen

Im strategischen Dreieck von Commerce, Service und Content soll die Community als Bindeglied zwischen den Interessen der Anbieter und Nachfrager fungieren. Durch die systematische Nutzung themenorientierter Kommunikation zwischen den Nachfragern der Community sollen die Befriedigung der Kundenbedürfnisse nach Beziehung, Information und Erlebnis zu einem dynamischen Zusammengehörigkeitsgefühl führen, das eine hohe Glaubwürdigkeit der Interaktion und Vertrauen zum Anbieter herstellt.

Können die Anbieter von Business Communities dabei von erfolgreichen virtuellen Gemeinschaften lernen? Die Antwort auf diese Frage muss unserer Ansicht nach etwas paradox ausfallen: Wir vermuten, dass gerade das subjektiv empfundene Zusammengehörigkeitsgefühl, das immer als zentrales Element jeder Community apostrophiert wird, keine entscheidende Rolle bei der Teilnahme an Business Communities spielt. Demgegenüber dürfte eine strikte Themenorientierung und das Bedürfnis nach präzisen Informationen aus Sicht der Nachfrager ein zentraler Faktor für die Teilnahme an einer Business Community sein.

Der Versuch, über eine Business Community ein Gemeinschaftsgefühl zwischen den Kunden untereinander und dem Anbieter herzustellen, dürfte deshalb vergebens sein, und ein solches Ansinnen ist wohl auch zu hoch gegriffen. Realistischerweise sollten Business Communities als ein soziales Netzwerk von Interessengruppen konzipiert und kommuniziert werden, bei denen der Austausch von gezielten Informationen im Vordergrund steht.

Der Informationsaustausch zwischen den Mitgliedern und den Anbietern sollte möglichst transparent gestaltet werden. Innerhalb der Community sollte den Kunden die Möglichkeit gegeben werden, sich umfassend zu informieren und vom Wissen und den Erfahrungen der anderen Teilnehmer zu profitieren. Der primäre Nutzen liegt dann im Wissenskapital der Community, das ausreicht, um unabhängig von einem diffusen Gemeinschaftsgefühl einen selbstverstärkenden Kreislauf zwischen Inhalten, Kundenbindung und gesteigerten Transaktionen zu erreichen (Paul/Runte 1998).

Unsere Einschätzung wird von zwei Untersuchungen untermauert: In einer Delphi-Befragung fanden Daniela Lobin, Thorsten Rudeck und Bernd Kreuels (Lobin et al. 1999) heraus, dass der primäre Kundennutzen im Interesse am Themenschwerpunkt und einer gezielten Informationssuche lag, wohingegen die Soft-Facts wie Spaß- und Erlebnisorientierung eher im Hintergrund standen. Die Autoren empfehlen dann auch folgerichtig, den Nutzungserwartungen der Kunden durch eine Anpassung der interaktiven Kommunikationsmöglichkeiten sowie des zielgruppenspezifischen Contents zu entsprechen.

In einer weiteren Untersuchung über »E-Commerce in der Schweiz« (Zahner 2000) analysierte der Autor Erfolgsfaktoren Schweizer Unternehmen bei der Gestaltung des Internet-Geschäftes im Business-to-Consumer-Bereich. Dabei überprüfte er auch den Einfluss von Community Building auf den Internet-Umsatz bei ca. 230 Unternehmen. Als Ergebnis kann festgehalten werden, dass die Schaffung von Kommunikations- und Interaktionsmöglichkeiten zwischen den Kunden keinen Einfluss auf das Wachstum des Internet-Umsatze hatte. Dagegen wirkten sich die Beantwortung und Veröffentlichung von Beiträgen der Kunden positiv auf den Internet-Umsatz aus.

### Fazit – Geld oder Liebe?

Das subjektiv empfundene Zusammengehörigkeitsgefühl, das häufig als das zentrale Element jeder erfolgreichen Community als Grundvoraussetzung angepriesen und mit Erfolgsgeschichten wie The WELL belegt wird, kann beim Aufbau und dem Betreiben einer Business Community irreführend sein – es ist weniger die soziale Identifikation mit der Gemeinschaft, die »Liebe«, durch die erwünschte Kundenbindung erreicht wird.

Erfolg versprechender sind hier Ansätze, die eine gezielten Themenfokussierung, Informationsaustausch und -darbietung verfolgen. Einerseits ist es wichtig, sich die Interessen der Zielgruppe vor Augen zu führen und diesen im Rahmen der Community gerecht zu werden, andererseits muss man sich immer bewusst sein, dass die zeitlichen Ressourcen der Kunden beschränkt sind. Der Kunde ist nicht nur auf der Suche nach Spaß, Vergnügen, netter Unterhaltung und menschlicher Nähe. Er ist vor allem daran interessiert, schnell und zielgenau die Informationen zu finden, die er sucht. Zudem möchte er als mündiger Kunde behandelt werden. Das schließt beispielsweise die zeitnahe Beantwortung von Fragen oder die Veröffentlichung von Kundenmeinungen mit ein.

Auf die Frage: »Geld oder Liebe?« muss die Antwort in Bezug auf Business Communities also lauten: *Inhaltliche Konzentration statt verklärter Emotion*.

## 1.8 Communities quer gedacht, Teil II: (Software-)Agenten [2]

*»Du musst es mir befehlen, Boss!«*
*(Agent Beezle Bug in Tad Williams' »Otherland«)*

*One persons intelligent agent is another persons smart object;*
*and today's smart object is tomorrows dumb program.*
*(Jeffrey M. Bradshaw)*

Bereits 1968 spielte ein Software-Agent die Hauptrolle in einem Film. »HAL9000«, der Bordcomputer der »Discovery« in Stanley Kubricks »2001« demonstrierte einprägsam die Fähigkeiten eines unabhängig agierenden, intelligenten elektronischen Systems. Dreißig Jahre später lernen wir in Agent Smith aus Andy und Larry Wachowskis Film »Matrix« einen modernen Vertreter der Gattung Software-Agent kennen. Zur gleichen Zeit sind sich die meisten Menschen nicht bewusst, dass unendlich primitivere und deutlich freundlicher scheinende Vertreter dieser Gattung schon jahrelang tagtäglich ihren Dienst im WWW verrichten. Sie sind so etwas wie der nahezu prähistorische Vorläufer dieser elektronischen Leinwandhelden. Gemäß ihrer Bezeichnung »Agent« handeln sie im Auftrag von jemandem oder etwas, und aufgrund ihrer logischen Struktur – sie sind Software – können sie der ihnen zugedachten Aufgabe vollkommen individuell angepasst werden.

*Was ist ein (Software-)Agent?*

In Tad Williams Netzroman »Otherland« zeichnet der Autor ein faszinierendes Bild von der Wirklichkeit der virtuellen Welt des Netzes am Ende des 21. Jahrhunderts (Williams 1998). Er stellt den Agenten »Beezle Bug« vor, der gezwungen werden soll, Daten seines Auftraggebers, des dreizehnjährigen Orlando, der in einer Online-Simulation gefangen ist, preiszugeben. Nur der entsprechende Befehl Orlandos an Beezle Bug, sich zu verstecken und die Dateien zu sichern, kann die Preisgabe verhindern. Und so befiehlt quasi der Agent seinem Auftraggeber, diesen Befehl zu geben. Der Agent veranschaulicht durch seine an sich paradoxe Tat deutlich die Eigenschaften, die ein solches System charakterisieren:

▶ **Ein Agent hat einen Auftraggeber.** Dies kann sowohl eine Person, als auch ein übergeordnetes System wie z.B. eine Community sein, von dem der Agent seine Anweisungen erhält.

▶ **Ein Agent ist intelligent.** Er handelt den Informationen und Regeln entsprechend, die er durch ein der künstlichen Intelligenz (KI) ähnliches »Denken« interpretiert.

---

2  Beitrag von Sven Krüger, Freier Berater

▶ **Ein Agent verfügt über ein gewisses Maß an Autonomie.** Er ist im Rahmen seiner Aufgaben ohne direktes Eingreifen seines Auftraggebers handlungsfähig.

▶ **Ein Agent benötigt Schnittstellen.** Um Befehle zu empfangen und Informationen an den Auftraggeber zurück zu spielen, verfügen Software-Agenten über Ein- und Ausgabeschnittstellen, die ihre Kommunikationsfähigkeit sicherstellen.

▶ **Ein Agent braucht Rezeptoren.** Zur Erledigung seiner Aufgaben muss der Agent in der Lage sein, seine Umgebung und die dort auftragsrelevanten Parameter ausreichend wahrzunehmen.

Die Palette lässt sich je nach zugrunde liegender Theorie noch deutlich erweitern um Eigenschaften wie »soziales Verhalten«, »Zuverlässigkeit«, »Persönlichkeit« u.a.

Agenten sind Software. Wenngleich der prosaische Agent Beezle Bug auch einen physischen Roboterkörper in Form eines Käfers hat, so entfaltet er seine Fähigkeiten und seinen Nutzen für seinen Auftraggeber vor allem an bzw. in seinem Haupteinsatzort, dem elektronischen Medium. Neben den unterschiedlichen Tätigkeiten, die zur Definition eines Agententyps dienen können, sind Software-Agenten auch nach ihrem Einsatzort definierbar. Primär werden hier stationäre und mobile Agenten voneinander unterschieden. Ein typisches Beispiel für einen stationären Agenten wäre z.B. ein Support-Agent, wie wir ihn aus den gängigen Office-Anwendungen kennen, der uns erklärt, wie z.B. eine Tabelle angelegt oder ein Absatzformat geändert wird. Selbst diese bisher fast ausschließlich lokal agierenden Agenten werden heute mobil und suchen auf Wunsch nach weiteren Hilfsinformationen im Internet, natürlich auf vom Hersteller vorkonfigurierten Websites, die wiederum die entsprechenden Call Center entlasten. Die enorme Bedeutung der Vernetzung komplexer Rechnersysteme z.B. durch das Internet und die zunehmenden Abbildung von Geschäftsprozessen im elektronischen Medium (E-Business) legen es nahe, sich auf das Thema der Internet-basierten Agenten zu konzentrieren.

Meist erledigen Software-Agenten im Internet als Suchmaschinen-Robots für uns umfangreiche Such- und Filterfunktionen (was inhaltlich oft das gleiche Ergebnis bedeutet). Diese Agenten suchen z.B. im Auftrag einer Person nach einem Produkt oder dem günstigsten Preis für ein Produkt. Neben den bereits angesprochenen Support-Agenten gibt es auch solche, die uns an Termine erinnern oder diese mit den Kalendern unserer Partner koordinieren, oder aber solche, die in einem Dialog mit Personen oder anderen Systemen Informationen sammeln, um z. B. Kundenprofile anzulegen. Wenn also einer der Yahoo!-Robots Internetseiten nach unseren Suchbegriffen scannt und seine »Treffer« an den Suchmaschinenserver zurücksendet, von wo wir unser Suchergebnis erhalten, so ist dieser Agent heute für uns nur ein selbstverständliches, komplexes, kleines Skript, dessen Funktionalität für uns alltäglich ist. Daneben können weitere Agententypen wie »Educational-« oder »Industrial-Agents« usw. bestimmt werden, die jeweils in bestimmten Anwendungsbereichen und Umgebungen ihre Aufgaben erledigen.

## Wie funktioniert ein Software-Agent?

Der Nutzen, den ein Software-Agent seinem Auftraggeber bringt, hängt direkt mit seiner Programmierung zusammen. Das Maß an Autonomie, an Rezeptionsfähigkeit und die Anzahl der Schnittstellen stehen in Relation zu seiner Intelligenz und der seiner Programmierung zugrunde liegenden Architektur, die z. B. beschreibt, ob es sich um ein mobiles oder stationäres Programm handelt. An dieser Stelle stellt sich immer die spannende Frage, ob es der Programmierer ist, dessen Intelligenz das System benutzt oder ist hier Intelligenz geschaffen worden. Als Intelligenz einer solchen Software verstehen wir im Wesentlichen ihr Wissen und ihre »Denkfähigkeit«. Gemeint sind die statischen Informationen, über die der Agent von Anfang an verfügt, also alle Daten und Regeln, mit denen das System gefüttert ist. Dazu zählen IF-THEN-Beziehungen ebenso wie vielleicht Produkt- oder Kalenderinformationen. Darüber hinaus ist auch die Fähigkeit gemeint, diesen Informationen durch Interaktion mit der Umgebung weitere Daten hinzuzufügen und aus der so gesammelten dynamischen Wissensbasis Schlussfolgerungen ziehen zu können, zu »lernen«. Software-Agenten können also ihr Wissen durch Lernen vergrößern. Die vergrößerte Wissensbasis verbessert die Interpretationsfähigkeit der Software. Dieser verbesserte Denkprozess führt zu effizienterer Interaktionsfähigkeit des Agenten und in der Folge zu besseren Ergebnissen im Sinne des Auftraggebers. Die Bandbreite dieser Systeme reicht vom einfachen IF-THEN-Regelwerk bis hin zu neuronalen Strukturen von hoher Komplexität in Bezug auf die Entscheidungsfähigkeit zwischen zwei oder mehr Alternativen.

## Einsatz von Software-Agenten im E-Business

Software-Agenten beeinflussen die Geschwindigkeit und Effizienz von Marktprozessen und stellen mittelfristig eines der wichtigsten Instrumente zur Reduzierung von Prozess- und Transaktionskosten dar. Die Marktprozesse selbst verändern sie nicht.

Die Interaktion der Surfer mit der besuchten Site, idealerweise mit anderen Personen innerhalb der Site, gehört zu den kritischen Erfolgsfaktoren des Community-Buildings im Web. Der vom Betreiber erwünschte Effekt ist Kundenbindung. Sie wird erreicht durch die meist persönlichen oder zumindest personalisierten (auf Einzelperson ausgerichteten) *oder* personifizierten (vermenschlichten) Inhalte für die einzelnen Community-Mitglieder, typischerweise in persönlichen Mail-Accounts oder Chats abgebildet oder über inhaltliche Foren, in denen ein Meinungsaustausch stattfindet. Sobald die kritische Masse erreicht ist, die Community also über genügend Mitglieder verfügt, so dass ein kontinuierlicher Dialog rund um die Uhr gewährleistet ist, setzt sich dieser Prozess fast von selbst fort. Dieses Phänomen wird als »Prosuming« bezeichnet. Die Konsumenten der Inhalte erstellen in der Interaktion mit anderen Usern wiederum selbst neue Inhalte. Die Vorgänge von Konsumieren und Produzieren von Inhalt sind demnach ineinander verschränkt. Der Community-Betreiber profitiert nun zum einen davon, dass er die teuerste Ware im Web, aktuellen Inhalt, von seinen eigenen Kunden quasi kostenlos erhält, zum anderen davon, dass der auf diese Weise selbst erstellte Content die Nutzer besonders zufrieden stellt (offenbar funktioniert hier ein psychologisches Phänomen, nach dem Menschen die Dinge, die sie selber tun, tendenziell eher gut gefallen).

Communities bilden aufgrund der so erzielten enormen Kundenbindung, der hohen Besuchsfrequenz sowie der langen Verweildauer der Nutzer in ihnen ein ideales Umfeld für E-Business sowohl im B2B als auch im B2C-Bereich. Die Community-Features werden hier primär genutzt, um Daten zu sammeln, die helfen, Kaufvorgänge einzuleiten, zu erleichtern oder zu überwachen. Hierbei können Software-Agenten eine maßgebliche Rolle spielen, indem sie z. B. selbst Funktionen innerhalb des Kaufprozesses wahrnehmen.

Anhand eines von Clement und Runte getroffenen Einteilungsmodells lassen sich vier Interaktionssituationen zwischen Anbietern und Nachfragern identifizieren (vgl. Clement/Runte 2000: 23, siehe Abbildung 1.9).

Im Folgenden sollen diese vier Interaktionssituationen kurz beleuchtet werden. Die Betrachtungen wurden jeweils auf der Basis verschiedener, naturgemäß vereinfachter Kaufverhaltensmodelle angestellt, die in drei wesentlichen, selbsterklärenden Stufen übereinstimmen (siehe Abbildung 1.10)

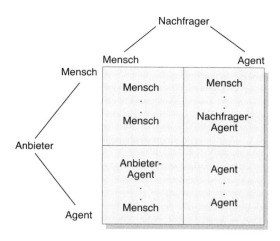

**Abbildung 1.9** Interaktionssituationen zwischen Anbietern und Nachfragern

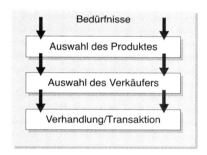

**Abbildung 1.10** Schematische Abfolge von Stufen des Kaufprozesses (stark vereinfacht)

## Anbieter Mensch – Nachfrager Mensch

Die Produktsuche im Internet, die Entscheidung für einen bestimmten Anbieter aufgrund relevanter Produkteigenschaften (wie z. B. »Preis« oder »Farbe«) und die eigentliche Transaktionsphase unterscheiden sich im Internet nur geringfügig von den analogen Phasen beim Offline-Kauf. Der Käufer beginnt mit der Produktsuche – meist mit Hilfe von Suchmaschinen – in einer scheinbar unüberschaubaren Menge von Angeboten. Die Ergebnisse führen oft zu einer nur geringfügig kleineren Anzahl von Anbietern, die den Käufer aufgrund der meist pro Anbieter unterschiedlichen Angebotsaufbereitung vor eine komplexe Auswahl stellt. Schließlich wird eine Anbieterentscheidung getroffen und der Transaktionsvorgang meist in einem elektronischen Shopsystem abgeschlossen. Allein die Masse von Angeboten macht eine optimale Auswahl gemäß den individuellen Bedürfnissen des Käufers fast unmöglich. Die primären Unterschiede des Online-Einkaufs gegenüber dem nicht-elektronischen Katalog liegen also bei dieser Betrachtungsweise in der erheblich größeren Anbieterauswahl und den multimedialen, interaktiven Präsentationsmöglichkeiten des Mediums. Eine gesteigerte Effizienz der Zusammenführung von Anbieter und Nachfrager kann allerdings kaum festgestellt werden.

### Anbieter Mensch – Nachfrager-Agent

Die wohl bekannteste Form des Nachfrager-Agenten ist der Preisagent, der – ähnlich der Tätigkeit von Preisagenturen – die Aufgabe hat, den für ein definiertes Produkt günstigsten Preis herauszufinden. Der Käufer profitiert hierbei davon, dass der Preisagent für seine Recherche nur wenige Sekunden benötigt und so gut wie keine Kosten verursacht. Sowohl im B2B-, als auch im B2C-Bereich schaffen diese Agenten eine globale Preistransparenz, die besonders Anbieter von objektiv beschreibbaren Standardprodukten zu extrem kompetitiver Preisgestaltung zwingt. Auf erfolgreichen vertikalen (branchenbezogenen) B2B-Marktplätzen, erlauben die Such- und Filterfunktionen von Softwareagenten den einkaufenden Unternehmen neben der Prozesskostenoptimierung, die der elektronische Marktplatz in erster Linie bedeutet, eine Effizienzsteigerung bei der Suche nach Produkten mit spezifischen Merkmalen im integrierten Anbieterkatalog des Marktplatzes. Nachfrager-Agenten werden sich in Zukunft besonders im Hinblick auf die Menge und Qualität der Eigenschaften verbessern, die sie für ihren Auftraggeber ermitteln. So ist z.B. allein der Preis als Differenzierungsmerkmal oft nicht ausreichend, um das optimale Angebot zu ermitteln, besonders wenn Angebotsfaktoren wie Garantie, Verfügbarkeit, Lieferzeit, Verfolgbarkeit (Tracking) etc., die indirekt enorm preisrelevant wirken, nicht ebenfalls adäquat geprüft werden können.

### Anbieter-Agent – Nachfrager Mensch

Anbieter-Agenten werden meist eingesetzt, um eine Individualisierung des Inhalts bezogen auf den einzelnen Surfer zu erreichen. So greift man in Onlineshops wie Amazon zu Collaborative-Filtering-Methoden, um den Interessenten zu den von ihnen (bereits mit Hilfe von Suchagenten) ausgewählten Produkten, komplementäre Angebote zu machen. Wählt der Surfer beispielsweise einen bestimmten Film auf DVD aus, so macht das System ihm aufgrund der Kaufentscheidungen vorheriger Kunden, die den gleichen Film und darüber hinaus andere Produkte gekauft haben, Vorschläge, welche Filme oder andere Artikel auch für ihn interessant sein könnten. Je mehr das System über Präferenzen der Kunden

»lernt«, desto besser werden die Produktvorschläge, die es uns macht. Auf diese Weise sind weltweite Online-Shopsysteme mit der entsprechenden globalen Logistik in der Lage, exotische Zielgruppen wie z. B. den sandalentragenden Cabriofahrer, der einmal pro Woche in die Oper geht, individuell zu bedienen, während jedes stationäre Geschäft mit einer solchen Zielgruppe ein hoffnungsloses wäre, weil die 22.800 Personen, die global auf die Beschreibung passen, natürlich nicht alle am selben Ort leben. Diese Software-Systeme suchen also nach persönlichen Daten oder Eigenschaften, um den Surfer kennen zu lernen und ein Kundenprofil anzulegen. Der Einsatz solcher Daten oder ganzer Profile kann je nach Interesse des Netzdienstes, der ihn beauftragt, verschiedene Ausprägungen haben. Nutzerspezifische Werbebanner zur Minimierung von Streuverlusten oder individuelle Vorkonfiguration modularer Produkte wie Autos, Computer oder Urlaubsreisen sind auf diese Weise automatisierbar und so mit hoher Effizienz an identifizierte Kunden vermarktbar. Dieser Effekt lässt sich offline mit »Tante Emma« vergleichen, die mich als Kunden kennt und schon nach dem richtigen Produkt hinter der Ladentheke greift, wenn ich ihr Geschäft betrete. In reinen B2B-Umgebungen wie Procurement-Marktplätzen können Anbieteragenten den Kunden sowohl bei der Navigation im Katalog als auch bei der Individualisierung von Inhalten und Darstellungsformen helfen, z. B. wenn einem Einkäufer die Verfügbarkeit immer besonders wichtig ist und dieser Wert deshalb an erster Stelle gelistet wird. Die so gesammelten Profildaten helfen den Anbietern gleichzeitig, ihre Produkte bzw. die Zusammensetzung ihres Portfolios zu optimieren (z. B. wenn ein Artikel häufig gesucht wird, jedoch nicht im Angebot vorhanden ist, woraufhin die so erkannte Angebotslücke geschlossen werden kann).

## Anbieter-Agent – Nachfrager-Agent

Die Fähigkeit von Software-Agenten z. B. Transaktionen auftragsgemäß durchzuführen, macht sie grundsätzlich zu idealen Stellvertretern der Auftraggeber in Marktprozessen im elektronischen Medium. Ihre Geschwindigkeit, Duplizierbarkeit und zeitlich unbegrenzte Verfügbarkeit erlaubt es ihnen, gerade in verhandlungsintensiven Transaktionsvorgängen wie z. B. Auktionen oder Ausschreibungen höchste Effizienz sowohl für Anbieter als auch für Nachfrager zu erreichen. Zwingende Voraussetzungen für den erfolgreichen Einsatz der Systeme sind hier die Intelligenz der Software und eine geeignete Multi-Agenten-Umgebung (Garantie von Verbindung, Rechtssicherheit, Protokollierung etc.). Der Kostendruck auf den bestehenden, nicht-virtuellen Marktplätzen und den entstehenden elektronischen Marktplätzen wie Covisint, Chemplorer etc. macht den Einsatz von immer intelligenteren Software-Agenten innerhalb dieser Umgebungen zu einem evolutionären Schritt, dessen exakter Zeitpunkt zwar hier nicht benannt werden kann, der jedoch in näherer Zukunft liegen wird, als wir erwarten. Herausforderungen an die Programmierung der entsprechenden Systeme sind vor allem die notwendigen Abbildungen von Verhandlungsstrategien und Kommunikationsfähigkeiten zur Information und Beeinflussung anderer Systeme, die die Software beherrschen muss. So wird es bei Ausschreibungen (»Reverse Auctions«) auf elektronischen Plattformen entscheidend sein, die dort verfügbaren Informationen richtig zu interpretieren, den anderen dort agierenden Agenten nur die Informationen preiszugeben, die zum Geschäftsabschluss im Sinne des Auftraggebers führen, und andererseits auch nicht zu viele Informationen zurückzuhalten, denn nur mittels der relevanten Nachfragerpräferenzen kann ein Anbieteragent optimale Angebote lokalisieren oder selbst machen (s.o.). Deutlich wird diese Gratwanderung am Beispiel der Preisinformation. Sollte bei einer Ausschreibung für eine Leistung, z. B. dem Aufbau eines lokalen Netzes inklusive PCs etc. für 500 Mitarbeiter, der entsprechende Nachfrager-Agent unserem Anbieter-Agenten den Preis mitteilen, den das nachfragende Unternehmen bereit ist zu zahlen, so wird unser Agent kein niedrigeres Gebot abgeben als eben diesen Preis – es sei denn, andere intelligente Anbieter-Agenten tun dies und unser System erhält diese Information. Deutlich werden an diesem Beispiel auch die Implikationen, die die Agentenfähigkeiten in Bezug auf die Kommunikation mit anderen Agenten haben. So wäre denkbar, dass unser System gezielt Fehlinformationen an Wettbewerber ausgibt, um diese zu täuschen, oder im Gegenzug andere Agenten könnten die mangelnde Vertrauenswürdigkeit unseres Systems weiter kommunizieren und unseren Agenten so ggf. isolieren.

Auffallend an all diesen Interaktionsformen und Ausprägungen gegenwärtiger und zukünftiger technischer Möglichkeiten ist in erster Linie die Detailtreue, mit der Kommunikation, Geschäftsprozesse, Transaktionen etc. der nicht virtuellen Welt in Business Communities innerhalb des Internets übertragen werden. Mit Hilfe immer fortgeschrittenerer Technologien reproduzieren wir das uns bekannte Universum im elektronischen Medium mit immer größerer Perfektion und subtrahieren »lediglich« die uns offline auferlegten Beschränkungen durch Zeit und Raum.

## Ist es Mord, wenn man einem Agenten den »Stecker raus-
 zieht«?[3]

*Are you what you read? What you wear? What you listen to?*
*Do you define yourself by the company you keep? Your*
*friends? Your family? Or are you simply your fingerprints*
*and DNA? (Aus: Defining Digital Identity)*[4]

Das wirtschaftliche Paradigma der Effizienz ist nichts als die Übersetzung des menschlichen Bedürfnisses nach Bequemlichkeit, indem wir anhand eines zeitorientierten Systems menschliche Tätigkeit, also Arbeit, teuer gemacht haben. Die Verlockung mittels intelligenter Systeme wie Software-Agenten auch die Aufgaben, die speziell erworbene Ausbildung oder Kenntnisse voraussetzen, zu automatisieren und quasi kostenlos von Maschinen erledigen zu lassen, birgt neben den zahllosen Nutzenfaktoren und Chancen auch Risikopotenziale.

*Effizienz =*
*Abhängigkeit*

In einer zukünftigen Welt, in der auf elektronischen Marktplätzen im B2B-Bereich Transaktionen in Milliardenhöhe automatisiert verhandelt, durchgeführt und überwacht werden, in der denkbar auch juristische Entscheidungen von intelligenter Software getroffen werden könnten, erklimmt man eine weitere Stufe der menschlichen Abhängigkeit von Technologie mit möglicherweise existenziellen Auswirkungen. Der Ausfall entsprechender Systeme bedeutet heute schon meist finanzielle Verluste in enormer Höhe durch Produktionsverzögerungen, Lieferschwierigkeiten, Vertragsverletzungen usw. Ausfälle von IT-Infrastruktur legen ganze Betriebe lahm, und die Mehrzahl der heute in Konzernen beschäftigten Mitarbeiter können nach eigener Aussage ohne Computer bzw. Netzzugang ihre Aufgaben nicht effizient bzw. überhaupt nicht wahrnehmen.

Wirtschaftliche Effizienz ist eine Notwendigkeit in der global arbeitsteilig spezialisierten Wirtschaft. Ineffizienz wird mit hohen Kosten und ggf. Ausscheiden aus dem Marktgeschehen sanktioniert. Intelligente Software-Agenten als Mittel zur Effizienzsteigerung werden daher in den durch die so genannte »New Economy« oder »E-Economy« stark informations- und kommunikationsbasierten Kernprozessen eine immer wichtigere Rolle spielen. Getaktet im Tempo der immer schnelleren Technologiezyklen, die sich in den stetig wandelnden Strukturen der TIMES-Branchen (Telekommunication, Information Technology, Media, Entertainment und Security) manifestieren, ist offensichtlich, dass die wachsende Masse von Information ohne entsprechende Systeme nicht verarbeitet werden kann.

---

3   Nach einem Slogan von Kiwilogic
4   www.eff.org

Kritiker würden an dieser Stelle sicher auch fragen, ob die Masse an Information nicht vielleicht eine Masse an Desinformation ist (Information Overload) und ob sie ohne diese Systeme überhaupt existierte ("The cure is the desease is the symptom is the cure is"). Die Grenzen von Krankheit, Symptom und Heilung gehen also – wenn man so will – fließend ineinander über. Da die Information an sich aber unaufhaltsam und, was noch schwerer wiegt, unumkehrbar ist, ist es pragmatischer, sich nüchtern Gedanken über die zahllosen Möglichkeiten des sinnvollen Einsatzes intelligenter Systeme zu machen, als sich in Pessimismus zu verlieren.

## Nemesis – Chancen und Risiken des Einsatzes intelligenter Systeme

Heute arbeiten Entwickler in Agenturen an Agentensystemen, die einmal jeder von uns als persönliche Agenten nutzen kann. Zum Beispiel haben Banken durch das elektronische Geschäft im Netz ein erfolgreiches Outsourcing von Dienstleistungen an ihre Kunden betrieben. Wir freuen uns und sind sogar bereit, dafür zu bezahlen, dass wir nun die Arbeit der Kreditinstitute selbst erledigen und unsere Aufträge direkt online in deren Systeme eingeben, dafür allerdings räumlich und zeitlich unabhängig von Schalterstunden und Personal. Die Adressen, Artikelnummern etc. können wir ebenfalls bequem im Netz ermitteln.

Aber ist das wirklich ein Nutzen? Dies ist nur ein erster Schritt. Das Szenario des persönlichen Agenten sähe in Zukunft so aus, dass wir ihm während des Frühstücks oder während wir morgens durch unsere Wohnung laufen seine Aufgaben diktieren: »Überweisung an die Autowerkstatt, Telefonnummer eines Experten in der Business Community herausfinden und Vorschläge für einen zweiwöchigen Sommerurlaub machen.« Aufgrund seines Wissensspeichers mit unserem persönlichen Profil »weiß« der Agent, welche Urlaubsziele wir bevorzugen und wie viel wir ausgeben wollen, aus unseren elektronischen Terminkalendern entnimmt er mögliche Urlaubsdaten, die Kontoinformationen der Autowerkstatt findet er selbständig im Netz und für die Recherche nach der Telefonnummer beauftragt er andere Systeme.

In Zweifelsfällen oder wenn er ein Feedback zur Auftragerledigung benötigt, so fragt er bei uns nach. Unsere Antwort wandert als gelernte Erfahrung in seinen Wissensspeicher und vervollständigt unser Profil. Vernetzt mit unserem Haushaltsnetzwerk, dem Internet und anderen für uns relevanten Systemen kann der Software-Agent auf diese Weise komplexe Aufgaben übernehmen und einen deutlichen Mehrwert gegenüber den semi-automatischen Systemen, die wir heute nutzen, bieten.

Da einmal offenbarte Information unrevidierbar ist und sich aus der richtigen Kombination von Informationen zu einem definierten Zeitpunkt folgerichtige Entscheidungen und damit z. B. Markterfolge ableiten lassen, ist der Einsatz von intelligenten Software-Agenten und die damit verbundene auf ggf. überlegener Informationsqualität basierende Ausgangsposition ein Machtfaktor. Am Beispiel der Software-Agenten, die dabei helfen, den anonymen Surfer besser kennen zu lernen und sein Surfverhalten sowie seine Konsumgewohnheiten besser einschätzen zu können, wird deutlich, dass unsere Privatsphäre und der Schutz unserer persönlichen Daten in Bezug auf die optimale Befriedigung unserer Konsumbedürfnisse ein verhandelbares Gut geworden ist.

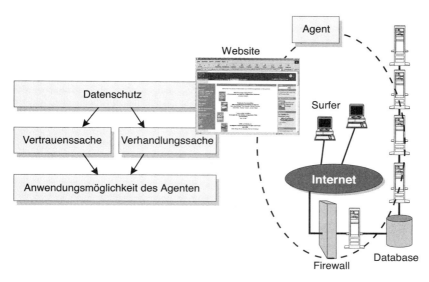

**Abbildung 1.11** Von Agenten erstellte Kundenprofile basieren auf der Verhandlung von Datenschutz gegenüber dem Wunsch nach individualisierten Angeboten.

Den Surfer oder Kunden kennen zu lernen, heißt, ihn identifizieren zu können. Derzeit beginnt diese Verhandelbarkeit von Privatsphäre in aller Regel noch meist beim Log-in in bestimmte Domains mit Benutzernamen und Passwort. Die Zukunft mobiler Datenübertragung und steigender Konvergenz von Diensten und Netzen macht jedoch auch hier die Übergänge fließend. Übergänge in andere Systeme werden zum Teil unbemerkt vonstatten gehen, und Agenten werden im Zuge ihrer Auftragserledigungen massenhaft Informationen miteinander austauschen, so dass eine wirksame Kontrolle schwierig erscheint. Zudem werden mobile Geräte mit eventuell biometrischen Zugangskennungen überzeugende

Identifikations- und Lokalisierungsinstrumente für Netzanbieter und -dienste sein. Den skizzierten Chancen stehen konkrete Probleme gegenüber, die im Zuge dieses Wegs in Agenten-Communities gelöst werden müssen:

▶ **Datenschutz/Privatsphäre**
Gerade mobile Systeme werfen die Schwierigkeit auf, die Privatsphäre zu schützen. Andere Systeme könnten versuchen, die Profilinformationen unserer Agenten vollständig auszulesen oder auch über längere Zeiträume hinweg die im Zuge von Verhandlungen preisgegebenen persönlichen Daten nutzerbezogen zu sammeln und zu einer Profilkopie zu konsolidieren.

▶ **Haftung**
Gemäß seiner Bestimmung handelt der Agent autonom in unserem Namen. Missverständnisse könnten dazu führen, dass ein entsprechend autorisierter Agent, statt nur Preisinformationen zu beschaffen, Transaktionen einleitet, also im Consumer-Bereich die Urlaubsreise oder das Auto bzw. im B2B-Bereich die 20 Tonnen Nickel oder Kaffee tatsächlich kauft. Bei voller Autorisierung des Systems können diese Verträge rechtskräftig sein. Wer haftet in einem solchen Fall? Ist es der Benutzer der Software, der ungenaue Angaben gemacht hat, oder der Hersteller, der ggf. fehlerhaft programmiert hat?

▶ **Abrechnung**
Die Bereitstellung von Umgebungen, in denen Agenten miteinander Kontakt aufnehmen können, in denen eine Verbindung zu ihrem Auftraggeber gewährleistet ist und in denen die notwendigen Sicherheitsmaßnahmen vorhanden sind (Protokollierung, Abhörschutz etc.) ist aufwendig, und ihre Benutzung wird wahrscheinlich tarifiert erfolgen. Welche Geschäftsmodelle können für den Ressourcenverbrauch der Software-Agenten sinnvoll sein?

▶ **Klassifizierung/Seriosität**
Unterschiedliche Qualität der Programmierung kann erhebliche Leistungsunterschiede der individuellen Agenten bedeuten. Wie wird gewährleistet, dass intelligentere Agenten »ehrlich« und »fair« auftreten und verhandeln und nicht gezielt schlechter ausgestattete Systeme identifizieren und übervorteilen?

Diese Schwierigkeiten sind pragmatisch zu sehen. Entsprechende gesetzliche Regelungen liegen zum Teil bereits vor, sie lösen jedoch die Grundproblematik nicht, sondern bedeuten nur ein Clearing in Form von Sanktionsinstrumenten, wenn es im Grunde bereits zu spät ist.

## Communication-Junkies und kauzige Software

Die Faszination, die Internet-Agenten ausüben können, beruht meist auf dem gewollten Anschein, das System entfalte eine eigene Persönlichkeit. Zu diesem Zweck erhält der Software-Agent oft eine Gestalt, einen virtuellen Körper, wie z. B. das Logo des Website-Betreibers oder eine andere Identifikationsfigur. Wir sprechen in diesem Fall von einem Avatar.

Das Wort ist ein hinduistischer Begriff und steht für die »Herabkunft« eines Gottes auf Erden. Wenig göttlich treten die meisten Avatare in Form von Chatter- oder Lingubots auf, Agenten, die einen Dialog mit den Surfern in Form eines Chats führen. Im Hintergrund der Software arbeitet ein Autorensystem, in dem die gängigsten Phrasen und Antworten hinterlegt sind. Je mehr Dialoge das System führt, desto ausgefeilter werden die Gesprächsfähigkeiten der Software. Mit fortschreitender Verbesserung von Spracherkennungs- und Synthesesystemen ist eine gesprochene Unterhaltung zwischen Nutzer und System denkbar.

Die Systeme dienen mehreren Zwecken: Zum einen erhöht ein Avatar, der mit den Surfern in Interaktion tritt, durch die Vermittlung von Persönlichkeit in der ansonsten anonym erscheinenden Online-Welt die Attraktivität einer Site, die Besucherzahl, die Verweildauer der Surfer und die Besuchsfrequenz auf den entsprechenden Seiten steigt meist deutlich an. Zum anderen sammelt der Agent im Dialog mit den Surfern wertvolle Informationen über das Surf-, Konsum- und Kommunikationsverhalten der Zielgruppe.

Da die Systeme nicht immer die passenden Antworten kennen, haben viele eine automatische Auffangerkennung und schalten sofort einen Menschen ein, der die Steuerung des Gespräches übernimmt, sobald die Software nicht mehr adäquat reagieren kann. Ein Turing-Test zur Feststellung, ob es sich um einen Menschen oder ein automatisches System handelt, kann also in diesen Fällen schwierig sein. Der Erfolg dieser Avatare beruht meist auf menschlich wirkenden Charakterzügen wie Humor und Schlagfertigkeit. Wahrscheinlich ist, dass wir unseren persönlichen Agenten ebenfalls eine bestimmte Gestalt verleihen werden, die sich jederzeit beliebig ändern lässt. Der Avatar in Verbindung mit dem persönlichen Software-Agenten wird quasi unsere »Herabkunft« in den Cyberspace sein. Steuern wir das System nicht gerade persönlich, so wird es in unserem Sinne interagieren und Kommunikationen führen, über die es uns später informiert, oder auch Anfragen auf einen späteren Zeitpunkt verschieben, wenn wir persönlich zur Verfügung stehen. Zyniker würden vielleicht vom multimedialen Anrufbeantworter des 21. Jahrhunderts sprechen.

Hans Moravec spricht im Zusammenhang mit intelligenten Systemen von der »Evolution des postbiologischen Lebens« (Moravec 1988) und weckt damit Assoziationen in Richtung eines maschinellen Bewusstseins oder Geistes. Jean Baudrillard kommentiert diesen Weg der Transformation alltäglicher Vorgänge in elektronische Cyber-Welten mit den Worten:

> *Seit sich das Verhalten auf bestimmte Bildschirme oder auf Operationen ausführende Terminals konzentriert, erscheint das Übrige nur noch als ein großer nutzloser Körper, den man verlassen und verdammt hat. (Rötzer 1989)*

Tatsächlich wird mit der Aufhebung von Raum und Zeit im elektronischen Medium ein Star-Trek-Traum wahr: Wir »beamen«. Allerdings erweitert die einfache Reproduzierbarkeit von Software – kopieren von System zu System –diese faszinierende Perspektive bzw. macht sie fast überflüssig: *Warum sollte ich mich irgendwohin beamen, wenn ich omnipräsent sein kann – also schon da bin?*

## 1.9 Communities quer gedacht, Teil III: Aufbau von Online-Geschäftsbeziehungen als Schlüssel zur erfolgreichen Gestaltung von Handel im Internet[5]

> *Der Kern jeder Art von Handel ist die Handelsbeziehung selbst. Um Handel über das Internet zu ermöglichen, ist daher genau diese Beziehung zu fördern.*
> *(Participate.com)*

In diesem Beitrag beschäftigen wir uns zunächst mit der Schilderung des Phänomens virtueller Handel. Im Anschluss daran werfen wir einen Blick darauf, wie sich Online-Beziehungen entwickeln, welche messbaren Verbesserungen der Geschäftsbeziehungen Online Communities mit sich bringen und welche Vorteile ein Beziehungsaufbau in Internetmärkten zeitigt. Der Bericht wird abgerundet mit einem Fallszenario und schließt mit einem Fazit.

### Virtueller Handel, reale Beziehungen

Die Ausgangssituation: eine Welt grenzenlosen Handels. Die Akteure: Handelspartner, die wenig oder nichts voneinander wissen. Eine Welt, in der allein Geschwindigkeit und Preis zählen. Eine Welt, in der der Aufbau enger Beziehungen nicht von Bedeutung ist.

---

5   Mit freundlicher Genehmigung von Joseph Cothrel, John Mc Brearty und Jeremy Perlman, Participate.com. Aus dem dritten Participate.com Whitepaper in der Reihe von Managementberichten über die Herausforderungen von Internetmärkten und Online Communities, deutsche Übersetzung

Dies ist genau die Situation, die von E-Business-Experten bereits vorhergesagt wurde. Jetzt, da E-Business immer mehr zur Realität im täglichen Geschäftsleben wird, tritt eine andere Welt in den Mittelpunkt der Betrachtung. In dieser Welt picken sich elektronische Marktplätze die wertvollsten Wesenselemente der Offline-Geschäftswelt heraus, um sicherzustellen, dass Käufer und Verkäufer nachhaltige elektronische Beziehungen eingehen. Diese Marktplätze beschäftigen sich mit den folgenden Fragen:

▶ Können wir mit den starken Geschäftbeziehungen in der realen Welt, die über viele Jahre hinweg aufgebaut wurden, konkurrieren?

▶ Können wir die Zusammenarbeit und Mitarbeit der Nutzer unterstützen?

▶ Können intensive Verkaufsbeziehungen in der Online-Welt überhaupt aufgebaut werden?

Es ist nicht überraschend, dass sich Anbieter und Nachfrager ähnliche Fragen stellen. Werde ich als Abnehmer auch in Zukunft mit meinen bisherigen Lieferanten noch Geschäfte abwickeln können? Werde ich als Lieferant meine Hauptabnehmer auf diesen neuen Marktplatz locken können? Beide Seiten fragen sich: Können wir die Vorteile der Internetmärkte ausnutzen, ohne auf die Stärken des Offline Business verzichten zu müssen?

Die Antwort auf diese Fragen lautet *ja* – mit Online-Community-Lösungen, die sich durch einen überzeugenden Aufbau und ein überlegtes Management der Community-Prozesse auszeichnen.

## Wie sich Online-Beziehungen entwickeln

Jede Geschäfts-Interaktion kann der Beginn einer nachhaltigen Beziehung sein. Um eine solche Beziehung entwickeln zu können, müssen sich Marktinteraktionen durch mehr als nur die Produktauswahl aus einem Online-Katalog auszeichnen. Um Möglichkeiten für diese Interaktionen zu schaffen, implementieren Net Market Makers Community-Lösungen. Einige Beispiele für Online-Community-Lösungen umfassen Diskussionsforen, von Nutzern generierte Produktbeschreibungen, Online Events und Profile von Anbietern und Nachfragern.

Die entscheidende Frage bleibt, die da lautet: Auf welche Weise fördern Community-Lösungen den Aufbau von Beziehungen?

Eine Möglichkeit besteht darin, die Kommunikation zwischen den Teilnehmern des Marktplatzes voranzutreiben, indem man die Diskussion über gemeinsame Interessen und Probleme zulässt. In einem Diskussionsforum können beispielsweise Abnehmer von Computerchips in Taiwan von anderen Abnehmern erfahren, wie neue Handelsbeschränkungen ihre Geschäfte beeinflussen könnten. Auf diese Weise wird der Abnehmer mit anderen Marktteilnehmern bekannt gemacht und profitiert von deren Ratschlägen und Empfehlungen.

Community-Lösungen können des Weiteren den Kommunikationsprozess und die Zusammenarbeit im Rahmen eines gemeinsamen Projektes oder den Austausch von Gütern und Dienstleistungen unterstützen. Man führe sich folgenden Fall vor Augen: Ein Bauunternehmen möchte eine Community-Lösung für ein Kunden-Team schaffen, das in ein laufendes Projekt eingebunden ist. Indem die Interaktion und der Informationsaustausch zwischen den Teilnehmern forciert werden, stellen diese Programme sicher, dass das Kunden-Team gut informiert ist. Darüber hinaus bietet sich dem Unternehmen die Möglichkeit, mehr über die Erwartungen seiner Kunden zu erfahren. Diese Lösung bildet die Basis für die Diskussion möglicher Chancen und Risiken. Online-Interaktionen unterstützen demnach bereits bestehende Arbeitsbeziehungen und helfen, dabei sicherzustellen, dass die Resultate auch den Erwartungen entsprechen.

Beziehungen entwickeln sich in Online Communities auf verschiedene Weise. Auf Internetmärkten bringen diese Beziehungen weitreichende Vorteile mit sich und führen zu nachhaltigen Handelsbeziehungen und steigender Liquidität.

### Online Communities führen zu einer messbaren Verbesserung der Geschäftsergebnisse

Online-Community-Lösungen bieten sowohl dem Anbieter der Leistung als auch dem Nachfrager Vorteile. Es hat sich gezeigt, dass Community-Mitglieder mehr kaufen, den Marktplatz öfter besuchen, zu den besonders treuen Kunden gehören und eine große Zahl potenzieller Käufer anziehen. Diese Tatsachen haben einen direkt messbaren positiven Einfluss auf den Erfolg des Marktplatzes (siehe Tabelle 1.4).

| Wert der Transaktion und Transaktionshäufigkeit | Kundenbindung und Wiederholungsbesuche | Kundengewinnung |
|---|---|---|
| ▶ Mitglieder kaufen acht Mal so viel wie Nichtmitglieder (Participate.com). <br> ▶ Mitglieder kaufen mit 36-prozentiger Wahrscheinlichkeit mehr als Nichtmitglieder (Forrester). | ▶ Die Mitgliedschaft verlängert die Kundenbindungs-dauer um 50% (Participate.com). <br> ▶ Käufe, die von Wiederholungsbesuchern getätigt werden, haben einen um 57% höheren Wert als Käufe von Erstbesuchern (Bain). | ▶ Community-Mitglieder empfehlen die Website mit 100-prozentiger Wahrscheinlichkeit eher als Nichtmitglieder (Participate.com). <br> ▶ 62% der Internet-Käufer sagen, dass Kundenberichte entscheidend für ihre Tätigung eines Online-Kaufs sind (Andersen Consulting). |

Tabelle 1.4  Vorteile von Online-Communities – die Fakten

## Die Vorteile des Beziehungsaufbaus in Internetmärkten

Die meisten von uns haben schon einmal etwas aus einem Online-Katalog bestellt oder an einer Online-Auktion teilgenommen. Dieser Weg ist angemessen, wenn man genau weiß, was man kaufen möchte. Für Käufe, die sich nicht ganz so einfach gestalten und mindestens genau so wichtig für das Geschäft sind, braucht man jedoch mehr. Man benötigt zusätzliche Informationen und eine gewisse Sicherheit, die dadurch zustande kommt, dass klar ist, mit wem man es zu tun hat. Sicherlich erhöhen Kreditwürdigkeitsprüfungen und ein bestimmtes Markenimage das Vertrauen in einen bestimmten Hersteller, doch was ist mit weiteren Fragen? Wird pünktlich geliefert? Werden die Güter und Dienstleistungen die geforderte Qualität aufweisen?

*Vertrauen*

Vertrauen entwickelt sich durch wiederholte Interaktionsprozesse. Vertrauen wird durch die Empfehlungen eines Kollegen gefördert. In einem Internetmarkt wird beides durch Community-Lösungen unterstützt.

Von Online-Beziehungen profitieren Handelspartner, Mitarbeiter, die auf einem Internetmarkt zusammenarbeiten und andere Gruppen, die aufgrund von Handelsbeziehungen in regelmäßige Kommunikationsprozesse eingebunden sind. Warum sollten Handelspartner im Internetmarkt miteinander kommunizieren? Fragen Sie sich einmal selbst: Wie viel Zeit verbringen Sie jeden Monat damit, Gespräche mit Partnern und Kunden zu führen, die keinerlei Bezug zu einem konkreten Kauf- oder Verkaufsprozess haben? In Wahrheit sind es genau diese Arten von Interaktionen, die

*Effizienz*

Ihre Geschäftsbeziehungen leistungsfähiger werden lassen. E-Business lässt diese Beziehungen nicht überflüssig werden, sondern gestaltet sie effizienter. Community-Lösungen ermöglichen es Geschäftspartnern, im Rahmen von Projekten effizient zusammenzuarbeiten, zu diskutieren, Probleme zu lösen oder sich einfach nur über den neuesten Stand zu informieren. Community-Lösungen unterstützen die Marktteilnehmer bei alltäglichen Handlungen und garantieren dabei eine Steigerung der Häufigkeit und Effizienz der Interaktionen.

**Loyalität** Die Güterpreisbildung wird zu einem immer größerem Sorgenkind der Lieferanten. Sie erkennen, dass Online-Kataloge und Produktbeschreibungen wenig dazu beitragen, potenziellen Kunden den Wert ihrer Produkte zu vermitteln und keine langfristigen Beziehungen fördern. Viele vergessen, dass sich eine Geschäftsbeziehung über Loyalität definiert und Loyalität nichts anderes ist, als eine interaktive nachhaltige Geschäftsbeziehung. Erfolgreiche Internetmärkte definieren sich über die Loyalität ihrer Kunden. Und Kundenloyalität ist genau der kritische Faktor, der Transaktionen in nachhaltige Geschäftsbeziehungen umwandelt.

## Fallszenario

Ein hypothetischer Fall, der veranschaulicht, wie Community-Lösungen Beziehungen in Internetmärkten unterstützen:

MetalzMarket.com ist ein Online-Marktplatz für Metall verarbeitende Unternehmen, Logistik-Dienstleister und Endverbraucher. Trotz starker Produkt- und Dienstleistungsangebote konnte MetalzMarket.com sein angestrebtes Transaktionsvolumen nicht erreichen. Der Wettbewerb ist stetig gewachsen. Die Mitarbeiter von MetalzMarket.com beobachteten daraufhin das Verhalten vieler registrierter Teilnehmer auf dem Marktplatz, um Aufschluss über mögliche Barrieren der Handelsteilnahme zu erhalten. Dies führte zu überraschenden Ergebnissen. Käufer und Verkäufer waren überaus zufrieden mit der Transaktionsplattform und anderen, den Marktplatz unterstützenden Systemen, aber sie zeigten sich zurückhaltend, was die Durchführung von Geschäften ohne zusätzliche Informationen über ihre zukünftigen Handelspartner anging. Käufer versuchten routinemäßig, in der Realwelt Informationen über das Leistungsverhalten oder den Ruf möglicher Anbieter zu finden. Anbieter berichteten, dass der Marktplatz für sie weniger Wert hatte, als vorausgesehen, da sie Schwierigkeiten hatten, auf dem Marktplatz Kunden zu werben und zu binden. Klar war, dass MetalzMarket.com dieses Problem für seine Teilnehmer lösen musste. Die Frage war allerdings, auf welche Weise dies geschehen sollte.

Um das Problem sowohl für den Net Market Maker als auch für die Teilnehmer zu lösen, setze MetalzMarket.com auf eine Strategie, die es sowohl für Nachfrager als auch für Anbieter möglich machen würde, loyale und auf einer Vertrauensbasis basierende Beziehungen aufzubauen. In den folgenden Monaten führten sie eine Reihe von Community-Funktionen ein, wie z.B. herstellerspezifische Discussion Boards (die Käufer direkt mit dem Hersteller interagieren lassen), Bewertungssysteme, um die Preisgestaltung erfolgreich zu bestreiten und Gast-Events, um den Dialog zwischen anerkannten Persönlichkeiten aus der Industrie und den Mitgliedern der Community in Gang zu bringen.

Zweimal die Woche fanden Events statt, die ein großartiges Beispiel dafür sind, dass MetalzMarket.com es geschafft hatte, Online-Beziehungen aufzubauen. Im Mittelpunkt eines der letzten Events stand der hauptverantwortliche Ingenieur eines auf dem Marktplatz aktiven Herstellers. In textbasierten Live-Diskussionen teilte er den Mitgliedern der Community seine Industrieerfahrungen und jüngste Forschungsergebnisse über neueste Guss- und Formtechniken mit. Im Rahmen anderer Events wurde der Schwerpunkt auf Finanzen, internationalen Handel und den effektiven Einsatz von Marktplatz-Technologien gesetzt. Ein Event setzte beispielsweise die Diskussion der leitenden Mitarbeitern von MetalzMarket.com in den Mittelpunkt, die in der Community Gespräche über Service-Dienstleistungen, Upgrades und weitere Themen, die Anbieter und Nachfrager auf dem Marktplatz betreffen, führen konnten.

Als Ergebnis nach Einführung der neuen Online-Community-Lösung führen Anbieter und Nachfrager die komfortablere Gestaltung des Handels auf dem Marktplatz an. Sie erwähnen außerdem, dass sie den Marktplatz besser verstehen und sowohl transaktions- als auch nicht-transaktionsbezogene Geschäftsziehungen mit Managern aus den Bereichen Einkauf und Verkauf, der Unternehmensleitung und Mitarbeitern anderer Organisationen eingegangen sind. Die Teilnehmer des Marktplatzes können nun gemeinsame Themen wie Steuerfragen, Logistik, Industrie-Events sowie neue Technologien und Prozesse diskutieren.

Käufer können auf die Erfahrungen anderer Käufer mit Lieferanten bauen und diese nach ihrer Meinung fragen. Anbieter fördern ihren Markennamen und das Image ihre Produkte schon allein dadurch, dass sie in der Community akkurate und pünktliche Hilfestellungen und Ratschläge anbieten. Als Ergebnis dieser Interaktionen zeigt sich, dass alle Teilnehmer besser informiert sind, engere Beziehungen zueinander und zu

MetalzMarket.com aufgebaut haben. Die Bindung der Teilnehmer an den Marktplatz wurde dadurch erhöht und das Transaktionsvolumen entscheidend in die Höhe geschraubt.

Nach Beendigung eines Verkaufsgespräches bzw. nach der Warenübergabe ist der Aufbau von Beziehungen die entscheidende Triebfeder für Geschäfte in der Zukunft. Online-Beziehungen entwickeln sich sowohl durch Gespräche über gemeinsame Interessen und Probleme im Zeitablauf als auch durch Transaktionen. Heute werden auf Internetmärkten Online-Community-Lösungen implementiert, um diese Kommunikationsprozesse zu verwirklichen.

**Fazit:**

▶ Beziehungen sind die Triebfeder für den Handel auf Internetmärkten.

▶ Der Aufbau von Beziehungen ist die entscheidende Voraussetzung dafür, dass Vertrauen, Effizienz und Loyalität aufgebaut wird.

▶ Beziehungen in Internetmärkten werden durch Kommunikationsprozesse in Online Communities gefördert.

# 2 Strategien und Geschäftsmodelle

*Die Geschäftsstrategie einer Business Community bildet den unternehmerischen Rahmen für deren Realisierung: Welche Vision wird verfolgt? Welche Produkte und Dienstleistungen werden den Kunden angeboten? Welche Unterscheidung gibt es zum Wettbewerb? Wie wird mit der Business Community Geld verdient?*

Beziehungen sind die Triebfeder für den Handel auf Internetmärkten, und diese Beziehungen lassen sich durch Business Communities unterstützen. Business Communities können also wirtschaftlich erfolgreich eingesetzt werden, und natürlich ist es das Ziel jedes Unternehmens, seine Business-Community-Aktivitäten zu einem Erfolg zu machen. Deshalb befasst sich dieses Kapitel mit Geschäftsmodellen und Wirtschaftlichkeitsaspekten von Business Communities.

Business Communities stellen einen elementaren Bestandteil jeder E-Business-Strategie dar und müssen daher in den Kontext der Entwicklung der Internet Economy eingeordnet werden. Das Kapitel beschreibt die zyklische Vorgehensweise bei der Einführung einer Business Community und wie diese Einführung systematisch erfolgen kann, und zwar mit Schwerpunkt auf strategischen Aspekten bei Einführung und Betrieb. Denkbare Geschäftsmodelle sowie die Quantifizierung ihres Erfolgs in Form von Wirtschaftlichkeit und Wertmessung vervollständigen die unternehmerischen Überlegungen für Anbieter und Betreiber von Business Communities.

Ein Gastautoren-Kapitel zum Thema »Internet-Geschäftsmodelle für die Musikindustrie« rundet die strategisch-betriebswirtschaftliche Sicht in diesem Kapitel ab.

## 2.1 Entwicklungsphasen der Internet Economy

Wir unterteilen die Entwicklung von E-Business in der Internet Economy in die drei aufeinander aufbauenden Stufen Business Communities, Unternehmenstransformation und Branchenkonvergenz (siehe Abbildung 2.1).

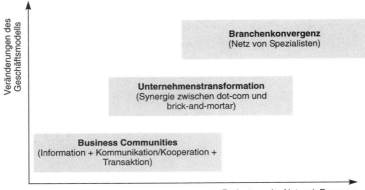

**Abbildung 2.1** Business Communites im Kontext der Entwicklung der Internet Economy

**Business Communities und Internet Economy**

Business Communities sind also ab der ersten Stufe enthalten und demnach elementarer Bestandteil jeder E-Business-Strategie.

▶ **Business Communities**

Charakteristisches Merkmal dieser Stufe ist die Synergie der drei Funktionen Information, Kommunikation/Kooperation und Transaktion in umfassenden internetgestützten Angeboten für Kunden, Partner und Mitarbeiter.

▶ **Unternehmenstransformation**

In der zweiten Ausbaustufe werden nicht nur unternehmensperiphere, sondern auch zentrale Wertschöpfungsketten vor den Rahmenbedingungen der Internet Economy aufgegriffen. Damit betrifft die Innovation nicht nur einzelne Produkte oder Kanäle, sondern Unternehmen in ihrer Gesamtheit. Diese Unternehmen der nächsten Generation nach Old und New Economy umfassen gewissermaßen das beste aus beiden Welten und werden – aufbauend auf dem Begriff Brick-and-Mortar für Old-Economy-Unternehmen – auch als Click-and-Mortars bezeichnet.

▶ **Branchenkonvergenz**

Die Vernetzung von Unternehmen bildet den Kern dieser Stufe. Statt Fusionen, Auf- und Zukäufen von Unternehmen kooperieren Branchen- oder Prozess-Spezialisten sehr eng miteinander, um Kunden umfassende Leistungen anbieten zu können. Die notwendige engste Integration und Koordination wird erst durch modernste Netzwerktechnologien möglich.

## 2.2 Vorgehenszyklus für die Realisierung

Die Task Force Business Communities des Fraunhofer IAO verwendet den in Abbildung 2.2 beschriebenen Vorgehenszyklus für Business Communities. Ausgangspunkt der Realisierung einer Business Community bildet das Ermitteln der Geschäftsstrategie und des oder der zu verwendenden Geschäftsmodelle (siehe Abschnitt 2.3). Daraus lässt sich das Service-Design ableiten, das die Funktionalitäten für die Business Community festlegt (siehe Abschnitt 6.2). Anschließend werden im Service-Engineering die Dienste einer elektronischen Plattform umgesetzt (siehe Abschnitt 6.1). Es folgen Management und Betrieb der Plattform, eine Phase, in der wichtige Erkenntnisse für die Evaluation von Geschäftsmodellen und die Plattform selbst gewonnen werden können (siehe Kapitel 3). Die Auswertung dieses Feedbacks dient wiederum als Grundlage für eine Überarbeitung von Strategie und von Geschäftsmodellen und leitet eine weitere Runde im beschriebenen Vorgehenszyklus ein (siehe Abbildung 2.2).

*Strategie, Design, Engineering und Betrieb*

**Abbildung 2.2** Vorgehenszyklus für die Realisierung von Business Communities

## 2.3 Geschäftsstrategien für erfolgreiche Business Communities

Der Begriff der Geschäftsstrategie wird hier gegenüber dem Begriff des Geschäftsmodells als der umfassendere verstanden. Die Strategie richtet sich auf (vgl. Hamel 2001) die strategische Vision, den Produkt- und Marktumfang, den Differenzierungsumfang und ein oder mehrere Geschäfts-

*Geschäftsstrategie vs. Geschäftsmodell*

modelle (siehe Abschnitt 2.4), die beschreiben, wie Anbieter oder Betreiber mit einer Business Community Geld verdienen wollen (siehe Abbildung 2.3). Ein Geschäftsmodell umfasst den Business Plan und – als Zahlenteil mit Aussagen zur Finanzierung – den Business Case (siehe Abschnitt 2.6).

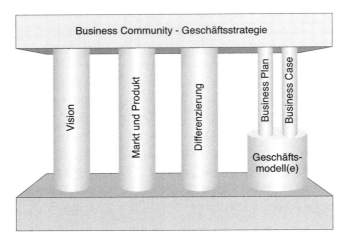

**Abbildung 2.3** Geschäftsstrategie vs. Geschäftsmodell

### Vision

**Zweck der Business Community**

Business Communities als erste Stufe auf dem Weg zur Internet Economy sollten die Besonderheiten der Internet Economy – Zeitfreiheit von Prozessen, Beschleunigung und Virtualisierung – aufgreifen (siehe Abschnitt 1.1) und daraus das Gesamtziel der geplanten Business Community ableiten. Folgende Fragen müssen beantwortet werden:

▶ Was ist der Zweck der Business Community?

▶ Was sind unsere großen Ziele und Visionen?

Aus unternehmerischer Sicht können folgende Aspekte als betriebswirtschaftliche Motivation für ein Engagement im Bereich Business Communities gelten (vgl. Kurz/Ortwein 1999: 133):

▶ **Kundenbindung:** Erhöhung der Kunden-, Partner- und Mitarbeiterbindung durch Mehrwertdienste wie z.B. ein Self Assessment Tool in einer Benchmarking Community

▶ **Lernbeziehung:** Profitieren von der Lernbeziehung eines Unternehmens zu Kunden, Partnern und Mitarbeitern (»Learning Relationship«)

- **Effizienzsteigerung:** Kostenreduktion und Effizienzsteigerung durch z. B. automatisiertes Cross-Selling aufgrund von Profilen der Mitglieder
- **Mehr Umsatz:** Ausbau bestehenden Geschäfts durch Erlangen der Aufmerksamkeit potenzieller und bestehender Kunden, Partner und Mitarbeiter
- **Neue Märkte:** Expansion in neue Märkte und Kundensegmente durch z. B. Erreichen internationaler Kunden durch eine global verfügbare Community.

## Markt- und Angebotsumfang

Im Fokus einer Geschäftsstrategie für eine Business Community sollten wie bei allen Geschäftsmodellen die Mitglieder als »Kunden« stehen. Die Strategie für eine Community muss also die Bedürfnisse, Fähigkeiten und Erwartungen der zukünftigen Mitglieder aufgreifen und daraus entsprechende Angebote ableiten. Business Communities sind ein geeignetes Werkzeug, um mögliche Zielgruppen und Regionen zu lokalisieren, zu testen und zu bedienen. Der beschriebene Vorgehenszyklus kann verwendet werden, um schrittweise aber systematisch relevante Zielgruppen und -regionen sowie deren Anforderungen und Bedürfnisse zu identifizieren.

Der Angebotsumfang einer Business Community kann gemäß der Business-Community-Landkarte ermittelt werden. Grundsätzlich sollte also eine Auswahl aus den Bausteinen Information, Kommunikation/Kooperation und Transaktion getroffen werden. Bei der Ermittlung des Markt- und Angebotsumfangs ist auch die folgende Klassifikation aus vier Marktphasen in Anlehnung an Hagel und Armstrong (Brunold et al. 2000: 206) interessant:

*Vier Markt-situationen*

- **Markt der virtuellen Dörfer:** Etablieren der Community durch Erzeugen von Traffic
- **Markt beginnender Konzentration:** Kooperationen ausbauen und Erlöse steigern
- **Markt der Koalitionen:** Integration verschiedenster Anbieter und Verbesserung des Nutzens für Mitglieder
- **Markt der Infomediäre:** Organisation von Anbietern und Nachfragern unter einem Dach sowie Ausschöpfen aller Erlösmöglichkeiten

### Differenzierungsbasis

Wie unter-
scheiden wir uns
vom Wettbewerb? Zu beantworten ist die Frage »Worin unterscheidet sich unsere Business Community von den Angeboten des Wettbewerbs?«. Zur Differenzierung können u.a. folgende Aspekte herangezogen werden (vgl. Hamel 2001):

▶ Fachwissen des Anbieters, z.B. Know-how und Inhalte zu internationalem Benchmarking in der Telekommunikationsbranche

▶ Infrastruktur, z.B. flexibel anpassbare Community-Software

▶ Prozessvorteile, z.B. Express-Lieferung durch nahtlose Integration mit Logistikpartner

### Praktische Umsetzung

Zur Ermittlung von Vision, Markt- und Produktumfang sowie Differenzierungsbasis hat sich die in Abbildung 2.4 dargestellte Vorgehensweise des Fraunhofer IAO als praktikabel erwiesen. Sie erweitert den Blickwinkel auf das Marktumfeld sowie auf das Unternehmen selbst, insbesondere auch auf dessen Mitarbeiter.

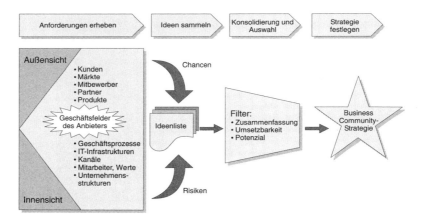

**Abbildung 2.4** Vorgehen zur Ermittlung einer Business-Community-Strategie

Die fünf Schritte der praktischen Umsetzung der Geschäftsstrategie sind im Einzelnen:

1. **Anforderungen von innen und außen** an die zu realisierende Business Community. Die Außensicht betrachtet die Anforderungen bzw. Effekte von:

   ▶ Kunden

   ▶ Märkten

- Mitbewerbern
- Partnern
- Produkten

Dabei werden die drei Betrachtungswinkel Information, Kommunikation/Kooperation und Transaktion eingenommen. Die Innensicht analysiert entsprechend die Anforderungen bzw. Effekte von:

- Geschäftsprozessen
- IT-Infrastrukturen
- Informations- und Kommunikationskanälen
- Mitarbeitern und Werten
- Unternehmensstrukturen

Auch hier werden die Anforderungen und Effekte bzgl. der drei Business-Community-Säulen analysiert. Es sollte untersucht werden, wie Business Communities einem Unternehmen helfen können, einem sich verändernden wirtschaftlichen Umfeld zu begegnen. Beispielsweise können folgende Fragen gestellt werden (vgl. Kurz, Ortwein 1999: 134):

- Welche Partner sind für die Realisierung der Business Community erforderlich? (Multimarket)
- Welche Beziehungen müssen in den obigen Szenarien mit wem aufgebaut und gepflegt werden?
- Über welche Kanäle werden Kunden, Partner und Mitarbeiter erreicht? (Multichannel)

Mit den Multimarket- und Multichannel-Aspekten können Portfolios mit mehreren Alternativen erstellt werden. Beispielsweise kann also untersucht werden, welche Strategie mit welchem Partner verfolgt wird. Es werden üblicherweise mehrere Kanäle zu Kunden und Partnern zur Verfügung stehen, wie z. B. Zugriff auf die Community via PC und Java-Applet oder mobiler Zugriff via Mobiltelefon und WAP-Browser.

2. **Sammeln von Ideen:** Die Analyse der zuvor genannten inneren und äußeren Einflussfaktoren sollte es möglich machen, Chancen und Risiken von Business Communites für ein Unternehmen zu ermitteln. Anhand dieser Aspekte können wiederum Ideen für Business-Community-Dienste in den Bereichen Information, Kommunikation/Kooperation und Transaktion erarbeitet werden (siehe Abschnitt 6.2). Zum Beispiel kann für eine Finanz-Community aus den Anforderungen der

Welche Community-Dienste anbieten?

Kunden nach der Nutzung verschiedenster Kanäle (Multichannel-Banking) die Idee abgeleitet werden, innerhalb der Community Transaktionssysteme via Browser, WAP-Handy oder Kiosk-System zu etablieren, aber solche auch vor Ort in Filialen zur Verfügung zu stellen.

Synergien durch Zusammenfassen von Ideen

3. **Konsolidierung:** Wie alle E-Business-Anwendungen sollten auch Business Communities Teil einer umfassenderen E-Business-Strategie sein und weitestgehend mit anderen Anwendungen in ein Ganzes integriert werden. Besonders Transaktionssysteme wie z.B. Shops oder Marktplätze setzen erst in Kombination mit Kommunikations- und Feedbackanwendungen große Synergien frei. Auf diese Tatsache weist auch unsere Business-Community-Landschaft hin, da in diesem Modell Transaktion neben Information und Kommunikation/Kooperation eine der drei Säulen von elektronischen Gemeinschaften ist (siehe Abschnitt 1.2). In diesem Schritt sollten daher Ideen sinnvoll verbunden und ggf. in einen gemeinsamen Kontext gesetzt werden (Integration), um Synergieeffekte zu nutzen.

Bewertung von Nutzen und Umsetzbarkeit

4. **Bewertung und Ideenauswahl:** Erfahrungsgemäß führt eine systematische Ideenfindung zu einer sehr großen Anzahl an Ideen. Daraus ergibt sich die Notwendigkeit der Auswahl der vielversprechendsten. Mit Hilfe einer Matrix mit den beiden Dimensionen Nutzen und Umsetzbarkeit können verschiedene Ideen priorisiert werden (siehe Abbildung 2.5). Durch Einordnen der zuvor ermittelten Ideen in die von den beiden Bewertungsachsen aufgespannte Matrix können dieselben einfach und systematisch miteinander verglichen werden. Insbesondere kann aufgezeigt werden, welche Ideen kurzfristig erfolgversprechend sind, da sie auf beiden Achsen gut bewertet werden, und welche Ideen eher langfristig realisiert werden sollten, da sie wenig Potenzial bergen und zudem schwer umzusetzen sind. Die in Schritt 3 zusammengefassten Ideen können in der Bewertungsmatrix durch Verbindungslinien zwischen verschiedenen Ideen abgebildet werden, um die Priorisierung so granular wie möglich werden zu lassen. Um die Bewertung der Ideen bzgl. strategischem Potenzial und Umsetzbarkeit nachvollziehbar zu machen, sollten unternehmens- bzw. projektspezifische Kriterien erstellt werden. Für die Umsetzbarkeit können beispielsweise Aufwand, Motivation der Mitarbeiter und technologische Realisierbarkeit, für das strategische Potenzial z.B. Marktvolumen, Umsatzpotenzial und Image verwendet werden.

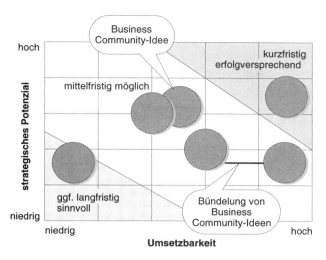

**Abbildung 2.5** Portfolio zur Bewertung von Business-Community-Ideen

5. **Business-Community-Strategie:** Nachdem die relevantesten Ideen in Schritt 4 identifiziert wurden, kann abgeleitet werden, wie das Business-Community-Engagement grundsätzlich aussieht (vgl. Brunold et al. 2000: 181):

▶ Orientieren: Analysieren relevanter Business Communities von anderen Anbietern

▶ Teilnehmen: Mitarbeiter des Unternehmens werden Mitglied in Communities anderer Anbieter und nehmen an den Community-Aktivitäten teil.

▶ Unterstützen: Platzierung des Unternehmens in relevanten Communities durch Auftreten als Content-Provider, Sponsor, Werbe- oder Transaktionspartner

▶ Betreiben: Betrieb einer oder mehrerer eigener Business Communities (siehe Kapitel 3)

*Vier Stufen des Community-Engagements*

## 2.4 Geschäftsmodelle

Das Internet stellt für digitale und nicht-digitale Produkte, wie z.B. Immobilien, einen neuen Vertriebsweg dar. Für digitale Produkte allerdings gelten die bekannten Regelmechanismen der Marktwirtschaft wie die Bedeutung des Preises als Regulativ z.T. nicht mehr. Der Grund dafür ist, dass neue Geschäftsmodelle benötigt werden, da die Gewinnung und Verarbeitung von Informationen billiger geworden ist (vgl. hierzu Brunold et al. 2000: 61; Merz 1999: 60). Da Business Communities eindeutig zu

*Neue Geschäftsmodelle?*

den digitalen Produkten bzw. zu den Lieferanten digitaler Produkte zu zählen sind, stellt sich also die Frage, welche »neuen« Geschäftsmodelle für Business Communities denkbar wären. Im Folgenden wollen wir uns daher mit verschiedenen Akteursrollen und wichtigen Umsatzideen für Business Communities beschäftigen.

### Grundlegende Typen

Die Frage, ob eine Business Community betrieben werden soll, und die Frage, ob damit Umsatz und Gewinn erzielt werden sollen, führt zu wichtigen und grundlegenden Entscheidungen. Mit diesen beiden Fragen lässt sich die in Abbildung 2.6 dargestellte Matrix aufspannen.

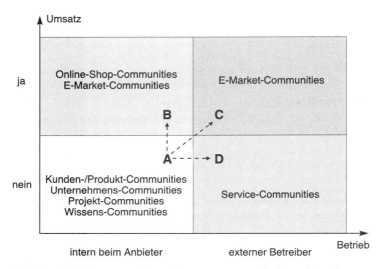

**Abbildung 2.6** Matrix grundlegender Typen von Geschäftsmodellen für Business Communities

Es ergeben sich vier Quadranten, die im Uhrzeigersinn mit den Buchstaben A bis D benannt wurden:

▶ **Quadrant A:** Der Anbieter tritt auch als Betreiber auf; das Erzielen von Umsatz ist kein oder nur ein nebensächliches unternehmerisches Ziel der Community.

▶ **Quadrant B:** Der Anbieter tritt auch als Betreiber auf; unternehmerisches Ziel der Community ist das Erzielen von Umsatz.

▶ **Quadrant C:** Der Anbieter beauftragt einen externen Betreiber mit dem Betrieb der Community; unternehmerisches Ziel der Community ist das Erzielen von Umsatz.

▶ **Quadrant D:** Der Anbieter beauftragt einen externen Betreiber mit dem Betrieb der Community; das Erzielen von Umsatz ist kein oder nur ein nebensächliches unternehmerisches Ziel der Community.

Mit den Buchstaben A bis D soll keine Wertung der verschiedenen Ansätze verbunden sein. Welcher Quadrant der beste ist, hängt sehr spezifisch von der jeweiligen Zielsetzung einer Business Community ab. Während es für Amazon sicher angebracht ist, Umsätze und Gewinne mit Hilfe einer Community zu erzielen, wird eine Community von SAP-Anwendern und Interessierten nicht notwendigerweise das direkte Erzeugen von Umsatz als primäres Ziel haben.

Die Pfeile, die von Quadrant A ausgehen, sollen aufzeigen, dass eine Entscheidung für einen Quadranten nicht dauerhaft ist, sondern dass Entwicklungen hin zu anderen Geschäftsansätzen üblich sind. Zur Etablierung einer Business Community kann man sich vorstellen, auf Umsatz zu verzichten, aber mittelfristig durch Einbindung entsprechender Angebote wie Shops Einnahmen zu erzielen (Entwicklung von A nach B). Läuft eine Community erfolgreich bei dem anbietenden Unternehmen, kann man darüber nachdenken, die Plattform auch für andere Unternehmen kostenpflichtig anzubieten und als Community Service Provider (CSP) aufzutreten (Entwicklung von A nach C). Für einen Technologie-Anbieter kann es jedoch durchaus sinnvoll sein, als CSP aufzutreten, keinen Umsatz anzustreben und stattdessen die Business Communities auf der eigenen Plattform als Aushängeschild oder Werbeplattform für die eigene Business-Community-Kompetenz zu verstehen (Entwicklung von A nach D).

**Vom einen Quadranten zum anderen**

## Typische Rollen für Business Community-Akteure

Wie in Abbildung 2.7 dargestellt, können die vier Klassen Platform Services Provider, Management Services Provider, Intermediary und Community Supported Vendor als grundlegende Rollen für Business-Community-Akteure identifiziert werden.

Grundlegendes Unterscheidungsmerkmal ist bei dieser Sichtweise, ob die technologische Infrastruktur für Business Communities Gegenstand des Geschäftsmodells ist oder ob in Business Communities gearbeitet wird.

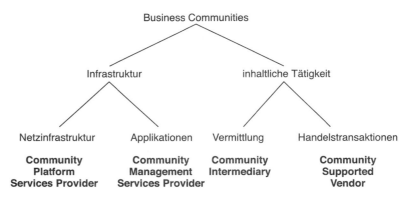

Abbildung 2.7 Typische Rollen für Business Communities-Akteure
(Quelle: Fraunhofer IAO nach University of Texas/Cisco[2])

**Technologie-Lieferanten**

▶ **Community Platform Services Provider:** Akteure dieses Typs schaffen durch Bereitstellung der technischen Infrastrukturen die Voraussetzungen für erfolgreiche Business Communities. Beispielsweise gehören ISPs zu dieser Klasse.

**Dienstleister für den Betrieb**

▶ **Community Management Services Provider:** Diese Akteure bieten Softwareprodukte und Dienstleistungen rund um den Betrieb von Business Communities an, wie z. B. Moderation von Chats und Diskussionsforen, Helpdesk für Mitglieder oder Auswertung des Nutzerverhaltens.

**Vermittler**

▶ **Community Intermediary:** Intermediäre sind Vermittler und sorgen mittel- oder unmittelbar für Transaktionen über das Web. Ein klassisches Beispiel sind Anbieter von E-Market Communities oder Einkaufsgemeinschaften.

**Direktanbieter**

▶ **Community Supported Vendor:** In dieser Rolle vermitteln Unternehmen nicht, sondern wählen den direkten Internet-Verkaufsweg für ihre eigenen Produkte und Dienstleistungen. Beispiel ist Dell mit seinem Direktvertrieb von PC-Hardware über das Internet.

**Die vier Akteurs-Typen und die vier Quadranten**

Die vier Typen Platform Services Provider, Management Services Provider, Intermediary und Community Supported Vendor lassen sich in die weiter oben vorgestellte Matrix einordnen (siehe Abbildung 2.8). Die drei erstgenannten Typen lassen sich üblicherweise den Quadranten C und D zuordnen. Der Typ Community Supported Vendor wird meist in den Quadranten A und B anzusiedeln sein.

---

1  www.internetindicators.com

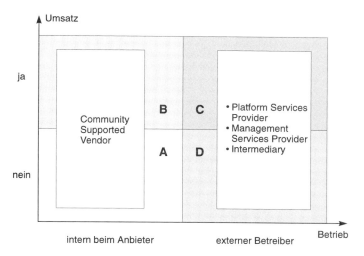

**Abbildung 2.8** Zuordnung der Akteurstypen zur Geschäftsmodell-Matrix

## Umsatzideen

Für die Quadranten B und C stellt sich die Frage, wie Umsatz und Gewinn erzielt werden können. Die folgenden Ansätze und auch verschiedene Kombinationen davon sind für Business Communities zurzeit denkbar und bekannt. Die (alphabetische) Reihenfolge der Nennung stellt keine Wertung der potenziellen Umsatzträger dar, und die Aufzählung erhebt keinen Anspruch auf Vollständigkeit oder Verbindlichkeit.

▶ als »Dritter Partner« Dienstleistungen verkaufen

▶ Business Community Service Provider

▶ kostenpflichtige Mehrwertdienste und Mitgliedsgebühren

▶ Rabattmodelle

▶ kaufmännische Einnahmemodelle Groß- und Einzelhandel

▶ Verkauf von Nutzer- und Produktdaten

▶ Werbung und Sponsoring

Beispiele für Firmen, die als Dritter Partner Dienstleistungen anbieten, sind Broker, Makler, Trust-Partner, Logistikpartner und weitere Partner, die die Abwicklung eines Geschäfts zwischen Käufer und Verkäufer übernehmen. Der Akteurstyp Business Community Intermediary ist ein charakteristischer Vertreter dieses Umsatzmodells. Vermittlungsgebühren für Betreiber einer Business Comunity sind denkbar, wenn die Mitglieder über Verweise in der Community auf die Seiten von Anbietern wie etwa Amazon gelangen und dort einkaufen. Solche Vermittlungsansätze (auch

*Umsatzideen für A und B und deren Kombination*

*Broker, Makler und Trust-Partner*

Affiliate-Modelle genannt) können auch auf Unter-Communities oder die Homepages der Mitglieder übertragen werden, so dass die Erlöse nicht oder nicht nur dem Betreiber, sondern auch Untergruppen oder einzelnen Mitgliedern zukommen. Die Beteiligung eines Anbieters solcher Dienste an den Transaktionen kann beispielsweise erfolgsabhängig in Form einer Pauschale pro Verkauf oder in Form einer prozentualen Beteiligung am getätigten Umsatz erfolgen.

**Business Community Service Provider**

Akteure vom Typ Business Community Service Provider (Platform- und Management Services) vermieten entweder Anwendungen oder Infrastruktur oder bieten entsprechende Dienstleistungen an. Denkbar ist z. B. eine Virtual Mall, in der sich Shops und Business Communities einmieten können.

**Kostenpflichtige Mehrwertdienste**

Kostenpflichtige Mehrwertdienste und Mitgliedsgebühren sind sowohl für Anbieter als auch für Nachfrager denkbar. Denkbar sind beliebige Kombinationen, beispielsweise, dass die Nutzung der angebotenen Dienste in einer Business Community für Nachfrager kostenfrei ist und die Community durch Mitgliedsgebühren für die Anbieter finanziert wird. Zu kostenpflichtigen Mehrwertdiensten können auch Dienstleistungen der Transaktions-Komponente einer Business Community gehören wie z. B. das Durchführen von Auktionen oder das Finden des besten Preises. Neben Mitgliedsgebühren kann auch eine nutzungsabhängige Form der Berechnung erfolgen, bei der die Mitglieder für das tatsächliche Abrufen von zehn Testberichten bezahlen, anstatt pauschal eine Monatsgebühr zu entrichten.

**Vergünstigungen über Abos**

Bei Rabattmodellen erhalten die Mitglieder beim Kauf bestimmter Abos gleichzeitig Vergünstigungen beim Kauf oder Konsum anderer Produkte und Dienstleistungen (siehe Abschnitt 4.3).

**Groß- und Einzelhandel**

Zu den direkt transaktionsbasierten Einnahmemodellen gehören auch die verschiedenen Formen von Groß- und Einzelhandel, die sich in Kombination mit einer Business Community ergeben. Dazu gehören z. B. der Verkauf ausschließlich digitaler Produkte oder Händler, die einen klassischen Vertriebsweg mit einer Business Community verknüpfen.

**Zielgruppen und Datenschutz**

Der Verkauf von Nutzerdaten wirft natürlich die Frage des Datenschutzes und damit des Vertrauens der Mitglieder in den Anbieter und Betreiber auf. Neben den Profilen einzelnen Mitglieder können natürlich auch Profile von Zielgruppen wie 20-30-jährigen Golffahrern erstellt und diese Daten dann verkauft werden. Communities, in denen Anwender oder Verbraucher Kommentare zu Produkten austauschen können, sind für

Anbieter dieser Produkte bzw. für das Marketing eine wertvolle Informationsquelle. Man spricht hier auch von einer Lernbeziehung zwischen Anbieter und Kunden.

Im Unterschied zum Sponsoring ist es ein Merkmal von Werbung, dass der Geldgeber definierte Dienstleistungen in Form von Werbung in Anspruch nimmt. Ein Sponsor hingegen unterstützt den Betrieb einer Business Community im Allgemeinen. Werbung funktioniert als Einnahmequelle in der Regel nur, wenn in einer Business Community viel Verkehr herrscht oder es um sehr spezialisierte Zielgruppen geht. Zu Werbemodellen gehören neben der Bannerwerbung unter anderem freie Angebote (z. B. Homepage-Hosting) oder Aufmerksamkeitsmarketing (z. B. Gutscheine für Pflegen des Mitgliedsprofils). Ähnlich verhält es sich, wenn Mitglieder einer Community durch Bezahlung eines Betrages die Community freiwillig unterstützen.

**Sponsoring vs. Werbung**

### Weitere betriebswirtschaftliche Ansätze und Schlussfolgerungen

Für die Ausgestaltung von Geschäftsmodellen und Umsatzideen für Business Communities werden im Folgenden einige grundlegende betriebswirtschaftliche Ansätze und Schlussfolgerungen für die Wirtschaft in Zeiten der Internetionalisierung vorgestellt (vgl. Merz 1999):

▶ **Aufmerksamkeit als Währung**
  In der Aufmerksamkeits-Ökonomie ist die Aufmerksamkeit, die Anwender einer Business Community und deren Angebote schenken, eine Art Währung, die gegen Geld, Dienstleistungen, Produkte, Information oder wiederum gegen Aufmerksamkeit gehandelt werden kann. Während des Internet-Hypes des Jahres 2000 wurde von vielen Unternehmen auf dieses wirtschaftliche Modell gesetzt. Sicherlich ist es für Business Communities in allen Lebensphasen sehr wichtig, Aufmerksamkeit zu erwecken, zum wirtschaftlichen Betrieb reicht die Aufmerksamkeits-Ökonomie zuzeit aber offensichtlich nicht aus. Typische Formen, die Aufmerksamkeits-Ökonomie in einer Community zu implementieren, sind Personalisierung, Bannertausch und Modelle, bei denen Anwender dafür bezahlt werden Werbung zu lesen bzw. zu erdulden.

▶ **Demographie und Zielgruppen**
  Durch eine inzwischen in vielen Ländern weitverbreitete Akzeptanz und der damit verbundenden intensiven Nutzung des Internets sind unzählige Zielgruppen dort vertreten und ansprechbar. Business Communities als Werkzeug für das Beziehungsmanagement eignen sich

daher gut als Mittel, um systematisch Zielgruppen wie arbeitslose Jugendliche oder politisch engagierte Rentner ansprechen, bedienen und eine Lernbeziehung zu ihnen aufbauen zu können.

▶ Individualisierung und Profile

Die Personalisierung von Internetangeboten wird von vielen Unternehmen als wichtiges Alleinstellungsmerkmal betrachtet, da bei fast jedem professionellen Internet-Angebot personalisierte Seiten zu finden sind. Voraussetzung für eine Personalisierung ist das Vorhandensein von Profilen der Anwender. Da die Anwender in Business Communities aktiv teilnehmen und Beiträge leisten, bieten sich Communities hervorragend für die Erstellung von Profilen und damit für personalisierte Angebote an.

▶ Informativer Mehrwert

Diese Annahme geht davon aus, dass mehr Informationen zu einem Produkt zu einem sichereren Kauf führt. Dies können wie z. B. bei Amazon Kommentare von anderen Kunden zu einem Buch sein oder wie bei Büchern von galileo press das im Kaufpreis enthaltene Login für die Nutzung der Internetangebote des Verlags. Die Kosten für den informativen Mehrwert können gerade bei Communities, bei denen die Informationen wie z. B. in einer Produkt-Community zu einem großen Teil von den Mitgliedern selbst geliefert werden, für den Anbieter sehr gering ausfallen.

▶ Netzwerke von Spezialisten

Ein gerade auch für Business Communities wichtiger Mega-Trend sind Partnerschaften und Kooperationen von Spezialisten, um den Kunden ein umfangreiches Komplettangebot bieten zu können. Solche Partnerschaften können bis zur so genannten »Coopetition« gehen. Dabei arbeiten konkurrierende Unternehmen in gewissen Bereichen zusammen. In der Chip-Industrie etwa bündeln Hersteller, die im Wettbewerb miteinander stehen, ihre Ressourcen, um nach der Herstellung beim Absatz wieder miteinander zu konkurrieren. Übertragen auf Business Communities könnten zwei konkurrierende Anbieter von Benchmarking-Communities auf eine gemeinsame technologische Plattform setzen, auf der dann wieder zwei verschiedene und miteinander um Kunden kämpfende Business Communities aufgesetzt würden.

▶ The Winner takes it all

Diese These meint, dass ein größeres Marktvolumen nicht notwendigerweise zu einer Vergrößerung der Zahl erfolgreicher Anbieter führt. Am Beispiel von Online-Buchhändlern ist dies klar zu erkennen. Während Amazon.com einen sehr hohen Bekanntheitsgrad hat, haben weitere Anbieter nicht diese Verbreitung finden können. Ähnliches ist im Bereich der Portale mit Yahoo! und Co. zu beobachten. Mitglieder von Business Communities, die untereinander bereits funktionierende Beziehungen aufgebaut haben und diese dort pflegen, werden sicherlich sehr gute Argumente für einen Wechsel zu einer anderen Plattform benötigen.

▶ **Teaser**

Appetithäppchen oder so genannte »Teaser« verfolgen die Ziele Kundenbindung und Aufmerksamkeit. Denkbar ist z.B. die für ein halbes Jahr kostenfreie Mitgliedschaft in einer Business Community für Unternehmensgründer inklusive freier Nutzung von Mehrwertdiensten wie Self Assessment Tools. Dem liegt die Überlegung zugrunde, dass die Mitglieder nach einem halben Jahr die Vorteile der Community genau kennen und die Nutzung der angebotenen Dienste und den Kontakt zu den anderen Mitgliederrn nicht mehr verzichten wollen und daher bereit sind, für diese Angebote auch zu bezahlen.

▶ **Vertrauen zwischen Geschäftspartnern**

Im prizipiell anonymen Internet spielt der Aufbau von Vertrauen zwischen Geschäftspartnern eine große Rolle. Für Business Communities und viele andere Internet-basierte Geschäftsmodelle bieten sich hierbei die Etablierung eigener Marken und Partnerschaften mit seriösen, renommierten und allgemein als vertauenswürdig anerkannten Unternehmen wie z.B. der Deutschen Bank, dem TÜV oder der Stiftung Warentest an.

▶ **Vollkasko-Wirtschaft und Free Economy**

Grundlegendes Merkmal der Vollkasko-Wirtschaft ist Sicherheit. Für Transaktionen gibt es sichere und unbedingt einzuhaltende Protokolle wie z.B. SET oder HBCI, alle Vorgänge werden in Form von Belegen erfasst und die Rechtssituation ist immer bekannt und eindeutig geregelt (siehe Abschnitt 6.1.10). Die Free Economy setzt dagegen auf Laisser-faire. Geschäftsbeziehungen sind riskanter, aber auch billiger. Vorstellbar und in der Praxis wohl auch am häufigsten anzutreffen, ist natürlich auch ein Mix beider Modelle, so z.B. Foren ohne strenge Moderation durch Anbieter und Shops, bei denen Protokolle wie SET und HBCI zur Sicherung der Transaktionen einegesetzt werden und die z.B. von einem Überwachungsgremium ein Zertifikat erhalten haben.

## 2.5 Fallstudie: Internet-Geschäftsmodelle für die Musikindustrie[2]

Bis zur Mitte der Neunzigerjahre erfreute sich die weltweite Musikindustrie eines ungebrochenen Booms. Durch das erfolgreiche Lancieren der CD als neuem Tonträger erlebte die Branche einen nicht gekannten Aufschwung. Was parallel in den Jahren 1999/2000 als harmloses und kaum beachtetes Versenden von MP3-Dateien via E-Mail zwischen Studenten begann, brachte in der ersten Jahreshälfte 2000 mit dem überraschenden Siegeszug der Napster-Community eine dramatische Wendung in der Musikindustrie. Die Tauschbörse im Internet hat innerhalb sehr kurzer Zeit ca. 65 Mio. (!) Nutzer angezogen und die Musikindustrie zum Handeln gezwungen. Als Ergebnis kam es zu einer kollektiven Klage der völlig unvorbereiteten Musikindustrie gegen Napster zu verzeichnen. Auf das Bedürfnis der Nutzer, ihre Musikdatei über das Internet zu beziehen, konnte man nicht adäquat eingehen. Die folgenden Vorschläge für mögliche Geschäftsmodelle der Musikindustrie (vgl. Diebold 2000) sollen Perspektiven eröffnen und den Weg zu den Kunden ebnen, die durch ihr Verhalten deutlich Stellung bezogen und ihre Wünsche geäußert haben.

### Geschäftsmodelle für Zielgruppen, die nicht bereit sind, für Musik im Internet Geld zu bezahlen

Die intensive Tauschaktivität der Nutzer auf der Napster-Plattform hat deutlich gezeigt, dass manche Musikfans nicht dazu bereit sein werden, für Musik im Internet zu bezahlen. Um diese nicht unbeträchtliche Gruppe von Internetnutzern nicht kampflos an Gnutella oder ähnliche Anbieter zu verlieren, muss die Musikindustrie neue Konzepte entwickeln, die Antwort auf die Frage geben, wie User an Labels oder entsprechende Intermediäre gebunden werden können. Zu den möglichen Einnahmequellen zählen dabei zweifelsohne Werbeerlöse. Das nachfolgende Beispiel zeigt, welche innovativen Möglichkeiten das Internet hier bereithält:

Kann Werbung erfolgreich in das Content-Angebot der Phonoindustrie integriert werden? Die Autoren sind nicht der Ansicht, dass die Unterbrechung des Musikkonsums durch Werbepausen von Nutzern akzeptiert wird. Ein Beispiel aus der Telekommunikationsindustrie belegt, dass das Angebot von Gratistelefonaten, die alle 30–60 Sekunden durch Werbeeinblendungen unterbrochen werden, auf geringe Akzeptanz stieß. Auch die Erwartung, dass sich durch Banner- oder sonstige Online-Werbung substanzielle Erlöse generieren lassen, hat sich für die große Mehrzahl der

---

2  Ein Beitrag von Henrik Hörning, Consultant Diebold Deutschland GmbH, Management and Technology Consulting

Internet-Player bisher nicht bewahrheitet. Neue, innovative Konzepte, für das die obige Fallstudie ein Beispiel darstellt, sind vielmehr der geeignetere Weg, um ein attraktives Content-Angebot im Online-Geschäft zur Verfügung zu stellen.

### Beispiel: Free-PC

Das Unternehmen Free-PC verloste 1999 auf seiner Website 10000 hochwertige Compaq-PCs. Wer an der Verlosung teilnehmen wollte, musste lediglich sein Einverständnis erklären, sein Internetverhalten untersuchen zu lassen. Die Ergebnisse wurden dann an Direct-Mail- oder Vertriebsgesellschaften verkauft. Da sich über 1000000 Nutzer beteiligten, gewann Free-PC ebenso viele qualifizierte Kundendaten. In der Erwartung, einen hochwertigen Qualitätsrechner geschenkt zu bekommen, wurden von den Teilnehmern Präferenzen und Gewohnheiten sehr präzise angegeben. Entsprechend teuer konnte Free-PC die Daten verkaufen. Beide Seiten – die Internet-Company wie die Teilnehmer – profitierten von dieser Aktion.

Eine Möglichkeit eröffnet das folgende Konzept. Viele Internet-Nutzer sind dazu bereit, detaillierte Angaben über sich selbst und ihr Konsumverhalten zu machen, wenn sie sich davon Vorteile zum Beispiel in Form von zielgerichteteren Informationen, günstigeren Preisen oder attraktiveren Produktangeboten versprechen können. Die Phonoindustrie sollte sich diesen Umstand zu Nutze machen, und einzelne Gratisangebote von Musik zur Verfügung stellen, sobald Nutzer bereit sind, Profile über sich erstellen und diese – z.T. anonym – vermarkten zu lassen. Das dahinter liegende Prinzip wird in der Grafik in Abbildung 2.9 skizziert:

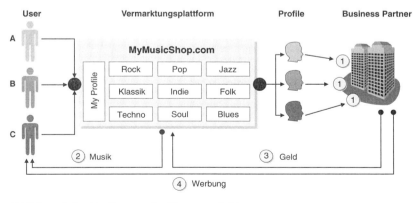

**Abbildung 2.9** »Musik gegen Profile gegen Geld«

Der diesem Geschäftsmodell zugrunde liegende Prozess sieht wie folgt aus:

▶ **Generierung von Profilen:** User loggen sich auf einer zu schaffenden Vermarktungsplattform ein und machen detaillierte Angaben über sich und ihr Konsumverhalten.

▶ **Musik umsonst:** Für diese Bereitschaft erhalten User ein Gratispaket Musik: 100 Oldies im Monat, die Top 10 aus den USA, die besten Neuveröffentlichungen aus dem Bereich Soul etc.

▶ **Bezahlung:** Für die Erhebung, Verdichtung und Bereitstellung dieser Informationen erhält der Betreiber der Plattform bzw. die dahinter stehenden Labels und Künstler Geld von der an Profilen interessierten werbetreibenden Industrie.

▶ **1:1-Marketing:** Die erfassten Profile können nunmehr als Grundlage für 1:1-Marketing genutzt werden und helfen damit, Streuverluste bei der Vermittlung von Werbebotschaften zu minimieren.

Ein wesentlicher Erfolgsfaktor für ein derartiges Angebot stellt dabei dessen Skalierbarkeit dar, d.h., Nutzer können selbst darüber entscheiden, wie viele Fragen sie beantworten und mit wie viel Gratismusik sie »belohnt« werden möchten. Wichtig ist es zudem, darauf zu achten, dass ein solches Angebot befristet ist. Beispiel: Für 50 beantwortete Fragen erhält ein Nutzer 100 Songs über einen Zeitraum von einem Monat. Kurz vor dem Ende dieses Gratis-Abos wird er hierauf via E-Mail aufmerksam gemacht und erhält gleichzeitig eine Liste mit neuen Fragen, deren Beantwortung ihn für weitere Gratismusik qualifiziert. Abbildung 2.10 fasst diesen Abschnitt zusammen.

Um dieses Konzept erfolgreich umzusetzen, muss die Phonoindustrie ihre Marketing-Aktivitäten intensivieren. Dies trifft sowohl auf den B2C-Bereich (zur Schaffung eines neuen Markennamens) als auch auf den B2B-Bereich (zur Gewinnung von werbetreibenden Partnern) zu. Beides wird mit erheblichen Investitionen verbunden sein. Des Weiteren sei an dieser Stelle darauf hingewiesen, dass der Kompetenzaufbau zur intelligenten Generierung, Auswertung und Vermarktung von Profilen als Grundvoraussetzung für erfolgreiches 1:1-Marketing gilt. Dies erfordert völlig neue Fähigkeiten, die sich die Musikindustrie durch Investitionen in Mitarbeiter, Know-how und Technologien erst noch erschließen muss. Aus Sicht der Autoren sind jedoch solche Investitionen weitaus zukunftsorientierter und -sichernder als die schwierige oder gar aussichtslose Jagd nach illegalen Online-Anbietern oder die ständige Suche nach neuen Verschlüsselungsalgorithmen.

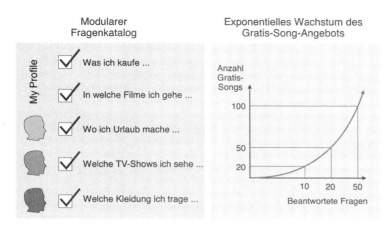

**Modularer Fragenkatalog**

My Profile

- ☑ Was ich kaufe ...
- ☑ In welche Filme ich gehe ...
- ☑ Wo ich Urlaub mache ...
- ☑ Welche TV-Shows ich sehe ...
- ☑ Welche Kleidung ich trage ...

**Exponentielles Wachstum des Gratis-Song-Angebots**

Anzahl Gratis-Songs

100

50
20

10  20  50

Beantwortete Fragen

**Abbildung 2.10** »Je mehr ich von mir preisgebe, desto mehr Musik bekomme ich umsonst.«

## Geschäftsmodelle für Zielgruppen, die unter Umständen bereit sind, für Musik im Internet Geld zu bezahlen

Nach Meinung der Autoren finden sich vor allem im Umfeld von Mehrwertdiensten gute Voraussetzungen für eine Zahlungsbereitschaft für Musik im Internet. Damit sind Services gemeint, die dem Nutzer über den Bezug eines Songs oder Albums hinaus wichtige Zusatznutzen stiften. Dies können z. B. individualisierte Produkte aus dem Labelportfolio, Archivierungswerkzeuge, Bonusprogramme oder umfassende Portalangebote sein. Die nachfolgend dargestellten Services und Mehrwertdienste sind nicht isoliert voneinander zu betrachten. Aus Sicht des Musikunternehmens ist es vielmehr wichtig, diese (und weitere) Modelle miteinander zu verknüpfen und zu einem schlagkräftigen Online-Auftritt für seine Zielgruppen zu integrieren.

### Anreizsysteme

Im Internet haben sich in der Vergangenheit insbesondere solche Online-Angebote durchgesetzt, die mit Anreizsysteme und sonstige Kundenbindungsmaßnahmen angereichert waren. Anreizsysteme können grundsätzlich zwei Ausprägungen aufweisen: günstigere Endkundenpreise oder Bonuspunkte für getätigte Bestellungen, die in der Konsequenz zu Vergünstigungen oder speziellen Prämien führen. Derartige Anreize sind insbesondere deshalb wichtig, da Musik im Internet – nur einen Mausclick weit entfernt – umsonst erhältlich ist. Moralisch und juristisch korrekt zu handeln mag für den Nutzer ja ein hohes Gut sein, aber ob er der Versuchung ohne zusätzlich Boni zu widerstehen vermag, sei einmal dahingestellt. Ein Bonusprogramm eines Labels könnte wie in Abbildung 2.11 gestaltet sein.

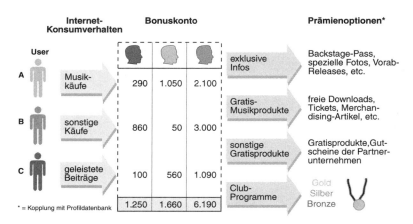

**Abbildung 2.11** Mögliche Bonusprogramme von Musiklabels

Der Nutzer kann in Abhängigkeit seines Internet-Konsumverhaltens, d.h. wie viel Musikkäufe er online tätigt, welche sonstigen Bestellungen er bei den am System angeschlossenen Partnerunternehmen ausübt und welche Beiträge (z. B. Songtexte, Samples, Devotionalien) er für andere Community-Mitglieder aus seinem Archiv zur Verfügung stellt, aus einer Fülle von Belohnungsoptionen auswählen. Dies können exklusive Informationen sein, die nur das Bonusprogramm-Mitglied erhält, Gratisprodukte aus dem Labelprogramm, Einkaufsgutscheine für Shoppingerlebnisse bei Partnerunternehmen und individuelle Clubprogramme, die sich nach dem Status des Bonusteilnehmers richten. Gerade Letzteres kann bei Portalen ähnlich dem Lufthansa Miles&More-Programm zu Buchungs- respektive Kaufsteigerungsraten von bis 15% führen.

### Individuelle Archivfunktionalitäten

Insbesondere Nutzer mit hohem Medienkonsum haben ein zunehmendes Bedürfnis nach »intelligenten« Archivierungsfunktionalitäten, die Informationen, Musikdateien, Videoclips und sonstige »content pieces« nach persönlichen Belangen strukturieren, konservieren und distribuieren helfen. Hierfür hat Diebold ein Konzept entwickelt, in Abbildung 2.12 zusammengefasst dargestellt wird. Dieser Ansatz des »My Music Account« ist ohne Weiteres auch auf andere Mediengattungen übertragbar (z. B. für Fachinformationen, Film-/Videobeiträge).

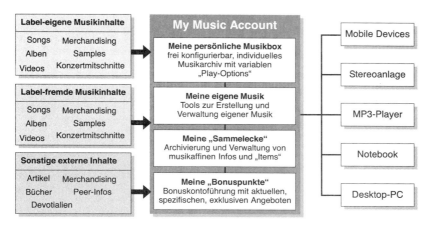

**Abbildung 2.12** »My Music Account«

Ziel dieses Musikkonto-Ansatzes ist es, sämtliche (also auch die von Wettbewerbern) bezogenen Produkte, Musikdateien (Songs, Alben, selbst zusammengestellte Tracks) und sonstige medienaffine, digitale Produkte zu strukturieren, medienneutral zu archivieren und für multiple Ausgabegeräte verfügbar zu machen. Mögliche Teilaspekte einer solchen Kontolösung könnten die folgenden sein:

▶ **Meine persönliche Musikbox:** Gegenstand dieses Moduls ist ein frei konfigurierbares, individuelles Musikarchiv, in das der User seine Musikdateien nach von ihm frei wählbaren Kriterien einstellen kann. Aufgrund einer XML-basierten, medienneutralen Datenhaltung kann der Nutzer seine Clips auf das Ausgabegerät seiner Wahl ordern.

▶ **Meine eigene Musik:** Das Musiklabel stellt dem Nutzer einen »Werkzeugkasten« zur Verfügung, mit dem er seine eigene (digitale) Musik erzeugen und verwalten kann.

▶ **Meine »Sammelecke«:** Im Rahmen einer individuellen Sammelecke werden die Informationspartikel (Artikel, Links, Bücher etc.) des Kunden intelligent, ggf. im Kontext seiner persönlichen Musikbox verwaltet.

▶ **Meine Bonuspunkte:** Dieses Modul komplettiert das persönliche Musikkonto. Das weiter oben beschriebene Bonusprogramm kann als mögliche Ausgestaltungsvariante gelten.

## Aufbau eines umfassenden Musikportals

Der naheliegendste aller Web-Geschäftsansätze ist der Aufbau eines eigenen Musikportals. Hierbei ist das Spektrum möglicher Inhalte und Services sehr groß.

In Analogie zu den erfolgreichsten Websites (AOL, Yahoo!, eBay, etc.) ist der One-Face-to-the-Customer-Ansatz eine wichtige Grundlage für den Erfolg einer Portalstrategie. Damit ist eine umfassende, weitgehend vollständige Aggregation der Informations-, Interaktions- und Transaktionsbedürfnisse einer definierten Zielgruppe auf einer Website verbunden. Für ein Musikunternehmen bedeutet dies, neben dem eigenen Musikprogramm auch die Songs und Alben anderer Label auf der Website anzubieten. Auch umfassende Informationen zu den Künstlern, zu Neuerscheinungen, Tourdaten und Billboards müssen zum Standardrepertoire einer Labelwebsite gehören. Eines der wichtigsten »Features« einer Musiclabel.com-Website ist der Aufbau einer Online-Community. Musikinteressierte Nutzer bewegen sich im Internet sehr gerne unter ihresgleichen. Sie möchten das Peer-to-Peer-Gefühl auch auf einer »kommerznahen« Internetseite abgebildet wissen. Die intensive Kommunikation und Interaktion mit dem Nutzer (z. B. in Form von Chats, Newsgroups und individuellen Angeboten) ist daher eines der wichtigsten und kritischsten Momente einer Portalsite.

Wie zuvor bereits mehrfach dargestellt, muss die Internet-Geschäftsfeldstrategie eines Musiklabels auch Business-Modelle für Zielgruppen entwickeln, die nicht bereit sind, für Musik im Internet zu zahlen. Hierfür bietet sich das oben ebenfalls bereits beschriebene Modell »Musik gegen Profile« an. Abbildung 2.13 fasst den idealtypischen Aufbau einer Label.com-Webseite zusammen.

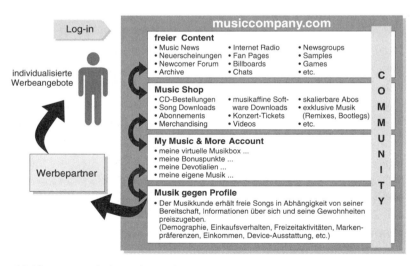

**Abbildung 2.13** Idealtypischer Aufbau eines Musikportals

## Weitere Internet-Geschäftsmodelle für die Musikindustrie

Welche weiteren, zum Teil hybriden Geschäftsmodelle sind darüber hinaus denkbar? Die nachfolgend skizzierten Business-Cases stellen Anregungen dafür dar, wie insbesondere »Grauzonen-User« für Angebote der Musikindustrie oder entsprechender Intermediäre gewonnen werden können:

▶ **»Verschenke die Lampe und verdiene Dein Geld mit dem Verkauf von Öl!«**
Eine Reihe von Branchen funktionieren nach diesem Prinzip. Das klassische Beispiel ist das der Rasierklingenhersteller wie beispielsweise Wilkinson oder Gilette, die ihre Nassrasierer sehr günstig anbieten und sich die Umsätze über den Verkauf der überteuerten Rasierklingen sichern. Wie erfolgreich dieses Geschäftsprinzip sein kann, zeigten in den letzten Jahren diverse Telekomanbieter mit den subventionierten Mobilfunkgeräten und den daran gekoppelten, mehrjährigen Verträgen. Viele Musikliebhaber würden sich über entsprechende Angebote aus der Musikindustrie sicherlich freuen: Im Gegenzug für die stark subventionierte (kostenlose?) Abgabe eines leistungsfähigen Internet-PCs, eines MP3-Players oder einer Stereoanlage verpflichtet sich der Online-Nutzer, über einen Zeitraum von n Jahren pro Monat Songs im Gegenwert von z. B. 25 Euro herunterzuladen. Als Ausbaustufe käme in Frage, auch die Musik völlig gratis abzugeben und dafür das Surf-Verhalten aufzuzeichnen und an werbetreibende Partner zu verkaufen. Für viele einkommensschwache Zielgruppen wäre dies sicherlich ein Angebot, das ihren Bedürfnissen exakt entspräche.

▶ **Integration der User in den Musikauswahlprozess**
Viele Labels sehen sich mit substanziellen Flopraten von Neuerscheinungen konfrontiert, die massiv den Spielraum und die finanziellen Ergebnisse der Unternehmen einengen. Würden Internetnutzer zu einem frühen Zeitpunkt in den Entstehungsprozesses neuer Musik integriert werden, könnte neben Kosteneinsparungen auch der Aufbau interaktiver Musik-Communities realisiert werden. Als Benchmark dient hierfür die Erzählung von Stephen King, die der Autor kapitelweise ins Internet stellte, und die jeweilige Fortsetzung davon abhängig machte, dass User für den Download jeweils 1 US-Dollar bezahlten. Wie ließe sich solch ein Konzept auf die Phonoindustrie übertragen? Von den unzähligen unaufgefordert eingesandten Demobändern neuer Interpreten könnten Plattenlabels eine Vorselektion ins Internet stellen und User über deren anschließende, professionelle

Produktion abstimmen lassen. Durch ihre Stimmabgabe verpflichten sich Nutzer, einen Betrag von z. B. 1 Euro zu den Produktionskosten beizusteuern, sofern der von ihnen bevorzugte Kandidat gewinnt. Das fertige Album erhalten sie anschließend als kostenlosen Download. Die Vorteile solch eines Modells sind mannigfaltig: Plattenlabels können teilweise Marketing-Kosten einsparen, reduzieren durch Pre-Tests kostspielige Flops und schaffen Communities von Internet-Musik-Kunden, die im Vorfeld der eigentlichen Produktion aktiv über die Musik entscheiden können.

▶ **Abo-Gebühren**

Universal veröffentlichte als erstes Major Label Pläne, den Interessierten eine unbegrenzte Anzahl von Songs gegen eine monatliche Abogebühr zur Verfügung zu stellen. In die gleiche Richtung zielt auch die strategische Beteiligung Bertelsmanns an Napster mit der Absicht, für den Zugang zu Napster eine monatliche Gebühr zu erheben. Universals Strategie geht wesentlich über die bisherigen Überlegungen der »Big Five« hinaus, da sie dem Nutzer den Zugang zu Musik – im Gegensatz zu einzelnen, kostenpflichtigen Downloads – wesentlich erleichtert. Dennoch sei an dieser Stelle noch einmal betont, dass nur eine gemeinsame Vermarktungsplattform, auf der Songs aller Labels zu finden sind, eine ähnliche Durchschlagskraft erreichen wird wie die von Anbietern wie Napster oder Gnutella. Diesen Zusammenhang schilderte das Wall Street Journal kürzlich bei der Bewertung der Online-Strategien der »Big Five« äußerst treffend:

> The Big Five record companies could turn their music rights into a subscription business that millions of customers would pay for, but they need to put their heads together and license their catalogs to each other. Until they figure this out, they're just failing. Right now, they're practicing strategies of denial, such as offering single Downloads for exorbitant prices or putting limited selections online for a flat fee. As with most industries, the problem isn't that the way ahead is particularly unclear. Its leaders are just paralyzed by fear and their own bombast. (Wall Street Journal, 06.09.2000)

▶ **Music-Syndication**

Die überwältigende Mehrheit der Print-Verlage ist bei dem Versuch, für ihre Inhalte im Internet vom Endverbraucher Geld zu verlangen, gescheitert. Dennoch ist qualitativ hochwertiger Inhalt für die Betreiber erfolgreicher Websites von herausragender Bedeutung, um einen entsprechenden Besucherstrom auf ihren Sites zu generieren. Content-Syndication hat sich daher im Laufe des Jahres 2000 als eine der wichtigsten Umsatzquellen für Verlage im Internet-Business heraus-kristallisiert. Dieser B2B-Ansatz wurde bisher von der Musikindustrie vernachlässigt. So sehen einige Portalbetreiber außerhalb der Musik-dustrie Musikinhalte als einen der wesentlichen Treiber zur Anreiche-rung ihrer Portal-Attraktivität an. Auch die Telco-Companies, die in den nächsten Jahren mehrere Milliarden DM in den Ausbau von UMTS-Netzen (inklusive Lizenzkosten) investieren werden, setzen auf Musik als eine der wichtigsten Refinanzierungsquellen. Sowohl Stu-dien (z. B. Bertelsmann) als auch reale Best-Practice-Beispiele (z. B. NTT-DoCoMo's i-mode) belegen den – zukünftig – übergewichtigen Anteil an Entertainment-Angeboten im Kampf um die Sinnesorgane der (mobilen) Internet-User. Insofern sollten Musiklabels frühzeitig entsprechende Content-Syndication-Strategien entwickeln, ohne da-bei allerdings die eigenen Probleme (s.o.) auf die Content-Partner abwälzen zu wollen.

Unabhängig vom konkreten Content-Abnehmer bieten sich unter-schiedliche Geschäftsmodelle für Content-Syndication an, wie Abbil-dung 2.14 illustriert. Für den Inhalte-»Zweitvertrieb« der Labels (als sol-ches ist Content-Syndication anzusehen) muss es das Ziel sein, wenige enge Kooperationen mit starken Partnern einzugehen. Dabei gilt es, die Geschäftsmodelle mehrdimensional und dynamisch zu gestalten.

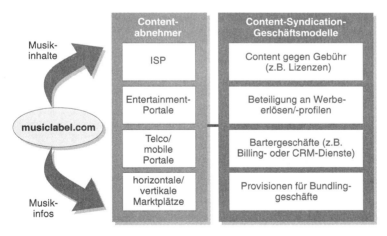

**Abbildung 2.14** Music-Syndication und mögliche Geschäftsmodelle

Die Musikindustrie befindet sich nicht nur aufgrund des Internets in einer Umbruchphase. Außer Kontrolle geratene Marketing-Aufwendungen, aus Fansicht zu hohe Preise für einzelne CDs, Misstrauen auf Künstlerseite

sowie die wachsende Online-Konkurrenz engen den strategischen Spielraum der Musikindustrie ein. Hat sich die Musikindustrie eventuell in eine
Position manövriert, in der sie sowohl von Künstlern und Online-Playern
als ihren eigenlichen Kunden, den Musikfans, auf immer mehr Ablehnung stößt? Das amerikanische Spin-Magazin vertritt die Ansicht, dass
gerade Musikhörer mit der in den letzten Jahren verfolgten Strategie
unzufrieden sind und deswegen gerne auf die Angebote von Online-Playern zurückgreifen:

> And what about the fate of the album? Since the CD era began, the al-
> bum has increasingly become a few good songs packed between loads of
> filler. And evidence shows a shift toward a singles-based music world ma-
> nifested as homemade compilations and DJ mixes and driven by MP3
> technology. The results of Spin.com's online poll show that respondents
> overwhelmingly prefer downloading individual songs over full-length al-
> bums. And many of those surveyed raged about paying inflated prices for
> CDs with only one or two good tracks. (Spin.Com, 06.09.2000)

Das Schaubild in Abbildung 2.15 fasst einige der Thesen zusammen. Nach
Ansicht der Autoren riskiert es die Phonoindustrie im Internet-Spann-
nungsfeld zwischen Künstlern, Online-Playern und Musikhörern, ihre
zentrale Mittlerrolle zu verlieren und zukünftig umgangen zu werden.

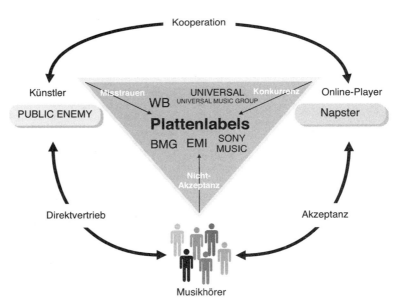

**Abbildung 2.15** Plattenlabels im Spannungsfeld zwischen Künstlern, Online-Playern
und Musikhörern

## Zeitleiste der Napster-Community[3]

In den vorangegangenen Kapiteln wurden zahlreiche denkbare Geschäftsmodelle vorgestellt und diskutiert, die allesamt Community-Elemente wie Peer-to-Peer-Beziehungen, Profile und Anreizsysteme einsetzen. Mit der folgenden Zeitleiste der Napster-Geschichte sollen die Einflüsse dieser internetgestützten Gemeinschaft auf die weltweite Musikindustrie und damit auch die Motivationen für die genannten Geschäftsmodelle illustrieren, wenngleich Napster in der ursprünglichen und momentan praktizierten Form keine Geschäftsgemeinschaft im klassischen Sinne ist. Doch spätestens seit dem Einstieg von Bertelsmann mit seinen Plänen von Abo- und anderen Geschäftsmodellen kann man auch Napster als eine Business Community bezeichnen.

Im Folgenden sei die Entwicklung von Napster nach dem Höhepunkt, in dem die Community ca. 65 Mio. registrierte Nutzer hatte, stichpunktartig aufgeführt:

▶ Mai 2000: Napster muss 300000 Nutzer ausschließen, die Metallica-Musik angeblich illegal vertreiben.

▶ Mitte Juni 2000: Der Verband der amerikanischen Musikindustrie (RIAA) reicht eine Klage gegen Napster ein, wegen Verletzung der Urheberrechte.

▶ 28. Juli 2000: Napster wird wegen »Verletzung des Urheberrechts im großen Stil« zur Schließung verurteilt.

▶ 31. Juli 2000: Napster-Anwalt Bois gelingt es, die Schließung durch ein Berufungsgericht noch einmal hinauszuzögern, um Napsters Musikindex nach urheberrechtlich geschützten Stücken zu durchsuchen.

▶ November 2000: Bertelsmann kauft Napster auf und zieht seine Klage zurück.

▶ 25. Januar 2001: Die Plattenfirma TVT-Records wechselt die Fronten und das komplette Angebot an Rock- und Popmusik wird künftig über die MP3-Tauschbörse Napster vermarktet.

▶ 13. Februar 2001: Die Entscheidung des Berufungsgerichts in San Francisco, dass der Austausch von urheberrechtlichem Material illegal ist, und dass Napster für die Verletzung der Urheberrechte verantwortlich gemacht werden kann, bedeutete das Aus für Napster in der bisherigen Form.

▶ 22. Februar 2001: Napster bietet der Musikindustrie etwa eine Milliarde US-Dollar Wiedergutmachung an.

---

3  Quelle: eigene Recherche Task Force Business Communities

- ► 8. März 2001: Die Grundzüge des Urteils stehen fest: Napster wird nicht geschlossen, aber wenn die Musikindustrie beanstandet, dass Nutzer geschütztes Material zum Download anbieten, dann muss die Firma innerhalb von 72 Stunden dafür sorgen, dass die entsprechenden Dateien aus ihrem System getilgt werden.

- ► April 2001: Napster setzt auf ein neues akustisches Filtersystem. Das neue Dateiformat »Nap« soll durch einen eingebauten Kopierschutz nur noch das Herunterladen von Musikdateien über Napster erlauben nicht aber das Brennen auf CD.

- ► Juni 2001: Angeblich stehen die Musikkonzerne Warner Music, EMI und BMG kurz vor dem Abschluss einer Kooperationsvereinbarung mit Napster. Kommt eine solche Vereinbarung zu Stande, wären Titel dieser Musikkonzerne legal über Napster erhältlich.

- ► Juli 2001: Die Bertelsmann E-Commerce-Group und Napster haben ihr neues Geschäftsmodell für den 1. Juli 2001 angekündigt. Ab diesem Zeitpunkt soll ein kostenpflichtiger Abonnenten-Service eingeführt werden.

- ► seit August 2001: Der dann von Bertelsmann angebotene Napster-Musiktauschservice soll gegen eine Abogebühr von 5 US-Dollar pro Monat erhältlich sein, kann aber noch nicht gebucht werden.

- ► Herbst 2001: Der Napster-Kundenstamm verfällt, freie P2P-Tauschnetze wie Gnutella oder MusicCity mit freien Zugangsclients wie BearShare, LimeWire oder Morpheus ersetzen Napster mehr und mehr.

## 2.6 Wirtschaftlichkeit und Wertmessung

Erfolgsmessung und -kontrolle

Immer mehr investieren Unternehmen in den Aufbau und Betrieb von Business Communities, aber nur selten wird nach unseren Erfahrungen bisher eine systematische Erfolgsmessung und -kontrolle durchgeführt. Um Investoren und Budgetverantwortliche vom Erfolg und Nutzen von Business Communities zu überzeugen, ist eine Quantifizierung des Erfolges in Form einer Wirtschaftlichkeitsbetrachtung unerlässlich. Die Wirtschaftlichkeitsbetrachtung ist Aufgabe des Business Community Managements. Sie sollte sowohl in der Konzeptionsphase als auch in der Betriebsphase der Business Community eine Managementaufgabe mit hoher Priorität sein.

Die nachfolgenden Abschnitte beschreiben zunächst Ansätze zur Wertmessung in Business Communities als Grundlage für eine Wirtschaftlichkeitsbetrachtung. Im Anschluss daran werden das Konzept und die grundsätzliche Vorgehensweise zur Erstellung eines Business Cases erläutert. Im Rahmen der Konzeption einer Business Community liefert die Wirtschaftlichkeitsbetrachtung in Form eines Business Cases eine wichtige Entscheidungsgrundlage für mögliche Investoren bzw. Budgetverantwortliche. Im laufenden Betrieb der Business Community sollte das Management im Zuge des Controllings und der strategischen Entwicklung der Community ebenfalls Methoden der Wirtschaftlichkeitsrechnung nutzen, um den Wert der Business Community zu messen und darzustellen. Deshalb stellen wir Ihnen die Wertschöpfungsanalyse als eine Methode zum Controlling, aber auch zur strategischen Entwicklung einer Business Community vor.

## Ansätze und Aussagen zur Wertmessung

Erste Ansätze zur Wertabschätzung virtueller Communities werden von Hagel/Armstrong im Gesetz der zunehmenden Erträge beschrieben (vgl. Hagel/Armstrong 1997: 58ff.). Das Gesetz der zunehmenden Erträge beschreibt so genannte »Selbstverstärkungseffekte« in virtuellen Communities, die deren Wert überproportional steigern und damit maßgeblich zur Refinanzierung (ROI – Return on Investment) der virtuellen Community und damit zum Gewinn des Betreibers beitragen. Es werden vier dieser Selbstverstärkungseffekte voneinander unterschieden, die, nachdem eine kritische Masse an Mitgliedern erreicht ist, zu einem progressiven Wachstum der virtuellen Gemeinschaft beitragen, indem sie eine starke Eigendynamik in der Community entfalten (siehe Abbildung 2.16):

*Selbstverstärkungseffekte*

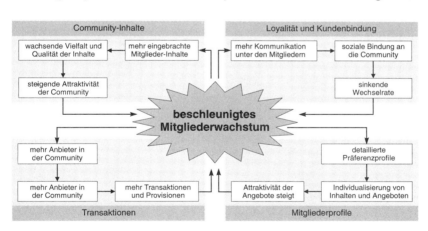

**Abbildung 2.16** Selbstverstärkende Effekte und Eigendynamik in einer virtuellen Community (vgl. Paul/Runte 1998)

Mit zunehmender Anzahl von Homepages und Mitteilungen in Foren sowie gut besuchten Chat-Räumen, gewinnt die Community an Attraktivität für neue Mitglieder, die ihrerseits für mehr Inhalte sorgen. Dieser Selbstverstärkungsmechanismus führt zu einer lebendigen Community und ist absolut erfolgskritisch.

*Community-Inhalte*

| Loyalität und Kundenbindung | Mit wachsender Mitgliederzahl und damit zunehmendem Mitglieder-Content, wächst die Kommunikation unter den Mitgliedern der Community. Dabei entstehen zunehmend persönliche Beziehungen, die einen wesentlichen Teil des Community-Gedankens ausmachen. Gleichzeitig werden Markteintrittsbarrieren für neue Community-Betreiber errichtet, da das Mitglied bei einem eventuellen Verlassen der Community diese Beziehungen in einer anderen virtuellen Gemeinschaft zunächst wieder aufbauen muss. |
|---|---|

**Loyalität und Kundenbindung**

Mit wachsender Mitgliederzahl und damit zunehmendem Mitglieder-Content, wächst die Kommunikation unter den Mitgliedern der Community. Dabei entstehen zunehmend persönliche Beziehungen, die einen wesentlichen Teil des Community-Gedankens ausmachen. Gleichzeitig werden Markteintrittsbarrieren für neue Community-Betreiber errichtet, da das Mitglied bei einem eventuellen Verlassen der Community diese Beziehungen in einer anderen virtuellen Gemeinschaft zunächst wieder aufbauen muss.

**Mitgliederprofile**

Mit wachsender Mitglieder-Interaktion können durch Auswertung des Informationsverhaltens, der Kaufgewohnheiten und der Interessen der Mitglieder seitens des Betreibers detaillierte Mitgliederprofile erstellt werden. Die dadurch realisierbare Individualisierung von Angeboten und Informationen steigert die Kundenzufriedenheit der Community-Mitglieder und hat steigende Mitgliederzahlen und -loyalität zur Folge.

**Transaktion**

Je größer die Zahl der Mitglieder einer virtuellen Gemeinschaft, desto mehr Werbetreibende und Anbieter von Waren und Dienstleistungen lassen sich für die virtuelle Community gewinnen. Durch das vielseitige Angebot wächst die Zahl der Transaktionen in der Community, was beim Betreiber zu erhöhten Einnahmen aus Provisionen führt. Gleichzeitig übt das vielfältige Angebot eine erhöhte Anziehungskraft auf neue Mitglieder aus. Der wachsende Umsatz in der virtuellen Gemeinschaft lockt seinerseits wiederum neue Anbieter an.

**Aus 15 Millionen 620 Millionen machen**

Hagel und Armstrong legen diese transaktionssteigernden Annahmen für die Berechnung eines Business Cases für eine fiktive virtuelle Community für den amerikanischen Freizeitreisenden zugrunde. Auf der Basis von annahmenbasierten positiven Selbstverstärkungseffekten errechnen sie bei einer Erstinvestition von 15 Millionen Dollar einen potenziellen Umsatz von 620 Millionen Dollar, der innerhalb von zehn Jahren erreicht wird (vgl. Hagel/Armstrong 1997: 81f).

## Werte aus Optimierung der Beziehungen

Diese Betrachtung setzt vornehmlich auf die Werte, die aus der Optimierung der Beziehungen zwischen den Community-Mitgliedern entstehen, z.B. durch Kostensenkung des Beschaffungsprozesses durch Abwicklung über eine beschaffungsorientierte Business Community oder erhöhtes Transaktionsvolumen, das durch die aktive Teilnahme an einer Business Community mit Marktplatz generiert wird.

Nachfolgend sind einige interessante Aussagen zu quantitativen und qualitativen Erfolgspotenzialen zusammengefasst, die erste Anhaltspunkte für die Wertgenerierung durch Optimierung der Mitgliederbeziehungen liefern. Die Aussagen stützen sich hauptsächlich auf Untersuchungen großer, amerikanischer E-Business-Sites, die aktiv Community-Funktionalitäten in ihr Angebot integriert haben, z. B. Amazon, Barnesandnoble.com und eToys.com (vgl. Peoplelink 2001 und Warms et al. 2000).

▶ Potenziale zur Prozesskostenreduzierung

  ▷ 25 % Einsparungen bei den Kundenbetreuungskosten gegenüber der telefonischen Betreuung

  ▷ Reduzierung der Produktentwicklungskosten um bis zu 30 %

▶ Potenziale für Geschäftstransaktionen

  ▷ Community-Mitglieder tätigen doppelt so viele Online-Geschäfte wie Nicht-Mitglieder.

  ▷ Community-Mitglieder machen nur ein Drittel der Website-Besucher aus, sind aber für zwei Drittel der Umsätze verantwortlich.

  ▷ Mitglieder kaufen acht Mal soviel wie Nicht-Mitglieder.

  ▷ Mitglieder kaufen mit 36-prozentiger Wahrscheinlichkeit mehr als Nicht-Mitglieder.

▶ Potenziale, die sich aus den verbesserten Beziehungen (»Relationships«) ergeben

  ▷ engere und effektivere Arbeitsbeziehungen zwischen den Geschäftspartnern

  ▷ Kostenersparnisse und Gewinnpotenziale durch bessere Koordination im Content Management, in der Logistik sowie in Vertrieb und Marketing

**Wert aus Kenntnis über Geschäftspartner**

Cothrel et al. beschreiben neben dieser Dimension eine weitere, die Wert schafft und damit zur Wirtschaftlichkeit von Business Communities beiträgt (siehe Abschnitt 1.7): Wert, der aus der genaueren Kenntnis von Geschäftspartnern (Kunden, Lieferanten, Mitarbeiter) entspringt. So kann beispielsweise die intensive Kommunikation in einer Kunden-Community mit den 20 % der Kunden, die 80 % des Umsatzes generieren, sehr wichtige Einblicke in Bezug auf die Kundenwünsche liefern. Diese Informationen können dann gezielt an den Vertrieb, das Marketing und die Produktentwicklung weitergegeben werden, um zukünftig Kunden noch gezielter ansprechen zu können bzw. noch kundenindividuellere Produkte anzubieten.

Die nachfolgenden Aussagen zeigen quantitative und qualitative Erfolgspotenziale auf, die sich aus der besseren Kenntnis um die Geschäftspartner und Mitglieder ergeben können. Die Aussagen stützen sich ebenfalls auf Untersuchungen großer, amerikanischer E-Business-Sites, die aktiv Community-Funktionalitäten in ihr Angebot integriert haben, z.B. Amazon, Barnesandnoble.com und eToys.com (vgl. Peoplelink 2001 und Cothrel et al. 2000).

▶ Potenziale, die sich aus »insights« (verbesserte Einblicke in die Wünsche und Bedarfe der Geschäftspartner und Kunden) ergeben
  ▶ Online-Communities ermöglichen eine tiefgehende und fortlaufende Konversation mit und zwischen den 20% der Kunden, die für 80% des Umsatzes verantwortlich sind.
▶ Potenziale zur Kundengewinnung
  ▶ Community-Mitglieder empfehlen die Website mit 100 prozentiger Wahrscheinlichkeit eher als Nicht-Mitglieder.
  ▶ 62% der Internet-Käufer sagen, dass Kundenberichte entscheidend für ihre Tätigung eines Online-Kaufs sind.
▶ Potenziale für höhere Kundenbindung
  ▶ Community-Mitglieder besuchen die Websites neunmal so oft wie Nicht-Mitglieder.
  ▶ Community-Mitglieder betrachten im Schnitt doppelt so viele Nicht-Community-Seiten wie Nicht-Mitglieder.
  ▶ Die Mitgliedschaft verlängert die Kundenbindungsdauer um 50%.
  ▶ Käufe, die von Wiederholungsbesuchern getätigt werden, haben einen um 57% höheren Wert als Käufe von Erstbesuchern (Bain).

Beide wertschaffenden Dimensionen müssen bei der Wirtschaftlichkeitsbetrachtung einer Business Community in Betracht gezogen werden und im Sinne entscheidungskräftiger Aussagen möglichst quantifiziert werden. Die erste Dimension lässt sich anhand von Kosten, Umsätzen und Gewinnen relativ gut quantifizieren, wohingegen sich die zweite Wertdimension nur schwer und eher am langfristigen Erfolg und Bestand einer Business Community messen lässt.

Wie die Ausführungen deutlich machen, besteht offensichtlich ein direkter Zusammenhang zwischen Community-Aktivitäten und wirtschaftlichem Erfolg im Sinne zunehmender Online-Transaktionen, erhöhter Kundenbindung sowie sinkender Prozesskosten.

## Der Business Case als Planungs- und Entscheidungsinstrument

Ziel des Business Cases ist es, den wirtschaftlichen Nutzen einer geplanten Business Community aufzuzeigen. Dazu werden für unterschiedliche
Realisierungsszenarien Markt- bzw. Kostensenkungspotenziale abge-
schätzt und den notwendigen Investitionen gegenübergestellt.

Zielsetzung

Der Business Case kommt im Rahmen der Konzeptionsphase einer Business Community zum Einsatz, damit das Business Community Management fundierte Aussagen über die Wirtschaftlichkeit eines Community-
Vorhabens machen kann. Ein plausibler Business Case wird von Investoren
oder Budgetverantwortlichen zurecht als elementarer Bestandteil des
Business-Plans für ein Community-Vorhaben erwartet.

Bei der Untersuchung der Wirtschaftlichkeit einer Business Community mit
Hilfe eines Business Cases unterscheiden wir prinzipiell zwei Dimensionen,
die von der Zielsetzung des jeweiligen Community-Vorhabens abhängen:

Dimensionen der
Wirtschaftlichkeit

▶ Wirtschaftlichkeitspotenziale durch zusätzliches Geschäft (z. B. registrierte Mitglieder, Verkauf von Werbeflächen, Umsätze über Transaktionen etc.)

▶ Wirtschaftlichkeitspotenziale durch Prozessoptimierung und Kosteneinsparungen (z. B. durch sinkende Supportkosten, kürzere Produkt-
entwicklungszeiten, höhere Kundenzufriedenheit etc.)

Die folgenden Ausführungen beschreiben eine Vorgehensweise zur Erstellung eines Business Cases für eine Business Community. Die dargestellte
Vorgehensweise hat sich im Projekteinsatz beim Fraunhofer IAO bewährt.

Vorgehensweise
zur Erstellung
eines Business
Cases

Die Erstellung eines Business Case läuft in fünf Phasen ab, die in Abbildung 2.17 dargestellt sind und nachfolgend erläutert werden.

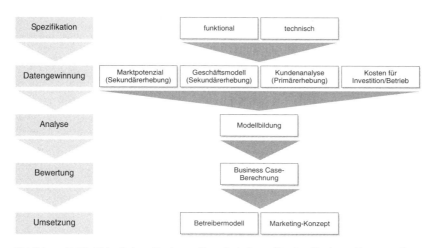

**Abbildung 2.17** Ablauf einer Business-Case-Erstellung für eine Business Community

Auf der Basis der Zieldefinition für die Business Community wird eine funktionale und technische Grobspezifikation erstellt.

Die funktionale Grobspezifikation enthält Aussagen zu den Hauptmerkmalen der zu entwickelnden Business Community im Hinblick auf die anvisierten Zielgruppen, deren Anforderungen sowie mögliche Betreiberkonzepte. Die funktionale Grobspezifikation liefert als Ergebnis eine erste Version des Lastenheftes (Sammlung der funktionalen Anforderungen) für die Business Community.

Auf der Basis des Lastenheftes beschreibt die technische Grobspezifikation grundsätzliche technologische Realisierungsmöglichkeiten, wie z. B. Eigen- oder Fremdentwicklung, kommerzielle Softwarelösung oder Realisierung auf Open-Source-Basis etc. (vgl. Kapitel 7) und gibt eine Empfehlung ab. Ergebnis der technischen Grobspezifikation ist eine erste Version des Pflichtenheftes für die Business Community unter Berücksichtigung der vorhandenen Infrastruktur, eventueller Erweiterungsinvestitionen und technischer Fragestellungen.

Basierend auf den Ergebnissen der Spezifikationsphase erfolgt im nächsten Schritt eine systematische Datengewinnung. Entsprechend den definierten Zielgruppen und/oder Marktsegmente werden Informationen über Marktpotenziale, Einnahme- bzw. Kostensenkungspotenziale sowie über die entstehenden Kosten für den Aufbau und Betrieb der Community gesammelt bzw. erhoben.

Bei der Datenerhebung kann man unterschiedlich vorgehen. Die einfachste Vorgehensweise ist die Sammlung und Auswertung von Sekundärmaterial wie z. B. Artikel, Marktstudien, Trendreports, Analysen etc. Die verschiedenen Quellen werden auf Aussagen wie Marktpotenzial, Kunden- und Wettbewerbsstruktur, möglich Geschäftsmodelle sowie Einsparungspotenziale hin ausgewertet.

Wesentlich aufwendiger ist eine Primärdatenerhebung. Mittels direkter Befragungen von potenziellen Kunden oder Geschäftspartnern werden qualitativ höherwertige Daten für die Markt- bzw. Kostensenkungspotenzialabschätzung erhoben. Die Befragung sollte sinnvoller Weise strukturiert ablaufen, z. B. mit Hilfe eines Telefoninterviewleitfadens oder eines Fragebogens.

Mit Hilfe des technischen Pflichtenhefts werden in der Datengewinnungsphase Informationen für die Investitionsplanung gesammelt. Dies erfolgt in der Regel durch Angebotseinholung für entsprechende Softwarelösungen bzw. durch die Kalkulation der Kosten bei Entscheidung für eine Eigenentwicklung.

Auf der Basis der relevanten Einnahme- bzw. Kosteneinsparungsgrößen, dem Zielgruppenfokus und dem verfügbaren Datenmaterial wird ein Modell für die Berechnung des Business Cases entwickelt.

Das Rechenmodell besteht in der Regel aus den folgenden Elementen der Business-Case-Rechnung:

1. periodenbezogene Gegenüberstellung relevanter Einnahmen- und Ausgabenströme (Einnahmen-/Ausgabenrechnung)
2. Darstellung der periodenbezogenen Über- bzw. Unterdeckung (Cash Flow)
3. sich ergebenden Kapitalwert der Investition für den gewählten Betrachtungszeitraum.

Als Betrachtungsperioden werden in der Regel Halbjahre oder Jahre gewählt und als Betrachtungszeitraum nicht mehr als fünf Jahre, um die Aussagekraft der Berechnung einigermaßen objektiv zu halten. In der Internet Economy entsprechen fünf Internet-Zeitjahre ca. 15 realen Jahren.

## Gegenüberstellung von Einnahmen und Ausgaben

Gemäß den in Abschnitt 2.4 dargestellten Geschäftsmodelloptionen für eine Business Community sind beispielhaft die folgenden Einnahmemöglichkeiten denkbar. Die Tabellen 2.1, 2.2 und 2.3 sollen als Arbeitsmaterialien für die Erfassung spezifischer Einnahme- und Ausgabekomponenten dienen und erheben keinen Anspruch auf Vollständigkeit.

| Transaktionsabhängige Einnahmen | Einnahmen aus direkten Verkäufen von Produkten und Services |
| | Vermittlungseinnahmen (z. B. Pauschale pro Verkauf, prozentuale Beteiligung am vermittelten Umsatz) |
| Mitglieds-, Nutzungs- und Teilnahmegebühren | Mitgliedsgebühren |
| | Nutzungsgebühren für Mehrwertdienste (z. B. Finden des günstigsten Preises) |
| Business Community Service Provider | Einnahmen Business-Community-Service-Provider-Leistungen (z. B. Vermietung von Community-Anwendungen oder Infrastrukturen) |
| | Einnahmen aus dem Verkauf generierter und aufbereiteter Zielgruppen- und Produktinformationen |
| | Einnahmen aus Beratungsleistungen |
| Value Added Services und Dienstleistungen Dritter Partner | Einnahmen aus Broker-, Makler-, Trust-, Financial- und Logistikservices |

**Tabelle 2.1** Beispiele für Einnahmemöglichkeiten

| Werbung | Einnahmen aus dem Verkauf von Werbeplätzen |
|---|---|
|  | Einnahmen aus dem Verkauf von nutzerorientierten Werbeinblendungen |
| Sponsoring | Sponsoring-Einnahmen |

**Tabelle 2.1**  Beispiele für Einnahmemöglichkeiten (Forts.)

| Ressourcen | Vertriebskosten |
|---|---|
|  | F&E-Aufwendungen |
| Zeit | Kundenbetreuung |
|  | Produktentwicklung |
| Reise-/Meetingkosten | Reiseaufwände, z. B. im Vertrieb |
|  | Meetingkosten, z. B. in (virtuellen) Projektteams |
| Transportkosten | Telefon- und Faxkosten |
|  | Porto |
|  | Frachtkosten |
| Druckkosten | PR-Materialien |
|  | Mailingaktionen |
|  | Preislisten |

**Tabelle 2.2**  Beispiele für Kosteneinsparungsmöglichkeiten
(Quelle: Hoffmann/Zilch 2000: 137)

| Management und Verwaltung | Personal |
|---|---|
|  | Mieten |
| Produktentwicklung | Personal |
| Marketing & Vertrieb | Personal |
|  | PR-Materialien, Mailings, Anzeigen online/offline, Messen |
| Redaktion & Contents | Personal |
|  | Einkauf von Contents |
| Investitionen | Büroausstattung |
|  | Hardware, Software |
| Consulting | Unternehmensberatung |
|  | Rechtsberatung |
| Betrieb | Kosten für externen Provider |

**Tabelle 2.3**  Beispiele für Ausgaben

Für die Abschätzung des erreichbaren Marktpotenzials bzw. der erzielbaren Kostensenkungseffekte werden oftmals Variablen im Modell berücksichtigt, die es erlauben, die Rechnung mit unterschiedlichen Annahmen durchzuführen.

Die zuvor beschriebenen Annahmen und Einschränkungen sind notwendig, um die Komplexität des Berechnungsmodells auf ein handhabbares Maß beschränken zu können. Andererseits bergen Annahmen grundsätzlich die Gefahr der Unschärfe und der Toleranzabweichung. Dadurch steigt das Risiko von Fehlinterpretationen und somit auch von Fehlentscheidungen. Um diese Gefahr minimal halten zu können, wird sowohl eine Best-Case- als auch eine Worst-Case-Betrachtung durchgeführt. Grundlage der Best-Case-Betrachtung ist eine möglichst optimistische Einschätzung der zukünftigen Entwicklung einzelner Parameter (z.B. registrierte Mitglieder). Bei der Worst-Case-Betrachtung wird hingegen eine pessimistische Entwicklung zugrunde gelegt. Der Investor oder Entscheider erhält dadurch zwei Grenzwerte, die den Rahmen für die zukünftige Entwicklung abstecken.

*Best-Case-/Worst-Case-Betrachtung*

## Cash Flow

Um im Rahmen einer Kapitalwertermittlung die zukünftigen Ein- und Auszahlungen bezogen auf den jetzigen Zeitpunkt vergleichbar machen zu können, muss der Zeithorizont berücksichtigt werden. Deshalb werden die zukünftigen Ein- und Auszahlungen auf den Investitionszeitpunkt abgezinst. Die Abzinsung erfolgt zu einem Zinssatz, der der gewünschten Mindestverzinsung des eingesetzten Kapitals entspricht. Ein guter Anhaltspunkt ist in der Regel der marktgängige Zinssatz für mittelfristige Geldanlagen.

*Kalkulationszinsfuß*

## Kapitalwert

Um die Vorteilhaftigkeit der Investition in eine Business Community zu beurteilen, wird die Kapitalwertermittlung verwendet – eine Methode aus der betriebswirtschaftlichen Investitionsrechnung. Zur Ermittlung des Kapitalwertes werden die ermittelten Einzahlungs- und Auszahlungsströme mit einem Abzinsungsfaktor, dem so genannten »Kapitalzinsfuß« auf das Jahr der Investition abgezinst. Ergibt sich ein negativer Kapitalwert, dann heißt das, dass die Investition am Finanzmarkt eine höhere Rendite erzielen würde und damit unter wirtschaftlichen Gesichtspunkten nicht zu vertreten ist und umgekehrt. Die Kapitalwertbetrachtung sollte auf jeden Fall zusammen mit einer qualitativen Chancen-/Risiken- und Stärken-/Schwächen-Betrachtung für jedes Szenario die Entscheidungsgrundlage für die Investoren bzw. Budgetverantwortlichen sein.

| | |
|---|---|
| Bewertungsphase | Mit Hilfe des entwickelten Rechenmodells werden jetzt die Business Cases für die unterschiedlichen Realisierungsszenarien (z. B. Eigenentwicklung oder Kauf, Eigen- oder Fremdbetrieb, etc.) durchgerechnet. Der errechnete Cash Flow (auf der Basis der ermittelten Jahresüberschüsse bzw. -fehlbeträge) erlaubt Aussagen über den Break Even und die resultierende Amortisationsdauer der Investition. |
| Umsetzungsphase | Auf der Basis der gewählten Alternative wird ein Entwicklungs- und Implementierungsplan für die Business Community erarbeitet. Dieser muss Aussagen über ein favorisiertes Betreibermodell sowie ein geeignetes Marketing-Konzept beinhalten. |

Die dargestellte Vorgehensweise zur Erstellung eines Business Cases in der Konzeptionsphase einer Business Community ist ein pragmatischer Ansatz, um relativ schnell Aussagen über die Wirtschaftlichkeit des Vorhabens zu ermöglichen und damit Budgetverantwortliche und potenzielle Investoren in ihrer Entscheidung zu unterstützen.

## Die Wertschöpfungsanalyse zur Analyse und Bewertung von Geschäftsmodellen

| | |
|---|---|
| Zielsetzung | Die Vielzahl an Geschäftsmodellen – nicht nur im Bereich der Online-Communities – und die Dynamik, mit der sich die Ertragsmodelle laufend ändern, macht es zunehmend schwieriger, so genannte »Best-Practice-Beispiele« zu identifizieren. Es bedarf daher eines Instrumentes, das auf einfache Weise Geschäftsmodelle charakterisieren und Stärken bzw. Schwächen aufzeigen kann. Verstärkt wird dieser Ruf nach einem geeigneten Analyseinstrument durch die spektakulären Konkursmeldungen und Verlustwarnungen von Unternehmen der New Economy. |

Die Herausforderung bei der Entwicklung eines solchen Instrumentes liegt in der Definition geeigneter Bewertungsgrößen. So müssen bei der Analyse von hoch defizitär operierenden Start-ups gewinnorientierte Analyseverfahren zwangsläufig versagen. Insbesondere die klassischen Kennzahlen börsennotierter Unternehmen, wie z. B. das Kurs-Gewinn-Verhältnis (KGV), erweisen sich als ungeeignet. Hinzu kommt, dass sich die Einnahmemodelle der Unternehmen ständig ändern. Es bedarf also eines Instrumentes, das auch dynamische Entwicklungsprozesse abbilden kann.

Nachfolgend wird eine am Fraunhofer IAO entwickelte Methodik vorgestellt, die es erlaubt, Geschäftsmodelle von Business Communities auf ihre Stärken und Schwächen hin zu analysieren und hinsichtlich ihrer Nachhaltigkeit zu bewerten.

Vorbild für den Ansatz ist die aus dem Produktionsmanagement bekannte Wertschöpfungsanalyse (vgl. Adam 1998: 70ff.). Klassische Fertigungsunternehmen orientieren sich dabei seit langem an dem Grundsatz, wonach ein Produkt, dessen Herstellungskosten den bewirkten Kundennutzen übersteigen, entweder effizienter hergestellt, ausgelagert oder aber aufgegeben werden muss.

Dabei kann die Berechnung der Wertschöpfungsquote auf unterschiedliche Weise erfolgen (vgl. Kroeber/Riel 1963: 15). Der Ansatz des Fraunhofer IAO definiert Wertschöpfung als die Differenz aus Nettoumsatz minus Fremdleistungen. Der Wertschöpfungsbeitrag ist also mit der Eigenleistung des Unternehmens gleichzusetzen.

Allerdings stößt die produktionswirtschaftlich geprägte Wertschöpfungsanalyse einzelner Produkte in der Praxis auf einige Schwierigkeiten. Zum einen unterliegen produktbezogene Finanzzahlen strengster Geheimhaltung, das öffentlich verfügbare Zahlenmaterial liegt dagegen meist nur in aggregierter Form, z.B. als Bilanz, Gewinn- und Verlustrechnung oder im Rahmen von Quartalsberichten und Pflichtmitteilungen vor. Eine Art Rückrechnung dieser Zahlen auf einzelne Produkte erscheint in den meisten Fällen als unmöglich. Zum anderen geht es bei der Bewertung von Geschäftsmodellen nicht um einzelne Produkte, sondern um das Geschäftsmodell als Ganzes.

Der Ansatz untersucht daher nicht einzelne Produkte auf ihren Wertschöpfungsbeitrag hin, sondern stellt die ganze Wertschöpfungskette bzw. -stufen eines Geschäftsmodells in den Untersuchungsmittelpunkt. Mit Hilfe dieses Vorgehens werden Erkenntnisse darüber gewonnen, welche Stufen der Wertschöpfungskette eines Geschäftsmodells überhaupt einen positiven Wertschöpfungsbeitrag liefern und in welchem Ausmaß dies geschieht.

Klassischerweise orientiert sich das Konzept der Wertschöpfungskette ebenfalls am produktionswirtschaftlichen Herstellungsprozess und bildet die dabei zu durchlaufenden Stufen ab (Porter 1999: 68). Der Hauptprozess wird dabei in die Stufen Beschaffung, Produktion, Marketing und Vertrieb, Logistik und Service unterteilt. Für die Wertschöpfungspotenzialanalyse kann es jedoch durchaus angebracht erscheinen, eine davon abweichende Struktur zu verwenden. Welche Wertschöpfungsstufen letztendlich abgebildet werden, hängt vom zu untersuchenden Geschäftsmodell, vom Untersuchungsziel und von der Datenlage ab. Wichtig ist jedoch, dass bei einer vergleichenden Untersuchung mehrerer Geschäftsmodelle eine gemeinsame Struktur anzuwenden ist.

## Beispiel SalesNet AG

Das Beispiel basiert auf einem realen Geschäftsmodell. Zur Wahrung der Anonymität des Unternehmens wird jedoch der fiktive Name SalesNet AG verwendet.

Die SalesNet AG bietet derzeit über 50 branchenspezifische Märkplätze an und gilt damit als einer der führenden Anbieter von Online-Handelsplätzen. Das Diensteangebot reicht von klassischen Katalog- und Transaktionsfunktionalitäten bis hin zu Interaktionsdiensten wie Diskussionsforen, Experten-Chat und E-Learning.

SalesNet entwickelt auch eigene Softwareprodukte, mit denen die Kunden bei der Anbindung an die Plattform und bei der Durchführung von Transaktionen unterstützt werden.

In den ersten drei Quartalen des Jahres 2001 erwirtschaftete SalesNet einen Umsatz von knapp 40 Mio Euro. Dem standen Ausgaben für Fremdleistungen in Höhe von über 56 Mio. Euro gegenüber. Diese Beträge haben ihren Ursprung auf unterschiedlichen Stufen der Wertschöpfungskette, wobei nicht jede Wertschöpfungsstufe in gleichem Maße beteiligt ist. Abbildung 2.19 zeigt diese Verteilung. Insgesamt erzielt das Unternehmen im laufenden Geschäftsbetrieb ein Wertschöpfungsdefizit von knapp 17 Mio. Euro. Auf der Basis des verfügbaren Zahlenmaterials und mit Hilfe von Vergleichswerten werden nun pro Wertschöpfungsstufe die jeweiligen Umsatz- und Fremdleistungsanteile ermittelt. Aus der Differenz von Umsatzanteilen und Fremdleistungsanteilen lassen sich dann die absoluten Wertschöpfungsbeiträge bzw. die Wertschöpfungsquoten ermitteln. Abbildung 2.18 zeigt die Ergebnisse am Beispiel der SalesNet AG. Die dort abgebildeten Wertschöpfungsstufen orientierten sich weniger am Herstellungsprozess als am Angebot des Unternehmens und gliedern sich in Hardware, Software, Consulting, Value Added Services (VAS) und sonstige Customer Services. Die in der Tabelle dargestellten Beträge beziehen sich auf die ersten drei Quartale des Jahres 2001.

| Wertschöpfungkette SalesNetAG | | | | | | | |
|---|---|---|---|---|---|---|---|
| | | WS Stufe 1: Hardware | WS Stufe 2: Software | WS Stufe 3: Consulting | WS Stufe 4: Content | WS Stufe 5: Value Added Services | WS Stufe 6: Customer Service |
| Gesamtleistung | **39,96 Mio** | | 0,10 Mio. | 0,44 Mio. | 13,74 Mio. | 25,50 Mio. | 0,17 Mio. |
| Fremdleistung | **56,76 Mio** | 1,33 Mio | 1,74 Mio. | 5,96 Mio. | 41,69 Mio. | 4,30 Mio. | 1,74 Mio. |
| Wertschöpfung | **-16,81 Mio.** | -1,33 Mio | -1,65 Mio. | -5,52 Mio. | -27,94 Mio. | 21,20 Mio. | -1,57 Mio. |
| WS-Quote in % | | | -1624% | -1257% | -203% | 83% | -935% |

**Abbildung 2.18** Wertschöpfungsquoten der SalesNet AG (Angaben in Euro)

Das Ergebnis dieses Vorgehens ist ein unternehmensindividuelles Wertschöpfungsprofil, das die Stärken und Schwächen des zugrunde liegenden Geschäftsmodells aufzeigt. So deckt SalesNet zwar insgesamt sechs Stufen der Wertschöpfungskette ab, der Gesamtumsatz wird aber nahezu ausschließlich auf zwei Stufen generiert. Dies führt dazu, dass das Geschäftsmodell auf Wettbewerbseinflüsse anfälliger reagiert.

*Ergebnis: Wertschöpfungsprofil der Geschäftsmodelle*

Besonders deutlich wird dies in der grafischen Gegenüberstellung der einzelnen Werte (siehe Abbildung 2.19). Wo jedoch kein Umsatz erzielt wird, kann per Definition (Wertschöpfung = Umsatz ./. Fremdleistungen) auch kein Beitrag zur Gesamtwertschöpfung geleistet werden.

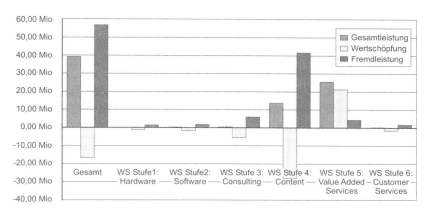

**Abbildung 2.19** Wertschöpfungsprofil der SalesNet AG

Die Grafik zeigt, dass lediglich die Value Added Services (VAS) einen positiver Wertschöpfungsbeitrag erwirtschaften. In allen anderen Bereichen übersteigen dagegen die Ausgaben für Fremdleistungen die erzielten Einnahmen. Zwar wird auch im Bereich Content ein großer Teil des Gesamtumsatzes erwirtschaftet, die Ausgaben für Fremdleistungen, insbesondere für die Bereitstellung von Content durch Dritte, übersteigen jedoch die Einnahmen um ein Vielfaches. Die Folge ist ein Verzehr an liquiden Mitteln von über 16 Mio. Euro im Betrachtungszeitraum von neun Monaten. Ein Umstand, mit dem viele Unternehmen der New Economy am Anfang zu kämpfen haben und der neudeutsch als »cash burn rate« bezeichnet wird.

**Stabilitätsanalyse von Geschäfts- modellen**

Neben der Gesamtbetrachtung des Geschäftsmodells und seiner Struktur erfolgt in einem zweiten Schritt eine vertiefende Betrachtung der einzelnen Wertschöpfungsstufen. Dabei geht es insbesondere um die Stabilität und Nachhaltigkeit des Wertschöpfungsmodells.

Für das vorliegende Untersuchungsbeispiel zeigt sich bei näherer Betrachtung, dass die VAS-Umsätze im Wesentlichen aus den Transaktionsgebühren der Kunden resultieren. Das Unternehmen verlangt heute im Durchschnitt 1,5% Provision vom Transaktionswert. Durch die steigende Konkurrenz ist jedoch bereits heute absehbar, dass dieser Provisionsanteil zukünftig geringer ausfallen wird. Es bleibt zu befürchten, dass dann auch die Wertschöpfungsquote in diesem Bereich sinken wird.

Weit verbreitet sind auch die so genannten »werbefinanzierten Geschäftsmodelle«. In diesem Fall werden Umsätze lediglich durch Werbeeinblendungen auf der eigenen Website erzielt. Einnahmen aus Handelsgeschäften oder Beratung werden nicht generiert. Diese werbefinanzierten Geschäftsmodelle weisen zwar oftmals eine hohe Wertschöpfungsquote aus, sind aber einfach zu kopieren und gelten als wenig nachhaltig. Bei nachhaltigeren Bereichen wie z. B. bei der Entwicklung von Softwareprodukten müssen dagegen insbesondere die kleineren Anbieter aus Mangel an Ressourcen und Know-how mit externen Dienstleistern kooperieren. Dies führt jedoch zu höheren Ausgaben für Fremdleistung, was wiederum die Wertschöpfungsquote schmälert.

**Benchmarking von Geschäfts- modellen**

Neben der Analyse einzelner Geschäftsmodelle bietet die Wertschöpfungspotenzialanalyse aber auch ein optimales Instrument, um verschiedene Geschäftsmodelle miteinander zu vergleichen. Abbildung 2.20 zeigt das Profil der SalesNet AG im Vergleich mit dem Profil zweier weiterer Marktplatzanbieter. Der Vergleich von SalesNet mit dem ersten Beispiel ergibt einige Gemeinsamkeiten. So verursacht das Softwaremodul in beiden Fällen den größten negativen Wertschöpfungsanteil. Darüber hinaus fällt keines der beiden Beispiele durch einen besonders hohen positiven Wertschöpfungsanteil in einem Bereich auf. Ein gravierender Unterschied ergibt sich dagegen im Bereich Consulting. Während bei der SalesNet AG die Wertschöpfungsquote in diesem Bereich ebenfalls stark negativ ausfällt, ist im Beispiel 2 die Wertschöpfung aus Consulting-Leistungen gleich null. Insgesamt weist das Beispiel 2 für zwei Wertschöpfungsstufen eine positive Wertschöpfungsquote aus, SalesNet dagegen nur für die Value Added Services.

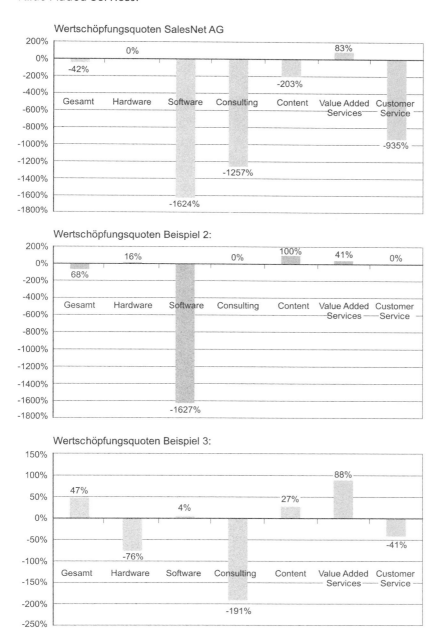

**Abbildung 2.20** Benchmarking anhand von Wertschöpfungsprofilen

Das Geschäftsmodell im Beispiel 3 zeichnet sich zunächst dadurch aus, dass es insgesamt eine positive Wertschöpfungsquote erreicht. Dies liegt nicht nur daran, dass es mehr Bereiche mit positiver Wertschöpfungsquote aufweist, sondern dass es auch keine solch extrem negativen Wertschöpfungsquoten wie die Beispiele 1 und 2 zulässt. Durch die größere Ausgeglichenheit kann das Beispiel 3 als das stabilere Geschäftsmodell bezeichnet werden.

**Zwischenfazit Wertschöpfungsanalyse** Trotz aller Unschärfen, die sich bei der Ermittlung der Umsatz- und Fremdleistungsanteile der einzelnen Wertschöpfungsstufen ergeben können, lassen sich mit Hilfe der Wertschöpfungspotenzialanalyse Geschäftsmodelle mit ähnlichen Wertschöpfungsstrukturen miteinander vergleichen. Es werden so genannte »Wertschöpfungsprofile« entwickelt, die aufzeigen, auf welcher Stufe der Wertschöpfungskette ein Geschäftsmodell tatsächlich Wertschöpfung erbringt und an welcher Stelle der Werteverzehr die Einnahmen übersteigt. Die Konsequenz muss sein, negative Wertschöpfungsbeiträge sukzessive zu reduzieren und Bereiche, die ein nachhaltiges Wachstum versprechen, weiter auszubauen. Durch die regelmäßige Fortschreibung der zugrunde liegenden Datenbasis lässt sich dabei nicht nur die Ist-Situation abbilden, sondern es können auch Entwicklungen nachgezeichnet und Trends prognostiziert werden.

Wie beschrieben, bildet eine Geschäftsstrategie bestehend aus strategischer Vision, Produkt- und Marktumfang, Differenzierung vom Wettbewerb und Geschäftsmodellen die Grundlage für eine erfolgreiche Business Community. Für eine systematische Einführung und den professionellen Betrieb ist als nächster Schritt die Frage zu klären, wer was macht. In Kapitel 3 wird daher beschrieben, welche Rollen und Prozesse notwendig sind und wer diese übernehmen kann.

# 3   Geschäftsstrukturen

*Organisatorische Strukturen sind notwendig, um die Geschäftsstrategie einer Business Community umzusetzen: Welche Rollen und Prozesse gibt es bei Anbietern und Betreibern? Welche Partner brauchen wir? Wie organisieren sich die Mitglieder der Community? Und welche Abläufe sind innerhalb der Gemeinschaft wichtig?*

Bei Organisationsfragen kann grundsätzlich zwischen Anbieter bzw. Betreiber einer Business Community und der Gemeinschaft der Mitglieder unterschieden werden.

Im folgenden Kapitel wird beschrieben, welche Rollen bei Anbietern und Betreibern von Business Communities vorhanden sein können und welche Abläufe typischerweise damit verbunden sind. In diesem Zusammenhang wird auch diskutiert, welche Partner für Anbieter und Betreiber sich als sinnvoll erweisen können.

Aus Mitgliedersicht werden Unter-Communities behandelt, und ein typischer Lebenszyklus für Mitglieder wird vorgestellt. Die Beschreibung wichtiger Mitglieder-Prozesse schließt dieses Kapitel ab.

## 3.1   Rollen und Prozesse

Communities bzw. Unter-Communities wie z. B. thematische Clubs bilden den logischen Raum, in dem die Mitglieder Informationen austauschen, kommunizieren, kooperieren und Transaktionen durchführen. Zu einem solchen logischen Raum gehört ein gemeinsames Verständnis der Inhalte, das durch eine vereinbarte Sprache und eine entsprechende Syntax realisiert wird. Beispielsweise enthalten Finanz-Communities oft Glossare mit wichtigen Börsenbegriffen wie »52-Wochen-Hoch«, »Dividende« oder »Option«.

*Communities sind logische Räume*

Um systematisch die Strukturen von Business Communities zu beschreiben, lässt sich als Ausgangspunkt das in Abbildung 3.1 dargestellte Raumsystem aus Prozessen, Rollen und Technologien verwenden:

▶ Rollen legen die Aufbauorganisation fest.
▶ Prozesse und Protokolle gestalten Abläufe (man spricht auch von der Ablauforganisation).

▶ Technologien, hier also die Web-Anwendungen, stellen ein Kanalsystem oder ein Trägermedium dar für die Interaktionen von Rollen und Prozessen.

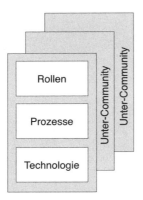

**Abbildung 3.1** Strukturen für Business Communities
(Quelle: nach Schmid 1999: 33)

Anbieter-,
Betreiber-,
Community-
Strukturen

Bei den zuvor genannten strukturellen Aspekten der Rollen und Prozesse kann zwischen den folgenden Strukturen unterschieden werden:

▶ Strukturen der Gemeinschaft von Mitgliedern, z.B. Sub-Communities, geschützte Räume

▶ Strukturen von Anbietern und Betreibern, z.B. Ausgründung einer Betreibergesellschaft

Die Untergliederung dieses Kapitels lehnt sich direkt an diese Unterscheidung an: Rollen und Prozesse werden separat sowohl für den Betreiber als auch für die Mitglieder einer Community betrachtet.

## 3.2 Betreiber-Rollen

Unter Anbietern verstehen wir Personen, Firmen, Stiftungen oder andere Rechtsformen, die für die Geschäftsstrategie einer Business Community verantwortlich zeichnen und damit also die grundlegende Idee einer Community verfolgen. Anbieter tragen üblicherweise auch die finanzielle Verantwortung und können, müssen aber nicht notwendigerweise gleichzeitig auch Betreiber sein. Als Betreiber bezeichnen wir Personen, Firmen, Stiftungen oder andere Rechtsformen, die für den technologischen und organisatorischen Betrieb einer Community-Plattform sorgen. Auch hier gilt: Betreiber können, müssen aber nicht notwendigerweise gleichzeitig auch Anbieter sein.

In jeder Organisationsform von Anbieter und Betreiber müssen daher folgende Kompetenzen vorhanden sein, um eine Business Community erfolgreich betreiben zu können (siehe Abbildung 3.2):

Technologie-, Community- und Domänen-Kompetenz

▶ **Community-Kompetenz:** Management einer Gemeinschaft von Mitgliedern

▶ **Domänen-Kompetenz:** Wissen über das Fachgebiet der Community, z.B. Produkt-Know-how oder Expertenwissen zum Thema internationales Benchmarking

▶ **Technologie-Kompetenz:** ausfallsicherer Betrieb einer elektronischen Plattform

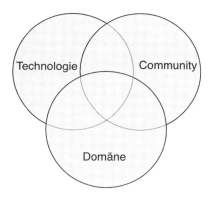

**Abbildung 3.2** Die Business-Community-Kernkompetenzen

Diese drei Kompetenzen sorgen für die Umsetzung der drei Hauptfunktionen von Business Communities, nämlich Information, Kommunikation/Kooperation und Transaktion.

Das selbständige Betreiben einer Business Community durch den Anbieter stellt nur eine der Möglichkeiten eines Community-Engagements dar. Für die organisatorische Gestaltung des Wirk-Betriebs ergibt sich ein breites Spektrum an Alternativen (siehe Abbildung 3.3, vgl. Hoffmann/Zilch 2000: 93):

Betrieb einer Business Community

▶ Kooperation mit Best-in-Class-Spezialisten

▷ Outsourcing des Betriebs an Anbieter etablierter Value Added Networks (VAN) und Dienstleister

▷ Outsourcen des Betriebs an neu auf den Markt kommende ASPs und Software- oder Dienstleistungsanbieter wie z.B. die Hersteller von Community-Software

**Abbildung 3.3** Organisationsstrukturen für Betreiber von Business Communities

▶ Betrieb durch einzelne Fachabteilungen im Unternehmen in eindimensionalen organisatorischen Strukturmodellen (vgl. Macharzina 1995: 392 ff.)

  ▶ etablierte Fachbereiche

  ▶ neue Fachbereiche

▶ Betrieb durch Business-Community-Teams in mehrdimensionalen organisatorischen Strukturmodellen (vgl. Macharzina 1995: 392 ff.)

  ▶ Matrixorganisation: zweidimensionales Modell, z. B. mit den Achsen Funktionsbereiche des Community-Anbieters bzw. -Betreibers und Kundengruppen

  ▶ Tensororganisation: dreidimensionales Modell, z. B. mit den Achsen Funktionsbereiche des Community-Anbieters bzw. -Betreibers, Produktgruppen und Marktregionen

▶ Gründen einer Betreibergesellschaft

  ▶ Spin-off des Anbieters

  ▶ Joint-Venture der Kooperationspartner

**Stabilität vs. Flexibilität**  Eine ergänzende Sichtweise der Organisationsstrukturen für Anbieter und Betreiber von Business Communities ist in Tabelle 3.1 dargestellt. Der Organisationsfokus unterscheidet dabei zwischen Organisationsformen innerhalb von Unternehmen und solchen, die nach dem Community-Prinzip über Unternehmensgrenzen hinweg reichen. Dies entspricht im Prinzip der zuvor genannten Unterteilung. Neu hinzu kommt der so genannte »Entwicklungsfokus«. In einer zweiten Dimension wird betrachtet, ob der Schwerpunkt auf der Schaffung einer stabilen oder einer flexiblen Lösung liegt.

| Organisationsfokus | Stabilität | Flexibilität |
|---|---|---|
| Interorganisational | strategische Allianz | virtuelle Kooperation |
| Intraorganisational | hierarchische Palastorganisation | problemorientierte Zeitorganisation |

**Tabelle 3.1** Organisations- vs. Entwicklungsfokus (Quelle: Wüthrich/Philipp 1999: 51)

Strategische Allianzen mit anderen Unternehmen stellen für den Betreiber einer Business Community also stabile Organisationsformen dar. Virtuelle Kooperationen mit Spezialisten bilden eher flexible Organisationsstrukturen. Um innerhalb eines Unternehmens flexible Projektstrukturen zu schaffen, ist eine klar auf das Ziel der Business Community zugeschnittene Zeitorganisation einer klassischen hierarchischen Organisation vorzuziehen.

## Kooperation mit Best-in-Class-Spezialisten

Als Spezialisten für Business Communities können natürlich Community-Software-Hersteller gelten. Hersteller wie z.B. cassiopeia und webfair (siehe Abschnitt 7.2) bieten Betreiber-Lösungen für ihre Kunden an. Diese Angebote umfassen neben dem Hosting der Community-Systeme auch Dienstleistungen wie die Moderation von Foren und Chats oder das Auswerten des Nutzerverhaltens. Bei einer solchen Kooperation können Technologie- und Community-Kompetenz bei einem Best-in-Class-Spezialisten liegen, während das Domänen-Wissen beim Unternehmen selbst liegt.

*Spezialisten für Business Communities*

## Abteilungen im Unternehmen

Der Betrieb einer Business Community in einer etablierten Abteilung eines Unternehmens kann die Community direkt an die entsprechende Fachkompetenz wie z.B. Produkt-Know-how im Falle einer Kunden-Community koppeln.

*Vorteile*

Ist es dagegen sinnvoll, eine Business Community vom operativen Geschäft klar zu trennen, kann ein neuer Fachbereich etabliert werden, der sich um den Betrieb einer Community kümmert. Denkbar ist diese Möglichkeit etwa, um Produktspezialisten nicht zusätzliche Arbeit in Form des Mitwirkens in Foren und Chats einer Kunden-Community aufzubürden.

In beiden Fällen liegen alle drei notwendigen Kompetenzen, nämlich Technologie-, Community- und Domänenkompetenz, innerhalb des Unternehmens.

**Beispiel Siemens** Diese Organisationsform stellt eine Art zentralistischen Ansatz dar. Ein Beispiel hierfür ist die organisatorische Umsetzung der so genannten »E-Transformation« bei Siemens (will heißen, aus Siemens eine E-Company zu machen, siehe Pfeiffer 2001). Dem fraktalen Prinzip folgend, lässt sich dieser Ansatz für eine E-Business-Strategie auch auf eine Business-Community-Strategie übertragen: Das Große (in diesem Fall die unternehmensweite Strategie) ist genauso aufgebaut wie die Details (hier die Business Community-Strategie). Wie Abbildung 3.4 zeigt, wird die Strategie top-down über Vertreter von Stabsstellen und des Vorstands gesteuert und über Vertreter aus Geschäftsbereichen und -regionen in die Breite getragen und synchronisiert. Entsprechend kann man sich z.B. für die Organisationsform eines Betreibers einer Business Community vorstellen, die Steuerung durch Geschäftsführer und Stabsstellen gemeinsam mit Leitern von Fachabbteilungen zu realisieren.

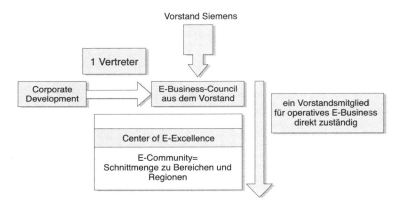

**Abbildung 3.4** E-Business-Organisationsstrukturen bei Siemens

## Abteilungsübergreifende Strukturen

**Alle Kompetenzen im Unternehmen** Wie bei der Variante »Abteilungen im Unternehmen« liegen auch hier die drei notwendigen Kompetenzen Technologie-, Community- und Domänenkompetenz innerhalb des Unternehmens.

Folgende Organisationsstrukturen für E-Business-Vorhaben haben sich als sinnvoll erwiesen (Hoffmann/Zilch 2000: 80):

▶ Business Community-/E-Business-Steering-Committee
▶ Schaffung der Position des Business Community-/E-Business-Managers

Ein Business Community-/E-Business Steering Committee stellt im Prinzip die Ausprägung eines mehrdimensionalen Strukturmodells dar:

▶ Der Business Community-/E-Business-Manager ist demnach Leiter im produktbezogenen Entscheidungssystem.

▶ Die funktionsorientierte Achse der Matrixorganisation wird von den Abteilungen wie z.B. Marketing, IT und Vertrieb gebildet.

Das bedeutet für die Entscheidungs- und Weisungsbefugnisse (vgl. Macharzina 1995: 393 f.):

▶ Der Business Community-/E-Business-Manager entscheidet, was wann in Bezug auf die Business Community zu tun ist.

▶ Die Funktionsleiter (z.B. Marketing-, IT- oder Vertriebsleiter) entscheiden über das daraus resultierende Wie und Wer und sind auch für finanzielle Ressourcen verantwortlich.

Die E-Business-Aktivitäten des TÜV Süddeutschland werden beispielsweise über ein solches E-Business Steering Committee koordiniert. Mitglied in diesem Gremium sind Vertreter aller Geschäftsbereiche sowie von Stabsstellen der Holding.

**Beispiel TÜV Süddeutschland**

Ähnlich organisiert auch die Lufthansa (vgl. Pfeiffer 2001) die organisatorische Umsetzung der »E-Transformation«. Wie beim Beispiel Siemens beschrieben, lässt sich dieser Ansatz für eine E-Business-Strategie dem fraktalen Prinzip folgend auch auf eine Business-Community-Strategie übertragen. Abbildung 3.5 zeigt, dass ein Kernteam abteilungs- bzw. fachbereichsübergreifende Service- und Koordinierungsfunktionen wahrnimmt. Die fachlichen Aufgaben liegen bei den Fachabteilungen, in diesem Falle den Lufthansa-Tochterunternehmen wie z.B. Lufthansa Airplus, Lufthansa E-Commerce und Start-Amadeus. Übertragen auf die Organisation des Betriebs einer Business Community kann man sich ein Koordinations-Kernteam vorstellen, das sich aus Vertretern verschiedener Geschäftsbereiche oder mehrerer Fachabteilungen wie Vertrieb, Marketing, Entwicklung und Produktion zusammensetzt. Inhaltliche Betreuung für die Community würde dann beispielsweise von den genannten Geschäftsbereichen oder Fachabteilungen geleistet werden.

**Beispiel Lufthansa**

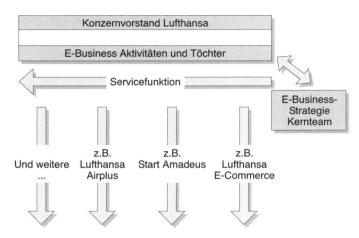

**Abbildung 3.5** E-Business-Organisationsstrukturen bei der Lufthansa

### Ausgliedern des Betreibers

Alle Kompeten-
zen bei externen
Betreibern

Während bei den zuvor genannten Organisationsformen für den Betreiber einer Business Community mindestens eine der drei notwendigen Kompetenzen im Unternehmen verblieb, ist diese Variante durch eine vollständige Übergabe der Kompetenzen an ein anderes Unternehmen gekennzeichnet.

Vorteile

Für den Betrieb über eine Betreibergesellschaft sprechen unter anderem (vgl. Hoffmann/Zilch 2000: 94) folgende Gründe:

▶ Spin-offs können aufgrund ihrer Größe und der Neugründung flexibler agieren.

▶ Durch einen Betreiber kann die Neutralität einer Business Community erhöht werden, falls dies gewünscht ist.

▶ Ein Betreiberunternehmen kann Verluste realisieren, ohne dass das Mutterunternehmen davon in der Bilanz betroffen wird.

Domänenwissen
beim Betreiber

Beim Ausgründen des Betreibers ist es notwendig, Fachwissen über die Anwendungsdomäne einer Business Community beim Betreiber zu verankern. Bei der internationalen Benchmarking-Community Fit4Service.com muss beispielsweise Wissen über das Benchmarking von Unternehmen beim Betreiber vorhanden sein. Es ist anzunehmen, dass weder bei einem Hersteller von Business Community Software noch bei einem ASP oder ISP spezielles Know-how auf diesem Fachgebiet vorhanden sein wird. Das Fraunhofer IAO ist in diesem Fall für den Betrieb zuständig im Auftrag des Bundesministeriums für Bildung und Forschung (BMBF).

Als weiteres Beispiel sei die DCX Net Holding der DaimlerChrysler AG genannt. Laut Pfeiffer bündelt diese GmbH die E-Aktivitäten und Beteiligungen des Konzerns in Form eines eigenen Geschäftsbereichs (vgl. Pfeiffer 2001). Wie oben beschrieben, lässt sich dieser Ansatz für eine E-Business-Strategie, dem fraktalen Prinzip folgend, auch auf eine Business-Community-Strategie übertragen. In Abbildung 3.6 ist zu erkennen, dass die koordinierende Funktion von Board und Council wie bei der abteilungsübergreifenden Variante auf den tragenden Säulen des Konzerns wie PKW und LKW basiert. Der wesentliche Unterschied zur abteilungsübergreifenden Lösung liegt hier also hauptsächlich in der Entscheidung, eine ausgelagerte Holding zu realisieren.

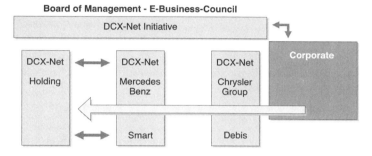

**Abbildung 3.6** E-Business-Organisationsstruktur bei DaimlerChrysler

## 3.3 Betreiber-Lebenszyklus

Business Communities sind wie alle Unternehmungen keine statischen Objekte sondern entwickeln sich mehr oder weniger schnell weiter. Aus dieser Weiterentwicklung ergeben sich unmittelbar Anforderungen an die Überarbeitung und Anpassung der Geschäftsstrategie als wichtige Aufgabe für Anbieter und Betreiber. Als Grundlage für die strategische, unternehmerische Entwicklung und Ausrichtung im Lauf der Zeit kann das in Abbildung 3.7 dargestellte Marktphasenmodell mit den drei Phasen Initialisierung, Durchdringung und Expansion herangezogen werden:

▶ Initialisierungsphase
  Am Beginn vieler Business Communities steht ein Projekt zur Realisierung einer Community, z. B. einer Kunden- oder Produkt-Community, um eine Lernbeziehung zwischen Hersteller und Verbrauchern aufzubauen. Die Lernkurve verläuft in dieser Phase sehr steil, und Ausprobieren ist angesagt. Im Hinblick auf einen langfristigen und wirtschaftlichen Betrieb einer Community muss der Sprung vom spezifischen und einmaligen Projekt hin zu einem vermarktbaren Produkt gelingen.

Diese Hürde – im Bild symbolisiert durch die Lücke im Kurvenverlauf – ist zu überwinden, um die nächste Phase der Durchdringung überhaupt zu erreichen. Beispielsweise kann die Lücke durch eine ausreichende Anzahl an aktiven Mitgliedern und einen hohen Bekanntheitsgrad in der Branche überbrückt werden.

▶ **Durchdringungsphase**

Die Durchdringungsphase ist gekennzeichnet durch einen konsequenten Ausbau des Geschäfts mittels Transformation der Business Community von einem Nischenprodukt zu einem Massenprodukt. Bezogen auf das Beispiel der Produkt-Community könnte das bedeuten, den Funktionsumfang zu erhöhen und die Community auf weitere Produkte auszudehnen, um die Gemeinschaft von Mitgliedern und den Bekanntheitsgrad weiter auszubauen.

▶ **Expansionsphase**

Schließlich kann die weitere Expansion dadurch erreicht werden, dass aus dem Massenprodukt ein individuell auf die Nutzer zugeschnittenes Produkt entsteht. Aus Sicht der Mitglieder kann dies eine umfangreiche Personalisierung der Produkt-Community bedeuten. Denkbar ist auch, dass der ursprüngliche Anbieter bzw. Betreiber als Business Community Service Provider auftritt und anderen Unternehmen die eigene Plattform und erworbene Kompetenz verkauft. Eine wichtige Rolle in dieser Phase spielen auch internationale Partnerschaften über verschiedenste Branchen hinweg.

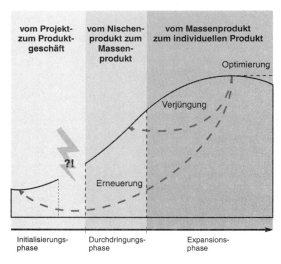

**Abbildung 3.7** Lebenszyklus für Business Communities aus der unternehmerischen Sicht von Anbietern und Betreibern (Quelle: nach The Chasm Group 1999)

Für alle drei Phasen und insbesondere für den Höhepunkt der Expansionsphase, stehen die Handlungsfelder Verjüngung und Erneuerung zur Verfügung, um die Marktsituation einer Business Community zu verändern und somit dem Marktumfeld zu begegnen:

Sich auf der Kurve bewegen

▶ **Verjüngung**

Verjüngung bedeutet, auf der Kurve ein Stück zurückzugehen. Ausgehend vom Höhepunkt der Expansionsphase könnte man z.B. durch Ändern der Zielgruppe und Beibehalten der Plattform zurück zur Phase der Durchdringung gelangen.

▶ **Erneuerung**

Die Erneuerung macht einen größeren Schritt zurück als die Verjüngung, oft in die Initialisierungsphase hinein. Dies könnte z.B. bedeuten, den Grundtyp von Kunden- oder Produkt-Community nach Service-Community zu ändern.

Befindet sich eine Community auf dem Höhepunkt der Expansionsphase, bietet sich neben Verjüngung und Erneuerung auch als Alternative die Optimierung an:

▶ **Optimierung**

Es wird versucht, das Abfallen der Erfolgskurve zu verhindern und den Erfolg auf konstant hohem Niveau zu halten. Dies könnte beispielsweise durch Effizienzsteigerungen beim Anbieter bzw. Betreiber oder durch neue kostenpflichtige Mehrwertdienste erreicht werden.

## 3.4 Betreiberprozesse

Für die folgenden Aufgabenbereiche müssen beim Betreiber einer Business Community, ganz gleich, in welcher Organisationsform er aufgestellt ist (Abteilung im Unternehmen, ausgegründeter Betreiber etc.), ein bzw. mehrere Mitarbeiter gefunden werden: die Prozesseigner der Betreiberprozesse. Aus den genannten Aufgabenbereichen lassen sich entsprechende Betreiberprozesse ableiten:

Aufgaben im Überblick

▶ Administration und technischer Betrieb

▶ Business Community Management

▶ technologische (Weiter-)Entwicklung

▶ unternehmerische Entwicklung: Etablieren, Stabilisieren und Wachsen der Business Community

▶ Marketing

▶ Redaktion

▶ Support

Zusätzlich zu den zuvor genannten Aufgaben, die in direktem Zusammenhang mit der Business Community stehen, sind natürlich auch grundlegende unternehmerische Aufgaben im Bereich der Verwaltung notwendig (vgl. Hagel/Armstrong 1997: 158ff.):

▶ Finanzen

▶ Recht

▶ Personal

Je nach Komplexität und Größe einer Business Community müssen gegebenenfalls mehrere Mitarbeiter Funktionen in Administration und Support übernehmen. Dann wird man üblicherweise auch Leitungsfunktio-
nen wie Leiter der Redaktion oder Leiter Weiterentwicklung einführen.
Die zuvor genannte Aufzählung soll aus funktionaler Sicht einen Überblick
über anfallende Aufgaben verschaffen. Hierarchische Aspekte sind an dieser Stelle nicht berücksichtigt, sie sind Gegenstand des Abschnitts 3.2.

## Typische Prozesse

Um herauszufinden, welche Prozesse beim Betreiber einer Business Com-
munity wichtig sind, wie diese zusammen hängen und wie mit diesen
Prozessen umgegangen wird, können die folgenden Fragen (vgl. Kurz/
Ortwein 1999: 134) hilfreich sein:

▶ Wie interagieren die identifizierten Beteiligten beim Betreiber (siehe
Abschnitt 3.2) untereinander und mit den Mitgliedern, um den Betrieb
der Business Community aufrecht zu erhalten?

▶ Welche (ggf. gemeinsamen) Prozessverantwortlichkeiten existieren?

▶ Welche Prozessschnittstellen beim Betreiber, in der Gemeinschaft und
zwischen Betreiber und Mitgliedern sind notwendig?

▶ Wie wird die Qualität dieser Prozesse überwacht und gesteuert?

Aus Betreibersicht können üblicherweise die folgenden Typen von Abläufen identifiziert werden (siehe auch die Matrix »Funktions-Kategorien
und Prozesstypen« in Kapitel 6).

▶ **Administration und technischer Betrieb** – Gewährleisten des Betriebs
von z. B.:

▶ Server mit Betriebssystem und Datenbank

- ▷ Web- und weitere Applikations-Server
- ▷ Back-up von Plattform und Inhalten

- ▶ **Business-Community-Management** – Koordinierung und Motivation der Mitglieder u. a. durch:
  - ▷ Moderation von Chats und Diskussionsforen
  - ▷ Organisieren von Veranstaltungen
  - ▷ Verhaltensetikette definieren und für deren Einhaltung sorgen

- ▶ **Technologische (Weiter-)Entwicklung:**
  - ▷ Evaluation der Funktionalität der Plattform
  - ▷ Stabilisierung existierender Funktionen
  - ▷ Ergänzen weiterer Funktionen

- ▶ **Unternehmerische Business-Community-Entwicklung** und -Steuerung als Querschnittsprozess zum Etablieren, Stabilisieren und Wachsen der Business Community:
  - ▷ Ermitteln wichtiger Messgrößen – Mitgliederzahl, Anzahl Mitarbeiter beim Betreiber, Umfang der Inhalte, Anzahl an Page Impressions, Hits, Visits, auf Site verbrachte Zeit etc.
  - ▷ Bewertung der Messgrößen
  - ▷ Ableiten strategischer Handlungsempfehlungen

- ▶ **Marketing** – Vermarkten der Business Community z. B. durch:
  - ▷ Akquisition von neuen Mitgliedern und Partnern
  - ▷ Merchandising und zusätzliche Vermarktung von Inhalten, z. B. in Form von Whitepapers
  - ▷ Anzeigenmanagement

- ▶ **Redaktion** – Einstellen interessanter Inhalte z. B. durch:
  - ▷ Recherchieren relevanter Themen
  - ▷ Auswerten oder Zusammenfassen von Mitgliederbeiträgen
  - ▷ Einstellen von Inhalten wie Artikeln, Filmen, Anwendungen

- ▶ **Mitglieder-Support** – Ansprechpartner für die Mitglieder zu folgenden Themen zur Verfügung stellen:
  - ▷ Mitgliederverwaltung
  - ▷ technische Fragen
  - ▷ organisatorische Fragen

## Community Management

Besondere Aufmerksamkeit sei an dieser Stelle dem Community Management gewidmet, da diese Abläufe in unmittelbarem Zusammenhang mit der Gestaltung einer Geschäftsgemeinschaft stehen. Für den Erfolg einer Business Community sind natürlich auch die anderen genannten Prozesstypen ausschlaggebend, und insbesondere deren Zusammenspiel als Zahnräder in einer großen »Maschine«.

Das Maß, in dem Betreiber und Anbieter eine Community steuern, und der Grad an Selbstkontrolle der Mitglieder stehen miteinander in Konkurrenz. Was überwiegt, hängt stark vom Typ der Business Community ab. Mehr zum Thema »Moderation, Steuerung und Kontrolle« finden Sie in Abschnitt 4.4.

Kim fasst neun Entwurfsstrategien als wesentliche Elemente des Community Managements zusammen (Kim 2001: 16 f.):

▶ Definition der Zielsetzung

▶ Einrichten flexibler Treffpunkte

▶ Erstellen und Pflegen aussagekräftiger Mitglieder-Profile

▶ Berücksichtigung verschiedener Rollen

▶ Entwicklung eines Führungs-Programms

▶ Etablierung einer geeigneten Etikette

▶ Förderung regelmäßiger Ereignisse und Veranstaltungen

▶ Integration von Ritualen

▶ Möglichkeit, Untergruppen einzurichten

Ergänzt werden können folgende Prinzipien (Mongoose 2000):

▶ durchgängige, intuitiv verwendbare Benutzungsschnittstelle mit Wiedererkennungswert

▶ Ermöglichen der Interaktion der Mitglieder

▶ klare Grenzen, wer und was innerhalb und außerhalb der Community ist

▶ Ausdruck des Selbstverständnisses der Community und der Community-Aktivitäten

▶ Aufbau von Vertrauen zwischen den Mitgliedern und mit dem Anbieter und Betreiber

▶ Reputation der Mitglieder durch Feedback-Mechanismen und Toplists

▶ Austausch von Wissen, Gütern und Dienstleistungen

Die genannten Entwurfsstrategien werden bei Kim ergänzt um die folgenden drei Grundprinzipien:

Erfolgreiches
Community
Management

▶ Berücksichtigen von Wachstum und Veränderungen von Geschäftsgemeinschaften

▶ Erstellen und Pflegen von Möglichkeiten für Rückmeldungen der Mitglieder an den Betreiber

▶ Übertragen von Kompetenzen vom Betreiber auf Mitglieder im Laufe der Zeit

In ihrem Buch »Community-Building« beleuchtet Kim detailliert die zuvor genannten Aspekte des Community Managements. Ihre Ausführungen sind zurzeit einzigartig und als Handbuch nur jedem Community-Manager zu empfehlen.

Da in allen Geschäftsbeziehungen Vertrauen zwischen den Partnern eine elementare Rolle bei der Anbahnung und Abwicklung von Transaktionen spielt, sollte auch die gezielte Entwicklung einer Business-Community-Kultur (siehe Abschnitt 4.4) angestrebt werden. Die Kultur kann proaktiv Prozess und Output der Community unterstützen.

Erfolgsfaktor
Kultur

## 3.5 Partnermodelle für Anbieter und Betreiber

Für die Organisationsvarianten »Kooperation mit Best-in-Class-Spezialisten« und »Ausgliedern des Betreibers« sind entsprechende Partnerunternehmen notwendig.

Welche Partner
brauchen wir?

Entsprechend der drei notwendigen Kompetenzen Technologie, Community und Domäne lassen sich u. a. folgende Typen von denkbaren Partnern für den Betreiber einer Business Community identifizieren:

▶ Software- und Entwicklungspartner

▶ Hosting-Partner

▶ Community-Management-Partner

▶ Marketing- und Branding-Partner

▶ Content-Partner

▶ Trust-Partner

▶ Handels-, Logistik- und weitere Abwicklungspartner

▶ Finanzierungspartner

Zu den Software- und Entwicklungspartnern gehören natürlich in erster Linie die **Hersteller** von Business Community Software und deren Integratoren. Denkbar sind auch unabhängige Integratoren, die sich nicht auf einen Anbieter beschränken und über entsprechendes Implementierungs-Know-how verfügen, und natürlich Application Service Provider (ASP) und Internet Service Provider (ISP).

Viele Hersteller von Business Community-Software bieten den Betrieb einer Community auf der Basis ihrer Software an. Der Betrieb umfasst neben dem technischen Betrieb inklusive Administration der Server, Back-up und Recovery üblicherweise auch inhaltliche Betreuung wie Moderation von Chats und Diskussionsforen, Verwaltung der Mitglieder und weitere Aufgaben wie Erstellen und Auswerten von Log-Dateien. Die Anbieter treten also auch in der Funktion eines **Community Management Services Provider** auf (siehe Abschnitt 2.4, »Weitere betriebswirtschaftliche Ansätze und Schlussfolgerungen). Als Pluspunkt ist hier natürlich das Wissen zur verwendeten Plattform zu nennen. Die Kernkompetenz von ASP und ISP liegt meist im Betrieb von Rechenzentren. Oft ist aber auch hier spezielles Know-how zu bestimmten Community-Softwareprodukten zu finden. In der Regel geben die Hersteller von Business Community Software das Hosting ihrer Systeme an ASP und ISP weiter.

**Marketing- und Branding-Partner** werden oft als wichtige Maßnahme angesehen, um die Reichweite einer Community zu erhöhen. Ein gutes Beispiel für eine solche Partnerschaft ist das weiter unten genannte Portal Autocert.de von TÜV Süddeutschland und Süddeutscher Zeitung.

**Content-Partner** sorgen dafür, dass eine Business Community attraktive Inhalte erhält. Mit Content ist hier jede Form von Inhalten gemeint, also Beiträge in Textform genauso wie Mehrwertdienste wie z.B. das Self Assessment Tool bei Fit4Service.com. Ein gutes Beispiel für eine Content-Partnerschaft ist Autocert.de von TÜV Süddeutschland und Süddeutschem Verlag.

**Trust-Partner** können dabei helfen, das für eine erfolgreiche Community sehr wichtige Vertrauen innerhalb der Gemeinschaft aufzubauen. Beispielsweise ist dies eine wichtige Voraussetzung unter den Handelspartnern auf einem elektronischen Marktplatz, um untereinander Geschäfte zu tätigen. Mehr zu Vertrauen und Trust-Partnern ist in Abschnitt 4.4 zu finden.

Um die Business Community-Funktion Transaktion zu realisieren, ist praktisch die gesamte Wertschöpfungskette eines Händlers oder Marktplatzes aufzubauen: ein E-Commerce-Kaufakt produziert einen kompletten

Abwicklungs- und Auslieferungsprozess. Geeignete Partnerschaften bieten sich hier geradezu an. Neben Handels- und Logistikpartnern können z.B. auch **Fulfillment-Partner**, die die Bezahlung und das Mahnwesen abwickeln, Synergien freisetzen.

Die Implementierung einer Business Community ist natürlich auch mit Aufwänden und Kosten verbunden, die je nach Umfang für ein Unternehmen eine strategische Investition darstellen können, insbesondere, wenn alle drei tragenden Säulen Information, Kommunikation/Kooperation und Transaktion implementiert werden. Neben klassischen Formen der Finanzierung bieten sich in Zeiten von Risikokapital-Hype und Konsolidierung auch Venture Capitalists, Beteiligungsgesellschaften und Business Angels als **Finanzierungspartner** an (siehe Abschnitt 2.4).

---

**Beispiel Autocert.de**

Zu seinem Autoportal baut der TÜV Süddeutschland derzeit einen Marktplatz und eine E-Market Community auf. Dazu gehören neben dem geplanten Marktplatz für Gebrauchtwagen auch umfangreichste Informationselemente rund um das Thema Mobilität. Content-Partner sind die Süddeutsche Zeitung und die Deutsche Presse Agentur dpa. Der TÜV bringt in diese Partnerschaft das Kfz-Know-how mit ein: Kunden können ihren zu verkaufenden Wagen vom TÜV Süddeutschland prüfen lassen, um das Gebrauchtwagenzertifikat »autocert« zu erhalten. Außerdem besteht die Möglichkeit, sich online zur Abgas- oder Hauptuntersuchung anzumelden.

---

**Beispiel cassiopeia com.unity venture**

Ein Beispiel für Software- und Entwicklungspartner ist die cassiopeia AG. Der Hersteller von Community-Software hat Ende 2000 eine Initiative gegründet, bei der Lizenzen für die Community-Software mit Unternehmensanteilen verrechnet werden. cassiopeia will damit ein Portfolio von Unternehmensbeteiligungen an kleinen und mittleren Unternehmen aufbauen. Aus Sicht dieser Unternehmen ergeben sich Liquiditätsvorteile für die notwendigen Startinvestitionen. Zudem verspricht eine Unternehmensbeteiligung eine solide Grundlage für eine stabile Beziehung zwischen Unternehmen und Software-Hersteller.

## 3.6 Mitglieder-Rollen

Hierarchie vs.
Selbstorganisation In Unternehmen ist die heute vorherrschende Organisations- und Koordinationsform oftmals noch diejenige der Hierarchie. Die Beziehungen zwischen Unternehmen und Kunden werden aber weitgehend durch dezentrale und offene Koordinationsmechanismen geprägt, beschleunigt durch die Internetionalisierung (siehe Abschnitt 1.1). Nach Ansicht der Task Force Business Communities des Fraunhofer IAO sind diese Marktmechanismen die grundlegende Koordinations- und Organisationsformen für Business Communities in ihrer heutigen Form. Für eine Community ist das Prinzip der Selbstorganisation erfolgsentscheidend: Der Betreiber stellt die Infrastruktur, auch als Trägermedium zu bezeichnen, zur Verfügung und betreibt in der Regel keine Zensur. Daraus ergibt sich unmittelbar die Notwendigkeit, eine Kultur in der Business Community zu verankern und auch vorzusehen, dass Mitglieder verschiedene Aufgaben wahrnehmen können.

Für Business Communities, in deren Fokus die Zusammenarbeit mehrerer Unternehmen steht (z. B. Projekt-Communities, mit deren Hilfe Generalunternehmerschaften im Baubereich realisiert werden), kommen im Prinzip auch Strukturmodelle für virtuelle Unternehmen oder Smart Organizations in Frage.

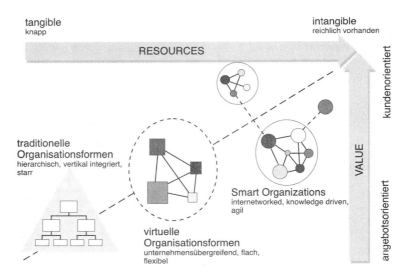

**Abbildung 3.8** Entwicklung der Smart Organizations (Quelle: Filos/Banahan 2000: 17)

Die Idee der Smart Organizations ist sowohl für Betreiber von Business Communities als auch für alle Mitglieder der Geschäftsgemeinschaften selbst relevant. Schließlich sind die Merkmale netzwerkartig, wissensgetrieben und agil besonders charakteristisch für Business Communities. Abbildung 3.8 zeigt auf dem Entwicklungspfad der Organisationsformen auch die traditionelle hierarchische Form. Wenngleich virtuelle Organisationen und Smart Organizations als eine angemessene Reaktion der Organisation auf die Internetionalisierung zu betrachten sind, kann man sich Elemente der hierarchischen Form noch als Möglichkeit in der Organisation des Betreibers vorstellen. Für die Organisation von Business Communities im Internet kommt diese Form nicht in Frage.

Smart
Organizations

## Untergruppen

Untergruppen oder auch Clubs, Clans oder Kommitees (Kim 2001) stellen eine Strukturierungsmöglichkeit dar, um auch in großen Business Communities abgeschlossene Räume und damit ein Gefühl von Vertrauen zu schaffen. Die internationale Benchmarking-Community Fit4Service.com[1] ist z. B. in thematische Clubs untergliedert. Jeder dieser Clubs widmet sich einem bestimmten Themenfeld und dessen besondere Benchmarking-Aspekte. Beispielsweise gibt es den Club Finanzdienstleister und den Club Mobilität sowie Wissenschaftler-Clubs. Hier ist der Ort, an dem das Clubmitglied mit bekannten Partnern vertrauliche Benchmarking-Ergebnisse austauscht. Jeder dieser Clubs ist eine Art Sub-Community innerhalb der umfassenden Fit4Service-Community.

Clubs, Clans oder
Komittees struk-
turieren

Es kann unterschieden werden zwischen Untergruppen, die vom Betreiber einer Business Community eingerichtet werden, und solchen, die sich auf Initiative von Mitgliedern der Geschäftsgemeinschaft bilden. Die Clubs der Fit4Service-Community sind zwar alle vom technischen Betreiber eingerichtet worden, entstanden aber aus den Anforderungen und Bedürfnissen der Mitglieder heraus. Solche Mischformen sind auch bei anderen Communities gängige Praxis (z. B. Geocities).

Wer darf Clubs
einrichten?

Dem fraktalen Prinzip folgend können Untergruppen ebenfalls als komplette und eigenständige Business Communities betrachtet werden: Man kann von Sub- oder Unter-Communities sprechen. Damit lassen sich auf Untergruppen alle in diesem Buch genannten Aspekte von Business Communities wie Strategie, Organisationsstrukturen, Kultur und ggf. auch Wirtschaftlichkeitsbetrachtungen übertragen. Insbesondere die folgenden Gesichtspunkte können dazu beitragen, stabile und erfolgreiche Sub-Communities zu etablieren (vgl. Kim 2001: 330ff.):

Das fraktale
Prinzip und Unter-
Communities

---

1   http://www.fit4service.com

▶ **Klare Mission und Ziele**

Jede Sub-Community sollte ihren Zweck klar herausstellen. Dies setzt natürlich voraus, dass klare Ziele vorhanden sind. Zur Darstellung der Mission kann beispielsweise eine kurze Beschreibung auf der Startseite der Sub- oder Unter-Community dienen. Eine enge Abstimmung zwischen Zielen des Unternehmens und den Zielen der Community, der Sub-Community 1, 2 usw. ist unabdingbar.

▶ **Sub-Community-Werkzeuge**

Sub-Communities benötigen wie die gesamte Community Werkzeuge und Orte, um ihre speziellen Ziele zu verfolgen. Die Fit4Service-Clubs enthalten jeweils den kompletten Funktionsumfang der Fit4Service-Community plus club-spezifische Foren, Chats, schwarze Bretter und Homepages der Club-Mitglieder.

▶ **Orientierung durch Rollen**

In Abschnitt 3.7, »Mitglieder-Lebenszyklus« werden Rollen vorgestellt, die innerhalb einer Geschäftsgemeinschaft wichtig sind. Solche Rollen sind genauso für Unter-Communities relevant, um den Mitgliedern eines Clubs Führung und Orientierung zu bieten.

▶ **Regeln, Protokolle und Veranstaltungen**

In Unter-Communities gelten eventuell Regeln, die von denen der übergeordneten Business Community abweichen. Beispielsweise kann jedes Unternehmen, das Interesse am Thema Benchmarking hat, Mitglied in der Fit4Service-Community werden. Um Mitglied im Club Finanzdienstleister zu werden, sollte das Unternehmen in dieser Branche bekannt sein und wird zudem erst auf Antrag von den Clubmitgliedern aufgenommen. Die Aufnahmebedingungen für die thematischen Clubs weichen also bei Fit4Service von denen für die Gesamt-Community ab. Dementsprechend führen die verschiedenen thematischen Benchmarking-Clubs spezielle Veranstaltungen durch und verwenden schon allein aufgrund der verschiedenen Themengebiete voneinander abweichende Sprachen.

Weiterführende Informationen über Sub-Communities und viele praktische Tipps zum Umgang mit ihnen sind bei Kim (Kim 2001) zu finden.

## 3.7 Mitglieder-Lebenszyklus

Für die Mitgliedschaft in einer Business Community kann der folgende Lebenszyklus herangezogen werden. Beim Aufbau und Betrieb einer Community gilt es, diese Rollen bei den Prozessen und Funktionalitäten zu berücksichtigen und zu unterstützen (vgl. White 2001 und Kim 2001: 134ff.).

- ▶ Besucher oder Gast
- ▶ neues Mitglied
- ▶ regelmäßig aktives Mitglied, Kernteilnehmer
- ▶ Leser, potenziell aktive Mitglieder
- ▶ Gruppenleiter, Clubmanager
- ▶ VIP, Experte, Community-Co-Manager
- ▶ ehemalige Mitglieder

Community-Benutzer, die sich auf einer Business-Community-Webseite nur umschauen und sich daher oft nicht bzw. mit einem Gäste-Login anmelden müssen, werden klassisch als Gäste oder Besucher bezeichnet. 65 % der Besucher von Webseiten können zur dieser Gruppe der Nichtmitglieder gezählt werden (PeopleLink 2000).

**»Unangemeldeter Besuch«**

Unter neuen Mitgliedern verstehen wir Benutzer, die ein ernsthaftes Interesse haben, an der Gemeinschaft teilzunehmen, und sich daher auch registrieren. In der Regel gilt es, diesen Neulingen Orientierung zu bieten, damit sie mit den Regeln und Möglichkeiten der Gemeinschaft vertraut werden und aktiv zur Gemeinschaft beitragen können.

**Neulinge und Orientierung**

In der Phase der aktiven Mitgliedschaft tragen Mitglieder Inhalte bei, kommunizieren und kooperieren mit anderen Benutzern und führen ggf. Transaktionen durch. Ein Beispiel ist etwa ein Einkäufer eines Unternehmens, der an einem Marktplatz oder an einer Einkaufsgemeinschaft im Internet teilnimmt. Es gibt Annahmen wonach 90 % der Inhalte und Aktionen einer Community durch etwa 10 % der Mitglieder, nämlich diejenigen vom Typ aktive Mitglieder, erstellt bzw. durchgeführt werden (vgl. White et al. 2001). Nur 1% aller Besucher einer Webseite gehören zur Gruppe der aktiv teilnehmenden und damit auch beitragenden Nutzer einer Community (PeopleLink 2000). Es gibt auch andere Zahlen. In der Dienstleistungs-Community DL2000.de sind 71 % aller Inhalte von Mitgliedern erstellt. Fast 20 % der Mitglieder sind dabei aktiv (Quelle: eigene Auswertung).

**Aktive Mitglieder und Zahlen**

Bei den aktiven Mitgliedern können verschiedene Unter-Typen voneinander unterschieden werden (vgl. White 2001). »Verteidiger« stellen sich beispielsweise in Diskussionsforen oder Chats schützend vor andere Mitglieder oder Gruppen von Mitgliedern, »Spammer« drücken anderen Mitgliedern immer wieder dieselben Inhalte auf, so genannte »Linker« sind in vielen thematischen Sub-Communities aktiv und können so für Anknüpfungspunkte zwischen verschiedenen Clubs sorgen. Bei »Flamern« handelt es sich um Streitsüchtige, »Dominatoren« treten in Teil-

**Verteidiger, Spammer, Linker und andere**

räumen dominierend auf, »Schauspieler« eignen sich eine bestimmte Persönlichkeit an und »Energiekreaturen« werden von vielen anderen Mitgliedern umringt. »Nörgler« vertreten zynisch ihren Standpunkt und schwarzweiße Personen besitzen einen unveränderlichen Standpunkt, während Personen aus der Grauzone gerne zwischen extremen Ansichten vermitteln.

**Leser/Lurker und ihr Potenzial**

Eine erfahrungsgemäß meist große Gruppe in Business Communities ist diejenige der Leser oder so genannten »Lurker«. Schätzungen zufolge können auf einen aktiven Nutzer 10 bis 100 Leser kommen (White 2001). Nach einer Studie von PeopleLink (PeopleLink 2000) machen diese passiv an einer Community teilnehmenden Mitglieder 34% aller Besucher einer Webseite aus. Leser tragen selten oder nie Inhalte bei und beteiligen sich ebenfalls kaum an Diskussionen oder Chats. Als das Potenzial für aktive Mitglieder stellen sie für Anbieter und Betreiber eine wichtige Zielgruppe dar und sorgen für Verkehr (in Page Views gemessen) in einer Business Community.

**Club- und Community-Co-Manager**

Es folgt auf der Business-Community-»Karriereleiter« die Stufe der Gruppenleiter oder Clubmanager sowie der Very Important Persons (VIP), Experten oder Community-Co-Manager. Während diese beiden Gruppen hier auf eine Karrierestufe gesetzt werden, wird in der Aufzählung oben zwischen ihnen unterschieden: Beide Gruppen haben gleiche Rechte und Pflichten, Clubmanager sind jedoch in Unter-Communities tätig, während Community-Co-Manager auf Ebene der gesamten Business Community agieren. Wieder dient Fit4Service als Beispiel: So genannte »Lead Partner« sind für jeweils einen thematischen Benchmarking-Club inhaltlich und organisatorisch verantwortlich, sie sind also Club-Manager. Zu den Aufgaben von VIPs, Experten oder Community-Co-Manager gehört es u. a., zusammen mit den Community-Managern des Betreibers neue Mitglieder zu begrüßen, Veranstaltungen zu organisieren, Inhalte zu erstellen und Chats bzw. Foren zu moderieren. Anhand dieser Karrierestufe kristallisiert sich die dezentrale Ausrichtung der Organisation von Business Communities klar heraus.

**Senioren**

Unter ehemaligen Mitgliedern werden Personen oder Unternehmen verstanden, die einmal aktive Mitglieder waren, es jetzt aber nicht mehr sind. Als aktive Mitglieder haben sie meistens umfangreiche Erfahrungen mit der Plattform und der Gemeinschaft sammeln können. Die gespeicherte Weitergabe dieser Erfahrungen an die Generationen danach, in Chats, Foren usw., ist ein gutes Beispiel für Wissensmanagement.

Während die Community-Manager und andere Mitarbeiter natürlich auf der Gehaltsliste des Community-Anbieters stehen, stellt sich bei der Übernahme von Community-Aufgaben durch Mitglieder der Geschäftsgemeinschaft natürlich die Frage nach der intrinsischen Motivation, der Motivation aus sich selbst heraus. Insofern gelten auch hier die Überlegungen zum Thema Anreiz und Motivation aus (siehe Abschnitt 4.3).

Übernehmen von Aufgaben

Auch hier können weiterführende Informationen und viele praktische Tipps zu den vielfältigen Aufgaben von Mitgliedern bei Kim (Kim 2001) gefunden werden.

## 3.8 Mitglieder-Prozesse

Die folgenden Fragen können hilfreich sein, um die Prozesse zwischen den Mitgliedern einer Business Community zu identifizieren und zu spezifizieren:

Welche Prozesse sind wichtig?

▶ Wie interagieren die Mitglieder der Community in ihren verschiedenen Rollen, um die Business Community mit Inhalten und Aktionen mit Leben zu erfüllen (siehe Abschnitt 3.5)?

▶ Welche (ggf. gemeinsamen) Prozessverantwortlichkeiten existieren?

▶ Welche Prozessschnittstellen sind notwendig?

▶ Wie wird die Qualität der Prozesse überwacht und gesteuert?

In Bezug auf die Business-Community-Landkarte in Abschnitt 1.5 können in Business Communities üblicherweise die folgenden Typen von Abläufen gefunden werden. Da jede Business Community einzigartig ist, bilden diese Typen quasi einen kleinsten gemeinsamen Nenner:

▶ Mitglieder-Informationsprozesse

Typische Beispiele für Communities mit ausgeprägtem Informationscharakter sind Kunden-/Produkt-Communities wie Club Nokia oder Unternehmens-Communities wie Disney.com, bei denen Informationen zu Produkten oder zum Unternehmen vom Anbieter oder dessen Partnern präsentiert werden, um von den Mitgliedern der Community ein Feedback zu erhalten:

Kommentieren, Bewerten, Diskutieren

▷ Kommentieren (z. B. Anmerkungen zu Produkten)

▷ Bewerten (z. B. Frage »Wie hilfreich/verständlich ist dieser Beitrag?«)

▷ Diskutieren (z. B. in einem Forum in Form eines Diskussions-Threads)

▶ **Mitgliederkommunikations- und kooperationsprozesse**

Es treffen sich Menschen auch und gerade zu Geschäftszwecken nicht
nur, um zu kaufen oder zu verkaufen, sondern auch um miteinander zu
reden. Insofern stellen Kommunikations- und Kooperationsprozesse
wie die folgenden einen nicht wegzudenkenden Bestandteil von Business Communities dar:

- ▶ gemeinsames Bearbeiten von Aufgaben (z. B. in einer Projekt-Com-
  munity wie Fit4Service)

- ▶ Verhandeln (z. B. über den Preis und Lieferkonditionen im Rahmen
  von elektronisch unterstützten Ausschreibungen)

- ▶ Reklamieren (z. B. in E-Market Communities für Beschaffungsdienst-
  leistungen)

▶ **Mitglieder-Transaktionsprozesse**

Beispiele für Abläufe, die Transaktionen auslösen, sind folgende:

- ▶ Ein- und Verkaufen (z. B. in Online-Shops Communities wie Amazon
  und Dell)

- ▶ Handeln (z. B. von Einkäufern und Verkäufern in E-Market Communities wie Covisint.com und eBay.com)

- ▶ Abwickeln der getätigten Geschäfte

Zum Punkt Abwickeln getätigter Geschäfte gehören u.a.:

- ▶ Finanzbuchhaltung

- ▶ Logistik

- ▶ Fakturierung und Mahnwesen

- ▶ Warenwirtschaft

- ▶ Zahlungsabwicklung

Die zuvor genannten Rollen und Prozesse für Anbieter, Betreiber und
Mitglieder bilden die Basis für Betrieb und Nutzung einer Business Community. Maßgeblich für eine intensiv genutzte Community ist es des Weiteren, Vertrauen zwischen Mitgliedern sowie Anbieter und Betreiber aufzubauen. Das folgende Kapitel beschreibt, wie die gezielte Entwicklung
und Pflege einer Community-Kultur aussehen kann.

# 4 Community-Kultur

*Business Communities bilden Beziehungen zwischen Kunden, Mitarbeitern und Geschäftspartnern im virtuellen Raum ab. Genau wie im wirklichen Wirtschaftsleben spielt das Vertrauen zwischen Community-Mitgliedern sowie Community-Anbieter und -Betreiber eine elementare Rolle bei der Anbahnung und Abwicklung von Transaktionen. Dieses Vertrauen wird durch die gezielte Entwicklung und Pflege einer Community-Kultur unterstützt.*

Ist Business-Community-Kultur Pflicht oder Kür? Die zentralen Funktionen und Elemente der Business-Community-Kultur sind Orientierung, Motivation und Vertrauensaufbau. Das folgende Kapitel beschreibt diese Elemente der Business-Community-Kultur und zeigt Möglichkeiten auf, wie sie erfolgreich implementiert werden können.

## 4.1 Pflicht oder Kür?

Genau wie reale Geschäftsbeziehungen haben Business Communities ein wichtiges Ziel: Geschäftstransaktionen anzubahnen und zu unterstützen. Weitere Ziele sind die Verfügbarmachung und der Austausch von geschäftsrelevanten Informationen, die Optimierung der Kommunikation zwischen den Mitarbeitern und/oder Geschäftspartnern und die Erhöhung der Lieferanten- und Kundenbindung (siehe Abschnitt 1.3). Um diese Ziele erreichen zu können und damit den Schritt vom statischen oder interaktiven Webauftritt zur aktiven Business Community zu schaffen, ist es genau wie im realen Wirtschaftsleben unerlässlich, eine gemeinsame Business-(Community)-Kultur aufzubauen.

Kultur lässt sich beschreiben als die Gesamtheit der typischen Lebensformen größerer Menschengruppen einschließlich ihrer geistigen Aktivitäten, der Begriff umfasst demnach alles, was der Mensch oder Gruppen von Menschen als Teil der Gesellschaft zu den verschiedensten Zeiten und in unterschiedlichster Weise produktiv bearbeitet oder gestalterisch hervorgebracht haben. Im Hinblick auf die Kommunikation bezeichnet Kultur die Fähigkeit, sich mit anderen Menschen in einer Weise auseinandersetzen zu können, die zu produktiven Ergebnissen führt; u.a. Gesprächs-, Konflikt-, Streitkultur. Bezogen auf Unternehmungen lässt sich die Unternehmenskultur wie folgt definieren (Bea/Haas 2001: 456):

**Kultur und Unternehmenskultur**

*Unternehmenskultur ist die Gesamtheit von im Laufe der Zeit in einer Unternehmung entstandenen und akzeptierten Werte und Normen, die über bestimmte Wahrnehmungs-, Denk- und Verhaltensmuster das Entscheiden und Handeln der Mitglieder der Unternehmung prägen.*

**Business-Community-Kultur**

Übertragen auf das Verhalten von Individuen und Gruppen als Mitgliedern von Business Communities, gibt es – da Unternehmen in der Internet-Economy nicht an Werkstoren enden – folgende wesentlichen Merkmale einer Business-Community-Kultur:

▶ Verwendung einer gemeinsamen Sprache

▶ Schaffung gemeinsamer Werte und Normen

▶ Teilen unterschiedlicher Einstellungen und Überzeugungen

▶ Beachtung gemeinsamer Regeln innerhalb einer Geschäftsgemeinschaft im Internet

Die Business-Community-Kultur unterstützt die Teilnehmer bei der Orientierung innerhalb der Business Community, bietet Anreize und motiviert zur aktiven Kooperation. Damit schafft sie Vertrauen zwischen den Teilnehmern und in die Community, was wiederum als Basis für geschäftliche Transaktionen dient. Die Business-Community-Kultur liefert auf diese Weise einen wichtigen Beitrag für den Erfolg einer Business Community und das Erreichen der Business-Community-Ziele.

**Funktionen der Community-Kultur**

Zur Operationalisierung unterscheiden wir die drei folgenden Funktionen einer Business-Community-Kultur, die sich durch entsprechende Maßnahmen (siehe Abschnitte 4.2 bis 4.4) des Community Managements implementieren lassen und damit zum erfolgreichen Aufbau, Betrieb und der Weiterentwicklung der Business Community beitragen können (siehe Abbildung 4.1).

Mit der **Orientierungsfunktion** unterstützt die Business-Community-Kultur die Teilnehmer dabei, sich in der Business Community zurechtzufinden, einzuordnen (z. B. als Anbieter oder Nachfrager) sowie sich einfach orientieren und verständigen zu können.

Mit ihrer **Motivations- und Anreizfunktion** trägt die Business-Community-Kultur dazu bei, die Business-Community-Mitglieder zur aktiven Beteiligung und zur Informationspreisgabe nach dem Motto »Nutzerprofil gegen Mehrwertdienste« anzuregen. Fehlen entsprechende Anreizmechanismen, sinkt nicht nur die Motivation der Mitglieder zur Kooperation und zum wirtschaftlichen Handeln (Transaktionen), sondern auch die Attraktivität der Business Community für neue Mitglieder.

**Vertrauen** ist ein zentraler Bestandteil von Geschäftsbeziehungen. In Abhängigkeit von den ausgetauschten Informationen und den gehandelten Produkte und Services, spielt das Vertrauen in die Geschäftspartner eine wichtige Rolle, das Geschäftstransaktionen erst ermöglicht. In einer virtuellen Geschäftswelt, in der sich die Geschäftspartner oftmals nicht persönlich kennen, wird dies umso wichtiger und zum kritischen Erfolgsfaktor für die Geschäftsbeziehung. Die Business-Community-Kultur trägt durch entsprechende vertrauensbildende Maßnahmen entscheidend zur Anbahnung und Optimierung von virtuellen Geschäftstransaktionen bei.

**Abbildung 4.1**  Die drei tragenden Säulen der Business-Community-Kultur

Pflicht oder Kür? – Die Autoren sind der Meinung, dass der Aufbau und die Pflege einer Business-Community-Kultur eindeutig Pflichtprogramm für das Community-Management ist. Die nachfolgenden Kapitel beschreiben die drei Säulen der Business-Community-Kultur und stellen beispielhaft entsprechende Maßnahmen vor, mit deren Hilfe die Säulen erfolgreich errichtet und gefestigt werden können.

## 4.2 Orientierung innerhalb der Business Community

*Stellen Sie sich Ihre Community als Stadtteil und Ihre Besucher als Personen vor, die planen, in diesen Stadtteil zu ziehen. (Kim 2001: 72)*

Dieser Ratschlag von Amy Jo Kim zieht bewusst einen Vergleich mit der realen Welt, in der die Menschen nach Orientierungspunkten in allen Lebenslagen suchen. Je leichter ihnen die Orientierung fällt, desto einfacher erreichen sie ihre Ziele. Für Business Communities gilt das Gleiche: Je

**Bieten Sie Ihren Mitgliedern Orientierungspunkte!**

leichter sich ein Mitglied in der Business Community orientieren kann, desto einfacher wird es ihm fallen, zu bewerten, welchen Nutzen ihm die Business Community bringt und welche funktionalen Ziele (Information – Kommunikation/Kooperation – Transaktion, siehe Abschnitt 1.2) es erreichen will. Die Orientierung innerhalb einer Business Community kann durch unterschiedliche Elemente unterstützt werden, die nachfolgend näher erläutert werden:

▶ einfacher Aufbau und verständliche Navigation

▶ gemeinsame Sprache

▶ Personalisierung

▶ einfache Kommunikationsmöglichkeiten und Schaffung von Awareness

▶ Verhaltens- und Nutzungsregeln

▶ Events

▶ Very Important Persons (VIPs), Super-User, Co-Manager etc. als Paten oder Guides

### Einfacher Aufbau und verständliche Navigation

**Zeigen Sie Ihren Mitgliedern, dass sich die Teilnahme lohnt!**

Der Aufbau und die Navigationsstruktur von Business Communities erleichtern es den Community-Mitgliedern, sich schnell ein Bild von den Inhalten und Funktionen der Community zu machen und zu beurteilen, ob sich eine Teilnahme lohnt. Vor allem der Betreiber einer Business Community sollte sich grundlegende Gedanken über das Design und die Brauchbarkeit machen, da die Business Community für ihn wie ein Produkt zu behandeln ist, das er verkaufen und von dessen Nutzen er die Teilnehmer überzeugen muss. Jakob Nielsen, einer der renommiertesten Webdesign-Forscher, beschreibt eine Community, die nicht auf die Bedürfnisse der Nutzer ausgerichtet ist:

> [...] wie ein Ladengeschäft im 17. Stockwerk eines Gebäudes (wo niemand es finden wird), welches nur am Mittwoch zwischen 15.00 und 16.00 Uhr geöffnet ist (wenn niemand hereinkommt) und nichts als mürrisches Verkaufspersonal zu bieten hat, das mit den Kunden nicht redet (weshalb ein paar Besucher nicht allzu viel kaufen). (Nielsen 2000: 14)

Da in Business Communities oftmals geschäftskritische Informationen und vertrauliche Daten ausgetauscht werden, sollte beim Design neben der Nutzerorientierung verstärkter Wert auf Sicherheitsaspekte (z. B. Authentifizierung, sichere Datenübertragung etc., siehe Kapitel 6) gelegt werden.

## Gemeinsame Sprache

Sprache ist das zentrale Kommunikationsinstrument in Business Communities. Die Wahl der Sprache hängt von der Zusammensetzung der Zielgruppe der Business Community ab. Wenn sich die Community an Spezialisten eines Fachgebiets oder an eine bestimmte Branche wendet[1], können spezifische Fachbegriffe verwendet werden. Ist die Zielgruppe heterogener, sollte auf Fachbegriffe verzichtet und eine allgemein verständliche Ausdrucksweise gewählt werden. Liegt der Fokus der Business Community auf regionalem Gebiet, sollten die Landessprachen der anvisierten Regionen unterstützt werden. Da sich die Teilnehmer von Business Communities zunehmend aus unterschiedlichen Nationalitäten zusammensetzen, bietet sich als kleinster gemeinsamer Nenner oftmals Englisch als Community-Sprache an. Bei der Wahl der Sprache ist zu beachten, dass mit jeder zusätzlichen Landessprache der Pflegeaufwand hauptsächlich wegen der Übersetzungsarbeit zunimmt.

*Orientieren Sie die Sprache der Community an Ihrer Zielgruppe!*

## Personalisierung

Personalisierungsoptionen, die es den Mitgliedern gestatten, sich die für sie interessanten Inhalte und Themenbereiche zusammenzustellen, erleichtern die Orientierung in den Angebots- und Nutzungsmöglichkeiten, die die Business Community bietet, erheblich.

*Bieten Sie Personalisierungsmöglichkeiten!*

Grundlage für alle Personalisierungen in der Business Community ist die Benutzerregistrierung, eines der wichtigsten Ziele des Community Managements. Da bei potenziellen Mitgliedern die Registrierung leicht auf Ablehnung stoßen kann, sollten folgende Punkte beachtet werden:

▶ Richtiges Timing

Wird der Zeitpunkt für die Registrierung zu früh gewählt, kann es sein, dass dies eine abschreckende Wirkung hat. Erfolgt die Registrierung zu spät, gewinnt das Community Management zu wenig Information über den Website-Besucher.

▶ Hohe Nutzentransparenz

Dem Interessenten muss deutlich werden, welchen Nutzen er aus der Angabe seiner Daten ziehen kann. Die mit der Anmeldung verbundenen Personalisierungsmöglichkeiten und deren Nutzen für registrierte Mitglieder sollten deutlich kommuniziert werden, um die Bereitschaft zur Registrierung zu erhöhen.

---

1  z. B. vertikale Branchen-Communities wie www.vertacross.com

Möglichkeiten zur Personalisierung sind zum Beispiel die Einrichtung individueller Startseiten durch die Mitglieder, die Abfrage von spezifischen Interessen der Mitglieder bei der Registrierung sowie der Einsatz so genannter »Collaborative-Filtering-Technologien«, die es möglich machen, individuelle Inhalte zu präsentieren, die für ein Mitglied interessant sein könnten, weil es bereits Interesse an ähnlichen Inhalten gezeigt hat bzw. weil andere Mitglieder mit ähnlichen Interessen diese Inhalte ausgewählt haben. Je länger ein Teilnehmer Mitglied in der Business Community ist und je aktiver er die Community nutzt, desto qualifizierter werden die vom System empfohlenen Inhalte. Wichtige Anbieter von Collaborative-Filtering-Systemen sind Netperceptions[2] und Andromedia[3] (vgl. Kim 2001: 297).

### Einfache Kommunikationsmöglichkeiten und Schaffung von Awareness

**Kommunikation – so einfach wie möglich**

Einfache Kommunikationsmöglichkeiten erleichtern die Kommunikation der Business-Community-Mitglieder untereinander und mit dem Betreiber. Neben asynchronen Kommunikationsfunktionen wie z. B. Diskussionsforen oder E-Mail können in Business Communities synchrone Kommunikationsfunktionen wie z. B. Text-Chat, Voice-Chat, aber auch Audio- und Videoconferencing zum Einsatz kommen. Eine zunehmend wichtige Rolle spielen so genannte »Instant-Messaging-Elemente«. Unter Instant Messaging versteht man die Möglichkeit, zu sehen, ob eine ausgewählte Person (z. B. ein Kollege oder Geschäftspartner) gerade online ist, und, wenn ja, direkt mit der entsprechenden Person in Kontakt zu treten, z. B. via Text- oder Voice-Chat. Durch die Verbindung so genannter »Buddy-Lists« (durch das Community-Mitglied definierte, persönliche »Freundschafts-Listen«) mit den oben genannten Kommunikationsfunktionen, wird eine virtuelle Präsenz der Teilnehmer aufgebaut und Kommunikation zwischen den Teilnehmern kommt einfacher zustande. So wird ein Bewusstsein für die virtuelle Präsenz und Anwesenheit unter den Mitgliedern erzeugt – Awareness wird geschaffen. Instant Messaging ist Bestandteil vieler kommerzieller Community-Lösungen (siehe Abschnitt 7.3) und wird z. B. von Service-Communities wie ICQ[4] (gesprochen »I seek you«), Yahoo! (Yahoo!Messenger[5]), Microsoft (MSN Messenger[6]) oder AOL Instant Messenger[7] als Dienst kostenlos angeboten.

---

2  www.netperceptions.com/product
3  www.andromedia.com/products/likeminds
4  www.icq.com
5  http://de.messenger.yahoo.com
6  http://messenger.msn.de
7  www.aol.de/aim

## Klare Verhaltens- und Nutzungsregeln

Das Verhalten der Teilnehmer einer Business Community muss geregelt ablaufen und nachvollziehbar und leichtverständlich beschrieben und dargestellt sein, damit sich die Teilnehmer schnell zurechtfinden und sich auf die Identität und die Zuverlässigkeit ihrer Geschäftspartner sowie die angebotenen und ausgetauschten Informationen verlassen können. Den Mitgliedern sollten deshalb ganz klare Verhaltensregeln für die Teilnahme an der Business Community kommuniziert werden. Anbieter und Betreiber der Business Community sollten als Vertrauenspartner der Mitglieder auftreten und sich penibelst an Datenschutzrichtlinien halten. Deren Community-Mission, ihr Leitbild, sowie ihre Allgemeinen Geschäftsbedingungen (AGB) und Nutzungsbedingungen sind offen zu kommunizieren.

*Der Betreiber ist Vertrauenspartner für die Mitglieder.*

Ein Beispiel dafür sind die Nutzungsbedingungen von Vertacross[8], einer Business Community für die Automatisierungsindustrie, die nachfolgend auszugsweise dargestellt sind:

*Nutzungsbedingungen von Vertacross*

> *Über www.vertacross.com (die »Vertacross-Website«) bietet Vertacross jedem Benutzer (dem »Benutzer«), gleichgültig, ob es sich um eine natürliche oder juristische Person handelt, Zugang zu verschiedenen Diensten (»Vertacross-Dienste«). Vertacross behält sich das Recht vor, die Vertacross-Dienste (oder Teile davon) jederzeit und ohne vorherige Benachrichtigung vorübergehend oder dauerhaft zu ändern oder zu beenden. Soweit nichts anderes ausdrücklich festgelegt ist, unterliegen die Vertacross-Dienste, die Nutzung der Vertacross-Webseite und alle neuen Features, welche die aktuellen Vertacross-Dienste ergänzen oder erweitern, diesen Vertacross Marktplatz Nutzungsbedingungen ...*

Neben allgemeinen Nutzungsbedingungen gibt Vertacross darin Aussagen zur Benutzeranmeldung, zum Datenschutz, zu Verantwortlichkeiten und Eigentumsrechten eigener und fremder Inhalte etc. ab, um die Mitglieder über die Modalitäten der Community-Nutzung zu informieren. Des Weiteren finden Nutzer auf der Seite gezielte Informationen für Investoren, Partner, zum Datenschutz und zum »Trusted Trade« (siehe Abschnitt 4.4).

Sollen die AGB Vertragsbestandteil für Transaktionen über die Business Community werden, müssen sie dem Kunden spätestens bei Vertragsschluss vorliegen. Nach deutschem Recht müssen gemäß §2 AGBG, Nichtkaufleute auf die Geltung der AGB hingewiesen werden und in

---

8  www.vertacross.com

zumutbarer Weise vor dem Absenden ihrer Bestellung vom Inhalt der AGB Kenntnis nehmen können; das bedingt Folgendes:

▶ mühelose Lesbarkeit

▶ ein Mindestmaß an Übersichtlichkeit

▶ einen vertretbaren Umfang im Vergleich zum Vertragstext

### VIPs, Super-User, Co-Manager etc.

Neuen Mitgliedern bzw. Rat suchenden Mitgliedern können erfahrene Community-Mitglieder als Paten und Guides zur Verfügung gestellt werden.

### Events

**Events beleben die Community**

Regelmäßige Online-Events in der Business Community sind attraktivitätssteigernd und wirken demnach motivationsfördernd für die aktive Teilnahme der Community-Mitglieder. Online-Veranstaltungen, wie z.B. Experten Chats, live übertragene Online-Präsentationen, Usertreffen oder Online-Messen, geben den Business-Community-Mitgliedern die Möglichkeit, inhaltliche Themenbereiche und Fragestellungen der Business Community besser kennen zu lernen. Außerdem erfahren sie etwas über die Einstellungen, Erfahrungen und Sichtweisen anderer Mitglieder im Rahmen von Online-Diskussionen.

**Potenziale von Online-Events**

Für den Betreiber der Business Community lassen sich aus dem Feedback der Teilnehmer interessante Schlüsse über Interessen und inhaltliche Fragestellungen der Community-Mitglieder gewinnen, und es ergeben sich erhebliche Potenziale zur Attraktivitätssteigerung seiner Business Community:

▶ Mitglieder erhalten einen Anreiz zur Teilnahme, vorausgesetzt das Event ist an den Bedürfnissen der Mitglieder ausgerichtet.

▶ Durch die aktive Teilnahme der Mitglieder an Events, z.B. durch die Beteiligung an Chats oder durch Fragen, die den Online-Referenten gestellt und beantwortet werden etc., werden aktiv einzigartige Inhalte für die Business Community erzeugt.

▶ Durch das Zusammentreffen verschiedener Mitglieder im Rahmen von Events lernen sich die Mitglieder besser kennen. Es entsteht ein Gemeinschaftsgefühl (gemeinsame Ziele, Werte, Sprache, Interessen etc.) wodurch die Entwicklung der Business-Community-Kultur unterstützt wird.

Die SAP AG beispielsweise setzt in ihrer Kunden-Community[9] ganz gezielt auf das Potenzial von Online-Events. Neben regelmäßig stattfindenden Themenchats rund um das E-Business und den Einsatz der SAP-Produktpalette wurde bereits zum zweiten Mal die SAP-Anwenderkonferenz SAPPHIRE, die vom 22.– 25. April 2001 in Lissabon stattfand, parallel auch online abgehalten. SAP ist mit dieser Eventstrategie extrem erfolgreich, konnte doch online bei erheblich reduzierten Veranstaltungskosten (im Vergleich zur Präsenzveranstaltung) eine deutlich höhere Teilnehmerzahl (in Form registrierter Mitglieder) erreicht werden.

Genau wie im realen Leben, brauchen erfolgreiche Online-Events ein gezieltes Veranstaltungsmanagement. Kim unterscheidet dabei die drei folgenden Phasen (vgl. Kim 2001: 252 ff.):

**Drei Phasen des Online-Event-Managements**

1. **Planung**

   Die Planungsphase dient der Formulierung einer Eventstrategie. Es müssen folgende Fragen beantwortet werden: Warum, wie, mit welchen Ressourcen soll der Event ablaufen? Welches ist der geeignetste Veranstaltungsort und Zeitpunkt (z. B. Chat-Raum, Auditorium à la Placeware[10] etc.)? Welche Infrastruktur muss aufgebaut werden (z. B. Event-Kalender, Ereignisdatenbank zur Pflege von Events, Integration in Mailing-Lists und Member-Homepages)? Wie sieht der Personalbedarf für das Event aus (Sind Gastgeber bzw. Moderator notwendig?, Personalbedarf und Qualifizierung für Platzanweisung, Fragenkoordination etc.)? Welche Dokumente werden benötigt (Verhaltensrichtlinien, Tagesordnung, Sprecherbiografien etc.)?

2. **Durchführung**

   Während der Veranstaltung, in der Durchführungsphase, ist es Aufgabe des Community Managements, aktuelle Eventinformationen zur besseren Orientierung der Teilnehmer anzuzeigen (Titel, Thema, Moderator, Links zu weiterführenden Informationsquellen, Referentenbiografien, Tagesordnung etc.) und auf eventuelle Störer vorbereitet zu sein und mit Ihnen umgehen zu können.

3. **Nachbereitung**

   Im Anschluss an das Online-Event ist es wichtig, den Ort innerhalb der Community für die Fortsetzung der Diskussion bekannt zu geben, die Beiträge und Ergebnisse (Präsentationen, Chat-Protokolle etc.) zur Verfügung zu stellen sowie die eventuelle Folgeveranstaltung rechtzeitig zu planen (Themenvorschläge, Diskussionsbedarf, Ort und Termin etc.).

---

9   www.sap.com/community
10  www.placeware.com

Nachfolgend wird am Beispiel der jobfair24[11], einer Service-Community für Absolventen, Jobsuchende und Unternehmen, der Ablauf von Events innerhalb einer Business Community beispielhaft dargestellt.

## 4.3 Fallstudie: Online-Events als Erfolgsfaktor am Beispiel der jobfair24[12]

jobfair24.de ist weltweit die erste virtuelle und interaktive 3D-Personalrecruiting-Messe im Internet und bietet einen neuen Weg zur effizienten Stellenbesetzung. Die Business Community dient als Informations- und Bewerbungsforum für akademische Nachwuchsführungskräfte und Unternehmen und soll im Gegensatz zu Stellenanzeigen und Online-Bewerbungsformularen einen direkten und schnellen Kontakt zwischen Stellensuchenden und Unternehmen vermitteln. Auf der Kontakt- und Kommunikationsplattform jobfair24 können sich Unternehmen ihren Bewerbern/innen in einer virtuellen 3D-Messeumgebung innovativ präsentieren und online mit ihnen kommunizieren. Die Unternehmen können wie auf einer realen Messe auf der jobfair24 virtuelle Messestände und Hallen sowie den kompletten Service rund um eine Personalrecruiting-Plattform buchen. Die Zielgruppe sind Hochschul- oder Fachhochschulabsolventen/innen mit maximal vier Jahren Berufserfahrung und Studenten/innen ab dem 6. Semester, bzw. FH-Studenten/innen ab dem 4. Semester.

Die jobfair24 basiert zunächst auf einer »klassische Website«, die umfangreichen Content und News zum Thema Job und Karriere bietet. Im Bereich Stellensuche sind die vakanten Positionen der auf der Messe vertretenen Unternehmen zu finden. Der Bewerber kann sich bei Interesse unverbindlich anmelden und erhält einen Zugang zur jobfair24. Mit diesem hat er unter anderem die Möglichkeit, sich kostenlos eine digitale Bewerbungsmappe anzulegen, deren Umfang über eine reine Online-Bewerbung weit hinausgeht. Neben seinem CV (persönlicher Lebenslauf) kann der Bewerber bestehende unterschiedliche Tools nutzen, um sich und seine Persönlichkeit interessierten Unternehmen vorzustellen. Auf seiner privaten Übersichtsseite, die er nach dem Einloggen vorfindet, kann er nicht nur seine Daten verwalten, sondern sieht auch, welche aktuellen Online-Events und Chats stattfinden, auf welche Stellen er sich bereits beworben hat und wie der Status der jeweiligen Bewerbung ist. Ein Bewerber kann sich mit seiner digitalen Bewerbungsmappe selbstverständlich nicht nur auf Stellen bei der jobfair24 bewerben, sondern auch

---

11 www.jobfair24.de
12 Ein Beitrag von Uwe Hofmann, Leiter IT, jobfair24 GmbH

auf jede andere Stelle bei beliebigen Unternehmen. Von seiner persönlichen Übersichtsseite aus startet der Bewerber auch seinen Besuch auf das dreidimensionale Messegelände.

Die meisten Unternehmen, die mit der jobfair24 in Kontakt kommen, machen sich zunächst mit der Website, den Leistungen und Konditionen vertraut, bevor Sie den umfangreichen Service nutzen und sich in Form einer Guided Tour und mit telefonischer Betreuung über die 3D-Messe führen lassen.

Die Unternehmenssicht

Um ein interessiertes Unternehmen als Messeteilnehmer und »Inhaber« eines virtuellen Messestandes auf die jobfair24 zu bringen, sind gewisse Vorbereitungen notwendig. Die meisten Schwierigkeiten treten in der Regel aufgrund von sehr restriktiven Firewalls in den Unternehmen auf. Da die meisten Ansprechpartner zum ersten Mal mit dem Thema virtuelle Welten und Cyber-Communities in Berührung kommen, ist auch eine Schulung des Personals notwendig, weniger aufgrund technischer Anforderungen, vielmehr um Berührungsängste abzubauen. Falls sich ein Unternehmen entschließt, einen virtuellen Messestand einzurichten, so kann es diesen 365 Tage im Jahr 24 Stunden am Tag nutzen und ist dabei nicht an die Messetage oder Chatzeiten der jobfair24 gebunden. Den Unternehmen wird jegliche Unterstützung für die optimale Nutzung eines solchen Messestandes geboten. Als besonders erfolgreich, gemessen an der Anzahl Erstkontakte und erhaltene Bewerbungen, haben sich diejenigen Unternehmen gezeigt, die den Messestand nicht nur während der Messetage nutzen, sondern in regelmäßigen Abständen zusätzliche eigene Chats anbieten. Dies kann in Form von wöchentlichen Online-Präsenzzeiten oder auch durch monatliche Experten-Chats mit einem bestimmten »Thema« geschehen. Einige Unternehmen wählen mit der Form von Mitternachts-Chats von 22-24 Uhr neue Wege und Zeiten, um die Zielgruppe zu erreichen.

Das Messegelände besteht aus dreidimensionalen, begehbaren Messehallen und verschiedenen anderen Räumen wie einem Chat-Bistro oder einem Vortragssaal (siehe Abbildung 4.2). Für unterschiedliche Recruiting-Events werden eigene Hallen erstellt und temporär in die Messe eingebunden. Zum Teil stehen diese Räume nur einem eingeschränkten Teilnehmerkreis offen, z.B. für ein firmeninternes Training, ein Online-Assessment-Center oder eine Recruiting-Messe mit Bewerbervorauswahl.

Das 3D-Messegelände

Nach Betreten des Messegeländes erhält der User eine Übersicht über die verschiedenen Messehallen und die darin vertretenen Unternehmen. Er sucht sich zunächst eine Messehalle aus und betritt diese in der 2D-Ansicht. Um wirklich jedem User, auch wenn er mit einer langsamen

Modem-Verbindung und alter Technik ausgestattet ist, das Betreten der Messe zu ermöglichen, wurde neben der 3D- eine 2D-Ansicht realisiert, die allerdings in den Funktionalitäten eingeschränkt ist. Auch aus der 2D-Ansicht heraus können die Besucher mit anderen anwesenden Personen in der 3D-Umgebung kommunizieren.

**Abbildung 4.2** Das 3D-Messegelände der jobfair24

Um die Messe in 3D zu besuchen, ist derzeit noch der Download und die Installation eines Plug-ins notwendig. In absehbarer Zeit wird die 3D-Umgebung komplett Plug-in-frei auf Java-Basis realisiert. Sowohl in der 3D- als auch in der 2D-Ansicht können sich die Besucher einen persönlichen Avatar (virtuelle Persönlichkeit) aus einer breiten Auswahl aussuchen und sich so in der Business Community individuell darstellen.

**Der Chat**  In jeder Halle existiert ein allgemeiner Chat, dem aber je nach Event auch beliebig viele weitere zur Seite gestellt werden können. Dadurch wird es möglich, innerhalb einer Messehalle mehrsprachige Events abzuhalten, bei denen für jede Sprache ein eigener Chat existiert, zwischen denen die Besucher beliebig wechseln können. Alle in einer Messehalle anwesenden Besucher kommunizieren zunächst im öffentlichen »Public Chat« miteinander. Will man gezielt einem anderen anwesenden Teilnehmer eine Nachricht zukommen lassen, kann eine direkte Botschaft an eine bestimmte Person gesendet werden, die nur für den Adressaten im Chat sichtbar ist. Für eine direkte und ungestörte Kommunikation können beliebig viele »Private Chats« eröffnet werden, die nur für die beiden beteiligten Teilnehmer sichtbar sind. Hierfür existiert eine Funktion »Invite Chat«. Der gewünschte Gesprächspartner wird einfach per Mausklick aus der Teilnehmerliste ausgewählt und zum Chat eingeladen. Beim Gesprächspartner erscheint ein kleines Fenster, das ihn über die Einladung zum Private Chat informiert, und er hat die Möglichkeit, die Einladung anzunehmen oder abzulehnen, z. B. wenn er bereits ein Gespräch führt. In der Regel findet der Erstkontakt im Public Chat statt, eine weitere Vertiefung des Gesprächs erfolgt im Private Chat.

Auf der dreidimensionalen Messe können die anwesenden Personen in verschiedene Gruppen mit unterschiedlichen Rechten eingeteilt werden. Ein Besucher, der als Gast auf die Messe kommt, der also nicht registriertes Community-Mitglied ist, kann beispielsweise seinen Avatar nicht personalisieren und ist in bestimmten Räumen vom Chat ausgeschlossen. Die unterschiedlichen Benutzergruppen sind sowohl durch Ihre Avatare als auch im Chat durch bestimmte zusätzliche Attribute wie »Berater« unterscheidbar. Die Unternehmensvertreter sind im Chat und auf der 3D Messe eindeutig und verwechslungsfrei identifizierbar, somit kann ausgeschlossen werden, dass ein »normaler« Besucher sich als Vertreter eines Unternehmen ausgibt. Vom Betreiber jobfair24 sind Berater anwesend, die als Ansprechpartner bei Fragen zur Verfügung stehen oder Hilfestellung bei Problemen geben. Sie sind auch mit den notwendigen Rechten ausgestattet, um Teilnehmer, die ein Fehlverhalten zeigen, im Chat zu sperren oder ganz von der Plattform auszuschließen.

Rechtestruktur

Auf der jobfair24 finden täglich Themen- und Unternehmens-Chats statt. Einmal im Monat findet ein Online-Messetag statt, an dem Personalverantwortliche aller Aussteller online den Messebesuchern in Chats Rede und Antwort stehen. Mit durchschnittlich über 1500 Besuchern, zählen diese zu den Highlights im Bereich der E-Cruiting Events. Nicht nur der Kontakt zwischen Bewerbern und Unternehmen, sondern auch die Kommunikation der Bewerber untereinander, der Austausch von Tipps und Informationen, steht dabei im Vordergrund. Oft spielen dabei Fragen zu bestimmten Situationen wie Telefoninterviews, Vorstellungsgespräche oder Assessment Centern eine Rolle, wobei ein Austausch mit Teilnehmern stattfindet, die sich in einer ähnlichen Situation befinden oder diese bereits erfolgreich bewältigt haben.

Online-Messetag – E-Cruiting Day

Aus Sicht eines personalsuchenden Unternehmensvertreters ist der Ablauf eines Online-Messetages im Vergleich zum Besuch einer realen »Offline«-Recruiting-Veranstaltung wesentlich effizienter. Er loggt sich im Unternehmen, an seinem Arbeitsplatz, mit seinem Unternehmensaccount ein und betritt den virtuellen Messestand des Unternehmens. Er verfolgt den öffentlichen Chat, lädt interessante Bewerber aktiv zu einem Private Chat ein oder wird direkt von interessierten Bewerbern angesprochen. Parallel zu dieser Live-Kommunikation erhält er per E-Mail oder über einen Datenbank-Direktzugang die auf die Stellenanzeigen eingehenden,

Der E-Cruiting-Day aus Unternehmenssicht

digitalen Bewerbungsmappen. Wenn eine eingehende Bewerbung auf den ersten Blick besonders interessant erscheint, kann er direkt nachvollziehen, ob der Bewerber gerade live auf der Messe anwesend ist, und ihn ansprechen, um Details zu klären. Auch ein anderer Weg wird oft gewählt. In einem Bewerbungschat wird vom Unternehmen die Bewerbung angefordert, und bereits wenige Sekunden später hat der Bewerber, noch während er sich auf der Messe befindet, seine Mappe an das Unternehmen gesendet und kann auf diese im Gespräch Bezug nehmen.

Ein sehr wichtiger Punkt für die Personalberater ist der, dass sie keine Bewerbungen oder Profile von Bewerbern erhalten, die bereits Wochen oder Monate in Datenbanken nurmehr als Karteileichen existieren. Es werden nur die Informationen der Stellensuchenden bereitgestellt, die in diesem Moment anwesend sind. Auch die kurze Zeit, die zwischen Erhalt der Bewerbung und dem ersten Kontakt steht, ist ein wesentlicher Vorteil.

Die Unternehmen können die Bewerbungsmappen der anwesenden Besucher auch direkt einsehen, vorausgesetzt die Mappe ist für diese Funktion vom Bewerber freigeschaltet. Die Mappen sind anonymisiert, und der Bewerber ist nur anhand seines frei zu wählenden Nicknames zu identifizieren. Eine Kontaktaufnahme mit dem Bewerber kann also nur direkt im Chat oder über die jobfair24 erfolgen, dabei kann er selbst entscheiden, ob er mit dem interessierten Unternehmen Kontakt aufnehmen möchte oder nicht.

**Der E-Cruiting-Day aus Bewerbersicht**

Bis ein Stellensuchender an einem Messetag aktiv auf Stellensuche geht, d.h., erste Bewerbungschats führt und seine Mappe an verschiedene Unternehmen sendet, hat er in der Regel bereits mehrmals Kontakt mit der jobfair24 gehabt. Er durchläuft einen mehrstufigen Prozess, währenddessen er zunächst als Besucher auf die Website kommt und sich informiert. Bei Interesse besucht er das erste Mal ohne Anmeldung als Gast das Messegelände in 2D und führt erste unverbindliche Chats, meist zu den täglichen Präsenzzeiten der Aussteller. Überzeugt ihn das Angebot und möchte er die Leistungen der jobfair24 in Anspruch nehmen, meldet er sich an und wird zum Mitglied. Er wird dazu animiert, seinen persönlichen Lebenslauf (CV) zu vervollständigen und am Messegeschehen aktiv teilzunehmen, d.h., sich mit Unternehmen und anderen Bewerbern auszutauschen. Falls er seine Bewerbungsmappe anonym für die Unternehmen freigeschaltet hat, kommen bei einem passenden Profil bereits erste Unternehmen auf den Bewerber zu und laden ihn zu einem Besuch an ihrem Messestand und zu einem Chat ein. Er wird spätestens bei seinem zweiten Besuch ein gesteigertes Interesse haben, die jobfair24 auch in 3D zu erleben und die zusätzlichen Funktionalitäten zu nutzen, und installiert sich hierzu ein Plug-in. Neben der Möglichkeit, die täglichen Chats einzelner Unternehmen oder einen fachbezogenen Experten-Chat zu besuchen, wird er als Stellensuchender auch am nächsten Messetag teilnehmen.

Bereits in der Woche vor einem Messetag wird jeder potenzielle Bewerber über den Messetag und die ausstellenden Unternehmen informiert. Er kann bereits im Vorfeld seine digitale Bewerbungsmappe vervollständigen und sich über die offenen Stellen informieren. Wie bei einer realen Messe ist auch bei einer Online-Messe eine gute Vorbereitung die Grundlage für einen erfolgreichen Besuch.

An einem Messetag hat ein Teil der Bewerber bereits klare Vorstellungen davon, zu welchen Unternehmen sie Kontakt knüpfen möchten. Es hat sich gezeigt, dass die Hemmschwelle zur Kontaktaufnahme mit einem Unternehmen, gerade bei Berufsanfängern sehr hoch ist. In einem Chat lässt sie sich wesentlich leichter überwinden als auf einer realen Recruiting-Messe oder bei einem Telefongespräch. Verfügt ein Bewerber über die gewünschten Qualifikationen, beispielsweise ein abgeschlossenes Informatik-Studium, so ist es für ihn gar nicht erst notwendig, den Kontakt zu den Unternehmen zu suchen, er wird auf der Messe ausreichend Einladungen zu einem Private Chat von interessierten Unternehmen erhalten. Teilweise sind an einem Messetag die Unternehmen mit mehreren Vertretern anwesend und gehen in allen Messehallen auf die Suche nach Bewerbern. Geeignete Kandidaten sprechen sie direkt vor Ort an oder laden sie an ihren Stand ein.

Im Vordergrund bei der Weiterentwicklung der jobfair24 steht eine Verbesserung des Dienstleistungsangebots auf der Messe. Dies beinhaltet umfangreichere Funktionen für Unternehmen und erweiterte Services wie z. B. ein Live-Bewerbungsmappen-Check für die Stellensuchenden. Generell soll eine Vereinfachung der Kommunikation erfolgen. Sobald die notwendigen Bandbreiten bei der Zielgruppe vorhanden sind, werden Technologien wie Voice-over-IP sowie Webcasting eingesetzt. Noch im Sommer 2001 findet die erste fachspezifische Recruiting-Messe statt, für eine Teilnahme müssen sich alle Interessenten vorab bewerben. Die Kommunikation verstehen wir als Kern der Messe, dieser Punkt soll gezielt verbesssert werden, als nächster Schritt wird eine »Chat to Voice«-Technologie eingesetzt, d.h., der Chatter muss nur noch seine eigenen Beiträge eintippen und »hört« die Chatbeiträge der anderen Anwesenden als Sprachausgabe. Dies ist jedoch nur der erste Schritt hin zu »Voice to

**Ausblick**

Voice«, also zu einer vollwertigen Sprachkommunikation via Voice over IP in Verbindung mit Webcamtechnologien. Die wichtigsten Hemmschwellen sind derzeit alleinig die fehlenden Bandbreiten bei den Endbenutzern.

## 4.4 Motivation und Anreize

**Kooperations-bereitschaft ist ein Werttreiber.** Motivation ist eine so genannte »Force to Act«, eine Kraft, die Richtung, Stärke und Dauer menschlichen Handelns bestimmt. Motivation ist die Energie, die ein Individuum aktiviert, eine bestimmte Handlung auszuführen (vgl. Frey/Osterloh 1997: 309f.). Der Wert einer Business Community wird durch die Handlungen der Teilnehmer bestimmt. Die dynamische Interaktion der Mitglieder und der gegenseitige Austausch von Daten, Informationen und Wissen sowie das Abwickeln von Transaktionen sind das, was eine Community auszeichnet und von einer reinen inhaltsbezogenen statischen Website unterscheidet. Die motivierenden Kräfte, also die Kräfte, die Individuen, in einer Geschäftsgemeinschaft interagieren lassen, sind daher wesentliche Triebfedern und Werttreiber einer Community.

**Motivations-problem** Eine Business Community lebt von den Beiträgen ihrer Mitglieder. Doch wenn Mitglieder beitragen sollen, dann müssen ihnen dazu auch Anreize geboten werden. Nach der so genannten »Anreiz-Beitragstheorie« muss ein Gleichgewicht hergestellt werden zwischen den Anreizen (materieller oder immaterieller Art), die einem potenziellen Mitglied geboten werden, und den Beiträgen, die er zur Aufgabenerfüllung leisten muss (vgl. Staehle 1999: 431ff.). Anreize werden nun aber bei einem auf Interaktion basierendem System wie einer Business Community in erster Linie die Beiträge (Fragen, Antworten, Hinweise, Empfehlungen etc.) anderer Mitglieder darstellen. Damit ist der Beitragende auf die Kooperation der anderen Mitglieder angewiesen. Das Gleichgewicht zwischen Beitrag und Anreiz kann für den Beitragenden nur dann gehalten werden, wenn andere Mitglieder ebenfalls aktiv werden. Allein durch die Kooperationsbereitschaft anderer Mitglieder kann der Beitragende selbst profitieren. Kooperieren die anderen Mitglieder nicht, indem sie keine Beiträge liefern, ist der Beitrag eines Mitglieds eine Fehlinvestition in dem Sinne, dass die erwartete Reaktion auf den Beitrag ausbleibt und keine Kommunikation zustande kommt.

Häufig scheitert die Motivation, Information zu transferieren, an fehlenden Anreizen. Die Nicht-Kooperation der Mitglieder muss daher überlistet werden, indem die Nutzenkonstellation verändert wird. In einer Business Community bieten sich dafür folgende Möglichkeiten an:

1. Es müssen zusätzliche Anreize geschaffen werden, die für beide Mitglieder den Nutzen bei Informationstransfer erhöhen (vgl. Picot et al. 2001: 42f.). Der Nutzen der Kooperation muss für beide Parteien größer sein als der individuelle Informationsvorsprung bei Nicht-Kooperation. Die Mitglieder müssen also durch zusätzliche positive Anreize motiviert werden, das gemeinsame Nutzenmaximum, die so genannte »Win/Win-Situation« anzustreben (siehe Tabelle 4.2). Gleichzeitig ist es denkbar, den Nutzen bei Nicht-Kooperation durch negative Anreizsysteme (beispielsweise negative Reputationssysteme) zu verringern. Diese Möglichkeit spielt insbesondere bei Transaktionsprozessen in Business Communities eine Rolle, bei denen die Transaktionsbeteiligten bei Nicht-Kooperation mit einem schlechten Ruf zu rechnen haben. Bei freiwilligem (nicht auf Vertragsbasis) basierendem Informationstransfer zwischen Unternehmen und Kunden beispielsweise, bieten negative Anreizsysteme allerdings wenig Angriffsmöglichkeiten, die Motivation für Informationstransfer zu steigern. Positive Anreize müssen demnach in den Mittelpunkt der Betrachtung rücken.

   **Anreizkompatible Gestaltung der Kooperation**

2. Der Aufbau von Vertrauen spielt insbesondere in der langfristigen Perspektive eine entscheidende Rolle. Kurzfristig ist die Entscheidung zur Nicht-Kooperation für beide Partner vorteilhaft, doch langfristig kann es durchaus zweckmäßig sein, kooperativ zu handeln und demnach das andere Mitglied zu kooperativem Verhalten zu ermutigen (vgl. Picot et al. 2001: 130f.). Dies gilt insbesondere, wenn der Zusatzwert verhältnismäßig gering und der Grundwert einer Information hoch ist, da in solchen Fällen ein geringer Anreiz für unkooperatives Verhalten besteht. Nähere Ausführungen bezüglich der Notwendigkeit eines Vertrauensaufbaus in einer Business Community sei an dieser Stelle auf Abschnitt 4.4 verwiesen.

   **Förderung kooperativen Verhaltens durch Vertrauensaufbau**

## Zwei Phasen des Motivationsprozesses

Der Motivationsprozess der Mitglieder bzw. potenzieller Mitglieder in einer Business Community verläuft in zwei Phasen:

1. Mitglieder gewinnen mit attraktiven Inhalten
2. Mitglieder binden durch entsprechende Anreize

Dieser Prozess muss durch das Community Management gezielt unterstützt werden.

Ohne Inhalte, die auf die spezifischen Bedürfnisse der Community-Mitglieder abgestimmt sind, wird der Community-Prozess nicht in Gang gebracht werden können. Um Mitglieder für die Business Community zu

**Inhalte motivieren zur Teilnahme**

gewinnen, muss in der ersten Phase eine Basis an attraktiven Inhalten bereitgestellt werden, die als Katalysator für die weitere Entwicklung und das Wachstum der Business Community dient. Die Inhalte müssen auf den jeweiligen Fokus der Community und die Bedürfnisse potenzieller Mitglieder abgestimmt sein. Um die Community zu Beginn des Lebenszyklus mit Inhalten zu »füttern« und im weiteren Verlauf lebendig zu halten, bieten sich folgende Möglichkeiten an:

▶ Bauen Sie auf bereits bestehende Inhalte, z. B. bereits veröffentlichte Broschüren, Kataloge, Inhalte aus Datenbanken, Presseartikel, News etc.

▶ Verschaffen Sie sich einen Überblick über bereits bestehende Inhalte außerhalb Ihres Unternehmens, und knüpfen Sie daran an! Inhalte in Newsgroups/ Mailing Lists (Yahoo, egroups etc.), die den Bedürfnissen Ihrer potenziellen Mitglieder entsprechen und für den Fokus der Community relevant sind, bieten gute Einblicke.

▶ Schaffen sie dynamische Inhalte, indem sie eine Gruppe Freiwilliger erste Inhalte einstellen lassen und damit den Interaktionsprozess ankurbeln! Die alleinige Bereitstellung von Inhalten reicht nicht aus. Community ist »Peopleware« und baut auf die Ressource Mensch.

In dieser ersten Entwicklungsphase der Community müssen Mitarbeiter des Unternehmens, Freiwillige und u.U. auch gesondert dafür rekrutierte Mitarbeiter, eine Startbasis an interaktivem Inhalt bieten. Die Anreize hierzu können sowohl materieller als auch immaterieller Art sein (beispielsweise kann im Unternehmen ein Experten-Club gegründet werden). Insbesondere in mitgliederoffenen Communities dient diese Startgruppe als Katalysator, um weitere Mitglieder anzuziehen und zu wachsen.

**Andere Mitglieder motivieren zur Teilnahme**

In einer zweiten Phase müssen gewonnene Mitglieder zunächst durch Anreize gebunden werden, um dann selbst aktiv zu werden. Der Schritt vom passiven Mitglied mit rein konsumierender Haltung in der Community zum aktiv (bei)tragenden Community-Teilnehmer, muss vollzogen werden. Und nicht nur das aktive Mitglied muss weiterhin ständig motiviert werden, neue Beiträge zu leisten. Dies geschieht einerseits durch einen Prozess der Selbstentwicklung (Mitglieder werden durch Beiträge anderer Mitglieder motiviert), es muss auch zusätzliches Verständnis aufgebracht werden, um die Aktivität der Mitglieder durch weitere Anreize zu fördern. Diese Herausforderung wird mit Bezugnahme auf Wissens-Communities (Communities of Practice) folgendermaßen beschrieben:

*The strength of communities of practice is self-perpetuating. As they generate knowledge, they reinforce and renew themselves. That's why communities of practice give you not only the golden eggs but also the goose that lays the. [...] the challenge for organizations is to appreciate the goose and to understand how to keep it alive and productive. (Wenger/Snyder 2000: 143)*

## Anreizsysteme für Business Communities

Um der Herausforderung gerecht zu werden, die Entwicklung einer Community zu einer produktiven und lebendigen Gemeinschaft mit motivierten, kooperationsbereiten Mitgliedern zu fördern, kann man positive und negative Anreize schaffen (siehe Tabelle 4.2). Die nummerierten Elemente werden in den nachfolgenden Abschnitten anhand von Beispielen näher erläutert.

| Positive Anreize | Negative Anreize |
| --- | --- |
| **Belohnungssysteme:** z.B. monetäre Vergütungen, Rabatte, Coupons, soziale Obligation (»hilf und es wird dir geholfen«) | Ausschluss aus der Gemeinschaft |
| **Aufbau eines Kompetenz-/ Wissenspools:** Reputation, Anerkennung als Experte | Verweigerung des Zugangs zu bestimmten Informationen |
| **Bewertungssysteme und Auszeichnungen:** z.B. durch Hervorheben der Leistungen auf exponierten Webseiten, mehr Speicherplatz, besondere Benutzernamen, Zugehörigkeit zur Gemeinschaft | Monetäre Einbußen |
| Fun-Elemente | Strafen |

**Tabelle 4.1** Anreize zur Steigerung der Kooperationsbereitschaft (Quelle: nach Schubert 2000: 67)

**Belohnungs- bzw. Bonussysteme** sind in der Realwirtschaft seit jeher eine beliebte Kundenbindungsmaßnahme. Man denke nur an die Vielflieger-Programme im internationalen Flugverkehr. Jetzt wird auch im Internet auf das Jagdfieber der Konsumenten gesetzt. Die ersten deutschen Unternehmen locken die User mit Bonussystemen auf ihrer Websites. Mit der Abschaffung des Rabattgesetzes Mitte 2001 werden nun durch neue Rabattprogramme weitere Kundenbindungsmaßnahmen für Internetanbieter geschaffen, die zur Kundengewinnung und zum Loyalitätsaufbau bei Stammkunden entscheidend beitragen sollen.

Mitgliederbindung durch Bonussysteme

Das System digitaler Bonuspunkte oder Rabattmarken funktioniert folgendermaßen (vgl. Hengstbach 2001: 156ff.): Bei jeder getätigten Transaktion im Internet erhält der Kunde eine bestimmte Anzahl an Treuepunkten, die gesammelt und gegen Sachwerte, teilweise sogar gegen Bargeld eingetauscht werden können. Dieses Prinzip funktioniert nicht nur für Online-Shops, auch Dienstleistungsunternehmen haben die Möglichkeit, über Bonusprogramme Kunden für ihre Treue zu danken. So können beispielsweise Banken, Versicherungen und Broker ihre Kunden für die Einrichtung eines Kontos und jede elektronisch getätigte Überweisung mit Treuepunkten belohnen. Ein weiterer Vorteil für die Einrichtung von Bonusprogrammen liegt im Zugang zu weiteren Kundendaten, die den Anbietern durch die Registrierung der Kunden für Bonusprogramme zur Verfügung gestellt werden. Einige Anbieter bieten auch extra Bonuspunkte für die Beantwortung von Fragebögen oder die Bereitstellung zusätzlicher persönlicher Daten.

**Webmiles und Payback** Wenn man auch nicht direkt sparen kann, so kann man sich bei einigen Aktivitäten im Internet doch etwas »dazuverdienen«. Es gibt verschiedene Bonusprogramme im Netz und im realen Leben. Die Bekanntesten im deutschsprachigen Raum dürften die Service Communities Payback[13] und Webmiles[14] sein.

> ### Beispiel Webmiles.de
>
> Um Internet-Käufer längerfristig an ein Online-Geschäft zu binden, ist es wichtig, Anreize zu schaffen. Dies war der Ausgangspunkt einer Geschäftsidee, die im März 1999 zur Gründung der Münchner Firma Webmiles führte (siehe Abbildung 4.3). Webmiles wurde im Oktober 2000 von Bertelsmann übernommen und bietet nun Nutzern in sieben europäischen Ländern die Möglichkeit, Punkte in Form von Webmiles zu sammeln.
>
> Die Online-Käufer können die Bonusprogramme über die Seite der Webmiles-Partner oder über die Webmiles-Homepage anmelden. Jedes Mitglied erhält ein Startguthaben von zehn Webmiles, das sich durch die Beteiligung an bestimmten Aktivitäten steigern lässt (vgl. Kraus 2001, Focus Online, Abfrage vom 9.4.2001). So wird der Nutzer beispielsweise durch den Einbau eines Webmiles.de-Banners in seine persönliche Homepage belohnt oder erhält zusätzliche Webmiles dadurch, dass er Webmiles.de seinen Freunden weiterempfiehlt. In der

---

13 www.payback.de
14 www.webmiles.de

Regel muss der Kunde aber zunächst verstärkt einkaufen, um Meilen zu sammeln. Pro Euro an Transaktion, wird meist nur eine Webmeile gutgeschrieben (vgl. Kröger, 2000: 11ff.). Webmiles.de kooperiert mit Prämien-Partnern aus den unterschiedlichsten Branchen (Handel: z. B. Quelle, Conrad, Vobis; Finanzen: z. B. American Express, Direkt Anlage Bank; Reisen/Touristik: z. B. TUI, e-Sixt, l'tur; Verlage: z. B. Focus, B2B: Schober, Hach, Office XL etc.). Sie erhalten die Möglichkeit, ihr Prämienangebot auf separaten Seiten detailliert zu präsentieren. Nutzern bietet sich umfangreiche Gelegenheiten, ihr Webmiles-Konto durch den Besuch der Websites der Partnerunternehmen aufzubessern – sei es durch Transaktionen, durch Beteiligung an Gewinnspielen oder durch Registrierung auf Partnerseiten.

**Abbildung 4.3** Einstiegssseite von Webmiles.de

## Beispiel Payback

Nachdem Payback schon längere Zeit »Offline-Shoppern« Rabatte einräumte, können seit dem vorigen Jahr auch Online-Shopper fleißig Rabattpunkte sammeln. Durch die Registrierung im Payback-System können Mitglieder Rabattpunkte im Scheckkartenformat sammeln.

Payback bedeutet »Zurückzahlen«. Im Klartext: Für seine Einkäufe kann man sichspäter einen Rabatt bar auszahlen lassen. Die Rabatte betragen je nach Anbieter zwischen einem und drei Prozent des Warenwertes.[15]

Loyalty-Partner, der Betreiber des Payback-Systems, ist genau wie Webmiles.de Kooperationen mit Partnern verschiedener Branchen eingegangen. 24 Unternehmen, von der Supermarktkette Real bis zu diversen Online-Shops, sind an dieses System angeschlossen. Eine Zahlungsfunktion für die Payback-Karte ist ebenfalls angedacht, bislang aber noch nicht realisiert.

**Anreize schaffen mit Expertenwissen**

Ohne Inhalte, die auf die spezifischen Bedürfnisse der Mitglieder ausgerichtet sind und sich durch eine möglichst hohen qualitativen Anspruch auszeichnen, ist der Community-Prozess des interaktiven Austausches nicht in Gang zu bringen. Durch die Beteiligung von Experten und Mitgliedern mit besonderem Erfahrungsschatz kann ein **Wissens- und Kompetenzpool** als Anreiz für die Teilnahme geschaffen werden.

Fachexperten und -interessierten steht durch den Aufbau eines Kompetenzpools eine virtuelle Kommunikationsplattform zur Verfügung, in der sie unabhängig von Zeit und Raum die Entwicklung ihre Expertise bereitstellen sowie Erfahrungen und Gedanken rund um bestimmte Themen austauschen (siehe Kapitel 5). Dies bietet auch Anreize für andere Nutzer. Durch den Aufbau eines umfassenden Pools an Beiträgen, der das Erfahrungs- und Anwendungswissen von Experten betont, wird die Qualität der Inhalte hervorgehoben. Dies lockt neue Nutzer an und wirkt als Loyalitäts- und Marketinginstrument für Stammnutzer.

Die Vorteile des Aufbaus eines Wissens- und Kompetenzpools liegen insbesondere in der dauerhaften Verwendbarkeit des gesammelten Wissens. Das Verhältnis von Aufwand (durch Erstellung) und Nutzung kann sich sehr günstig gestalten, denn das Wissen wird nur einmal aufgebaut, kann aber durch die Wissenspool-Lösung beliebig vielen Nutzern zur Verfügung gestellt werden. In diesem Zusammenhang wird in der Literatur auch der Charakter eines Öffentlichen Gutes betont, den bereitgestellte Informationen und Wissen einnehmen (vgl. Kollock 1999: 223).

---

15 vgl. www.golem.de vom 11.05.2000

Insbesondere für unternehmensinterne Projekte sind Wissens- und Kompetenzpools von großem Nutzen. In vielen Anwendungsszenarien verfügen Unternehmen über große Bestände an Daten, Informationen und Wissen, die jedoch nur allzu oft nicht erschlossen sind. Die Erschließung dieses Wissens im Rahmen von Wissens- oder Communities of Practice wird im Wissensaustausch immer wichtiger. Dies hängt mit denfolgenden Faktoren zusammen (vgl. North et al. 2000: 52ff.).

Communities of Practice als Bestandteil des Wissensmanagements

▶ Ähnliche Probleme treten an unterschiedlichen Stellen im Unternehmen auf.

▶ Wissen ist oft intransparent.

▶ Es entstehen Synergien durch den Austausch von Erfahrungen.

▶ Menschen haben ein Grundbedürfnis an Wissensteilung und -weitergabe.

---

**Beispiel Wissen.de**

Durch die Bereitstellung und Speicherung von Wissen zu verschiedenen Themen hat Wissen.de (siehe Abbildung 4.4) einen umfangreichen Wissenspool aufgebaut, der insbesondere durch die Mitwirkung von Experten ein hohes Maß an Glaubwürdigkeit aufweist. Wissen.de wurde so für die Mitglieder zu einer verlässliche Recherchequelle.

Der Wissens- und Kompetenzpool wird bei Wissen.de durch die Kombination von enzyklopädischem Wissen und Expertenwissen aufgebaut. Das enzyklopädische Wissen wird sowohl in statischer (Suchmaschine für Wissen von A-Z, Atlanten, Chroniken, Wörterbücher etc.) als auch in interaktiver Form durch Wissen-Live-Features, die Wissen.de in 5 verschiedenen Kategorien dynamisch präsentieren, zur Verfügung gestellt.

Das Expertenwissen wird insbesondere in Experten-Chats, -Foren und -Runden zugänglich gemacht. Neben der reinen Informationsbereitstellung für die Mitglieder, förderte Wissen.de durch den Aufbau einer Community mit diesen Funktionalitäten somit auch die Diskussion zwischen Experten und Wissens-Suchenden.

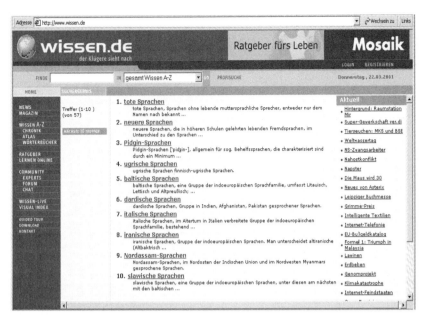

**Abbildung 4.4** Trefferseite zum Suchbegriff »Sprachen« bei Wissen.de

Ansehen durch
Reputation Positive **Bewertungs- und Reputationssysteme** dienen dazu, besonders engagierte Mitglieder der Business Community herauszustellen. So können beispielsweise Händler, die aufgrund der Betrachtung von Sicherheit und Effizienz des Transaktionsprozesses positiv bewertet werden, auch positiv hervorgehoben werden. Dies hat zwei Effekte: Einerseits wird den Mitgliedern durch positive Bewertungen von Händlern oder durch die Bewertung einzelner Beiträge eine Orientierung geboten und so das Vertrauen der Mitglieder gefördert. Insbesondere bei Transaktionsprozessen, die sich in Business Communities abspielen, ist dies aufgrund der oft mangelnden Information über die Sicherheit von Transaktionsprozessen von elementarer Bedeutung. Andererseits bieten solche Bewertungssysteme auch einen erheblichen Anreiz für Mitglieder, Beiträge zu leisten. Durch positive Bewertungssysteme können die Mitglieder eine Reputation aufbauen. Das folgende Fallbeispiel von Compaq[16] soll vor allem den Motivationsanreiz für Mitglieder, der durch Bewertungssysteme hervorgerufen wird, herausstellen.

---

16 www.compaq.com

## Beispiel: Rollen und Bewertungssysteme in der Compaq Customer Community

In der Kunden-Community von Compaq (siehe Abbildung 4.5) können Mitglieder verschiedene Rollen einnehmen. Zum einen gibt es »Experten«, die vom Unternehmen selbst als Fachleute auf einem Gebiet identifiziert werden und denen diese Rolle dementsprechend zugewiesen wird. Zum anderen gibt es neben »gewöhnlichen Mitgliedern« auch so genannte »Enthusiasten«. Das sind Mitglieder, die sich durch besonderes Engagement in der Community hervorgetan haben. Zwei Kriterien sind verantwortlich dafür, dass man den »Enthusiast-Status« erlangt: die Anzahl der beantworteten Fragen und ihre qualitätsmäßige Bewertung. Die Bewertung wird von allen Nutzern vorgenommen, und zwar über einen einfachen Bewertungsmechanismus: Nutzer können jede Antwort innerhalb einer Skala von 1-5 einordnen.

Alle »Experten« und »Enthusiasten« bekommen eine eigene Homepage, die persönliche Informationen (Expertise, Foto, Lebenslauf etc.) enthält, Auszüge aus den Beiträgen in der Business Community zeigt und eine Statistik der Beiträge der jeweiligen Person beinhaltet. Die Statistik zeigt die Anzahl der Antworten, Bemerkungen und Meinungen sowie die durchschnittliche Bewertung der Beiträge. Beiträge von »Experten« und »Enthusiasten« werden in der Community jeweils durch spezielle Symbole gekennzeichnet.

Nutzern in der Community werden erhebliche Anreize geboten, eine »Enthusiasten«-Rolle anzustreben. Die Möglichkeit, eine Reputation aufzubauen, sind durch das Zur-Verfügung-Stellen einer Homepage gegeben. Nutzer können über das MyCommunity-Modul ihre eigene Statistik an gestellten Fragen, Antworten und Comments beobachten und so verfolgen, wo sie in der Rangordnung stehen. Dass die Motivationsanreize sowohl auf die Anzahl der Beteiligungen am Kommunikationsprozess in der Community gerichtet sind als auch auf die Qualität des Beitrags abzielen, stellt sicher, dass der rege und lebendige Kommunikationsprozess auf qualitativ hohem Niveau vorangetrieben wird.

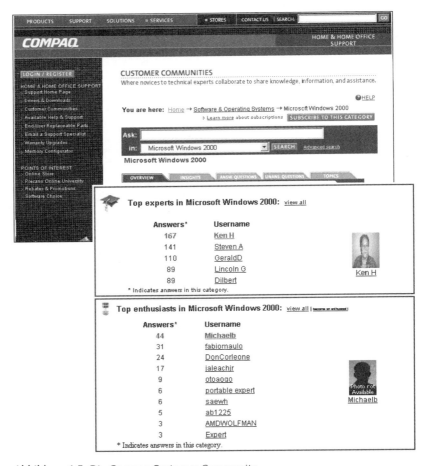

**Abbildung 4.5** Die Compaq Customer Community

Unterhaltung darf nicht zu kurz kommen Weitere Anreizsysteme für die Motivation zur aktiven Teilnahme in Business Communities werden durch die Integration von **Fun-Elementen** geschaffen. Solche Fun-Elemente werden oft unterschätzt, bedeuten aber insbesondere für jüngere Zielgruppen erhebliche Anreize. Als Fun-Elemente bieten sich beispielsweise Gewinnspiele an, die in diesem Rahmen näher erläutert werden sollen.

Insbesondere für die Marketing-Kommunikation sind Gewinnspiele wichtige Instrumente. Die kreativen Ressourcen von Online-Gewinnspielen werden zurzeit in den USA insbesondere für Werbezwecke eingesetzt. »Advergaming« ist das neue Schlagwort, eine Verbindung aus interaktiven Werbespots und Online-Spielen (vgl. Patrzek 2001: 1). Hier werden Werbebotschaften direkt in das Zentrum der Spieleumgebung gesetzt und über die Teilnahme am Spiel erfahrbar gemacht. Die Online-Marketing-Agentur KPE hat in einer Analyse festgestellt, dass die Werbewirkung bei Online-Webespielen erheblich stärker ist, als die der traditionellen Online-Werbung. Nachteile von Advergames liegen allerdings in den noch hohen Kosten des Werbemittels. Bei Advergaming gibt es verschiedene Distributionskanäle. Entweder können die Spiele als Werbebotschaften auf der Website des eigenen Unternehmens bereitgestellt (z. B. bei Puschkin.de) oder auf unternehmensexternen Seiten implementiert werden. Bei der Werbung auf externen Seiten bietet sich insbesondere die Platzierung auf Spiele-Sammelseiten (Gewinnspiele.com, Gewinnnews.de etc.) oder die Implementierung eines mit dem Gewinnspiel verlinkten Banners auf einer Nicht-Spiele-Seite an.

Die Integration von Fun-Elementen in die Business Community ist aber nicht nur ein Instrument zum »Aufpeppen« von Werbebotschaften, sondern auch ein direkter Anreiz, um neue Mitglieder anzulocken bzw. die bereits registrierten Mitglieder durch zusätzliche Maßnahmen an die Community zu binden. Beispiele für Business Communities, die Gewinnspielen als Anreizsysteme nutzen, sind hauptsächlich Unternehmens- bzw. Kunden-Communities wie Puschkin.de[17], Sat1.de[18] oder Amazon.de[19] (siehe Abschnitt 1.6).

Eine interessante Untersuchung zur Nutzung und Beurteilung von Gewinnspielen auf Webseiten von Konsumgüterunternehmen findet sich bei Absatzwirtschaft.de[20].

## 4.5 Gezielter Vertrauensaufbau

Vertrauen ist im realen Wirtschaftsleben ein zentraler Erfolgsfaktor in Geschäftsbeziehungen und Businessrollen. Ob als Abteilungsverantwortlicher, der sich auf seine Mitarbeiter verlassen muss, als Projektleiter, der seinem Kollegen seine Vertretung anvertraut, als Käufer, der dem Verkäufer vertrauen muss, dass eine Transaktion zustande kommt, oder als Partner einer unternehmensübergreifenden Kooperation, die gemeinsam einen Kooperationszweck verfolgen: Vertrauen spielt in nahezu allen realen Geschäftsgemeinschaften eine zentrale Rolle. Ein Zitat von Kevin Kelly, einem der Vordenker der Internet Economy, macht deutlich, dass Vertrauen auch eines der wichtigsten Elemente des Electronic Business und damit auch oder gerade für Business Communities ist.

*Vertrauen als Erfolgsfaktor*

---

17 www.puschkin.de
18 www.sat1.de
19 www.amazon.de
20 www.absatzwirtschaft.de/pdf/sf/gewinnspiel.pdf

*Die Netzwerkwirtschaft gründet auf Technologie, kann aber nur auf Beziehungen errichtet werden. Sie beginnt mit Chips und endet mit Vertrauen. (Kelly 1999: 190)*

Der Business-Community-Kultur kommt in diesem Zusammenhang eine wichtige **Vertrauensfunktion** zu. Ihre Aufgabe ist es, den stetigen Vertrauensaufbau bei den Business-Community-Teilnehmern zu unterstützen und zu sichern. Kim unterscheidet zwei Kerndimensionen von Vertrauen (vgl. Kim 2001: 102f.):

► Die Mitglieder vertrauen sich untereinander. Das Vertrauen in die Community ist bestimmt vom Vertrauen eines Mitglieds in andere Mitglieder der Community.

► Die Mitglieder vertrauen dem Community-Betreiber bzw. -Anbieter (Marke, Brand, guter Name ist hier von Vorteil).

Gelingt es dem Betreiber einer Business Community nicht, seinen Mitgliedern gegenüber Vertrauen aufzubauen und vertrauensschaffend unter den Mitgliedern zu wirken, wird die Business Community niemals erfolgreich sein können. Vertrauen ist einer der zentralen Erfolgsfaktoren in virtuellen Geschäftsbeziehungen, und zwar aus den folgenden Gründen:

► Vertrauen in das Medium Internet und in die Geschäftspartner ist Grundvoraussetzung für die Teilnahme

► Vertrauen steigert die Motivation zur aktiven Teilnahme und Informationspreisgabe

► Vertrauen senkt das wahrgenommene Risiko der Teilnehmer und unterstützt damit das Zustandekommen von Kooperationen und Geschäftstransaktionen.

► Vertrauen senkt Transaktionskosten

## Senken von Transaktionskosten

Der folgende Abstecher in die ökonomische Theorie von Marktplätzen untermauert die fundamentale Wichtigkeit von Vertrauen in Geschäftsbeziehungen.

Ein Markt ist ein Ort des Austausches von Informationen, Gütern und (Dienst-)Leistungen, an dem sich durch das Zusammentreffen von Angebot und Nachfrage Preise bilden. Man unterscheidet zwischen vollkommenen und unvollkommenen Märkte.

Vollkommene Märkte sind gekennzeichnet durch vollkommene Information über den Markt (vor allem durch Preise), keine persönlichen Präferenzen der Nachfrager gegenüber alternativen Anbietern, unendlich große Reaktionsgeschwindigkeit auf veränderte Marktbedingungen und perfekte Zielklarheit und -erreichung sowohl für Anbieter als auch Nachfrager.

Mangelnde Informationen über Anbieter, Nachfrager, Preise und persönliche Präferenzen führen zu unvollkommenen Märkten. Auf unvollkommenen Märkten werden Markttransaktionen notwendig, um die Bedürfnisse der einzelnen Marktteilnehmer zu befriedigen. Diese Markttransaktionen lassen sich dabei typischerweise in drei zeitlich aufeinander folgende Phasen einteilen:

1. Die Informationsphase zur Suche nach potenziellen Marktpartnern, in der der Nachfrager sich Anbieter aussucht, die die gewünschte Leistung erbringen können.

2. Die Vereinbarungs- bzw. Verhandlungsphase, in der sich Nachfrager und Anbieter über Preis, Zusatzservices, Liefer- und Bezahlmodalitäten einigen.

3. Die Abwicklungsphase, in der die tatsächliche Transaktion im Sinne der Übergabe der Leistung gegen Bezahlung des vereinbarten Preises vollzogen wird.

In allen drei Phasen der Markttransaktion verursacht die Inanspruchnahme des Marktes so genannte »Transaktionskosten«, bei denen zwischen Anbahnungs-, Vereinbarungs-, Kontroll- und Anpassungskosten unterschieden wird. Anbahnungskosten entstehen durch die Informationssuche und -beschaffung über potenzielle Transaktionspartner. Vereinbarungskosten entstehen durch die Intensität und die Dauer der Verhandlungen. Kontrollkosten werden durch die Sicherstellung der Einhaltung von Vertragsbedingungen (Qualität, Menge, Preis etc.) verursacht. Und Anpassungskosten resultieren aus der Durchsetzung von Vertragsveränderungen (z. B. Mengen- oder Preisänderungen).

Zusammen mit den Produktionskosten und der Gewinnspanne bilden die Transaktionskosten als Teil der Koordinierungskosten einen erheblichen Teil des Endpreises von Produkten und Dienstleistungen. Durch den Einsatz geeigneter Informations- und Kommunikationstechnologien über alle drei Phasen der Markttransaktion hinweg lassen sich die Transaktionskosten in elektronischen Märkten gegenüber klassischen Märkten erheblich verringern. Bei komplizierten Leistungen kann schon allein die genaue Beschreibung der Leistung zum Zweck der Informationsbeschaffung im Rahmen der Informationsphase einer Transaktion eine Herausforderung darstellen. Vereinbarungen, die über feste Konditionen hinausgehen, sind ebenfalls um so schwieriger zu realisieren, je breiter der Verhandlungsspielraum ist und je umfangreicher die Faktoren sind, über die verhandelt werden kann. Die komplette Durchführung einer Transaktion bis zur Auslieferung, ist natürlich für digitalisierbare Leistungen und Produkte (z. B. Musik, Bilder, Software, Services etc.) denkbar. Wenn im Rahmen der Abwicklung der Transaktion jedoch sekundäre Wertschöpfungsprozesse aktiviert werden, so können diese wiederum durch die Nutzung elektronischer Marktplätze vereinfacht werden.

**Transaktions-kosten senken durch Vertrauensaufbau**

Vertrauen der an einer Transaktion auf einem Marktplatz beteiligten Geschäftspartner spielt vor allem in den ersten beiden Phasen der Transaktion, der Informationssuche und der Vereinbarungs- bzw. Verhandlungsphase, eine wichtige Rolle. Je höher das Vertrauen ist bzw. je schneller es aufzubauen ist, desto niedriger werden die entstehenden Transaktionskosten sein.

Vertraut der Nachfrager dem Anbieter in Bezug auf die zur Verfügung gestellten Informationen nicht, wird er versuchen, weitere Informationen über die Güter bzw. Leistungen einzuholen. Das verursacht Kosten (z. B. Zeitkosten für Recherche), wodurch sich die Gesamtkosten der Transaktion erhöhen.

**Meinungs-Communities schaffen Vertrauen.**

In Business Communities kann der Nachfrager relativ schnell Zusatzinformationen über den Anbieter und die angebotenen Produkte und Dienstleistungen gewinnen und so seine Kosten für Informationssuche mit Hilfe der Community eingrenzen. Ein Beispiel sind die Bewertungs- und Beurteilungsmechanismen in Meinungs-Communities. Aber auch die Möglichkeit, über Trust-Partner (siehe Kapitel 3) eines B2B-Marktplatzes (wie z. B. Banken oder Gutachter) Bonitätsauskünfte über Geschäftspartner oder Produktzertifizierungen einzuholen, leisten hier einen wichtigen Beitrag.

In der Vereinbarungs- und Verhandlungsphase kommt der Information über den günstigsten Preis und die angebotenen Zusatzleistungen, wie z. B. Zubehör, Garantie etc., eine große Bedeutung zu. So ermöglichen Business Communities es dem Nachfrager, sich bei anderen Community-Mitgliedern über das Angebot zu informieren und schnell eine objektive Entscheidung zu treffen. Die Gefahr, ein unwirtschaftliches Angebot zu akzeptieren, sinkt damit und Gleiches geschieht mit den Transaktionskosten.

## Beispiel Meinungs-Communities

Meinungs-Communities wie z.B. Dooyoo.de (siehe Abbildung 4.6) sind web-basierte Gemeinschaften von Verbrauchern. Die zentrale Idee, die dahinter steht, ist der Austausch von Informationen zu Produkten und Dienstleistungen zwischen Verbrauchern. Das bedeutet eine Informationsbereitstellung von Verbrauchern für Verbraucher zu allen verbraucherrelevanten Themen (z.B. Internet, Computer, Finanzen, Reisen, Versicherungen, Gesundheit, Ernährung etc.).

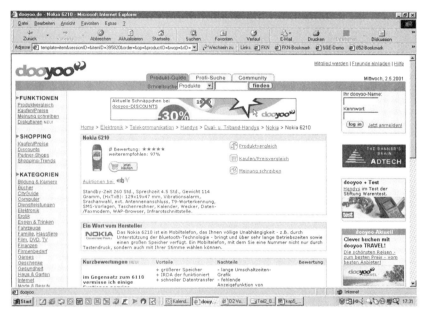

**Abbildung 4.6** Die Meinungs-Community Dooyoo.de

Verbraucher können sich zum einen über die unterschiedlichen Themen mit Hilfe von Suchfunktionen informieren, können aber auch eigene Informationen z.B. über Erfahrungen in der Nutzung eines Produktes oder im Service eines Anbieters publizieren und so anderen Verbrauchern zugänglich machen. Das Prinzip dieser Verbraucher-Communities baut auf dem Wert persönlicher Empfehlungen auf, die nachweislich einen sehr hohen Einfluss auf Kaufentscheidungen haben.

Zentrale Leistungen der Plattformen sind Produktvergleiche, Produktbewertungen und -tipps durch Verbraucher, Suchmaschinen, Webkataloge, Linklisten, Online-Buchung von Reisen, Online-Bestellfunktion von Produkten etc.

Die Plattformen haben Portalcharakter (sollen also »zentrale Eingangstür« für Verbraucher zum Internet sein). Im Regelfall lassen sich die Infos nach der Anmeldung des Benutzers auf persönliche Interessen und Vorlieben personalisieren, sind kostenlos zugänglich, weisen ein hohes Maß an Interaktivität durch Interaktionsformen wie Chat, Foren etc. auf und sind in der Regel kostenlos.

Durch Autorenprovisionsprogramme, die zum Teil mit Bonussystemen gekoppelt sind (für jeden Beitrag erhält der Autor beispielsweise »virtuelle Rabattpunkte«, die er sich bei kooperierenden Online-Shops vergüten lassen kann), werden die Nutzer animiert, Beiträge zu schreiben. Teilweise werden bereits schon mobile Zugänge über WAP (Wireless Application Protocol – ein Internetprotokoll für Mobiltelefone) geboten, über die der Verbraucher jederzeit von jedem Ort auf die Informationen zugreifen kann.

Die Angebote sind bislang vor allem über Werbung finanziert. Zukünftig sollen auch Provisionen für erfolgreich vermittelte Käufer zum Umsatz der Plattformen beitragen. Wichtige Anbieter im deutschsprachigen Raum sind Amiro[20], Ciao[21], Yoolia[22] oder Dooyoo[23].

Nachfolgend werden einige Möglichkeiten anhand von Beispielen näher erläutert, die dabei helfen, ein Vertrauen innerhalb der Business Community aufzubauen:

► Moderation, Steuerung und Kontrolle

► Schaffung von Identitäten

► Einbeziehung von Trust-Partnern

► Rechtliche Aspekte und Sicherheit

### Moderation, Steuerung und Kontrolle

**Neutrale Moderatoren schaffen Vertrauen**

Neutrale Moderatoren wie z. B. dedizierte Experten für bestimmte community-relevante Fachgebiete, die Teilbereiche der Business Community

---

21 www.amiro.de
22 www.ciao.com
23 www.yoolia.de
24 www.dooyoo.de

moderieren, Informationen bereitstellen, in Streitfällen vermitteln und Empfehlungen aussprechen können, helfen beim Vertrauensaufbau in der Business Community. Zur Gewährleistung der Sicherheit von Geschäftstransaktionen und zur Validierung der Vertrauenswürdigkeit der Geschäftspartner bietet es sich an, Vertrauenspartner, so genannte »Trust Partner«, einzubinden, die Identitäten der Geschäftspartner prüfen und Clearing-Aufgaben übernehmen können.

Entgegen vielerorts geäußerter Meinungen sind die Autoren der Ansicht, dass jede Business Community auch ein gewisses Maß an Steuerung und Kontrolle braucht. Es hängt vom Typ der Community ab, wie ausgeprägt das Community Management als Steuerungs- und Kontrollinstanz in den Betrieb eingreifen muss. In einer geschlossenen B2B E-Market-Community wird der Betreiber bzw. das Management einen höheren Grad an Steuerungs- und Kontrollaufgaben übernehmen als in einer Community of Practice, die sich in verstärktem Maße selbst steuern und kontrollieren wird. Festzuhalten bleibt jedoch, dass – unabhängig davon, wer die Steuerungs- und Kontrollaufgaben übernimmt – keine Community ganz ohne solche Instrumente erfolgreich sein kann.

**Business Communities brauchen Steuerung und Kontrolle**

Für den Idealfall, dass sich die Business Community durch die Selbststeuerung der Mitglieder kontrolliert, ist es sehr wichtig, dass die Community-Mitglieder selbstverantwortlich handeln und hierbei durch entsprechende Funktionalitäten unterstützt werden. Die wichtigsten Elemente für die Selbststeuerung sind die folgenden (vgl. Mongoose Technology 2000):

**Selbststeuerung kann aktiv unterstützt werden.**

▶ klare Kommunikations- und Sprachregelungen

▶ bekanntgemachte Teilnahme- und Verhaltensregeln

▶ moderierte Diskussionsforen und Chats, in denen der Moderator auf das Einhalten der Community-Regeln achtet

▶ die Möglichkeit, Buddy Lists einzurichten und unliebsame Mitglieder stumm zu schalten

▶ Feedback- und Reputationsmechanismen (siehe Beispiel Internet-Auktionen)

Für den Betreiber ist es oftmals hilfreich, wenn auch rechtlich mit Vorsicht zu beachten, über geeignete Administrationstools (siehe Abschnitt 6.2.7), die Aktionen und das Verhalten einzelner Mitglieder zu analysieren und gegebenenfalls frühzeitig entsprechende Gegenmaßnahmen einzuleiten.

## Beispiel Internet-Auktionen

Internet-basierte Auktionen funktionieren im Prinzip nach dem altbekannten Flohmarktprinzip und bilden demnach einen privaten Electronic-Commerce-Marktplatz im Consumer-to-Consumer-Segment. Der Verbraucher kann auf diesem virtuellen Flohmarkt orts- und zeitunabhängig stöbern, mitbieten und verkaufen. Täglich gibt es mehrere tausend Angebote für alle verbraucherrelevanten Produkte von der Briefmarke bis zum Auto. Jeder Verbraucher kann nach der kostenlosen Anmeldung beliebige Produkte auf der Plattform anbieten und versteigern. Dazu wird ein Startpreis und eine Verkaufsfrist definiert.

Das Geschäftsmodell basiert zum einen auf Werbung, zum anderen auf Angebotsgebühren und transaktionsbasierten Provisionen. Die Gebühr für das Anbieten von Artikeln ist von der Höhe des Startpreises abhängig. Bei eBay[25] (siehe Abbildung 4.7) zum Beispiel kostet der Start einer Auktion bis zu einem Startpreis von DM 9,- 25 Pfennige, bei Startpreisen zwischen DM 10,- und DM 49,- werden 50 Pfennige berechnet und ab DM 50,- Startpreis eine Mark. Die Verkaufsprovision beträgt für die ersten 1000 DM des Höchstgebotes drei Prozent. Für den 1000 DM übersteigenden Teil des Höchstgebotes beträgt die Provision 1,5 Prozent. Falls der Käufer nicht zahlt, wird dem Verkäufer die Verkaufsprovision gutgeschrieben.

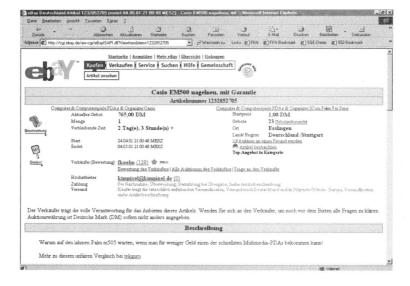

**Abbildung 4.7** Benutzeroberfläche von eBay.de

---

25 www.ebay.de

Interessant sind die Mechanismen zum Vertrauensaufbau zwischen Käufer und Verkäufer. Die Mitglieder (Verbraucher) kontrollieren sich in erster Linie gegenseitig. Nach dem Abschluss einer Transaktion, d.h., nachdem Zahlung und Lieferung erfolgt sind, geben Käufer und Verkäufer eine Bewertung des Verhaltens der anderen Person ab. Sowohl Käufer als auch Verkäufer beurteilen auf einer speziellen Seite das Verhalten der Gegenpartei mit einem »positiv«, »negativ«, oder »neutral«.

Diese Bewertung ist für alle anderen Mitglieder zugänglich. In dieser Bewertung kommt die Qualität bei der Abwicklung der Zahlung und Lieferung, die Richtigkeit der Artikelbeschreibung und alle anderen Faktoren, die die Transaktion betreffen, zum Ausdruck. Bei eBay beispielsweise erhalten Mitglieder für jede positive Bewertung einen Punkt bzw. Stern. Ein oder mehrere Sterne stehen also für Mitglieder, deren Punktesaldo positiv ausfällt, also besonders vertrauenswürdige Partner. Die ehrlichen Käufer bzw. Verkäufer können sich so bei eBay einen guten Ruf erwerben. Ergänzend überwacht eBay die Einhaltung der Verhaltensregeln. eBay behält sich auch das Recht vor, Missverhalten durch den Ausschluss aus der Gemeinschaft zu sanktionieren.

## Schaffung von Identitäten

Wer sind meine Geschäftspartner? Habe ich mit ihnen bereits in der Vergangenheit zusammengearbeitet? Diese und andere Fragen stellen sich alle am Transaktionsprozess beteiligten Personen. Gerade in virtuellen Geschäftsbeziehungen, in Business Communities, ist es wichtig, dass die Mitglieder eindeutige Identitäten besitzen, meist in der Form von persönlichen Mitgliedsprofilen.

Mitgliedsprofile erlauben dem Mitglied zum einen, Informationen über sich selbst bzw. die vertretene Organisation in der Community zu veröffentlichen (z.B. in Form virtueller Visitenkarten, persönlicher Homepages etc.). Andere Mitglieder können diese veröffentlichten Informationen durchsuchen und sich so gezielt über in Frage kommende Geschäftspartner informieren. Zum anderen erlauben Mitgliedsprofile es dem Anbieter und Betreiber der Community, die Vorlieben, Interessen und die Motivation der Mitglieder besser kennen zu lernen und damit das Angebot der Business Community ständig daran auszurichten und weiterzuentwickeln.

Die Erstellung von Mitgliedsprofilen läuft in der Regel folgendermaßen ab: Das Mitglied gibt im Rahmen der Registrierungsprozedur Basisinformationen über sich selbst an (z.B. Name, Firma, Benutzername, E-Mail-Adresse, Interessen, Angebote etc.). Hier können die Mitglieder auch bevorzugte Inhalte abonnieren und einstellen, welche Informationen sie mit anderen Mitgliedern teilen möchten und welche nicht. Die Einstellungen können dann jederzeit vom Mitglied selbst verändert werden. Das so erstellte Mitgliedsprofil wird immer dann dynamisch aktualisiert und präzisiert, wenn das Mitglied sich in der Community aufhält und aktiv wird. Wenn ein Mitglied beispielsweise im Finanzchannel, nicht aber im Automobilchannel aktiv ist, wird diese Information vom System erkannt und im Mitgliedsprofil gespeichert. Abbildung 4.8 zeigt beispielhaft das Mitgliedsprofil von DL2000.de, einer Dienstleistungs-Community mit derzeit rund 1700 Mitgliedern.

**Abbildung 4.8** Mitgliedsprofil der Dienstleistungs-Community DL2000.de

Im Hinblick auf die Identität der Mitglieder sollte nicht außer Acht gelassen werden, dass auch der Betreiber der Community aus Gründen der Vertrauenswürdigkeit darauf achten sollte, zu zeigen, wer er ist (Kontaktinformation, Company-Profile, Kooperationspartnerschaften etc.). Nichts ist schlimmer, wenn man weder Adresse noch Firmennamen noch sonst etwas findet, das auf die Identität des Betreibers rückschließen lässt.

## Rechtliche Aspekte und Sicherheit in Business Communities

Die Themen Recht und Sicherheit spielen eine zentrale Rolle in Bezug auf den Vertrauensaufbau, vor allem in transaktionsorientierten Business Communities. Obwohl dieser umfassende Themenbereich hier nicht ausführlich behandelt werden kann, sollen trotzdem die wichtigsten Aspekte angerissen werden.

Das so genannte »Internet-Recht« oder »Online-Recht« stellt ein Querschnittsrechtsgebiet dar und ist in einer Vielzahl von Gesetzen, Verordnungen und Richtlinien auf nationaler und internationaler Ebene geregelt. Erst die EU-Richtlinie zur Vereinheitlichung des elektronischen Geschäftsverkehrs schafft zumindest europaweit rechtliche Rahmenbedingungen und damit mehr Rechtssicherheit. Wesentliche Punkte, die in der EU-Richtlinie geregelt sind, betreffen Verträge im Internet, Werbung und Urheberrecht, Domain-Recht sowie Datenschutz im Internet. Auf diese Richtlinie sei an dieser Stelle verwiesen, ebenso wie auf das Handbuch »Recht im E-Business. Internetprojekte juristisch absichern.« (Bange et al. 2001) und den Vortrag »Absolute Rechte in Communities. Begründung, Teilhabe, Transfer.«[26] von RAin Kaeding auf dem dmmv-Diskussionsforum »Business Communities« (Kaeding 2001).

Problematisch ist die Kontrolle der Einhaltung dieser datenschutzrechtlichen Bestimmungen. Da sie für Anbieter mit Sitz im Ausland nicht gelten, kann es für deutsche bzw. europäische Anbieter von Business Communities zu Wettbewerbsnachteilen kommen. Andererseits trägt die Berücksichtigung dieser Bestimmungen zu mehr Transparenz des Anbieterverhaltens bei und kann so das Vertrauen der Anwender in einen fairen Handel stärken. Immer mehr Anbieter im Internet haben die Bedeutung dieses Kundenvertrauens bereits erkannt und ihre Website mit einem so genannten Gütesiegel (s. oben) auszeichnen lassen.

Ein weiterer wichtiger Aspekt zur Steigerung des Vertrauens der Teilnehmer ist die Einhaltung von Sicherheitsaspekten in Business Communities. Grundsätzlich sind die folgenden Sicherheitsaspekte bei Transaktionen in Business Communities zu beachten, um das Vertrauen der Teilnehmer zu in die virtuellen Geschäftsbeziehungen zu stärken:

▶ **Authentizität**
Die Identität der an der Transaktion beteiligten Partner muss eindeutig sichergestellt sein. Für die Rechtsgültigkeit einer Transaktion müssen sich alle beteiligten Partner authentifizieren. Des Weiteren muss

---

26 www.graefe-partner.de

gewährleistet sein, dass die übermittelte Information, z. B. eine Bestellung, echt ist. Wichtige Verfahren der Authentifizierung sind beispielsweise digitale Signaturen, PINs und TANs sowie digitale Zertifikate.

▶ Verschlüsselung

Besonders bei der Weitergabe sensibler Daten (z. B. Kreditkarteninformationen, Kundendaten etc.) muss eine sichere Datenverbindung gewährleistet sein, die einen Zugriff seitens unberechtigter Person auf die Daten unterbindet. Wichtige Verschlüsselungsprotokolle für Anwendungen in Business Communities sind SSL (Secure Socket Layer), S-HTTP (Secure Hypertext Transfer Protocol) oder SET (Secure Electronic Transaction Protocol), das von Visa und Mastercard zur Verschlüsselung von Kreditkarteninformationen entwickelt wurde.

▶ Integrität

Es muss gewährleistet sein, dass die Inhalte echt und nicht verändert bzw. durch einen anderen Inhalt ersetzt wurden. Hier kommen Verfahren wie MAC (Message Authentification Code) und Virenschutzprogramme zum Einsatz.

▶ Nicht-Abstreitbarkeit

Hierunter ist zu verstehen, dass kein Transaktionspartner beispielsweise eine Bestellung oder Bestellbestätigung nachträglich ohne Einverständnis seines Geschäftspartners rückgängig machen kann.

Für die praktische Umsetzung einer transaktionsorientierten Business Community sind sichere Zugriffstechnologien eine Grundvoraussetzung zur Sicherung der Datenbestände, der Datenübertragungswege, der Transaktionsdaten sowie der Zahlungsvorgänge.

## Einbeziehung von Trust Partnern

In virtuellen Geschäftsbeziehungen ist es von zentraler Bedeutung, neutrale und vertrauenswürdige Institutionen oder Personen, so genannte »Trust Partner«, in den Prozess mit einzubeziehen, um den Vertrauensaufbau in der Business Community zu unterstützen. Typische Trust Partner können Banken, Versicherungen, Gutachter, unabhängige Berater oder Forschungseinrichtungen, aber auch Verbraucherschutzorganisationen sein. Trust Partner gibt es in den unterschiedlichsten Ausprägungen und können verschiedene Rollen und Funktionen in Geschäftsprozessen einnehmen.

**Objektive Experten als Trust Partner** Ausgewiesene und bekannte Experten für bestimmte Fachgebiete moderieren entsprechende Bereiche in der Business Community. Durch Ihre ausgewiesene Fachkompetenz und Bekanntheit schaffen sie Vertrauen für die zur Verfügung gestellten Informationen und die geführten Diskussionen. Ein Beispiel hierfür ist die Wissens-Community Competence Site[27], die sich selbst als Coaching-Netzwerk für Manager bezeichnet. Durch die gezielte Einbindung von bekannten und anerkannten Persönlichkeiten aus Wirtschaft, Wissenschaft und Forschung erhalten die Inhalte, die nach den Kategorien Management, Business Systeme, Recht, Branchen und Spezialthemen gegliedert sind, eine objektive Qualität, womit der Anreiz zu einer aktiven Teilnahme geschaffen werden.

Eine weitere Möglichkeit, Trust Partner für den Vertrauensaufbau zu nutzen, besteht in der Zertifizierung der Business Community durch so genannte »Gütesiegel« und im Einsatz von digitalen Signaturen.

Vertrauenssymbole

**Gütesiegel** von unabhängigen Institutionen garantieren den Nutzern das Einhalten von Standards z.B. für sichere Bezahlmethoden und verschlüsselte Datenübertragung. Solche Gütesiegel werden bislang hauptsächlich im B2C-E-Commerce eingesetzt. Im Folgenden seien einige bekannte Beispiele angeführt (vgl. Elm 2001):

▶ **Trusted Shops**[28]: Gütesiegel des Gerling-Konzerns, nach dem seit Anfang 2000 mehr als 120 Online-Shops in punkto Zahlungsverfahren und Sicherheitsmassnahmen zertifiziert sind.

▶ **Sicher Einkaufen im Internet**[29]: Kooperation des rheinisch-westfälischen TÜV mit der Verbraucherzentrale Nordrhein-Westfalen. Zertifizierte Online-Shops erhalten das Siegel »VZ OK«.

▶ **Shopinfo**[30]: Zertifikat »Geprüfter Online-Shop« des Kölner Euro-Handels-Instituts, mit dem sich ca. 50 Online-Shops auszeichnen dürfen.

▶ **BBB Online**[31]: Mehr als 10000 Online-Shops wurden vom »Better Business Bureau« auf Zuverlässigkeit und Datenschutz hin geprüft.

▶ **TRUSTe**[32]: Bekannte Websites wie Yahoo!, Netscape, Infoseek, Excite oder Lycos sind Lizenznehmer der Firma TRUSTe, die bei Erfüllung bestimmter datenschutzrechtlicher Anforderungen das Siegel verleiht.

**Digitale Signaturen** stellen mit der Hilfe kryptografischer Verfahren die Authentizität des Absenders einer Nachricht sicher[33].

---

27  www.competencesite.de
28  www.trustedshops.de
29  www.sicher-einkaufen-im-Internet.de
30  www.shopinfo.net
31  www.bbbonline.org
32  www.truste.org
33  Bekannte Beispiel für Anbieter sind z.B. www.verisign.com, www.d-trust.net, www.telesec.de, www.signtrust.de, www.hypertrust.com, www.datev.de oder www.tctrustcenter.de.

Mit den dargestellten Ausführungen wurde verdeutlicht, dass der Aufbau einer Business-Community-Kultur zum Pflichtprogramm für erfolgreiche Geschäftsgemeinschaften im Internet gehört. Es ist Aufgabe des Community Managements entsprechend den Community-Zielen geeignete Maßnahmen zu ergreifen, um den Aufbau der Business-Community-Kultur zu unterstützen und den Mitgliedern damit Orientierung, Motivation und Vertrauen für die Teilnahme zu bieten.

Um die Rolle und Funktion von Trust Partnern in virtuellen Geschäftsbeziehungen beispielhaft darzustellen, wird nachfolgend ein Szenario einer B2B-Geschäftsgemeinschaft am Beispiel eines so genannte »Collaborative Business Networks« (CBN) beschrieben. Das dargestellte CBN ist eine Kooperation von Bank als Trust Partner und Systemhaus als Plattformanbieter.

## 4.6 Fallstudie: Die Rolle des Trust Partners in einem Collaborative Business Network[34]

**Die Grundidee**  Die zunehmende Konzentration der Unternehmen auf ihre Kernkompetenzen macht es notwendig, komplementäre Kernkompetenzen verschiedener Unternehmen entlang einer Wertschöpfungskette zu konzentrieren. Dies ist zwar in vielfältiger Weise möglich, aber oftmals mit steigenden Transaktionskosten durch System- und Medienwechsel verbunden. Eine der aktuelleren Möglichkeiten besteht in der Nutzung von elektronischen Marktplätzen, doch auch hier entstehen hohe Transaktionskosten durch die Schwierigkeiten, die der Integration der Geschäftsprozesse in die eigenen Systeme erwachsen.

Eine Lösungsmöglichkeit ist die Vernetzung der beteiligten Unternehmen über die zentrale Infrastruktur einer Business Community. Bei herkömmlichen elektronischen Abbildungen von Geschäftsprozessen (z. B. via EDI) muss jeder Geschäftspartner – ungeachtet des in Zukunft abzuwickelnden Transaktionsvolumens – Anwendungen in die eigenen EDV-Systeme implementieren und passende Schnittstellen zu seinen bestehenden Anwendungssystemen entwickeln und pflegen. Zu den für sich selbst genommen schon hohen Investitions- und Betriebskosten kommen noch jene Kosten hinzu, die bei der von Überwindung von Medienbrüchen an den Schnittstellen (Fax, Telefon etc.) verursacht werden.

Eine Business Community in Form eines Collaborative Business Networks (CBN) beinhaltet Anwendungen zur Darstellung von Geschäftsprozessen,

---

34 Beitrag von Steffen Jentsch, Abteilungsleiter Vertrieb&Kundenservice Cash Management & Electronic Banking, Landesbank Hessen-Thüringen (Helaba)

und dies unabhängig vom jeweiligen EDV-System des Kunden. Es muss lediglich ein Zugang zu jeder einzelnen Anwendung geschaffen werden. So können die Teilnehmer ihre Prozesse durch die Kombination eigener Anwendungen mit den ergänzenden Anwendungen einer Plattform optimieren. Medienbrüche zwischen den Teilnehmern werden durch ein einheitliches Schnittstellenkonzept (analog einer Middleware) vermieden. Darüber hinaus bietet ein Collaborative Business Network einfache Zugangsmöglichkeiten (Frontends) für Kunden ohne eigene Unternehmenssoftware.

Für die Teilnehmer der Plattform, sowohl für Kunden als auch für Lieferanten, bedeutet dies eine deutliche Prozesskostenreduktion, da bisher getrennte Prozesse untereinander vernetzt und Medienbrüche vermieden werden. Die Prozessintegration erfolgt entlang der Wertschöpfungs- und Logistikketten (Supply Chain Management/Efficent Consumer Response). Die namentlich bekannten und authentifizierten Teilnehmer wickeln ihre Geschäftsprozesse über eine zentrale Plattform ab, die die Sicherheit und Anonymität der Daten garantieren kann. Hier bietet sich eine Bank mit Bankenrechenzentrum als Trust Partner an.

Da nicht alle Geschäftspartner der Teilnehmer sich an dem geschlossenen Collaborative Business Network beteiligen, sind die Schnittstellen zu weiteren geschlossenen, halboffenen oder offenen B2B-Netzwerken gegeben. B2B-Transaktionen können demnach auch aus und zu bestehenden branchen- und firmenspezifischen Lösungen oder Internet-Marktplätzen stattfinden. Daneben kann weiterhin die herkömmliche Art der Abwicklung von Transaktionen mit Geschäftspartnern (z. B. per Telefon, Fax, Post usw.) erfolgen.

**Partner**

Das Vorhaben ist Ergebnis von gemeinsamen Überlegungen der Siemens SBS/IST, dem Softwarehaus Lipro AG und der Landesbank Hessen Thüringen als Trust Partner und Anbieter von Finanz- und Sicherheitsdienstleistungen.

**Beispielhafter Transaktionsprozess**

Die Integration aller Geschäftsprozesse entlang einer definierten Wertschöpfungskette ist Grundvoraussetzung für die vollständige Realisierung der Optimierungspotenziale innerhalb des eigenen Unternehmens (siehe Abbildung 4.9). Die CBN-Wirtschaftsplattform bietet den Teilnehmern die Möglichkeit, Kunden-Lieferanten-Beziehungen in integrierter Form abzubilden. Das heißt, im Rahmen des Netzwerkes können neben Bestellvorgängen, Finanzdienstleistungs- und Warenwirtschaftsprozessen auch Logistik-, Verwaltungs- und Produktionsprozesse dargestellt werden.

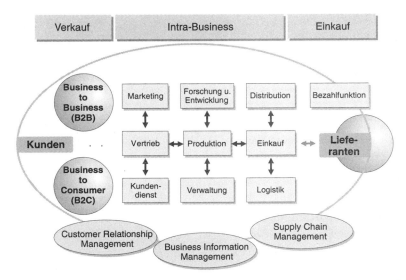

**Abbildung 4.9** Integration interner und externer Geschäftsprozesse über das Collaborative Business Network

**Technische Anbindung der Teilnehmer**

Um den Teilnehmern einen unkomplizierten Zugang zur CBN-Business Community zu eröffnen, kann dem Kunden ein Netzwerk-Terminal – eine so genannte »S-Box« – zur Verfügung gestellt werden. Die S-Box ist ein integrierter Netzwerkrechner mit Festplatte, der über ISDN mit dem Rechenzentrum der Helaba verbunden wird. Sie kann wahlweise als alleinige IT-Lösung beim Kunden (etwa bei Handwerks- und Kleinbetrieben) oder als Schnittstelle zwischen dem firmeninternen Netzwerk und der CBN-Business Community dienen.

Bei Anschluss von großen Firmen oder bei hohem Datentransfervolumen kann statt der S-Box eine individualisierbare Großkunden-Standardlösung verwendet werden.

Firmen mit eigenem Intranet und bereits vorhandener betriebswirtschaftlicher Software können die S-Box über die so genannte »EDI-Mailbox« als Software-to-Software(S-2-S)-Schnittstelle einsetzen. Durch Konvertierung der Daten in ein einheitliches Standardformat über den so genannten »Universal Communication Processor« (UCP) werden Medienbrüche in den Kommunikationsketten vermieden. Durch den Einsatz eines Mailboxsystems wird die asynchrone Kommunikation ermöglicht. Der UCP kann auch ohne Einsatz der S-Box auf Servern des Marktplatzteilnehmers direkt betrieben werden.

Der UCP transferiert Daten aus beliebigen Systemen in ein definiertes »Babel-Format«. Zu jedem neuen System wird die Schnittstelle einmalig erzeugt. Das »Babel-Format« basiert auf dem EDI-Standard, die Konvertierung erfolgt unter Einsatz von XML. Durch den Einsatz des UCP können die betriebswirtschaftlichen Systeme der Teilnehmer des CBN ohne Medienbrüche miteinander kommunizieren.

Im Folgenden ist die Produkt- und Servicepalette aufgeführt, die den Teilnehmern angeboten wird:

▶ **Organisatorische Dienstleistungen**
elektronische Prozessintegration durch Datentransformation in ein einheitliches, für alle Netzwerkteilnehmer verständliches Format, Beratung beim Aufbau der Prozessintegration

▶ **Technische Dienstleistungen**
Application Service Providing (ASP) betriebswirtschaftlicher Software-Lösungen: Branchenlösungen, PPS, Warenwirtschaft, Einkauf, Vertrieb, Finanzbuchhaltung usw., Implementierung und Integrationsdienstleistungen in bestehende IT-Lösungen, IT-Management für kleine und mittlere Unternehmen, Ergänzung unternehmensinterner Kompetenz in den Bereichen IT, E-Business, Change Management, Bereitstellung, Wartung und Weiterentwicklung der Infrastruktur sowie der Software-Lösung, Bereitstellung der Sicherheitsinfrastruktur, Firewallsystem, Rechenzentrum, Aufbau und Betrieb von Web-Shops und Internet-Marktplätzen (E-Marketplace und Webshop Providing)

▶ **Finanzdienstleistungen**
Abwicklung von Zahlungsvorgängen und Finanztransaktionen online, EDI-Finanzclearing, Bonitätsanalyse, weitere bankspezifische Dienstleistungen

▶ **Informations- und Kommunikationsdienstleistungen**
Bereitstellung von EDI Mailboxen zum asynchronen Austausch von Daten, Bereitstellung von aktuellen, teilweise exklusiven Markt- und Wettbewerbsinformationen (Content Providing), Authentifizierung der Geschäftspartner

▶ **Servicedienstleistungen**
Hotline 24 Stunden pro Tag an 7 Tagen der Woche

Die Beteiligung einer Bank an der Business Community ist über die Bereitstellung von Finanzdienstleistungen hinaus wichtig als Partner des Vertrauens (Trust Partner) der Unternehmen.

*Vertrauen als zentraler Erfolgsfaktor*

Das Know-how in der Verarbeitung sensibler Daten, kombiniert mit der Rolle als neutraler Intermediär in den Geschäftsbeziehungen der Transaktionspartner ist eine wichtige Kompetenz der Helaba, die sie bereits in ihrer Funktion als Girozentrale seit Jahrzehnten unter Beweis gestellt hat. Diese Kompetenz setzt sich aus meherern Komponenten zusammen:

▶ **Sicherheit**
Die Daten- und Transaktionssicherheit ist ein wesentlicher Faktor, um das Vertrauen der Unternehmen in das Collaborative Business Network zu gewährleisten. Durch den Einsatz der S-Box oder anderer Zugangsmedien ist der Zugang zum Collaborative Business Network mehrfach gesichert: eindeutige, personengebundene Identifikation durch Chipkarte, PIN, Seriennummer der S-Box und ISDN-Rufnummer. Zur Datenübertragung wird ein gesichertes Übertragungsprotokoll auf ISDN-Basis herangezogen, das Abhörschutz und Authentifizierung der Teilnehmer gewährleistet. Dieses Protokoll ermöglicht darüber hinaus den unkomplizierten Aufbau von Virtual Private Networks (VPN) in Teilnehmergruppen. Filialisten oder Franchise-Unternehmen können so ein eigenes, abhörsicheres, unternehmensweites Intranet als Subnetz des Collaborative Business Network aufbauen. Darüber hinaus ist das Rechenzentrum der Bank als mehrfach ausfallgesichertes Hochsicherheitsrechenzentrum ausgelegt. Dies, kombiniert mit der über Jahrzehnte aufgebauten Kompetenz der Verarbeitung hochsensibler Daten, stellt ein besonderes Alleinstellungsmerkmal dar. Kaum ein Unternehmen kann bisher über eine solche Infrastruktur verfügen. Zusätzlich wird hier die Wartung, Weiterentwicklung, Antizipation und der Nachvollzug von Technologiewandel zentral angeboten. Insgesamt verringert sich dadurch auch die Gefahr von Fehlinvestitionen für die einzelnen Unternehmen.

▶ **Neutralität**
Die Vermeidung von Einflussnahme auf die Teilnehmer und Partner der CBN-Business Community, ist Basis für die vertrauensvolle Zusammenarbeit der Teilnehmer. In der Praxis scheitern Business Communities häufig daran, dass die Partner des Netzwerks nicht bereit sind, die benötigten Daten offenzulegen, da sie eine Beeinträchtigung der individuellen Wettbewerbssituation befürchten. Die CBN-Business Community gewährleistet, dass die Teilnehmer nur die für den speziellen Partner und den spezifischen Geschäftsprozess notwendigen Daten zu den bisher bereits vereinbarten Konditionen austauschen. Zur Neutralität der Lösung zählt selbstverständlich auch, dass jedes Unternehmen die bestehende Bankverbindung weiternutzen kann und keine Bank-

verbindung mit der Helaba eingehen muss. Diese absolute Neutralität ist darüber hinaus Grundvoraussetzung dafür, diese Lösung an Dritte weiter vermarkten zu können. Insbesondere zu virtuellen Marktplätzen bildet die CBN-Business Community ein Komplementärprodukt, da diesen Lösungen meist die Prozessintegration, der auf dem Marktplatz getätigten Geschäfte in die Kundensysteme fehlt.

▶ **Vertrauen**
Solange die Unternehmen ausschließlich ihre bestehenden Kunden- und Lieferantenbeziehungen abbilden, verändert sich wenig. Durch die Vernetzung auf der CBN-Business Community entsteht jedoch automatisch ein Marktplatz, dessen Teilnehmer nicht allen anderen Teilnehmern bekannt sind. Diese Situation ähnelt der Handelssituation des Mittelalters, als die Händler über weite Entfernungen reisten und Geschäftspartner zusammentrafen, die sich nicht kannten. Auch damals konnten Banken unterstützend wirken. Um dies auf den elektronischen Marktplatz der CBN-Business Community zu übertragen, stellt die Helaba durch Unterstützung einer Bonitätsanalyse den Teilnehmern eine neutrale Basis zur gegenseitigen Beurteilung zur Verfügung.

Für den Erfolg am Markt kommt der Helaba eine besondere Bedeutung zu. Das Image der Helaba als seriöser, aber innovativer Partner im Firmenkundengeschäft, verbunden mit der Expertise im Electronic Banking, ist ein zentraler Erfolgsfaktor. Des Weiteren bildet die Helaba das Tor zu den Sparkassen der Sparkassenfinanzgruppe und deren Kunden als potenzielle Nutzer der Business Community. Bereits heute ist die Helaba selbst mit einer Vielzahl von Großkunden über die Electronic-Banking-Zugangsschicht vernetzt. Letztlich verfügt die Helaba über eine Banklizenz, die es ihr erlaubt, die für eine vollständige Prozessintegration notwendigen Finanzdienstleistungen anzubieten.

*Die Rolle der Helaba als Trust Partner*

Nutzen für die Beteiligten:

▶ **Nutzen für die Helaba als Trust Partner**
Der Helaba dient die Business Community als neuartiges Vertriebsnetzwerk, mit dessen Hilfe digitalisierte Bankprodukte direkt in die Prozessketten der Kunden integriert werden können. Neben dem materiellen Gewinn steht auch der Imagegewinn im Vordergrund, der aus einer zeitgemäßen Lösung entspringt. Außerdem ist der Marktplatz für die Bank ein idealer Ausgangspunkt für eine unternehmensweite E-Business-Strategie. Neben diesen indirekten Nutzenaspekten profitiert die Bank direkt von den Geschäftsbeziehungen, die durch die Zahlungsabwicklung der Geschäftspartner auf dem Marktplatz entstehen.

▶ **Nutzen für die Sparkassen**

Für die Sparkassen bietet die CBN-Business Community neben neuen Ertragsquellen die Möglichkeit, die Kunden enger an sich zu binden und die Kompetenz im E-Business zu erweitern. Die Digitalisierung von Bankprodukten stellt zwar grundsätzlich eine Bedrohung der traditionellen Produktpalette der Sparkassen dar, sie können aber durch ein »White-label-Produkt«, das durch die Helaba den Sparkassen zur Verfügung gestellt wird, aktiv dieser Bedrohung begegnen und das neue Geschäftsfeld besetzen.

▶ **Nutzen für die Kunden**

Die Kooperation von Unternehmen über die CBN-Business Community führt zu einer Verbesserung der Wettbewerbsposition der Teilnehmer gegenüber Unternehmen außerhalb des Netzwerkes. Darüber hinaus lassen sich durch Skalen- und Verbundeffekte (economies of scale and scope) Kostendegressionen realisieren und durch Partnerschaften in der Produktentwicklung und im Vertrieb Kosten, Risiken und Entwicklungszeiten reduzieren. Gleichzeitig erhöht sich die Qualität der Produkte und Dienstleistungen und ebnet durch flexible Kapazitätsausnutzung den Zugang zu neuen Kunden und Märkten.

# 5  Wissensmanagement

*Da wusste ich auch noch nicht, was ich heute weiß.*
*(Mahatma Gandhi)*

In diesem Kapitel werden die Potenziale von Business Communities für das Wissensmanagement behandelt. Es werden Ansätze für ein Kennzahlensystem aufgezeigt, das zur Messung dieser Potenziale eingesetzt werden kann.

## 5.1  Herausforderung Wissensmanagement

Die Mehrzahl der Unternehmen nutzt nur einen Bruchteil des ihnen zur Verfügung stehenden Wissens, so die Kernaussage verschiedener Studien zum Thema Wissensmanagement (siehe Deutsche Bank/Fraunhofer IAO 1999, Versteegen/Mühlbauer 1999). Als Hauptgründe hierfür werden fehlende Methoden für die Identifikation und Aufbereitung von individuellem Expertenwissen sowie für dessen Transfer in unternehmensweit verfügbares Wissen genannt. Des Weiteren mangelt es an technischen Plattformen, die einen zielorientierten Wissensaustausch unterstützen.

**Wissensmanagement in Business Communities**

Zum erfolgreichen Management des Produktionsfaktors Wissen muss demnach nicht nur den betriebswirtschaftlichen Einflussfaktoren Rechnung getragen werden. Individuelle Wissens- und Lernbarrieren stehen den Zielsetzungen des Wissensmanagements entgegen.

In einem anderen Umfeld hingegen funktioniert dieser Wissenstransfer. Im Internet haben sich Communities als Medium für die Kommunikation zwischen Spezialisten etabliert. Teilnehmer mit gleichen Interessen finden sich unabhängig von geografischen oder zeitlichen Restriktionen zusammen, um Erfahrungen auszutauschen, Informationen zu publizieren, Diskussionen zu führen oder sich bei Fragestellungen gegenseitig zu helfen.

Besondere Bedeutung kommt hierbei dem Aspekt zu, dass diese Wissenskommunikation in den elektronischen Foren der Communities auf den ersten Blick ohne zentrale Steuerung oder zentral initiierte Anreizsysteme auskommt.

Die Definition von Wissen variiert je nach Autor, Fachgebiet und Vorverständnis erheblich. Eine erste Annäherung an den Wissensbegriff kann über die Abgrenzung der Begriffe Zeichen, Daten, Information und Wissen erreicht werden (siehe Abbildung 5.1).

**Aus was besteht Wissen?**

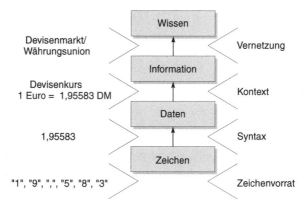

**Abbildung 5.1** Wissen und Information

Zeichen werden durch Syntaxregeln zu Daten. Auf dieser Ebene der Begriffshierarchie können noch keine Aussagen über den Verwendungszweck der Daten gemacht werden. Erst wenn den Daten ein Bedeutungsgehalt zugewiesen wird, sie also in einen Kontext gestellt werden, wird aus Daten Information. Wissen stellt in dieser Begriffshierarchie die höchste Stufe dar und ist das Resultat einer Verarbeitung und Vernetzung wahrgenommener Informationen durch das Bewusstsein: Die aufgenommenen Informationen werden mit bestehendem Wissen vernetzt und erweitern so das Wissen.

**Definition von Wissen**  Das Begriffsverständnis von Wissen in diesem Abschnitt orientiert sich an der Definition von (Davenport/Prusak 1998: 32):

> *Wissen ist eine fließende Mischung aus strukturierten Erfahrungen, Wertvorstellungen, Kontextinformationen und Fachkenntnissen, die in ihrer Gesamtheit einen Strukturrahmen zur Beurteilung und Eingliederung neuer Erfahrungen und Informationen bietet. Entstehung und Anwendung von Wissen vollzieht sich in den Köpfen der Wissensträger.*

Aus dieser Definition wird deutlich, dass dem Menschen als Träger und Anwender von Wissen besondere Bedeutung zugemessen werden muss. Personen geben üblicherweise von sich aus nur einen geringen Teil ihres Wissens preis. Der Grund hierfür kann in so genannten »individuellen Teilungsbarrieren« gesehen werden. So besteht der Wert von Wissen aus Sicht des Individuums zu einem erheblichen Teil darin, dass dieses Wissen gerade nicht allen Personen zugänglich ist. Ist dennoch die Bereitschaft und die Zeit zum Teilen von Wissen vorhanden, so muss zunächst Klarheit bestehen, in welcher Form dieses Wissen mit welchen Methoden zur Verfügung gestellt werden soll. Zur Beantwortung dieser Frage ist es wiederum erforderlich, zu wissen, welche Personen welches Wissen in welcher Form benötigen. Diese Fragestellungen verdeutlichen die Problemstellungen des Ansatzes, das für die Organisation relevante Wissen von Personen möglichst vollständig externalisieren zu wollen.

Demnach ergibt sich grundsätzlich die Fragestellung, in welchen Fällen es sinnvoll ist, Wissen auf externe Repräsentationssysteme abzubilden, und unter welchen Prämissen es besser ist, die direkte Kommunikation zwischen den Wissensträgern zu fördern. Unter Externalisierung wird die Umwandlung von personengebundenen Wissen (Wissen in den Köpfen) in personenungebundenes Wissen (z. B. in Papierform/in Datenbanken) verstanden.

**Externalisierung von Wissen**

Szenarien der Externalisierung von Wissen haben ihre Stärken bei der Standardisierung und Nutzung strukturierten Wissens, um klar definierte Lösungen umzusetzen. Die direkte Kommunikation zwischen Personen nimmt eine untergeordnete Rolle ein und erfolgt nur bei speziellen Fragestellungen. Demzufolge stehen bei diesem Ansatz Methoden im Vordergrund, die auf die Strukturierung des relevanten Wissens sowie dessen Darstellung in einem Informationssystem abzielen.

Der Erfolg dieser Szenarien ist von verschiedenen Prämissen abhängig. So muss vor der Externalisierung des Wissens im Wesentlichen bekannt sein, welches Wissen in welcher Form von welchem Personenkreis nachgefragt werden wird. Des Weiteren ist eine adäquate Aufbereitung des externalisierten Wissens für die Akzeptanz der Wissensnutzer und damit für den Erfolg der anschließenden Internalisierung von entscheidender Bedeutung (Nonaka/Takeuchi 1995: 253). Diese Überlegungen verdeutlichen, dass dieses Szenario lediglich für standardisierbare Aufgaben des Wissensmanagements geeignet ist.

**Förderung der Kommunikation**

Bei Szenarien, die auf der Entwicklung neuen Wissens auf der Basis wenig strukturierten Wissens beruhen, stößt diese Vorgehensweise an ihre Grenzen. In diesen Fällen erscheint die Förderung der Kommunikation zwischen den Wissensträgern und den Nachfragern von Wissen geeigneter. Als eine mögliche Ausprägung dieses Szenarios sei an dieser Stelle die Erarbeitung innovativer Kundenlösungen, die auf Integration von Erfahrungswissen beruhen, genannt. So können Forumsbeiträge von Produkt-Communities wertvolle Hinweise für die Entwicklung zukünftiger Produkteigenschaften liefern.

In diesen wenig strukturierten Prozessen des Wissensmanagements treten individuelle Teilungsbarrieren verstärkt in den Vordergrund, da das individuelle Wissen oftmals als ein Teil der persönlichen Machtbasis verstanden wird. Der Wert von Wissen besteht nicht zuletzt zu einem großen Teil darin, dass dieses Wissen nicht allen Personen frei zugänglich ist. Aus Sicht des Wissensmanagements kommt erschwerend hinzu, dass das Teilen von Wissen aus Sicht des Wissensträgers mit einem gewissen Aufwand verbunden ist, dem oftmals kein direkter persönlicher Nutzen zuzuordnen ist.

Aufgrund dieser Überlegungen erscheint die Förderung der direkten Kommunikation die einfachste und effizienteste Form, Wissen zu teilen. Bei diesem Vorgehen können die Modalitäten für das Teilen von Wissen zwischen dem Wissensträger und dem Nachfrager des Wissens ausgehandelt werden. Die Entscheidung, Zugriff auf einen Teil des individuellen Wissens zu ermöglichen, kann durch Anreizsysteme und kulturelle Rahmenbedingungen gefördert werden. Letztendlich liegt diese Entscheidung jedoch beim Wissensträger.

Szenarien Wissensnetz und Wissenswarehouse

Die vorangestellten Unterscheidungen werden nachfolgend in die grundlegenden Szenarien Wissenswarehouse und Wissensnetz zusammengefasst. Der Begriff des Wissenswarehouse wurde in Anlehnung an den Begriff des Data Warehouse in der IT gewählt. Es repräsentiert eine logisch einheitliche und konsistente Datensammlung. Der Begriff Wissensnetz soll die Verknüpfung zwischen Wissensbestandteilen und Wissensträgern hervorheben. Nachfolgend werden beide Szenarien kurz skizziert und anschließend einander tabellarisch gegenüber gestellt:

▶ Beim **Wissenswarehouse** steht die Standardisierung und Nutzung strukturierten Wissens im Vordergrund, um darauf aufbauend klar definierte Lösungen umzusetzen. Entsprechend liegt der Fokus auf der Strukturierung des relevanten Wissens und der Darstellung des Wissens in einem IT-System. Die direkte Kommunikation zwischen Personen erfolgt nur in Ausnahmefällen.

▶ Im Szenario **Wissensnetz** steht die Entwicklung neuen Wissens, das auf der Integration und Kombination von Erfahrungswissen beruht, im Vordergrund. Der Fokus liegt auf der Identifikation von Wissensträgern und der Zusammenführung der Mitarbeiter zu realen und virtuellen »Erfahrungsaustauschgruppen« zur Förderung der Kommunikation.

Tabelle 5.1 stellt die Szenarien Wissensnetz und Wissenswarehouse einander gegenüber.

| Kriterium | Wissenswarehouse | Wissensnetz |
|---|---|---|
| Philosophie | Externalisierung von Wissen:<br>Externalisierung und Repräsentation von Wissen | Etablierung von Metawissen:<br>Verweis auf menschliche Wissensträger |
| Anwendungs-bereich | strukturierte Problembereiche<br>Ziel vorgegeben<br>Relevanz von Informationen bekannt<br>Folgen von Entscheidungen absehbar<br>verifizierbare Lösungen lassen sich logisch erschließen<br>wiederverwendbare Lösungen | unstrukturierte Problembereiche<br>Ziel nicht vorgegeben<br>potenziell unendlich viele mögliche relevante Fakten<br>Abhängigkeiten von Ereignissen unbekannt<br>begrenzte Wiederverwendbarkeit von Lösungen |
| Unterstützungs-potenzial Künstli-che Intelligenz (KI) | hoch | gering |
| Wissenbedarf | hinreichend bekannt | nicht genau spezifizierbar |
| Zeitpunkt der Wissensteilung | Externalisierung von Wissen im Vorfeld | bei Bedarf |
| Wissenstransfer | Aufwand liegt überwiegend beim Wissensträger | bilaterales Aushandeln der Modalitäten für die Teilung von Wissen |
| Methoden zur Abbildung des Wissens | Methoden zur Strukturierung des relevanten Wissens sowie dessen Darstellung in einem Informationssystem | Verweis auf Wissensträger sowie Darstellung derer Expertise |
| Rolle der Informa-tionstechnologie | zentral, Speicherung und ggf. Verarbeitung von Wissen | Hilfsmittel zur Unterstützung der Information und Kommunikation |
| Zugriff auf Wissen | Zugriff auf Daten des IT-Systems mit Methoden des Information Retrieval sowie des Data Mining<br>Nutzung eines Expertensystems | Kontaktaufnahme und Kommunikation mit Wissensträger |

**Tabelle 5.1** Szenarien Wissensnetz und Wissenswarehouse (Quelle: Waltert 2001)

## 5.2 Wissens-Communities

Business Communities bieten eine Plattform, auf der die Teilnehmer aus Eigeninteresse an einem Wissensgebiet miteinander kommunizieren und Wissen austauschen können. Geografische und zeitliche Restriktionen treten hierbei in den Hintergrund.

Unterstützung durch Business Communities

Die Kommunikation in Business Communities findet synchron in Chats oder asynchron in Foren statt. Gerade bei den Foren ist die elektronische Speicherung der Kommunikation der Experten hervorzuheben. Auch Personen, die nicht direkt an der Kommunikation beteiligt waren, können im

Nachhinein über die Beiträge in den Foren auf das kommunizierte Wissen zugreifen. Die Teilung und Nutzung von Wissen kann daher zwischen allen Teilnehmern der Business Communities erfolgen.

An dieser Stelle sei darauf hingewiesen, dass die Bereitschaft zu kommunizieren und Wissen auszutauschen bei den potenziellen Nutzern vorhanden sein muss. Business Communities bieten die technische Plattform, um dieses Bedürfnis zu befriedigen. Darüber hinaus bietet sie die Chance, durch Mehrwertdienste die Teilung und Nutzung von Wissen zu verbessern.

**Fallbeispiel Experts-Exchange: Anreizsysteme** Ein Beispiel für eine Business Community, die auf der Kommunikation zwischen Experten beruht, ist »Experts-Exchange«[1]. In diesem Expertennetzwerk waren im März 2001 rund 50000 Benutzer registriert, die Top10 der Themengebiete liegen im Bereich der Programmiersprachen und der Konfiguration von Software. Das System beruht auf der Vergabe von Frage- und Expertisepunkten, d.h., das Stellen von Fragen kostet Punkte, die Beantwortung von Fragen bringt Punkte. Der Wissensaustausch hat einen kommerziellen Hintergrund. Aufbauend auf einem gebührenfreien Basispaket kostet ein erweiterter Zugang mit mehr Fragepunkten und erweiterten Recherchemöglichkeiten 19,95 US-Dollar pro Monat.

Innerhalb dieses Netzwerks können die Benutzer Fragen stellen, die mit Punkten versehen sind. Wird diese Frage von einem Experten beantwortet und akzeptiert der Fragende die Antwort, so werden dem Experten die veranschlagten Punkte von dem Konto des Fragenden gutgeschrieben. Auch ist es möglich, sich schon beantwortete Fragen anderer Benutzer anzusehen. Diese kosten dann nur ein Bruchteil der ursprünglich veranschlagten Punkte. Das Punktesystem soll auch dazu dienen, ein Abgleiten in belanglose Diskussionen zu vermeiden.

Experten zeichnen sich in diesem Netzwerk durch ihre Antworten aus, belegbare Expertisen wie beispielsweise Zertifikate und Studienabschlüsse sind nicht von Belang. Dies soll dazu dienen, dass sich jede Person ohne Vorbehalte engagieren kann. Lediglich durch die getätigten Antworten gewinnen Experten Ansehen bei anderen Mitgliedern. Dienste wie Expertenranglisten (»Top15 Topic Experts«) und »Expert of the week« dienen ergänzend zu den monetären Anreizen als Motivation für die Beantwortung von Fragen (siehe Abbildung 5.2).

---

1  www.experts-exchange.com

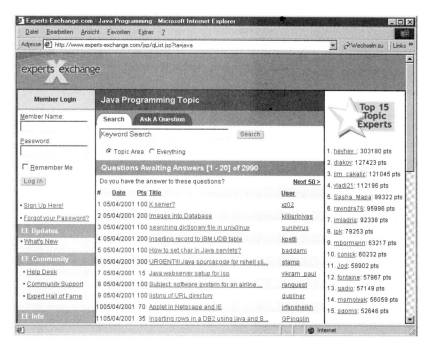

**Abbildung 5.2** Punktesystem bei Experts-Exchange

In dem geschilderten Fallbeispiel funktioniert der Wissensaustausch zwischen den Experten nicht zuletzt aufgrund des Anreizes in Form des Punktesystems. Lösungen zu Fragestellungen können in dem Themenfeld der Programmierung und Systemadministration einfach ausprobiert werden. Funktioniert die Lösung nicht, so wird die Antwort nicht akzeptiert und man versucht sich an einem weiteren Lösungsansatz (siehe Abschnitt 4.5).

Für Business Communities treten weitere Fragestellungen in den Vordergrund:

▶ Wie kann das in den Business Communities vergleichsweise unstrukturiert vorliegende Wissens in strukturiertes und ggf. validiertes Wissen der beteiligten Organisation (Wissenswarehouse) überführt werden?

▶ Wie können Experten identifiziert und deren Expertisen beurteilt werden?

Zur Überführung von Wissen aus den Business Communities in das Wissenswarehouse sind menschliche Experten erforderlich. So zählt es beispielsweise zur Aufgabe der Moderatoren von Business Communities, häufig gestellte Fragen sowie die dazugehörigen Antworten zusammenzufassen. Das komprimierte Wissen kann dann beispielsweise in Form von FAQ oder einem Hilfesystem den Benutzern zur Verfügung gestellt werden.

Identifikation von Experten Die nachfolgenden Ausführungen konzentrieren sich auf den Ansatz der Identifikation von Experten in Business Communities sowie der Beurteilung von deren Expertise. Wie noch dargestellt werden wird, kann dieser Ansatz durch Mehrwertdienste unterstützt werden. Ein Eingriff von Moderatoren und demnach die Bindung von Personalressourcen ist nicht erforderlich.

Business Communities unterstützen die Etablierung von Metawissen über menschliche Wissensträger. Durch die Teilnahme von Personen an Foren zu bestimmten Themengebieten können erste Rückschlüsse bezüglich deren Interessens- und Wissensgebiete gezogen werden. Die Detaillierung und Fundierung dieser ersten Einschätzung kann anhand einer näheren Betrachtung der Beiträge dieser Personen innerhalb des Forums erfolgen.

Fallbeispiel Consors: Expertenprofil Als ein Fallbeispiel sei auf die Community des Discount Brokers Consors[2] verwiesen. Stößt ein Leser in dem Diskussionsforum auf einen für ihn interessanten Beitrag, so kann er über einen Hyperlink direkt zur Homepage des Autors des Beitrags springen. Dort werden ihm er dessen und sowie die letzten 50 Beiträge im Forum angezeigt (siehe Abbildung 5.3).

Zusätzlich verfügt das Forum über die Funktion, mit der Leser Beiträge bewerten können. In dem Forum von Consors reicht die Skala von »genial« über »gut« bis hin zu »unseriös«. Diese Informationen tragen wesentlich dazu bei, die Expertise des Autors abschätzen zu können.

Entsprechend sollten Business Communities aus Sicht des Wissensmanagements ihren Mitgliedern die Möglichkeit bieten, eine persönliche Homepage zu erstellen und Beiträge in Foren zu bewerten. Die Nutzung dieser Funktionen sollte allerdings freigestellt bleiben.

Des Weiteren besteht die Möglichkeit, diese von den Mitgliedern eingegebenen Informationen um systemseitig gesammelte Informationen zu ergänzen. Die Analyse der für diesen Ansatz zur Verfügung stehenden Informationen ist Gegenstand des nächsten Abschnitts.

---

2  www.consors.de

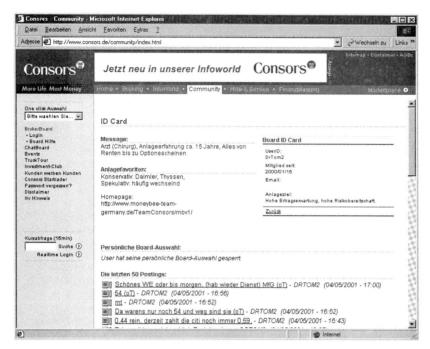

**Abbildung 5.3** Expertenprofil

## 5.3 Analyse der Kommunikation

In den vorangegangenen Abschnitten wurde gezeigt, dass Expertenprofile und Anreizsysteme zur Förderung der Kommunikation einen wertvollen Beitrag für das Wissensmanagement in Business Communities liefern. In diesem Abschnitt soll gezeigt werden, welche Kennzahlen erhoben werden können, um das Potenzial einer spezifischen Business Community für das Wissensmanagement abzuschätzen.

Die Erhebung und Verfolgung dieser Kennzahlen über einen längeren Zeitraum hinweg bildet auch die Grundlage für Interventionen und die Beurteilung des Erfolges von durchgeführten Maßnahmen. So kann beispielsweise der Erfolg eines neu eingeführten Anreizsystems gemessen werden.

Für die methodische Erfassung der Kommunikation in elektronischen Foren können grundsätzlich die Methoden Befragung, Beobachtung und Inhaltsanalyse angewandt werden. Alle drei Methoden sind sowohl zur Untersuchung der Merkmale der Nutzung als auch zur Erfassung ihrer Determinanten und ihrer Konsequenzen geeignet. Generell profitieren

*Methoden zur Messung von Kommunikation*

internetbezogene Studien – und so gerade auch die Erfassung der Kommunikation in Business Communities – von einer Kombination der unterschiedlichen Methoden.

Mittels Befragungen können beispielsweise die Gründe für die Teilnahme an der Kommunikation und der dadurch erzielte Nutzen erhoben werden. Ergänzend machen Inhaltsanalysen es möglich, herauszufinden, ob die Ersteller von Beiträgen eher Fragen stellen oder aber beantworten und wie hoch der Anteil an ungerichtet zur Verfügung gestelltem Wissen ist. Beide Methoden erfordern aus Sicht des Betreibers der Business Communities den Einsatz von Personen zur Auswertung der Benutzereingaben sowie zur Interpretation der Ergebnisse. Mittels Methoden der Beobachtung können hingegen Kennzahlen vollständig automatisiert für das Wissensmanagement erhoben werden. Bei der automatischen Beobachtung der Kommunikation in Business Communities macht man es sich zunutze, dass im Netz sämtliche zwischenmenschlichen Kommunikations- und Interaktionsakte digital erfolgen, weshalb sie sowohl automatisch als auch vollständig registrierbar sind.

**Analyse von Protokolldateien**

Die Mitglieder von Business Communities hinterlassen bei deren Nutzung digitale Spuren, die in so genannten »Log-Files« (kurz: logs) protokolliert werden. Diese Log-Files dienten ursprünglich aus technischer Sicht primär der Leistungs- und Fehleranalyse des Systems. Heutzutage werden diese Daten hauptsächlich dafür eingesetzt, Zugriffsstatistiken auf Web-Sites zu erheben, um so den Erfolg von Marketingmaßnahmen zu evaluieren.

Business Communities vereinen eine Vielzahl von Diensten, die alle über einen einheitlichen Client, den Webbrowser, zugänglich sind. Sämtliche Informationen, die zum Webbrowser gelangen, werden von dem Webserver bereitgestellt. Dadurch kann sowohl der lesende Zugriff auf Beiträge in Diskussionsforen als auch das formularbasierte Erstellen von Beiträgen seitens des Webservers protokolliert werden. Aus diesem Grund ist für die Datenerhebung bezüglich der Nutzung elektronischer Foren das Log-File des Webservers als integrierendes Element von besonderer Bedeutung (siehe Abschnitt 6.1.7).

**Möglichkeiten der Benutzeridentifikation**

Eine eindeutige Zuordnung der digitalen Spuren zu den verursachenden Personen kann bei diesem Szenario nur bedingt erfolgen. Prinzipiell besteht hierzu die Möglichkeit, wenn die Person sich an dem System anmelden muss und ihre Identifikation, beispielsweise in Form einer »Session ID« mitprotokolliert wird. Ein weiterer Ansatz für eine personenbezogene Auswertung ist die Nutzung der eindeutigen Netzwerkadresse (IP-

Adresse) des Computers des Benutzers. Hierbei muss jedoch beachtet werden, dass viele Internet-Dienstanbieter (Provider) mit einer dynamischen IP-Adressierung arbeiten: Bei jeder Einwahl in das Internet bekommt der Nutzer eine neue IP-Adresse, wodurch eine Identifizierung des Benutzers mittels der IP-Adresse unmöglich wird. Bei nicht dynamisch vergebenen IP-Adressen, beispielsweise in einem geschlossenen Netzwerk zwischen Organisationen (Extranet) kann es darüber hinaus vorkommen, dass mehrere Benutzer abwechselnd einen Computer benutzen. Hieraus ergeben sich weitere Unschärfen, wenn bei der Auswertung Personen und IP-Adressen gleichgesetzt werden.

Die Messung der Kommunikation in Business Communities durch Methoden der automatischen Beobachtung basiert demnach auf den in den Log-Files des Webservers enthaltenen Daten. Der Aufbau der Log-Files gibt erste Anhaltspunkte über die Analysemöglichkeiten. Die Protokolldatei des Webservers »Domino« von Lotus Notes umfasst die nachfolgend aufgeführten Analyseposten (siehe Tabelle 5.2).

| Feld | Beschreibung |
| --- | --- |
| Date | Datum, Uhrzeit |
| User Adress | IP-Adresse |
| Authenticated User | Benutzername (sofern vorhanden) |
| Status | Rückgabestatus der Anforderung |
| Content Length | Dateigröße des angeforderten Files |
| Content Type | Dateiformat |
| Request | angefordertes File (URL) |
| Browser Used | genutzter Browser und Betriebssystem |
| Referring URL | Ausgangsseite (URL), von welcher der Aufruf gestartet wurde |
| Server Address | IP-Adresse des Servers |
| Elapsed Time (ms) | benötigte Zeit, um die Anfrage auszuführen |

**Tabelle 5.2** Aufbau Log-File des Lotus Notes Domino Webserver

Auf der Basis dieser Daten kann ermittelt werden, welche Aktion von einem Computer mit einer bestimmten IP-Adresse zu welchem Zeitpunkt durchgeführt worden ist. Darunter fallen sowohl lesende Zugriffe als auch das Abschicken von Formularen. Den zentralen Dienst für die Kommunikation in Business Communities stellt das Diskussionsforum dar. Nachfolgend werden Kennzahlen vorgestellt, die sich aus der Analyse der Log-Files des Webservers automatisiert ermitteln lassen. Diese werden entsprechend den nachfolgend aufgeführten Kategorien systematisiert dargestellt:

▶ Abruf von Informationen

▶ Erstellung von Beiträgen

▶ Kennzahlen der Informations- und Kommunikationsbereitschaft

**Abruf von Informationen** Bei dem Abruf von Informationen lassen sich die zu ermittelnden Kennzahlen den folgenden drei Kategorien zuordnen:

▶ lesende Zugriffe

▶ Anwendersitzungen

▶ Besucher

Durch Aggregation und Kombination der Kennzahlen dieser Kategorien lassen sich weitere Kennzahlen ableiten:

▶ **Lesende Zugriffe**
   Kennzahlen der Art »Lesenden Zugriff« geben an, wie häufig Benutzer Internetseiten abgerufen haben. In Diskussionsforen repräsentieren sie den lesenden Zugriff auf Beiträge. Auf der Ebene des Gesamtdienstes kann beispielsweise ermittelt werden, wie häufig alle Beiträge im Verlauf eines Monats abgerufen wurden. Diese Kennzahl spiegelt das Interesse an Beiträgen und damit an dem Themengebiet des Forums wieder. Auch gibt sie erste Hinweise, in welchem Umfang das in den Beiträgen enthaltene Wissen für die lesenden Personen relevant ist, und kann entsprechend als Indikator für die Wissensnutzung betrachtet werden.

▶ **Anwendersitzungen**
   Die Kennzahl »Anwendersitzungen« gibt Auskunft darüber, wie viele zusammenhängende Seitenaufrufe in einem vorgegebenen Zeitraum durch einen Anwender stattgefunden haben. Die Identifikation des Anwenders kann über die IP-Adresse bzw. dessen Legitimation mittels einer »Session-ID« erfolgen. Als zusammenhängend wird eine Anwendersitzung betrachtet, wenn zwischen zwei Seitenaufrufen nicht mehr als eine vorgegebene Zeitspanne verstreicht. Diese Zeitspanne ist frei wählbar und liegt üblicherweise bei ca. 30 Minuten. Diese Kennzahl gibt demnach Auskunft darüber, wie häufig das Diskussionsforum besucht wurde. Sie enthält keine Informationen darüber, ob es sich hierbei um einmalige oder wiederkehrende Besucher handelte.

► **Besucher**

Die Kennzahl »Besucher« steht in engem Zusammenhang mit der Kennzahl Anwendersitzungen. Ihre Ermittlung kann ebenfalls auf der Basis der IP-Adresse und der Session-ID erfolgen und ist dementsprechend mit den geschilderten Unschärfen verbunden. Bei der Ausprägungen dieser Kennzahl kann zwischen einmaligen und wiederkehrenden Besuchern pro Zeiteinheit differenziert werden. Als Vorgabe für die Zeiteinheit kann beispielsweise eine Woche oder ein Monat gewählt werden. Die Kennzahl wiederkehrender Benutzer kann als Anhaltspunkt dafür dienen, ob sich eine virtuelle Gemeinschaft gebildet hat, die das Diskussionsforum regelmäßig aufsucht. Die Kennzahl der gesamten Besucher dient, ebenso wie die Kennzahl der lesenden Zugriffe auf Beiträge, als Anhaltspunkt für das Interesse an dem Themengebiet und die Wissensnutzung.

► **Anwendersitzungen wiederkehrender Besucher**

Die Differenz zwischen der Anzahl Anwendersitzungen und der Anzahl der »einmaligen« Besucher dient als Grundlage für die Ermittlung der durchschnittlichen Anzahl »Anwendersitzungen wiederkehrender Besucher«. Die Berechnung dieser Kennzahl erfolgt nach folgender Formel:

$$\frac{\left(\dfrac{\text{Anwendersitzungen}}{\text{Monat}}\right) - \left(\dfrac{\text{einmalige Besucher}}{\text{Monat}}\right)}{\left(\dfrac{\text{wiederkehrende Besucher}}{\text{Monat}}\right)}$$

Mit diesem Wert kann man ermitteln, wie intensiv das Forum von der virtuellen Gemeinschaft genutzt wird, d.h., wie eng die Bindung der wiederkehrenden Personen an diesen Dienst ist.

Tabelle 5.3 fasst die dargestellten Kennzahlen des Abrufs von Informationen zusammen. Die beschriebenen Kennzahlen sind jeweils auf die gleiche Zeiteinheit zu beziehen.

| Kennzahl | Beschreibung |
| --- | --- |
| Lesende Zugriffe | Anzahl der lesenden Zugriffe auf alle Beiträge |
| Anwendersitzungen | Anzahl zusammenhängender Besuche |
| Besucher | Summe einmaliger und wiederkehrender Besucher |
| Einmalige Besucher | Anzahl einmaliger Besucher |

**Tabelle 5.3** Kennzahlen des Abrufs von Informationen in Business Communities

| Kennzahl | Beschreibung |
|---|---|
| Wiederkehrende Besucher | Anzahl wiederkehrender Besucher |
| Anwendersitzungen wiederkehrender Besucher | Anzahl Anwendersitzungen wiederkehrender Besucher |
| Zugriffe je Beitrag | Anzahl lesender Zugriffe je Beitrag |

**Tabelle 5.3** Kennzahlen des Abrufs von Informationen in Business Communities (Forts.)

Erstellung von Beiträgen

Einen weiteren Ansatzpunkt für die Ermittlung von Kennzahlen bilden die aktiv eingebrachten Beiträge der Teilnehmer in Diskussionsforen. Grundlegende Kennzahlen basieren auf der Anzahl der erstellten Beiträge sowie der Anzahl Autoren. Durch die Analyse der Struktur der erstellten Beiträge untereinander lassen sich Kennzahlen hinsichtlich des Aktivitätsgrads elektronischer Foren ableiten.

▶ **Erstellte Beiträge**

Die Kennzahl »Erstellte Beiträge« gibt an, wie viele Beiträge in einer vorgegebenen Zeiteinheit durch Autoren erstellt worden sind. Als Zeiteinheit kann beispielsweise eine Woche oder ein Monat gewählt werden. Für die genauere Beurteilung der Aussagekraft dieses Indikators ist es jedoch erforderlich, die Beiträge bezüglich ihrer Struktur und ihres Inhalts zu analysieren. Die Kennzahl »Erstellte Beiträge« repräsentiert die Bereitschaft zu kommunizieren und dient daher als Indikator für die Bereitschaft Wissen zu teilen.

▶ **Autoren**

Diese Kennzahl repräsentiert die aktiven Anwender in den Diskussionsforen. Hier kann man zwischen einmaligen und wiederkehrenden Autoren unterscheiden. Als Bezugszeitraum für diese Unterscheidung kann beispielsweise eine Woche oder ein Monat gewählt werden. Diese Kennzahl gibt Auskunft darüber, wie viele Personen bereit sind, zu kommunizieren und Wissen zu teilen.

Für die Zuordnung der Kennzahlen der Kategorien »Autoren« und »Erstellte Beiträge« als Indikatoren für die Wissensteilung muss in einem zweiten Schritt genauer betrachtet werden, ob Wissen nachgefragt oder geteilt wird. Die Nachfrage nach Information kann auch als Teilen von Wissen verstanden werden. Durch Fragen wird ein Bedarf nach Wissen geäußert. Durch das Stellen der Frage wird Wissen geteilt. Als Beispiel sei die Nachfrage bezüglich eines Problems mit dem Produkt des Herstellers in einer Kunden-Community genannt. Diese Nachfrage gibt Auskunft über die Schwachstellen eines Produkts. Informationen über Produktmängel werden so dem Hersteller mitgeteilt, und Wissen wird geteilt. Auch das Initiieren von Denkanstößen durch Fragen kann als Teilen von Wissen interpretiert werden. Diese Überlegungen führen zu der Definition der Anzahl Autoren als Indikator für die Wissensteilung. Die folgenden kombinierten Kennzahlen seien angeführt:

▶ **Verhältnis lesender Anwender zu Autoren**

Diese Kennzahl spiegelt das Verhältnis zwischen aktiven und passiven Nutzern des Forums wieder. Grundsätzlich ist zu erwarten, dass die Anzahl der passiven Anwender, die nur lesend auf Beiträge zugreifen, die der Autoren deutlich übersteigt. Ein Ungleichverhältnis, dass unter dem Begriff *lurking* in der Literatur beschrieben wird. Die Kennzahl des Verhältnisses lesender Anwender zu Autoren dient als ergänzender Indikator für die Wissensteilung und Wissensnutzung.

▶ **Lesende Zugriffe je Beitrag**

Auf der Ebene der Beiträge kann ermittelt werden, wie häufig einzelne Beiträge abgerufen wurden. Dadurch wird es möglich, besonders interessante Beiträge zu identifizieren, was wiederum die Moderatoren bei der Erstellung von FAQ-Zusammenstellung unterstützt. Bei diesem Ansatz ist jedoch zu beachten, dass die neu erstellten Beiträge je Monat nur mit den Werten der Anzahl Zugriffe auf alle in dem Forum vorhandenen Beiträge korreliert werden können. Diese Einschränkung liegt darin begründet, dass aus den Informationen des Log-Files des Webservers alleine nicht ermittelt werden kann, wann ein Beitrag erstellt wurde, auf den lesend zugegriffen wird. Die Kennzahl »Lesende Zugriffe je Beitrag« dient als ergänzender Indikator für die Wissensteilung und Wissensnutzung.

Tabelle 5.4 fasst die dargestellten Kennzahlen des Abrufs von Informationen zusammen. Die beschriebenen Kennzahlen sind jeweils auf die gleiche Zeiteinheit zu beziehen.

| Kennzahl | Beschreibung |
| --- | --- |
| Erstellte Beiträge | Anzahl der erstellten Beiträge |
| Autoren | Summe einmaliger und wiederkehrender Autoren |
| Einmalige Autoren | Anzahl einmaliger Autoren |
| Wiederkehrende Autoren | Anzahl wiederkehrender Autoren |
| Leser je Autor | Verhältnis lesender Anwender zu Autoren |

**Tabelle 5.4** Kennzahlen der Erstellung von Beiträgen in Business Communities

Auf der Basis der Struktur der Beiträge kann der Aktivitätsgrad von Diskussionsforen bestimmt werden. Diese Kennzahlen dienen, vergleichbar den Kennzahlen der »Erstellung von Beiträgen«, als Indikatoren für die Wissensteilung. Die Ermittlung dieser Indikatoren kann nicht auf der Basis der in den Log-Files des Webservers enthaltenen Informationen erfolgen. Die Analyse der Struktur der Beiträge erfolgt anhand den Verknüpfungsinformationen zwischen den Beiträgen und kann aus dem System, das die gespeicherten Beiträge verwaltet, ermittelt werden. Üblicherweise erfolgt die Speicherung der Beiträge in einer Datenbank.

▶ **Informationsgrad**
Der Informationsgrad berechnet sich aus der Anzahl der eingehenden primären Beiträge pro Zeiteinheit. Als primäre Mitteilungen werden hierbei Beiträge definiert, die einen Thread beginnen. Als Thread wird die Gesamtheit aller Beiträge zum selben Betreff bezeichnet. Der Informationsgrad misst demnach die Anzahl der pro Zeiteinheit in dem Dienst behandelten Themen und gibt Aufschluss über die Dynamik des Dienstes. Die Aggregation aller bislang eingegebenen Themen zu einem absoluten Informationsgrad spiegelt die Bandbreite der Diskussion wider. Der Informationsgrad dient demnach als Indikator für die Wissensteilung.

▶ **Reaktionsgrad**
Anzahl Reaktionen auf Beiträge je Zeiteinheit

▶ **Aktualitätsgrad**
Die Zeitspanne, in der eine primäre Information durchschnittlich kommentiert wird. Diese Kennzahl ist ein Hinweis auf die Attraktivität der Themen und die Fähigkeit der Teilnehmer, eine Diskussion am Leben zu erhalten.

Die Kennzahlen der Informations- und Kommunikationsbereitschaft geben Hinweise auf die Reaktionsbereitschaft der Teilnehmer und dienen als Indikatoren für die Wissensteilung.

Tabelle 5.5 fasst die dargestellten Kennzahlen der Informations- und Kommunikationsbereitschaft zusammen. Die beschriebenen Kennzahlen sind jeweils auf die gleiche Zeiteinheit zu beziehen.

| Kennzahl | Beschreibung |
|---|---|
| Informationsgrad | Anzahl primärer Mitteilungen |
| Reaktionsgrad | Anzahl Reaktionen auf primäre Beiträge |
| Aktualitätsgrad | Zeitspanne, innerhalb der auf primäre Mitteilungen reagiert wird |

**Tabelle 5.5** Kennzahlen der Informations- und Kommunikationsbereitschaft

Um zu unterscheiden, ob es sich bei den primären Beiträgen in Foren um Fragen, das Verteilen von Informationen oder den Versuch der Initiierung einer Diskussion handelt, ist eine Inhaltsanalyse der Beiträge erforderlich. An dieser Stelle sei nochmals darauf hingewiesen, dass die Kategorisierung von Beiträgen durch Personen erfolgen muss. Da dies mit einem erheblichen Aufwand verbunden ist, sollte diese Methode nur ergänzend und auf der Basis von Stichproben eingesetzt werden (siehe Tabelle 5.6).

| Kennzahl | Beschreibung |
|---|---|
| Aussagen | Anzahl Beiträge, bei denen es sich um primäre Mitteilungen zum aktiven Verteilen von Informationen handelte |
| Frage-Antwort-Szenarien | Anzahl Beiträge, bei denen es sich primär um geschlossene Fragen nach Informationen sowie den dazugehörigen Antworten handelte |
| Diskussion | Anzahl Beiträge, die aufgrund von Aussagen oder offenen Fragen initiiert wurden |

**Tabelle 5.6** Kennzahlen der inhaltlichen Kategorisierung von Beiträgen

Die quantitative Inhaltsanalyse in Diskussionsforen gestaltet sich aus zwei Gründen problematisch. Erstens kann es im Prozess der Datenreduktion und der Zuordnung von Beiträgen zu den Merkmalsausprägungen den vorgegebenen Kategorien entsprechend zu Grenzfällen kommen, in denen verschiedene Zuordnungen möglich sind bzw. die zuordnenden Personen ein unterschiedliches Verständnis von den der Auswahl zugrunde liegenden Kriterien haben. Zweitens birgt der für die quantitative Inhaltsanalyse erforderliche Aufwand Risiken. Maschinelle Verfahren lassen sich für semantische Analysen nur sehr bedingt einsetzen und gehen mit Abstrichen hinsichtlich der Qualität einher.

Der Ansatz, dass Autoren ihre Beiträge vorgegebenen Inhaltskategorien zuordnen, verteilt lediglich die Arbeit, ändert aber nichts an dem grundsätzlichen Problem des Aufwands und des individuellen semantischen Verständnisses der Kategorie.

Folglich ist bei der quantitativen Inhaltsanalysen auch mit Unschärfen bei den Ergebnissen zu rechnen. Dennoch geben die Ergebnisse Hinweise auf die inhaltliche Ausrichtung elektronischer Foren. So kann beispielsweise ermittelt werden, ob ein elektronisches Kommunikationsforum primär zur Entwicklung neuen Wissens durch Diskussion oder für die Teilung und Nutzung von Wissen auf der Basis von Frage-Antwort-Szenarien genutzt wird.

## 5.4 Fallstudie: GENO-Communities

Zielsetzung der GENO-Communities

Im April 1999 stellte die Rechenzentrale Württembergischer Genossenschaftsbanken (RWG) mit dem GENO-Extranet ein webbasiertes Informationsmedium für die genossenschaftlichen Banken in Württemberg und deren zentralen Institutionen zur Nutzung bereit. Neben dem reinen Informationsangebot des GENO-Extranets, das Rundschreiben, Produktinformationen, Telefonverzeichnisse usw. umfasst, konzipierte die RWG gemeinsam mit dem Fraunhofer IAO zur Förderung der Kommunikation und des Wissensmanagements die GENO-Communities (vgl. Waltert/Danzer 2000). Hierbei standen folgende Zielsetzungen im Vordergrund:

1. Die direkte Einbeziehung der Banken in die Kommunikation, um Fragen und Probleme gerade auch zu Themenspektren zu diskutieren, die zuvor über herkömmliche Medien nicht kommuniziert wurden.

2. Die Erweiterung der herkömmlichen 1:1-Kommunikation via Telefon, Papier oder E-Mail auf eine n:n-Kommunikation, so dass auch ohne direkte Beteiligung der zentralen Institutionen die Kommunikation und der Wissensaustausch zwischen den genossenschaftlichen Banken stattfinden kann.

Die Vision der GENO-Communities ist es, über die Förderung der Kommunikation Wissensmanagement zwischen allen beteiligten Institutionen zu etablieren.

Im Juni 1999 wurden daraufhin die beiden ersten GENO-Communities »Anlageberatung« und »IT-Management« initiiert. Die angebotenen Dienste der GENO-Communities umfassen die folgenden Funktionalitäten (siehe Abbildung 5.4):

▶ **Forum**
Diskussionsforum

▶ **FAQ**
Auflistung häufig gestellter Fragen und den dazugehörigen Antworten

▶ **Kalender**
Information über relevante Termine

▶ **Moderatoren**
Visitenkarten der Moderatoren

▶ **Suche**
Volltext-Suchmaschine

▶ **Links**
Verweise in Form von »Hyperlinks« zu weiterführenden Informationen

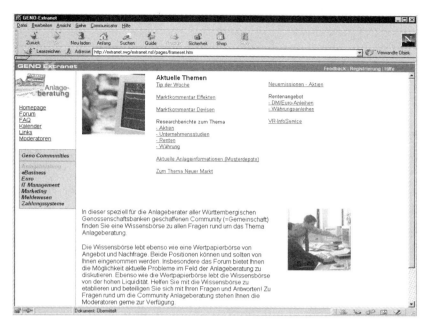

**Abbildung 5.4** Community Anlageberatung

Die Ankündigung der GENO-Communities erfolgte zum einen durch ein konventionelles Rundschreiben in Papierform, zum anderen mittels Hinweistexten auf der Startseite des GENO-Extranets. Für die Moderation konnten Mitarbeiter der RWG, der Genossenschaftlichen Zentralbank (GZ-Bank) und des Württembergischen GENO-Verbands – entsprechend den Themengebieten – gewonnen werden. Die Moderation der Foren erfolgte als Bestandteil des Tagesgeschäfts. Eine gesonderte Förderung dieser Aktivitäten in Form von zusätzlichen zeitlichen Ressourcen für die Moderatoren gab es nicht. Die Entstehungsgeschichte der GENO-Communities ist somit vergleichbar mit der von Communities im Internet. Personen mit gleichen Interessen finden sich auf einer elektronischen Plattform zusammen, um sich zu bestimmten Themengebieten auszutauschen. Jeder der Teilnehmer sieht für sich oder seine Institution einen Nutzen.

Seit über einem Jahr sind die GENO-Communities im Einsatz. Die Zwischenbilanz ist überwiegend positiv. Erste Anhaltspunkte über die Akzeptanz der GENO-Communities lassen sich anhand von Zugriffsstatistiken ermitteln (siehe Kapitel 5.3), die auf den Protokolldateien des zentralen Webservers basieren. Gegenstand der nachfolgenden Betrachtung sind die beiden GENO-Communities »Anlageberatung« und »IT-Management«. Das Forum »Anlageberatung« dient als Plattform für die Diskus-

**Nutzung der GENO-Communities**

sion bezüglich Anlagestrategien und Aktientiteln. Die Zielgruppe bilden die Anlageberater der Banken. Die Moderation erfolgt vorrangig durch die Mitarbeiter des Bereichs »Aktien-Research« der GZ-Bank.

Das Forum »IT-Management« wird vorrangig für die Diskussion von technischen Fragestellungen von Hard- und Softwarekomponenten eingesetzt. Die Zielgruppe umfasst die IT-Verantwortlichen der Banken. Die Moderation erfolgt vorrangig durch Mitarbeiter der RWG.

Die nachfolgenden aufgeführten Statistiken beziehen sich jeweils auf das Diskussionsforum der beiden GENO-Communities »Anlageberatung« und »IT-Management«. Die Diskussionsforen stellen das zentrale Element für die Kommunikation und damit für das Wissensmanagement dar.

Während einer Anlaufphase von nur zwei Monaten konnte man in den beiden Diskussionsforen zusammen 10 000 lesende Zugriffe von 500 Benutzern je Monat registrieren. Die Zahl der erstellten Beiträge stieg im selben Zeitraum auf über 100 Beiträge je Monat, die von 50 Autoren erstellt wurden. Nach einigen saisonal bedingten Schwankungen haben sich diese Werte inzwischen auch als Durchschnittswerte stabilisiert. Diese Statistiken führen zu dem Schluss, dass sich die GENO-Communities für die institutionsübergreifende Kommunikation etabliert haben. Allein auf der Basis dieser Statistiken kann jedoch nicht ermittelt werden, welches die Gründe für die Nutzung sind und, vor allem, welchen Nutzen die Teilnehmer und deren Institutionen daraus ziehen.

**Nutzen der GENO-Communities** Aus diesem Grund wurde im April diesen Jahres eine Befragung auf der Basis eines Online-Fragebogens im GENO-Extranet durchgeführt. Hinweise auf den Fragebogen wurden auf der Startseite des GENO-Extranets und in allen Communities platziert.

135 Personen beteiligten sich an der Befragung. Von diesen Personen gaben 85 % an, dass sie die GENO-Communities nutzen. 93 % der Befragten sind Mitarbeiter der Banken, was dafür spricht, dass die Zielgruppe der GENO-Communities erreicht wurde. Als Motive für die Nutzung wurden folgende Angaben gemacht (siehe Abbildung 5.5).

Das Interesse an einem Themenschwerpunkt sowie die gezielte Informationssuche stellen für die meisten Benutzer der GENO-Communities das zentrale Motiv für die Teilnahme dar. Aspekte der Kommunikation, wie die Kommunikation mit Gleichgesinnten sowie das Stellen und Beantworten von Fragen, folgen mit zunehmenden Abstand.

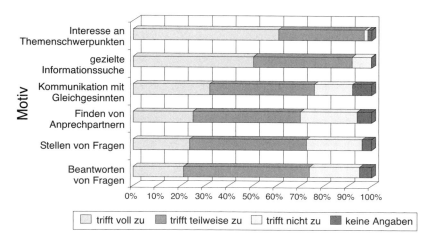

**Abbildung 5.5** Motive für die Nutzung der GENO-Communities

Der durch die GENO-Communities erzielte Nutzen für deren Teilnehmer spiegelt sich in folgenden Aspekten wider:

▶ Finden von geschäftsrelevanten Informationen (55% oft, 42% selten)

▶ Kennen lernen neuer Ideen, die sie bei ihrer Arbeit unterstützen (46% oft, 59% selten)

▶ Finden von Antworten auf zuvor eingebrachte Fragen (66% oft, 22% selten)

▶ Finden von Ansprechpartnern zu Spezialthemen (16%)

Auch der Nutzen der ergänzenden Dienste wie FAQ und Hyperlinks wurde durch die Teilnehmer der Befragung durchweg positiv beurteilt:

▶ Die FAQ haben 44% der Teilnehmer oft und 52% selten geholfen.

▶ Die Hyperlinks haben 55% oft und 40% selten geholfen.

Bestätigt wurden diese Statistiken durch die Auswertung der in den Fragebögen aufgenommenen Kommentare. Zentral standen dabei Anmerkungen folgender Art:

▶ »Das Rad muss nicht jedes Mal neu erfunden werden.«

▶ »Zeitersparnis bei der Informationsbeschaffung.«

▶ »Informationen können schnell an eine Vielzahl von Empfängern weitergegeben werden.«

▶ »Probleme und Lösungsansätze können öffentlich diskutiert werden.«

▶ »Ansprechpartner zu speziellen Themen wurden gefunden.«

Die überaus positiven Rückmeldung der Teilnehmer spiegeln sich im Ergebnis der abschließenden Frage wider: 95% der Befragten gehen davon aus, dass ihr Unternehmen vom institutionsübergreifenden Wissensaustausch in den GENO-Communities profitiert.

## Erfolgskriterien

Aus den bisherigen Darstellungen hinsichtlich des Nutzens und der Nutzung lässt sich eine positive Bilanz der GENO-Communities ableiten. Aus Sicht der Autoren lassen sich folgende Erfolgskriterien identifizieren.

▶ **Moderation**
Die Moderation spielt eine entscheidende Rolle für das Bestehen und die Weiterentwicklung der Communities – und dies nicht nur während der Startphase, sondern auch über den gesamten Zeitraum hinweg. Die Moderatoren sind gefordert, Inhalte beizusteuern, Diskussionen anzuregen, auf Beiträge zu reagieren und auf die Einhaltung der Netiquette (Netz-Etikette) zu achten.

▶ **Formalisierung von Wissen**
Aus Sicht des Wissensmanagements ist vor allem die Strukturierung und Überführung des in der Diskussion erarbeiteten Wissens in formalisierte Informationssysteme durch die Moderatoren hervorzuheben. Diese Systeme umfassen beispielsweise FAQ-Einträge, Produktinformationen, Helpdesk-Systeme und Schulungsunterlagen.

▶ **Kommunikationsstrategie**
Der neue Kommunikationskanal zum Kunden muss als mindestens gleichwertig mit den bestehenden Kanälen wie Telefon oder Brief definiert werden. Es ist erforderlich, die Communities in die eingespielten Unternehmensabläufe mit aufzunehmen. Dadurch kann erreicht werden, dass eine verlässliche und qualitativ hochwertige Reaktion in einer angemessenen Zeit erfolgt. Dies bedeutet auch, dass für die Betreuung und Moderation der Communities ausreichend Arbeitszeit zur Verfügung gestellt wird – in der Voraussicht, diese Arbeitszeit an anderen Stellen mehrfach wieder einzusparen.

▶ **Marketing der Communities**
Änderungen im Informations- und Kommunikationsverhalten der Mitarbeiter und Führungskräfte geschehen nicht von selbst. Ständige Werbung durch die Hervorhebung des Mehrwerts und die Darstellung positiver Effekte der Communities erschließen einerseits neue Teilnehmer und fördern andererseits die Motivation der Moderatoren. Positive Effekte können schnell identifiziert werden und spiegeln sich bei-

spielsweise in der Entlastung der Mitarbeiter durch die Reduktion von Telefonaten wider, die durch die Community überflüssig werden. Auch stellt die Anzahl der beantworteten Fragen und gelösten Probleme durch die Community selbst, also ohne Zutun des »betreuenden« Instituts, einen entscheidenden Erfolgsfaktor dar.

▶ **Überführung in formales Wissen**
Was nützt eine ausführliche Problemlösung in einem Diskussionsforum, wenn diese Lösung nicht in das Helpdesk-System überführt wird? Communities sind ein Medium des Wissensmanagements, in dem Ideen und Rückmeldungen für die Produktweiterentwicklung, -neuentwicklung und -verbesserung entstehen, Wissenslücken identifiziert werden, um diese in Schulungen ausführlicher zu behandeln, und in dem mögliche Ansprechpartner für Beta-Programme, Arbeitskreise und ausführlichere Interviews identifiziert werden können.

**Ausblick**

Aufgrund der positiven Zwischenbilanz ist vorgesehen, die GENO-Communities sukzessive weiter auszubauen. Diese Erweiterungen beziehen sich zum einen auf die Themen der Communities. Ergänzend zu den Communities »Anlageberatung«, »IT-Management«, »Marketing« und »Zahlungsverkehrssysteme« werden noch in diesem Jahr die Themen »E-Business«, »Euro« und »Meldewesen« initiiert werden. Eine weitere Ergänzung stellt die Einbindung weiterer genossenschaftlicher Verbundpartner wie z.B. die Bausparkasse Schwäbisch Hall in die GENO-Communities dar.

Überdies ist die Erweiterung der GENO-Communities hinsichtlich ihrer Funktionalität angestrebt. So ist es geplant, den Teilnehmern die Möglichkeit zu geben, sich auf standardisierten Homepages darzustellen. Neben der Darstellung der jeweiligen Arbeitsschwerpunkte und Interessengebiete ermöglichen die Angaben zur Person die direkte Kommunikation auch außerhalb der GENO-Communities.

Die nächste Ausbaustufe sieht vor, dass Teilnehmer der GENO-Communities gelesene Beiträge bewerten. Auf der Basis dieser zusätzlichen Informationen und Funktionen wird es in Zukunft möglich sein, noch effizienter Ansprechpartner für bestimmte Fragestellungen in den GENO-Communities zu finden. Hierfür ist es selbstverständlich erforderlich, das jeweilige Einverständnis der Teilnehmer einzuholen.

Die GENO-Communities haben sich etabliert und stiften schon jetzt einen erheblichen Nutzen bei allen beteiligten Institutionen. Dass die RWG mit den GENO-Communities auf dem richtigen Weg ist, zeigt sich nicht zuletzt durch die Teilnahme der RWG an dem im Rahmen der Dienstleistungsinitiative des Bundesministerium für Bildung und Forschung geförderten Projekts »Dienstleistungsfilialzentren«. Als Mitglied des Kernprojektteams ist die RWG maßgeblich an dem Teilprojekt »Wissensnetz« beteiligt. Wissen ist gerade für Banken ein wesentlicher Erfolgsfaktor. Die Wissensvernetzung von Filialbanken wird entscheidend dazu beitragen, deren Zukunftsfähigkeit zu sichern. Die GENO-Communities sind ein erster, wesentlicher Schritt auf diesem Weg.

# 6  Technologie

*Technologie ist als Enabler und nicht als Triebfeder auf dem Weg zur Business Community anzusehen.*

Virtuelle Gemeinschaften haben mit dem Internet eine gemeinsame technische Plattform. Bei Business Communities werden an diese Plattform erhöhte Anforderungen gestellt, die in diesem Kapitel umrissen werden sollen. Eine solche technische Lösung besteht nicht nur aus einer Komponente, sondern setzt sich aus verschiedenartiger Hard- und Software zusammen. Ein Überblick über dieses Framework soll die Komplexität der Konzeption und Erstellung von Community-Plattformen erläutern.

Die Technologie zur Unterstützung von Geschäftsgemeinschaften, im Folgenden Community-Technologie genannt, setzt sich aus zwei unterschiedlichen Bereichen zusammen. Erstens aus den Techniken und Sprachen, die das Framework für eine Community-Plattform bilden und zweitens aus den Funktionen, die der Geschäftsgemeinschaft von der Plattform zur Verfügung gestellt werden, dem so genannten »funktionalen Design« (siehe Abbildung 6.1). Im aktuellen Kapitel sollen diese beiden Bereiche genauer erläutert werden. Da die Techniken und Sprachen des Frameworks vielfältig sind, nimmt deren Beschreibung einen Großteil dieses Kapitels ein. Die Erläuterungen des funktionalen Designs, dessen einzelne Komponenten auf diesen Techniken und Sprachen basieren, können aufgrund dieses Umstands weniger umfangreich ausfallen.

**Community-Technologie**

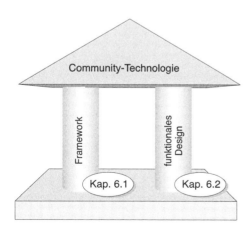

**Abbildung 6.1** Community-Technologie

Die technische Plattform für eine virtuelle Gemeinschaft bzw. eine Business Community sollte vordergründig nicht nur der Präsentation und Bereitstellung von Informationen, der elektronischen Unterstützung von Geschäftsprozessen oder der individuellen Produktivitätssteigerung dienen, sondern vor allem die Menschen bei der gemeinsamen Kommunikation und Kooperation unterstützen. So sollte die Auswahl einer geeigneten Software nicht technikorientiert erfolgen, sondern in erster Linie von den Anforderungen an die umzusetzende Business Community getrieben werden. Die Anforderungen an die technische Umsetzung ergeben sich heruntergebrochen aus den Vorteilen, die Anbieter oder Betreiber einer Business Community durch diese erlangen können. Diese sind u. a. (siehe Abschnitt 1.3, siehe Warms 1999):

▶ detaillierte Einsicht in die Aktivitäten, Bedürfnisse und Vorlieben der Partner, Kunden und Mitarbeiter

▶ kontinuierliche Verbesserung der Geschäftsprozesse

▶ Kosteneinsparungen durch gesteigerte Effizienz

▶ reduzierte Kundenservicekosten

▶ Erhöhung der Reichweite

▶ Identifikation von »Kaufwilligen« und Unterstützung der Kaufentscheidung

▶ Steigerung von Markenbewusstsein

▶ Steigerung der Kundenloyalität

▶ Beschleunigung von Innovation

▶ Verkürzung von Wartezeiten (Latenzzeit)

Diese Vorteile müssen durch den Einsatz von technischen Komponenten umgesetzt werden. Daraus ergeben sich folgende Anforderungen an eine technische Plattform:

▶ ubiquitäre, synchrone und asynchrone Kommunikationskanäle mit Partnern, Kunden und Mitarbeitern

▶ interaktive Feedback-Kanäle

▶ direkte Auswertung von Kennzahlen der unterstützten Geschäftsprozesse

▶ Integration von Werkzeugen zur Verhaltensanalyse

▶ regelbasiertes Content-Deployment, Personalisierung und Geschäftsprozessunterstützung

▶ Benutzerauthentifizierung

- ▶ Erstellung von Benutzerprofilen

- ▶ ganzheitliche Integration der Komponenten

- ▶ kontextsensitive Umgebung

- ▶ schnelle Integration von anpassbaren Community-Funktionalitäten

- ▶ Integration von Transaktionssystemen

Weitere Anforderungen ergeben sich aus der Tatsache, dass eine wichtige Basis von Geschäftsbeziehungen das gegenseitige Vertrauen ist (siehe Abschnitt 4.4). Dieses muss durch eine offene Informationspolitik und entsprechende Dienste gebildet und gestärkt werden, um den freien Austausch von Informationen innerhalb einer Geschäftsgemeinschaft zu gewährleisten. Einige dieser Anforderungen an eine »Community des Vertrauens« sind:

Vertrauensmanagement als Grundanforderung

- ▶ Bereitstellung einfacher, bidirektionaler Feedback-Funktionen

- ▶ Schaffung von Möglichkeiten zur Stellungnahme

- ▶ Patenschaft für neue Mitglieder wird von Etablierten übernommen

- ▶ Anbieten eines Helpdesks

- ▶ Transparenz der Mitglieder (»Inkognito-Auftritte« nur an bestimmten Stellen bzw. in gewollten Situationen)

- ▶ Teilnahme der Mitglieder bei der Gestaltung der Community und bei Entscheidungen, die die Gemeinschaft betreffen

All diese Anforderungen müssen – je nach Einsatzzweck der Plattform – gewichtet sowie bei der Konzeption und anschließenden Umsetzung der Community-Plattform berücksichtigt werden. Während des Betriebes kann sich die Gewichtung verschieben, neue Anforderungen können hinzukommen oder andere können wegfallen. Die elektronische Unterstützungs-Plattform stellt damit – wie auch die reale Geschäftsgemeinschaft – eine sich im steten Wandel befindende Struktur dar, deren Evolution durch offene Schnittstellen, leichte Erweiterbarkeit, Modularisierung und eine wandelbare Architektur Rechnung getragen werden muss.

Plattformflexibilität als Grundanforderung

## 6.1 Das Framework

Der wesentliche technische Unterschied zwischen Communities und Webseiten liegt darin, dass interaktiv nachvollziehbar wird, und zwar für die Mitglieder und die Betreiber, wer sich in der Community aufhält und was diejenigen dort tun. Aus dieser Tatsache geht klar hervor, dass eine solche Aufgabe nicht durch einen »gewöhnlichen« Webserver geleistet werden kann. Die erwähnte Nachvollziehbarkeit bedingt eine Speiche-

Das Business Community Framework ...

rung der Benutzungsdaten in einer Datenbank, die Interaktivität eine bestimmte Menge an Prozeduren, die bei bestimmten Ereignissen ausgeführt werden können. Dies führt direkt zu einem Verbund aus Webserver, Datenbankserver und Applikationsserver.

**... besteht aus vielen Komponenten.** Ein Framework für Business Communities bzw. durch Internettechnologien gestützte Geschäftsgemeinschaften besteht aber nicht nur aus den Hard-, Soft- und Middleware-Komponenten von Web-, Datenbank- und Applikations-Servern, sondern bedarf weiterer Komponenten wie Personalisierung, Content Management, mobiler Zugriff, Transaktionsunterstützung und 3D. Eine Übersicht über das gesamte Business Community Framework gibt Abbildung 6.2. Die folgenden Abschnitte sollen jeweils einen Einblick in die einzelnen Komponenten dieses Frameworks vermitteln.

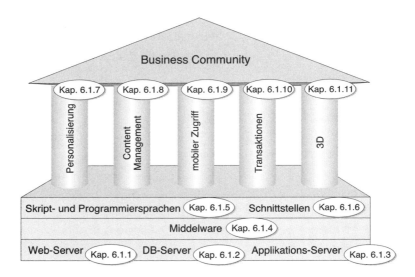

**Abbildung 6.2** Framework zur Unterstützung von Business Communities

### 6.1.1 Webserver

Webserver sind Computer, die an das Internet angeschlossen sind und in ihrer Gesamtheit die Inhalte des WWW (World Wide Web) enthalten (oft wird unter Webserver auch die Software verstanden, die es einem Computer ermöglicht, Seiten auf dem Internet zu publizieren; in diesem Buch ist mit Webserver ein Rechner gemeint, auf dem die nötige Software zur Publikation von Internetseiten installiert ist). Auf einem Webserver sind viele Internetseiten gespeichert, die von den Internetnutzern mittels Clients abgerufen werden können. Diese Clients sind im Normalfall Webbrowser, die in der Lage sind, die auf den Webservern gelagerten Informationen strukturiert darzustellen. Will ein Anwender eine Seite von einem bestimmten Webserver auf seinem Webbrowser darstellen lassen, dann muss er dem Browser mitteilen, wo sich diese Informationen befinden, d.h., er muss die Adresse des angeforderten Dokuments wissen. Diese Adresse liegt in einem bestimmten, standardisierten Format vor, damit sie von allen Webservern und -browsern erkannt werden kann. Eine solche Webserver-Adresse heißt auch URL (Unified Resource Locator) und ist im gesamten Internet eindeutig. Sie enthält neben der Adresse des Servers auch das verwendete Kommunikationsprotokoll, den Pfad des angeforderten Dokuments sowie dessen Name:

<Protokoll>://<Webserver-Adresse>[:<Port>]/<Pfad>/<Dokument>

Als Beispiel für eine URL kann die Adresse der Seite der Task Force Business Communities des Fraunhofer IAO dienen. Diese lautet:

http://www.businesscommunities.iao.fhg.de:80/index.html

Damit ein Webserver eine Anfrage eines Clients verstehen kann, muss dieser sich an ein bestimmtes Protokoll halten. Dieses Protokoll heißt Hypertext Transfer Protocol (HTTP). Mittels dieses Protokolls tauschen sich Webserver und Client aus und legen so fest, welches Dokument vom Server an den Client übermittelt werden soll und in welchem Format es vorliegt. Das im Internet verwendete Standardformat zur Darstellung von Informationen aller Art, unabhängig vom verwendeten Betriebssystem, vom Rechner oder von der vorhandenen Software, ist HTML. HTML-Dokumente sind Textdateien, die spezielle Steuer- und Strukturierungsbefehle, so genannte »Tags« enthalten. Ein vom Server geliefertes Dokument kann nun selbst wiederum URLs enthalten. Demnach bilden die Dokumente aller Webserver ein Netz: das WWW (siehe Abbildung 6.3).

**Protokolle und Formate**

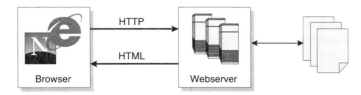

**Abbildung 6.3** Austausch statischer Dokumente zwischen Webserver und Client

Aus oben stehender Erklärung geht hervor, dass ein solcher Webserver nur in der Lage ist, von verschiedenen Browsern angeforderte Dokumente an diese weiterzugeben. Er ist demnach nichts weiter als ein Verteiler (siehe Abbildung 6.4).

**Dokumenten-Verteiler**

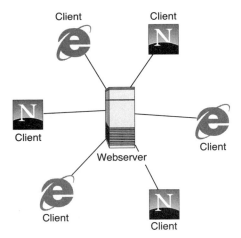

**Abbildung 6.4** Webserver als Verteiler

**Dynamischer Webserver**

Eine wichtige Anforderung, die ein Webserver, der als technische Plattform für eine Geschäftsgemeinschaft dienen soll, erfüllen muss, ist die Fähigkeit zur Erstellung dynamischer Inhalte. Über das zustandslose HTTP-Protokoll ist es nicht möglich, dynamische, also speziell an einen Anwender angepasste Inhalte zu generieren. Dazu genügt es nicht, nur auf Dokumente zuzugreifen, sondern es müssen Programme ausgeführt werden können, die eingehende Daten verarbeiten und zur Darstellung auf den anfordernden Browsern aufbereiten. Für die Generierung dynamischer Inhalte gibt es zwei Grundkonzepte (siehe Abschnitt 6.1.5):

1. clientseitige Dynamik, auch »Client Side Scripting« genannt

2. serverseitige Dynamik, auch »Server Side Scripting« genannt

Da das Client Side Scripting von der Client-Plattform und den dort installierten und aktivierten Komponenten abhängig ist, ist für die Entwicklung von Business-Community-Plattformen nur der zweite Ansatz von Bedeutung. Um einen Webserver zu einem dynamischen Webserver zu machen, wurden verschiedene technische Möglichkeiten entwickelt:

▶ Common Gateway Interface (CGI)

▶ Server Side Includes (SSI)

▶ Server Application Programming Interface (SAPI)

▶ Servlets

▶ Active Server Pages (ASP)

▶ Java Server Pages (JSP)

Da es sich bei diesen Möglichkeiten immer um eine zwischen Client und Server geschaltete Instanz handelt, spricht man in diesem Zusammenhang auch von »Middleware«. Der Begriff Middleware und seine Komponenten werden im Abschnitt 6.1.4 besprochen.

Middleware

## 6.1.2 Datenbankserver

Zur Speicherung von Daten, wie z.B. Benutzer- oder Produktdaten, ist eine Datenbank von großem Vorteil und beim professionellen Einsatz ein Muss. Die Datenbank wird dabei von einem Datenbankmanagementsystem (DBMS) verwaltet, das die Beschreibung, Speicherung, Manipulation und Wiedergewinnung großer Mengen von Daten auf permanenten Speichermedien erlaubt. Da in einer größeren Geschäftsgemeinschaft der Zugriff auf die Daten das Antwortverhalten des Webservers signifikant beeinflussen kann, sollte das DBMS auf einem eigenen Server installiert sein, dem Datenbankserver. Ein Datenbankserver besitzt nach dem Client-Server-Prinzip eigene Intelligenz, die ihn in die Lage versetzt, das Datenaufkommen in Netzwerken auf das Wesentliche zu reduzieren und dadurch die Belastungen zu verringern.

Ein Muss für den professionellen Auftritt

Die in einer Community anfallende Datenmenge wächst mit der Zeit immer mehr an, was eine dementsprechende Skalierbarkeit der Datenbankgröße als Anforderung an ein solches System nach sich zieht. Da auch, wie oben erwähnt, die Zugriffshäufigkeit auf diese Daten zunehmen wird, sollte auch der Datenzugriff skalierbar sein. Dies kann über verschiedene Maßnahmen geschehen. Eine davon ist die Möglichkeit, mehrere Verbindungen zwischen Webserver und Datenbankserver aufzubauen, eine andere, die Datenbanken zu spiegeln, auf verschiedene Server zu verteilen und über Loadbalancing auf die Daten zuzugreifen.

Skalierbare Architektur

Da der Datenzugriff über den Webserver erfolgt, muss es eine Verbindung zwischen diesen beiden Servern geben. Dies kann je nach verwendeter Technologie über verschiedene Wege geschehen. Der schnellste davon ist der Zugriff über native Methoden des DBMS, die aber nicht plattformunabhängig und deshalb individuell angepasst werden müssen. Es gibt zwei Standardschnittstellen zu DBMS:

Schnittstellen für den Datenzugriff

▶ ODBC (Open DataBase Connectivity)
▶ JDBC (Java DataBase Connectivity)

## ODBC

So genannte »ODBC-Treiber« ermöglichen es, aus unterschiedlichen Anwendungen heraus auf relationale Datenbanken mittels einer standardisierten Schnittstelle zuzugreifen. Dabei wird vom ODBC-Treiber eine Verbindung zur Datenbank aufgebaut, SQL-Anfragen werden an die Datenbank übersendet und das Ergebnis wird in Container-Strukturen zurückgegeben, die dann von der Anwendung ausgelesen und zwecks Ausgabe aufbereitet werden können.

OLE DB stellt eine Weiterentwicklung von ODBC mit Microsoft-Mitteln und -Architektur dar. Im Gegensatz zu ODBC unterstützt es aber nicht nur relationale Datenbanken, sondern bezieht auch nichtrelationale Quellen mit ein. In diesem Zusammenhang kann ODBC selbst auch als Quelle dienen.

## JDBC

JDBC ist ein API (siehe Abschnitt 6.1.4) und stellt eine Abstraktion für diverse Datenbankprodukte dar. Mit Hilfe von JDBC wird es Entwicklern ermöglicht, mit Java-Code und mit den vom JDBC-API zur Verfügung gestellten Funktionen relativ einfach und standardisiert mittels einer Java-ODBC-Anbindung auf relationale Datenbanken zuzugreifen. Dabei unterscheiden sich je nach Datenbankprodukt die zur Verfügung gestellten Funktionen (vgl. Roßbach 1999: 175).

**Integrierte Web-/Datenbank-Server** Es gibt heutzutage auch spezielle Kombinationen aus Webservern und Datenbankservern bzw. Webserver mit einer integrierten Schnittstelle zum Datenbankserver hin. Vorteile einer solchen Lösung sind natürlich die hohe Integration und die dadurch gegebene Performance sowie die Abgestimmtheit der Komponenten aufeinander. Als Beispiel wäre hier z. B. der Microsoft IIS mit SQL-Server-Option zu nennen.

### 6.1.3 Applikationsserver

**Webserver + Middleware** Ein Applikationsserver dient im Gegensatz zum reinen Webserver (d. h., ein Webserver, der nur Basisdienste rund um HTTP bietet) zur Entwicklung von Anwendungen auf einem höheren Abstraktionsniveau (vgl. Weber 2000). Dennoch kann ein Applikationsserver auch ein Webserver sein, dessen Funktionalität z. B. durch Middleware erweitert wurde.

**Technologie-Integrator** Der vornehmliche Einsatzzweck eines Applikationsservers ist dabei, die Integration neuer und etablierter Softwarekomponenten, Standards und Spezifikationen. Er sorgt dafür, dass die gesamte Middleware, zusammengesetzt aus Transaktionsmanagement, Object Request Broker (ORB),

Eventhandler, Ressourcenmanagement, Webserver, Sicherheitslösungen oder Datenbankzugriffsmodulen, Hand in Hand arbeiten. Als Schnittstellen oder Bindeglieder können Web-Infrastruktur-Spezifikationen oder Software wie CORBA (siehe Abschnitt 6.1.4) oder Enterprise JavaBeans (siehe Abschnitt 6.1.5) dienen (vgl. Diercks 1999).

Dabei trennt ein Applikationsserver die Programmlogik von den Daten und der Darstellung im Webbrowser (3-Schichten-Architektur; siehe Abbildung 6.5). Durch diese Trennung kann sowohl eine schnelle und flexible Anwendungsentwicklung als auch – durch die physikalische Trennung der einzelnen Schichten – eine verbesserte Skalierbarkeit erreicht werden. Neben der Skalierbarkeit spielen Eigenschaften wie Zuverlässigkeit, Verwaltbarkeit, Sicherheit und Interoperabilität im professionellen Bereich eine wichtige Rolle.

**3-Schichten-Architektur**

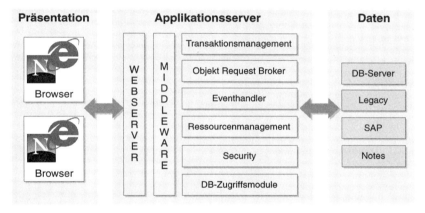

**Abbildung 6.5** Applikationsserver – 3-Schichten-Architektur

Ein Applikationsserver stellt demnach eine Art Hauptaggregat dar, an das alle möglichen Komponenten angeschlossen werden können, um eine universelle Anwendung für das Internet zu erhalten. Man kann sich den Applikationsserver als eine Art Haupteinheit eines Baukastens vorstellen, die durch Anstecken einzelner Bauteile verschiedene Funktionen übernehmen und eine komplexe Einheit bilden kann. So wird aus einem Motor mit Versorgungseinheit als Hauptaggregat je nach Umbau entweder ein Spielzeugauto, eine Pumpe oder ein Roboter mit verschiedenen Sensorikelementen.

**Moderner Baukasten für das Internet**

### 6.1.4 Middleware

Der Begriff Middleware umschreibt eine heterogene Gruppe von Spezifikationen, Softwarekomponenten und Protokollen, die dem Austausch zwischen Web-Client und den zur Erbringung der geforderten Dienste benötigten Servern zwischengeschaltet sind (siehe Abbildung 6.6).

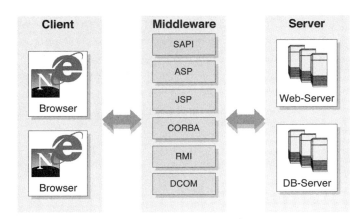

**Abbildung 6.6** Middleware als Instanz zwischen Client und Servern

Das kann im einfachsten Fall eine CGI-Schnittstelle oder aber auch eine Softwarekomponente zur Ankopplung einer speziellen Unternehmenssoftware sein. Dazu benötigt jede Middleware ihre Schnittstellendefinition (mittels IDL, Interface Definition Language) sowie ein spezielles Protokoll zum Nachrichtenaustausch, z.B. IIOP, ORCP, RPC oder JRMP.

### Common Gateway Interface

Das Common Gateway Interface (CGI) ist eine Schnittstellenspezifikation, die die serverseitige Zusammenarbeit zwischen Webserver und einem Programm regelt. Bei CGI handelt es sich um einen de facto Standard für Server-APIs (vgl. Bentley 1997b). Ein CGI-Programm wird auf Anfrage eines Clients auf dem Server ausgeführt, so dass es eine dynamische Ausgabe generieren kann (siehe Abbildung 6.7). Der Webserver übermittelt dem CGI-Skript dazu Informationen über sich selbst und über die vom Client empfangenen Daten, verarbeitet sie oder gibt sie zur Verarbeitung an ein anderes Programm weiter und liefert das Ergebnis als HTML-Dokument an den Server zurück, der es dem Client bereitstellt (vgl. Reimann 1996: 1ff.; Jung 1995: 8f.; Plessl 2001: 88f.).

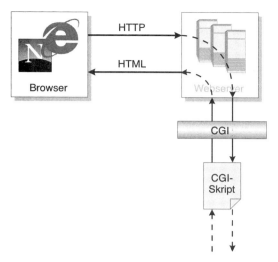

**Abbildung 6.7** Austausch dynamischer Dokumente über das CGI

Der Vorteil des Common Gateway Interfaces ist seine Unabhängigkeit von Programmiersprachen. Jede Sprache, die Zugriff auf die Umgebungsvariablen des Systems bietet und das Lesen von der Standardeingabe sowie das Schreiben auf die Standardausgabe unterstützt, ist für CGI geeignet. Unter diese Kategorie fallen sehr viele Programmiersprachen, weshalb die Akzeptanz von CGI relativ groß ist.

**Programmiersprachenunabhängigkeit**

Ein Nachteil von CGI-Programmen ist, dass für jeden Aufruf ein eigener Prozess auf dem Server gestartet werden muss. Bei einer großen Anzahl von Zugriffen kann dies schnell zu Performanceproblemen führen. Vorteilhaft ist es jedoch insoweit, dass ein CGI-Programm nicht gleich den ganzen Webserver zum Absturz bringen kann (vgl. Roßbach 1999: 6). Die Instantiierung eines eigenen Prozesses bedingt auch, dass auf Daten eines Clients nicht über Skript-Grenzen hinweg zugegriffen werden kann, da nach der Beendigung des CGI-Programms alle Kommunikationskanäle zum Server hin abgebaut werden. Ein so genanntes »Session-Management«, bei dem alle Aktionen eines Benutzers während des Besuchs einer Web-Site zusammengefasst und somit nachvollziehbar werden, kann damit nur über Umwege mittels clientseitiger Speicherung der Daten (Cookies), versteckter Formulare oder über eine Weitergabe der Parameter über die URL (URL-Rewriting) erreicht werden, da das HTTP-Protokoll zustandslos ist. Dies ist sehr umständlich und wie bei allen clientseitigen Anwendungen von der Client-Plattform und den dort installierten und

**Eignung für Communities**

aktivierten Komponenten abhängig. Professionelle Community-Plattformen mit dieser Technologie zu realisieren, ist daher nicht anzuraten (vgl. Pleissl 2001: 88f.).

## Server Side Includes

Bei der Verwendung von Server Side Includes (SSI) ersetzt der Webserver in eine HTML-Seite eingebettete Schlüsselwörter zur Laufzeit. Diese Schlüsselwörter sind einem Satz relativ einfacher Befehle entnommen. Jeder dieser Befehle wird auf dem Server interpretiert, und das Ergebnis wird in die HTML-Seite geschrieben und dann an den Client übermittelt (siehe Abbildung 6.8).

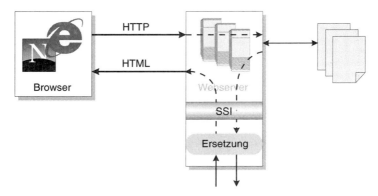

**Abbildung 6.8** Austausch dynamischer Dokumente über SSI

**Parsing der SSI-Elemente** Um die eingebetteten Befehle erkennen zu können, muss der Webserver die gesamten HTML-Dokumente Zeichen für Zeichen überprüfen (»parsen«). Damit diese Überprüfung nicht mit allen Dokumenten durchgeführt werden muss, werden Seiten mit SSI-Inhalten durch eine besondere Endung (meist ».shtml«) gekennzeichnet. Dennoch hat diese Vorgehensweise Einfluss auf die Performance des Webservers, da sich bei hoher Zugriffszahl auf SSI-Dokumente sein Antwortverhalten signifikant verschlechtern kann.

**Modularer Aufbau** Eine der großen Stärken dieser Technik ist die Einbettung von HTML-Code aus einer Datei in eine HTML-Seite, was einen modularen Aufbau von HTML-Seiten möglich macht. Mittels SSI können auch CGI-Skripte ausgeführt und deren Ergebnisse direkt in die HTML-Seite übernommen werden. Das gleicht einen Nachteil von CGI aus, denn CGI-Programme müssen den gesamten HTML-Code der Ergebnisseite generieren.

Da die eigentliche Dynamik durch die Verknüpfung mit der CGI-Schnitt- **Dynamik durch** stelle herrührt, gelten die zuvor genannten Einschränkungen auch für **CGI** diese Methode.

## Server Application Programming Interface

Eine weitere Möglichkeit, dynamische Inhalte zu generieren, besteht darin, die Fähigkeiten des Webservers über seine Programmierschnitt-stelle (Application Programming Interface, kurz API) zu modifizieren oder zu erweitern. Das API ermöglicht es Entwicklern, das Standardverhalten des Webservers zu verändern oder dessen Eigenschaften zu erweitern (siehe Abbildung 6.9).

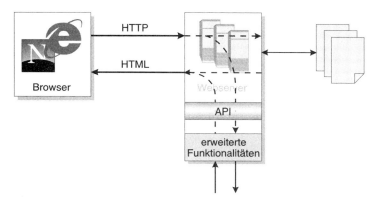

**Abbildung 6.9** Austausch dynamischer Dokumente über das Server-API

Die Modifikationen oder Erweiterungen können entweder direkt im Code **SAPI als Commu-** des Webservers verankert sein oder über DLLs (Dynamic Link Libraries) **nity-Plattform** zur Laufzeit dem Server zur Verfügung gestellt werden. In beiden Fällen ist diese Möglichkeit der Serverdynamisierung die schnellste und flexibelste, wenn auch nicht die am einfachsten zu realisierende. Der große Vorteil dieser Methode liegt darin, dass sich der gesamte Prozess der Anfrage, Verarbeitung und Ergebnisgenerierung im Webserver abspielen kann, der daher ständig die volle Kontrolle über diese Abläufe hat. Viele Serverer-weiterungen bieten daher auch ein einfaches Session-Management und Datenbankanbindung. Mit diesen Erweiterungen ist der Einsatz einer Ser-ver-API geeignet, die technische Grundlage für eine Community-Platt-form zu bilden.

## Servlets

Server Extensions und Servlet Engine

Servlets sind serverseitige Java-Klassen, die dynamische HTML-Seiten erzeugen, deren Inhalt zum Beispiel aus Datenbankabfragen resultieren kann. Man kann Servlets als so genannte »Sever Extensions« (Servererweiterungen) auffassen. Sie stellen demnach eine Klasse dar, die dynamisch hinzugeladen wird, um die Funktionalität des Webservers zu erweitern. Dies entspricht der Definition von Server-APIs (siehe vorheriger Abschnitt) und kann demnach als Beispiel dafür dienen. Die Webserver-Erweiterungen werden auch »Servlet Engines« genannt und stehen inzwischen für fast alle Webserver zur Verfügung.

JVM und serverseitige Ausführung

Alle Servlets laufen in einer Umgebung auf dem Server, die Java Virtual Machine (JVM) genannt wird. Diese ermöglicht Interaktion der einzelnen Servlets untereinander und mit dem Server. Dadurch entfallen die Inkompatibilitäten zwischen den Implementierungen von Sun, Netscape, Microsoft und so weiter, die eine clientseitige Ausführung noch heute unnötig komplizieren. Auch die Einschränkungen durch das Sicherheitsmodell von Java spielen damit keine Rolle mehr, da alle Anwendungen lokal laufen und damit uneingeschränkten Zugriff auf Verzeichnisse und die Netzwerkumgebung haben (vgl. Roßbach 1999: 31f.). Die Netzwerkfähigkeiten der Sprache sind sogar das Hauptargument, das für eine Verwendung von Java auf der Server-Seite spricht, da Java die wichtigsten Internetprotokolle wie HTTP, FTP und SMTP auch ohne zusätzliche Bibliotheken unterstützt (Meissner 1998: 144f.).

Lebenszyklus eines Servlets

Beim ersten Zugriff auf ein Servlet legt die Servlet-Engine eine Instanz der Java-Klasse an. Diese Instanz bearbeitet ab diesem Zeitpunkt alle weiteren Anfragen. Im Gegensatz zu normalen CGI-Programmen bleibt ein Servlet nach dem ersten Aufruf geladen. Jeder weitere Zugriff auf das Servlet erfolgt daher ohne erneutes Laden und Erzeugen eines Prozesses. Insbesondere bei komplexen Anfragen und Antworten über HTML-Formulare erweist sich diese Technik als stabiler und wesentlich schneller als vergleichbare Implementierungen in Perl- oder Shell-Scripts. Die Bearbeitung dieser Anfragen läuft im Prozessraum des Webservers als eigenständiger Thread ab (parallel lauffähiger Programmfaden) (siehe Abbildung 6.10). Der Entwickler muss aber dafür sorgen, dass kritische Bereiche gegen parallelen Zugriff von mehreren Threads aus geschützt sind (vgl. Plachy 2000: 198f.; Klute 1998: 60f.).

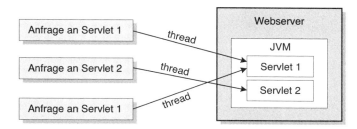

**Abbildung 6.10** Thread-Fähigkeit von Java-Servlets (Quelle: Plachy 2000:198)

Ein Servlet lässt sich auf dreierlei Weise ansprechen. Es kann wie bei her- **Servlet-Aufruf**
kömmlichen CGI-Scripts im Rahmen eines Formulars als Aktion angege-
ben werden. Die Verwendung als Server Side Include bildet die zweite
Möglichkeit. Ein so genannter »Servlet-Alias« stellt die dritte Möglichkeit
dar, ein Servlet anzusprechen. Dabei wird einem bestimmten Zugriff auf
den Webserver durch den Web-Client direkt die Ausführung eines Servlets zugeordnet. Dieser Zugriff kann sich auf bestimmte Dateinamenser-
weiterungen (z. B. .shtml) oder auf Verzeichnisse beziehen.

Eine wichtige Voraussetzung für die Verwendung einer bestimmten **Session-**
Middleware zur Realisierung von virtuellen Communities ist die Imple- **Management**
mentierung eines durchgehenden Session-Managements. Servlets bieten
dem Entwickler einer Webanwendung ein komplettes Session-Management, das auf der Klasse javax.servlet.http.HttpSession aufsetzt. Zur Identifikation der Clients werden dabei intern Cookies mit einer eindeutigen
Kennzeichnung (ID) der einzelnen Sitzungen verwendet. Beim Initialisie-
ren der Sitzung wird vom Server ein solches Cookie an den Client gesendet, das dieser bei jedem weiteren Zugriff auf die Seiten mit dem Servlet
wieder mitschickt. Die enthalte ID erlaubt dem Server eine eindeutige
Zuordnung der Sitzung. Alternativ kann auch URL-Rewriting eingesetzt
werden, wobei die Sitzungsinformationen in der URL mitgeschickt werden (vgl. Plachy 2000: 198ff.).

## ASP

Bei ASP (Active Server Pages) handelt es sich um eine Lösung für Server
Side Scripting von Microsoft. ASP ist aber keine Programmiersprache,
sondern es handelt sich dabei um eine Technik, bei der Script-Elemente
mittels spezieller Markierungen (<% ...script... %>) in den HTML-Code
integriert werden. Als eigentliche Programmiersprachen für ASP dienen
JScript, VBScript oder eine beliebige andere Script-Sprache (vgl. Weltner
1999: 2f.). Die Script-Elemente werden vom Server erkannt, und der

darin enthaltene Programmcode wird ausgeführt. Das Ergebnis dieser Ausführung wird dann als reines HTML in den Ausgabestrom des Webservers integriert.

**ASP basiert auf einem Objektmodell** Die eigentliche Stärke von ASP liegt nicht in den Fähigkeiten der verwendeten Script-Sprache, sondern im Einsatz von Softwarekomponenten (COM-Komponenten), mit denen der Webprogrammierer komplexere Funktionen im Baukastenprinzip zusammensetzen kann (vgl. Plessl 2001). Dadurch ist es grundsätzlich möglich, selbst Scripting-fähige COM-Komponenten zu programmieren und in ASP-Scripts zu nutzen. Es gibt natürlich eine Vielzahl fertiger COM-Komponenten, die für die Verwendung in spezifischen Einsatzszenarien vorgesehen sind. Dazu gehören Funktionalitäten zur Datenbankanbindung, HTTP-Header-Kontrolle, Formularauswertung, Cookie-Unterstützung, Sicherheitsfunktionen, Session-Management usw.

## JSP

Java Server Pages (JSP) sind eine weitere Form des Server Side Scripting, mit denen auf dem Server dynamische Inhalte generiert werden können. Der Vorteil gegenüber Servlets besteht darin, dass bei der Verwendung von Servlets der gesamten HTML-Code der Antwortseite erstellt werden muss (außer man kombiniert Servlets mit SSI). Bei JSP werden die dynamischen Inhalte bzw. wird die Business-Logik durch Java-Code erzeugt, der mit speziellen Markierungen direkt im HTML- oder XML-Code eingebettet ist. Klare Bezüge zu ASP sind damit offensichtlich, wobei JSP Java als Programmiersprache verwendet und auch nicht auf die Microsoft-Welt beschränkt ist. Durch die Verwendung der Servlet-Engines kann JSP auf die komplette Java-Klassenbibliothek zugreifen und auch mit externen Objekten z. B. JavaBeans und Servlets kommunizieren (vgl. Plachy 2000).

## RMI

**Zugriff auf verteilte Objekte** RMI (Remote Method Invocation) ermöglicht es einem Java-Programmierer, auf Java-Objekte auch über das Netzwerk zuzugreifen, d.h., er wird in die Lage versetzt, verteilte Java-Applikationen zu entwickeln. Dazu muss ein so genannter »RMI-Server« aufgesetzt werden, der die verschiedenen Objekte netzweit anbieten kann. Um ein entferntes Objekt (Remote-Objekt) ansprechen zu können, muss ein Client den Server kontaktieren und sich von ihm einen so genannten »Handle« auf das Remote-Objekt besorgen. Mittels dieses Verweises kann er das Remote-Objekt ebenso behandeln wie ein lokales Objekt. Methoden des Remote-Objekts werden dabei auf dem RMI-Server ausgeführt.

## CORBA

RMI kann ausschließlich in einer reinen Java-Umgebung angewendet werden, um verteilte objektorientierte Anwendungen zu erstellen. Um Remote-Objekte sprachenunabhängig im Netz verfügbar zu machen, verwendet man CORBA (Common Object Request Broker Architecture). Dabei handelt es sich nicht um ein Produkt, sondern um eine Spezifikation, die definiert, wie ein Object Request Broker (ORB) zu implementieren ist (vgl. Puder 1998: 154). Ein ORB dient dazu, die Kommunikation zwischen verteilten Objekten zu regeln.

Sprachenunabhängige Netzwerkfähigkeit

CORBA basiert auf dem Proxy Design Pattern (siehe Gamma 1995; Laukien 1998: 158). Ein Proxy ist ein Stellvertreter für ein anderes Objekt. Er dient auf der Clientseite als Verweis auf ein reales Objekt, das sich auf der Serverseite befindet. Das lokale Proxy-Objekt tritt dabei gegenüber dem Client wie das Remote-Objekt auf dem Server auf, d.h., die Kommunikation zwischen Proxy und Remote-Objekt ist für den Client transparent (siehe Abbildung 6.11). Sämtliche Kommunikation mit dem Remote-Objekt läuft dabei über den Proxy und von dort zum ORB auf dem Server. Der ORB leitet die Anfragen dann an den Server weiter, auf dem sich das Remote-Objekt befindet. Die eventuell generierte Antwort des Remote-Objekts nimmt dann den gleichen Weg in umgekehrter Reihenfolge.

Proxy-Objekt als Stellvertreter

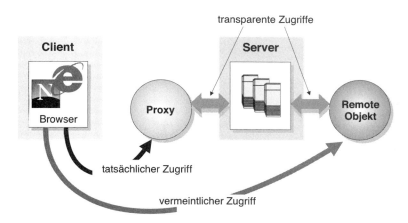

**Abbildung 6.11** CORBA – transparenter Zugriff auf ein Remote-Objekt

## COM/DCOM

Beim DCOM (Distributed Component Object Model) handelt es sich um ein proprietäres Microsoft-Protokoll für das Zusammenwirken verteilter ActiveX-Komponenten. Es funktioniert ähnlich wie RMI, ist jedoch auf die Windows-Welt beschränkt, dafür aber auch so gut wie sprachenunabhängig. Wie CORBA bildet es die Grundlage für eine komponentenbasierte Entwicklung von verteilten Anwendungen und steht deshalb auch in direkter Konkurrenz zu diesem Standard. Dem COM-Standard fehlt im Gegensatz zu DCOM, wie das Wort »distributed« schon sagt, die Netzwerkfähigkeit.

Nach den Paradigmen der objektorientierten Programmierung kam die Komponentenidee auf, die dazu führte, Programme in Einzelteile zu zerlegen, um sie wiederverwenden zu können und auch die Fehlersuche zu vereinfachen. Auf dieser Idee basiert auch das Component Object Model (COM). Dabei kommunizieren Objekte über standardisierte Schnittstellen und können deshalb als Black Box behandelt werden. Diese COM-Objekte stellen verschiedenartigste Funktionalitäten zur Verfügung, die über diese Schnittstellen in Gesamtlösungen integriert werden, die dann wiederum eine Komponente bilden können.

COM, DCOM und COM+

Die Verbreitung verteilter Anwendungen führte zur DCOM-Erweiterung (Distributed COM), mittels derer COM-Objekte für den Programmierer und Anwender transparent lokal oder über das Netz angesprochen werden können. Da verteilte Komponenten eine bestimmte Umgebung benötigen, die ihnen bestimmte Dienste (z. B. Sicherheitsmodell oder Transaktionsabwicklung) zur Verfügung stellt, wurde der Microsoft Transaction Server (MTS) entwickelt, eine Laufzeitumgebung für Komponenten, die diese Dienste bei Bedarf bereitstellt, auch Kontext genannt. Die beiden Laufzeitumgebungen COM und MTS werden unter Windows 2000 zu COM+ zusammengefasst.

WebServices setzen auf http und XML.

Um einzelne Komponenten bzw. deren Funktionalitäten auch im Internet bereitstellen zu können, bedient man sich so genannter WebServices, die über eine URL angesprochen werden können. Auch bei WebServices handelt es sich um eine Black Box, die per http und XML aufgerufen werden kann. Das Simple Object Access Protocol (SOAP) definiert dabei den genauen Austausch per XML. Damit können Lösungen unabhängig von der zugrunde liegenden Plattform aus einzelnen Komponenten (WebServices) zusammengesetzt werden.

## .NET

Zur Erstellung, Integration, Administration und Bereitstellung dieser Web-Services benötigt man eine Infrastruktur und ein Framework, das durch die .NET-Initiative von Microsoft geschaffen wurde. Ein großer Vorteil des .NET-Frameworks ist dabei das Vorgehen während des Kompilierens. Programmcode wird nicht in nativen Code übersetzt, sondern in eine Zwischensprache, die Microsoft Intermediate Language (MSIL), die dann erst durch einen Just-in-time-Compiler in nativen Code übersetzt wird. Das hat zur Folge, dass verschiedene Programmteile auch in verschiedenen Programmiersprachen geschrieben werden können. Klassenbibliotheken können so von allen anderen Programmiersprachen (die MSIL unterstützen) verwendet werden (vgl. Willers 2001:252f.).

### 6.1.5   Markup-, Skript- und Programmiersprachen

Um eine Webseite gestalten zu können, muss man sie mit einer formalen Sprache beschreiben, damit der darstellende Browser weiß, was er und wie er es wo darstellen soll. Es gibt verschiedene Sprachstandards für die unterschiedlichen Elemente einer Webseite. Statische Elemente werden z. B. durch andere Sprachen beschrieben wie dynamische oder interaktive Elemente. Zur Verwendung der Sprachen wird zwischen Markup-, Skript- und Programmiersprachen unterschieden.

Markup-Sprachen dienen zur Beschreibung strukturierter Texte. Sie strukturieren Seiten mit Sprachelementen (Tags), die verschiedene Textblöcke voneinander abgrenzen und diesen Textblöcken bestimmte Eigenschaften zuweisen. Tags werden von Browsern als Formatierungsanweisungen erkannt, und die Passagen werden dann vom Browser entsprechend der Eigenschaften formatiert. Die in diesem Kapitel beschriebenen Markup-Sprachen sind SGML, HTML, XML und WML. | *Markup-Sprachen*

Skriptsprachen können in zweierlei Hinsicht zur Erweiterung der Logik von Webseiten verwendet werden, einmal für Client Side Scripting und einmal für Server Side Scripting. Dabei eignen sich die eigentlichen Skriptsprachen im Allgemeinen nur für eine Art des Scriptings. | *Skriptsprachen*

Client Side Scripting wird meist nur für einfache Aufgaben verwendet, da die zugrunde liegenden Skriptsprachen auch nur zu diesem Zweck konzipiert wurden, nämlich zur unkomplizierten Entwicklung kleiner Anwendungen auf einer Webseite. Der Sprachumfang ist meist gering und pseudo-objektorientiert. Ein großer Nachteil dieser Sprachen ist ihre Abhängigkeit von der Clientumgebung, da sie beim Aufruf direkt auf dem | *Client Side Scripting*

Client ausgeführt werden. Dies bedeutet, dass der jeweilige Interpreter auf der Clientseite vorhanden sein muss und nicht vom Anwender deaktiviert sein darf.

**Server Side Scripting**  Diese Problematik umgeht Server Side Scripting dadurch, dass der Code auf dem Server ausgeführt wird. Das Ergebnis wird dabei im Allgemeinen als HTML zurückgeliefert, wodurch eine Plattformunabhängigkeit auf der Clientseite gewährleistet ist. Skriptsprachen für Server Side Scripting haben meist auch einen größeren Sprachumfang und sind objektorientiert mit einem ausgeprägten Klassenbaum. Sie eignen sich auch zur Umsetzung größerer Projekte und sind auch seitenübergreifend einsetzbar, weil sie im Gegensatz zu ihren clientseitigen Pendants nicht direkt in den HTML-Code eingebettet sind.

Die in diesem Kapitel beschriebenen Skriptsprachen sind JavaScript (clientseitig) und PHP (serverseitig). Perl kann sowohl als Programmiersprache als auch als serverseitige Skriptsprache verwendet werden.

**Programmier-sprachen**  Programmiersprachen (als Abgrenzung zu Skriptsprachen betrachtet, die im eigentlichen Sinn auch Programmiersprachen sind) sind nicht nur für die Verwendung für das Internet entwickelt, was sich oft dadurch zeigt, dass sie viele Funktionalitäten zur Programmierung eines GUI (Graphical User Interface) besitzen. Vielmehr wurden diesen Sprachen oft erst nachträglich Möglichkeiten gegeben, um sie für die Erstellung von Internetapplikationen einsetzen zu können. Java soll in diesem Kapitel als Beispiel für eine Programmiersprache dienen und wird anschließend näher beschrieben.

### Markup-Sprachen

**SGML**  SGML-Dokumente (Standard Generalized Markup Language) lassen sich intuitiv in drei Bestandteile aufteilen (siehe Abbildung 6.12):

1. **Inhalt**
   Beim Inhalt handelt es sich um die für den Leser relevanten Informationen des Dokuments wie Text und Grafiken.

2. **Logische Struktur**
   Die Dokumentenstruktur beschreibt die hierarchische Gliederung einzelner Textelemente und deren Beziehung untereinander. Als Beispiel seien Überschriften verschiedener Stufen genannt.

3. **Format**
   Das Format definiert das eigentliche Erscheinungsbild bzw. die Darstellung des Dokuments. Es sollte sowohl den Inhalt als auch die Struktur des Dokuments kontextbezogen zur Geltung bringen.

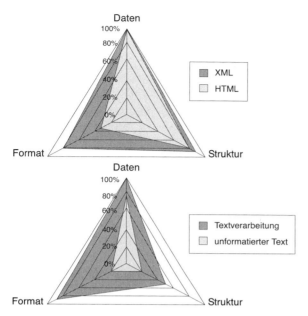

**Abbildung 6.12** Berücksichtigung der Elemente Daten, Struktur und Format bei verschiedenen Dokumententypen

SGML liegt die Idee zugrunde, ein Dokument unter Trennung dieser Komponenten zu verarbeiten. Nach (Schmidt 1997) ist SGML eine formal definierte Sprache, die Dokumentenformate beschreibt. Es handelt sich demnach um eine Metasprache. Des Weiteren ist SGML standardisiert, erweiterbar sowie plattform- und geräteunabhängig.

SGML definiert verschiedene Dokumententypen wie Artikel, Buch, Broschüre, Brief usw. Die verschiedenen Dokumente, die eine gemeinsame Struktur aufweisen, werden demnach zusammengefasst und ihrem Typ entsprechend bearbeitet. Die einzelnen Dokumententypen werden in so genannten »Dokumenttypdefinitionen« (DTD) beschrieben und die einzelnen Elemente des Dokumententyps dann am Anfang der jeweiligen Dokumente deklariert.

Die Strukturelemente der Dokumententypen unterscheiden sich durch ihren Informationsgehalt und ihre Struktur voneinander. Als Beispiel seien Anschrift und Betreff in einem Brief genannt. Sie sind mannigfaltig und frei definierbar. Die Definition der einzelnen Elemente erfolgt in der dazugehörigen DTD. Strukturelemente werden von Start- und Endemarken (so genannten »Tags«) umschlossen, können verschachtelt sein und sind streng hierarchisch. Das bedeutet, dass es bei SGML keine überlappenden Strukturelemente gibt.

Der Inhalt der Strukturelemente ist nicht beliebig, er wird vielmehr durch Inhaltsmodelle abgebildet, die die impliziten Konventionen der Elemente auf die Informationen überträgt. Ein Inhaltsmodell stellt syntaktisch eine Sammlung regulärer Ausdrücke dar, die vorgeben, wie die Inhalte der Strukturelemente auszusehen haben.

Jedem Strukturelement können Attribute und Attributwerte zugeordnet werden, um bestimmte Eigenschaften des Elements darstellen zu können. So sollte z. B. ein Textblock die Information darüber enthalten, in welcher Sprache er verfasst ist, um eine automatische Rechtschreibprüfung möglich zu machen.

Des Weiteren verwendet SGML Entitäten zur Aufteilung von Dokumenten in Teildokumente, zur Angabe von Textbausteinen und zur Integration von Binärdateien sowie öffentliche Bezeichner als Namenskonvention für Dokumententeile, die durch die verantwortliche Organisation, den Typ des Dokumententeils, den standardisierten Namen und die Sprache charakterisiert sind.

**HTML**     HTML (Hyper Text Markup Language) ist eine stark vereinfachte Version von SGML. Dementsprechend definiert HTML in erster Linie die logische Struktur eines Dokuments, nicht dessen Formatierung. HTML dient der Darstellung von Informationen aller Art, unabhängig vom verwendeten Betriebssystem, Rechner oder der vorhandenen Software. HTML-Dokumente sind Textdateien, die spezielle Steuerbefehle (Tags) enthalten. Ein HTML-Tag besteht dabei aus einem Namen und eventuell aus Parametern. Mittels dieser Tags wird die logische Struktur des Dokuments festgelegt.

Da HTML ursprünglich nicht zum Formatieren von Text gedacht war, hielten in spätere HTML-Versionen immer mehr Formatierungs-Tags Einzug in die Sprache, bis diese mit HTML 4.0 in spezielle Stilvorlagen – Cascading Style Sheets (CSS) genannt – ausgegliedert wurden (vgl. Himmelein 2000). Auch weitere Erweiterungen, wie z. B. zur Definition verschiedener Schichten innerhalb eines Dokuments oder zur Ankopplung von Datenbanken, gehören inzwischen zum Sprachumfang (siehe Abbildung 6.13).

**XML**     Die eXtensible Markup Language (XML) basiert ebenfalls auf SGML. Als universelle Beschreibungssprache ermöglicht sie den Austausch von Dokumenten und Daten zwischen verschiedenen Anwendungen. Durch die oben besprochene Trennung von Inhalt, logischer Struktur und Format, kann die Aufbereitung eines Dokuments für verschiedene Medien – zum Beispiel fürs WWW, für Printmedien oder für WAP – erfolgen. Damit können aus einer Quelle mehrere Formate mit demselben Inhalt erzeugt werden. XML übernimmt damit die Fähigkeiten und Flexibilität von SGML, kommt jedoch ohne die Vielzahl komplexer Funktionen aus, die SGML schwierig und aufwändig machen (vgl. Himmelein 2000, Bünte 2000).

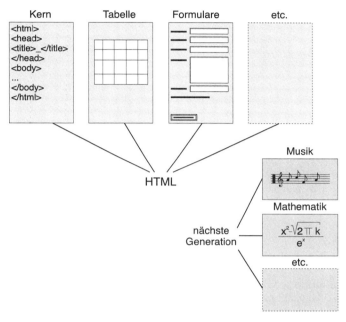

**Abbildung 6.13** Die kommende Generation von Markup-Sprachen
(Quelle: Bager 1998)

XML ist folglich ebenfalls eine Metasprache, mit der sich eigene formale Sprachen erzeugen lassen. Mit den Mitteln von XML kann ein Anwender die logische Struktur eines beliebigen Dokuments exakt abbilden. Im Gegensatz zu HTML muss beim Aufbau der logischen Struktur nicht auf einen festen Wortschatz zurückgegriffen werden, denn XML kennt keine vordefinierten Tags oder Attribute. Der Anwender muss vielmehr eigene Anweisungen innerhalb einer so genannten Document Type Definition (DTD) definieren. Um den Datenaustausch zu vereinfachen, ist es sinnvoll, gewisse Standarddokumententypen festzulegen (vgl. Bager 1998: 308).

Da demnach auch keine impliziten Formatierungsvorschriften für XML-Dokumente existieren, benutzt eine Applikation XSL-Stilvorlagen, ähnlich den Cascading Style Sheets bei HTML. Ein so genannter »XSL-Prozessor«

kann mit entsprechenden Stilvorlagen XML in HTML und dazugehörige CSS umwandeln, das dann mit jedem beliebigen Browser betrachtet werden kann (siehe Abbildung 6.14).

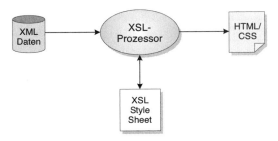

**Abbildung 6.14** Transformation von XML-Daten (Quelle:nach Eager 1998)

Dazu führt XSL ein Vokabular für Transformationen ein, mit dessen Hilfe XML-Daten vor der Darstellung gefiltert, sortiert und umgeformt werden können. Um eine bestimmte Sicht auf eine XML-Datei zu erhalten, filtert der XSL-Parser die Datei durch eine Schablone (Template). Bei dieser Umformung können einige XML-Elemente möglicherweise herausfallen, werden in eine neue Reihenfolge gebracht oder verändern ihre Form (vgl. Oberdörster 2000).

Microsofts Internet Explorer (IE) kann ab Version 5.0 XML interpretieren. Dazu zeigt er die entsprechenden Daten in einer Baumstruktur an (siehe Abbildung 6.15). Für die Transformation wird ein Standard-XSL-Stylesheet benutzt (vgl. Holzer 2000).

**Abbildung 6.15** Darstellung von XML als Baumstruktur im Internet Explorer 5.0 (Quelle: Holzer 2000)

Bei WML handelt es sich um eine Markup-Sprache, die auf XML basiert und mit der man Hypertext-Dokumente für mobile Endgeräte wie Handys, PDAs (Personal Digital Assistants), Smartphones, Palmtop-Computer und auch Navigationsgeräte definieren kann. Für den Transfer der Informationen bedarf es neben der Sprache noch eines Protokolls, das durch WAP (siehe Abschnitt 6.1.9) repräsentiert wird. Die Verwendung von WML orientiert sich an XML.

Da es sich bei WML um eine Sprache für schmalbandige mobile Endgeräte handelt, gibt es für ihre Verwendung einige implizite Einschränkungen. Die im Folgenden aufgelistet sind:

▶ Anzeige erfolgt in kleinen Displays

▶ Eingabemöglichkeiten des Anwenders sind eingeschränkt

▶ schmalbandige Internetanbindung

▶ begrenzter Speicher und Rechenleistung

Laut der Spezifikation des Wireless Application Forums gibt es vier funktionale Bereiche für WML (vgl. WML 2000).

▶ **Textdarstellung und Layout**
Sowohl Textinformationen als auch Grafiken können dargestellt werden. WML unterstützt auch einige Format- und Layout-Kommandos.

▶ **Deck-/Card Metapher**
Alle Informationen in WML sind als Sammlungen von so genannten »Karten« (Cards) organisiert. Eine Karte spezifiziert dabei eine oder mehrere Interaktionsmöglichkeiten (z.B. ein Menü, eine Textdarstellung oder eine Eingabemaske). Ein Deck stellt eine Gruppierung von Karten dar und ist ähnlich wie eine HTML-Seite anzusehen, die auch über eine URL angesprochen wird. Beim Informationsaustausch via WAP werden jeweils Decks zwischen dem Server und dem Endgerät ausgetauscht.

▶ **Navigation und Verlinkung von Karten**
WML unterstützt explizit das Navigationsmanagement zwischen einzelnen Karten und Decks und lässt sogar einfache ereignisgesteuerte Aktionen auf dem Endgerät zu.

▶ **Status-Modell**
Alle Decks können in WML durch die Verwendung eines Statusmodells parametrisiert werden. Es können z.B. Variablen als Platzhalter für Strings verwendet werden.

Zur Darstellung von HTML-Seiten auf mobilen Endgeräten können auch so genannte »WAP-Gateways« eingesetzt werden, die die einzelnen Seiten in WML übersetzen und an die Endgeräte ausliefern. Da speziell durch die kleinen Displays aber eine komplette Überarbeitung der Seiten notwendig ist, eignet sich der Einsatz von WAP-Gateways nur in den wenigsten Fällen.

### Skriptsprachen

JavaScript
JavaScript ist eine von der Firma Netscape entwickelte, kompakte, objektbasierte Skriptsprache zur Entwicklung von Client-Server-Applikationen für das Internet. Die Befehle werden dabei direkt in die HTML-Seiten integriert. JavaScript erlaubt es, ohne eine Netzwerkübertragung auf Anwenderereignisse zu reagieren. Damit lassen sich z. B. Plausibilitätsprüfungen in Formularen auf Clientseite realisieren.

Die JavaScript-Sprache ähnelt Java, aber sie hat nicht deren statische Typenbindung und die strenge Typüberprüfung. Sie unterstützt den größten Teil von Javas Befehlssyntax und den grundlegenden Kontrollflussstrukturen. Im Gegensatz zu Javas Kompilierungssystem, das auf Klassen aufsetzt, wird JavaScript von einem Laufzeitsystem unterstützt. JavaScript hat ein einfaches, instanzenbasiertes Objektmodell, das trotzdem über bemerkenswerte Fähigkeiten verfügt.

PHP
PHP ist ein Interpreter für eine Skriptsprache. Die einzelnen Befehle sind dabei mittels spezieller Markierungen, wie bei ASP oder JSP, im HTML-Code eingebettet. Syntaktisch steht PHP Perl und C sehr nahe. PHP steht wie Perl als Open Source jedem kostenlos zur Verfügung. Da sich PHP als Modul in einen Webserver integrieren lässt, entfallen auch die typischen Probleme bei der Verwendung von CGI.

Ruft der Client eine PHP-Seite (erkennbar an der Endung .php oder .php3) auf, so wird diese Seite vom Webserver oder der dazugehörigen Middleware auf die Markierungen hin untersucht. Die Script-Elemente werden dann ausgeführt, und das Ergebnis wird im HTML-Ausgabestrom platziert.

Die wahre Stärke dieser Skriptsprache liegt in der Integration spezifischer Funktionen, wie die Generierung von GIF-Grafiken, die dynamische Erstellung von PDF-Dokumenten, die Behandlung von HTTP-Headern, das Session-Management sowie die Formularauswertung (vgl. Plessl 2001). Außerdem spielt die komfortable Anbindung an diverse Datenbanken wie Oracle, MySQL, Microsoft SQL Server, Postgres oder über die ODBC-Schnittstelle in diesem Zusammenhang eine wichtige Rolle (vgl.

Kunze 1998). Es unterstützt damit viele High-Level-Funktionen, die zum Aufbau einer elektronischen Plattform für virtuelle Gemeinschaften gebraucht werden.

TCL steht für Tool Command Language und wurde von John Ousterhout entwickelt. Dabei handelt es sich um eine interpretierte Skriptsprache, die auf vielen Plattformen verfügbar und kostenlos ist. Durch ihr durchgehend modulares Konzept ist sie leicht erweiterbar und bietet Schnittstellen zu anderen Programmiersprachen wie C oder C++. Bei TCL handelt es sich um eine prozedurale Sprache, deren Grundelement die Liste bildet. **TCL**

## Programmiersprachen

> *Seit die Programmiersprache Java im Jahre 1995 von der Firma Sun Microsystems eingeführt worden ist, hat sie sich schneller verbreitet als jede andere Programmiersprache zuvor.*
> *(Sohr 2000: 226)*

Der Siegeszug von Java liegt in deren vielen positiven Eigenschaften begründet: **Java**

▶ einfach
▶ objektorientiert
▶ verteilt und interpretiert
▶ multithreadfähig
▶ robust und sicher
▶ architekturneutral und portabel
▶ durchsatzstark
▶ dynamisch

Java ist an C++ angelehnt, ohne deren selten benutzten, schwer verständlichen und verwirrenden Funktionsumfang wie Operatoren-Overloading, Mehrfachvererbung und ausgedehnten automatischen Zwänge zu übernehmen (vgl. Sun 1996).

Java beinhaltet aber nicht nur die Spezifikation der eigentlichen Programmiersprache, sondern auch eine Spezifikation für die Umgebung, in der Java-Programme ausgeführt werden, die so genannte »Java Virtual Machine« (JVM). Um in dieser Umgebung ausgeführt werden zu können, werden Java-Programme – im Gegensatz zu anderen Sprachen – nicht in ein prozessorabhängiges ausführbares Programm kompiliert, sondern in einen plattformunabhängigen Bytecode überführt (dieser hängt allerdings von der JVM ab).

Ein weiterer, im Zusammenhang mit dem Internet-Hype stehender Grund für den Erfolg von Java sind kleine Java-Programme, die in Webseiten eingebaut werden können, so genannte »Applets«. Mittels Applets können Programme, die über einfache Plausibilitätsprüfungen hinausgehen, direkt in Webseiten integriert werden. Damit ist es möglich, Geschäftsprozesse direkt auf das Internet abzubilden, ohne weitere Programme auf den Client laden zu müssen.

Wird von einem Client ein Applet aufgerufen, so lädt dieser den Java-Bytecode vom Server und startet diesen anschließend in der JVM. Dieser Umstand lässt Sicherheitsbedenken aufkommen, da in der JVM des Clients fremder Code unbekannter Herkunft ausgeführt wird. Deshalb existiert seit dem JDK 1.0 (Java Development Kit) ein Sicherheitsmodell, das Applets aus dem WWW in ihren Zugriffsmöglichkeiten beschränkt. Das so genannte »Sandkastenmodell« (Sandbox) sorgt dafür, dass ein Applet nur innerhalb eines abgeschotteten Bereichs ausgeführt werden darf. Insbesondere darf ein Applet keine Dateien schreiben, lesen, modifizieren oder löschen und keine beliebigen Betriebssystemkommandos oder externen Programme ausführen (vgl. Sohr 2000). Außerdem dürfen Applets nicht über beliebige Netzwerkverbindungen kommunizieren, sondern lediglich den Server kontaktieren, von dem sie stammen. Eine weitere Möglichkeit, die Ausführung fremden Codes auf dem Client zu verhindern, ist der Einsatz von Servlets – Java-Programmen, die serverseitig ausgeführt werden (siehe Abschnitt 6.1.4).

Um diese Einschränkungen zu lockern, wurde mit dem JDK 1.2 (jetzt Java 2 genannt) das Sicherheitsmodell modifiziert (siehe Abbildung 6.16).

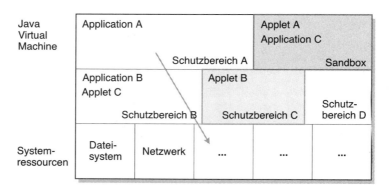

**Abbildung 6.16** Sicherheitsmodell von Java 2 (Quelle: Sohr 2000)

Für Applets – natürlich auch für Servlets und Applikationen – lassen sich damit feiner abgestimmte Zugriffsrechte festlegen und Sicherheitsregeln einfacher konfigurieren.

Speziell für die Belange des WWWs wurden die Enterprise JavaBeans entwickelt, die es erlauben, die Benutzerschnittstelle klar von den darunter liegenden Diensten zu trennen. Sie implementieren eine Reihe von Schnittstellen und Verhaltensweisen, die es ähnlich den ActiveX-Komponenten, erlauben, das Verhalten der Beans zur Entwicklungszeit anzupassen. Es können mittels Enterprise JavaBeans einfach komponentenbasierte, plattformunabhängige Multi-Tier-Applikationen erstellt werden. Sie gehören damit zur Middleware (vgl. Plessl 2001, Treese 1998).

Man kann sich Enterprise JavaBeans auch als Behälter vorstellen, in denen die Business-Logik verpackt wird. Die Behälter kümmern sich dann um High-Level-Funktionen wie Session-Management, Transaktions-Management und Sicherheitsaspekte. Diese Art der Kapselung entbindet die Entwickler von der Notwendigkeit, sich um Funktionalitäten zu kümmern, die in vielen Internetanwendungen benötigt werden und gestatten damit eine Konzentration auf die abzubildenden Kernprozesse (vgl. Tilkov 1999: 116).

Perl, eine objektorientierte Programmiersprache, steht für »Practical **Perl** Extraction and Report Language«. Sie wurde mit dem Ziel entwickelt, eine einfache Sprache zur Verfügung zu stellen, die ihre Stärken in der Textmanipulation hat. Dazu gehören Funktionalitäten zum Suchen und Ersetzen von Text sowie die Unterstützung von regulären Ausdrücken, die diese Funktionalitäten durch ihre Mächtigkeit vielseitig einsetzbar machen.

Perl-Programme werden als reine Textdateien gespeichert und erst unmittelbar zum Ausführungszeitpunkt kompiliert. Da es Compiler für sehr viele Plattformen gibt, kann man auch bei Perl von Plattformunabhängigkeit sprechen, wobei das bei serverseitig ausgeführten Programmen eher weniger ins Gewicht fällt. Weil Perl als Open-Source-Projekt jedem kostenlos zur Verfügung steht und plattformunabhängig ist, erfreut es sich heute großer Beliebtheit bei Programmierung von Skripts für die CGI-Schnittstelle. Da Perl aber meist nicht in den Webserver integriert ist, ergeben sich durch den Einsatz die für die CGI-Schnittstelle bekannten Nachteile (siehe Abschnitt 6.1.4).

Für den Interneteinsatz gibt es viele Module zur Unterstützung spezifischer Einsatzszenarien. Als typische Vertreter seien Datenbankzugriff, Formularauswertung, Mail, Verwendung von Cookies oder dynamische Grafikgenerierung genannt.

Bei ActiveX handelt es sich um eine Weiterentwicklung von OLE (Object Linking and Embedding), einer Microsoft Architektur, die eine bessere Zusammenarbeit von Applikationen gewährleisten soll. ActiveX-Komponenten können in Webseiten integriert werden. Sie werden bei ihrem ersten Aufruf durch den Browser vom Server geladen und auf dem Client installiert und ausgeführt. Da eine ActiveX-Komponente jederzeit vollen Zugriff auf die Ressourcen des Clients hat, ergeben sich daraus erhebliche Sicherheitsmängel. ActiveX-Komponenten liegen im Binärformat vor und sind deshalb stark plattformabhängig und zur Zeit auch nur in der Windows-Welt einsetzbar. Ein weiterer Nachteil dieser Technologie resultiert aus dem Umstand, dass ActiveX-Komponenten nicht aus einem System entfernt werden können, wenn sie nicht mehr gebraucht werden, was zu einer unerwünschten Anhäufung der Komponenten führen kann.

Für die Umsetzung von Internet-Anwendungen ist aber vor allem die Datenbankenanbindung ein wichtiges Thema. Diesem Anspruch wird mit dem ActiveX-Data-Object-Model (ADO) Rechnung getragen. ADO setzt auf OLE DB auf und verbirgt dabei die komplexe Struktur, wodurch es bedeutend einfacher wird, universelle Datenbanken in Anwendungen zu integrieren. Nachteilig wirkt es sich jedoch aus, dass es auf COM und OLE aufsetzt und deshalb nur in einer Microsoft-Umgebung (serverseitig) eingesetzt werden kann.

### 6.1.6 Schnittstellen

Die Übersicht über das Business Community Framework (siehe Abb. 6.2) lässt erkennen, wie komplex die Architektur einer Plattform für virtuelle Gemeinschaften aufgebaut ist. Die einzelnen Komponenten dieses Gesamtsystems stellen wiederum sehr komplexe Programme mit vielen Funktionalitäten dar. Um einer Geschäftsgemeinschaft optimale Unterstützung durch eine elektronische Plattform zu gewähren, bietet es sich an, für die einzelnen Komponenten spezialisierte Lösungen zu suchen, die die jeweiligen Funktionalitäten optimal abbilden. Dieser »Best-of-breed«-Ansatz setzt allerdings voraus, dass die einzelnen Komponenten miteinander interagieren können. Es müssen demnach Schnittstellen definiert sein, über die diese Interaktion abgewickelt werden kann. Für etablierte Produkte gibt es normalerweise offengelegte Definitionen solcher Schnittstellen, so genannte »Standardschnittstellen«. Das Vorhandensein möglichst vieler und standardisierter Schnittstellen garantiert die Interoperabilität mit anderen Systemen.

Die Interoperabilität ist auch unter Integrationsaspekten ein wichtiger Gesichtspunkt. Wird heutzutage ein neues System eingeführt, so kann davon ausgegangen werden, dass dieses in eine bereits vorhandene Infrastruktur integriert werden muss. Im Falle der Einführung einer Community-Plattform ist es sehr wahrscheinlich, dass bereits ein Content-Management-System oder ein Applikationsserver vorhanden ist. Definierte Schnittstellen zwischen den einzelnen Systemen beschleunigen eine Integration ungemein oder ermöglichen sie gar erst und stellen folglich einen wichtigen Investitionsschutz dar.

Investitions-schutz bei der Integration

Auch das ausgereifteste und auf den jeweiligen Einsatz zugeschnittene System erfordert Anpassungen an die Bedürfnisse der Anwender. Gerade im Community-Umfeld sind solche Anpassungen nicht nur notwendig, sondern ein essenzieller Bestandteil der Community. Solche Anpassungen erfordern einen Zugang zu den innersten Bereichen der zugrunde liegenden Software, der über Schnittstellen geschaffen wird. Diese Schnittstellen definieren bestimmte Funktionen, die von außen ausgeführt werden können und die interne Logik oder das Verhalten der Software verändern oder spezifische Funktionen ergänzen. So kann über Schnittstellen der direkte Zugriff auf die Middleware, auf die eine Community-Lösung aufsetzt, gewährt werden. Man ist damit in der Lage, Modifikationen an der Software vorzunehmen, die normalerweise dem Entwicklerstab der jeweiligen Software vorbehalten sind.

Zugriff auf interne Funktionen

## 6.1.7  Personalisierung

Personalisierung bedeutet eine Anpassung eines Internetauftritts an die individuellen Gegebenheiten des Aufrufenden. Um diese Anpassungen realisieren zu können, gibt es mehrere Vorgehensweisen und Verfahren. Eine grundsätzliche Unterscheidung von Personalisierungsmethoden bezieht sich darauf, wer die individuellen Anpassungen veranlasst. Innerhalb dieses Buches ist es die durch den Benutzer selbst gesteuerte Anpassung der Website an seine Bedürfnisse, die aktive Personalisierung genannt wird, während die passive Personalisierung von einer (oft auch unbemerkten) Datenerhebung und automatische Anpassung seitens Dritter gekennzeichnet ist. Auf Seiten der passiven Personalisierung werden meist noch zwei Phasen voneinander unterschieden: die Phase der Datenerhebung und die Phase der Korrelation, auch Matchmaking genannt. Bei den angewandten Verfahren mischen sich meist aktive und passive Elemente, und auch eine klare Aufteilung in die zwei Phasen ist meist nicht möglich, da sich diese zyklisch vermischen. Der letzte Schritt der Personalisierung ist dann die Phase der Content-Empfehlung, auch »Recommendation« genannt.

Aktive und passive Anpassung

## Datenerhebung für die passive Personalisierung

**Profiling**

Bei der Datenerhebung für die passive Personalisierung werden wiederum zwei grundsätzlich verschiedene Verfahren voneinander unterschieden: explizite Erhebung (Profiling) und implizite Erhebung (Tracking) der Benutzerdaten. Beim Profiling handelt es sich um die Erhebung eines Benutzerprofils. Bei der Erhebung werden vom Benutzer mittels Fragebogen relevante Eigenschaften abgefragt. Einige Eigenschaften, wie Name, Wohnort, Alter etc., können bereits bei der Registrierung (siehe Abschnitt 6.2.7) erhoben werden. Weitere Daten sollten nach Möglichkeit erst dann erhoben werden, wenn sich für den Benutzer ein direkt erkennbarer Mehrwert durch die Erhebung ergibt. Innerhalb einer Community, die Foren anbietet, könnten einem Mitglied bestimmte Foren aufgrund seiner Interessen gezielt angeboten werden. Sind ihm die Foren z.B. aufgrund des Geschäftsmodells noch nicht zugänglich, dann macht auch die Datenerhebung zu diesem Zeitpunkt wenig Sinn.

**Tracking**

Ohne die Kooperation des Endanwenders funktionieren die Verfahren des Trackings. Bei dieser impliziten Datenerhebung werden Benutzerdaten aufgrund des Verhaltens eines Anwenders beim Besuch der Community ermittelt. Auch hier kommen wieder zwei unterschiedliche Verfahren zum Einsatz: die Auswertung historischer Daten (Logfile-Analyse, siehe Abschnitt 5.3) oder die Echtzeitanalyse, bei der die Klickpfade des Benutzers analysiert werden und eine Auswertung seinem Profil zugefügt wird. Auch die Auswertung seines Auswahlverhaltens kann das Profil erweitern. Klickpfade und Auswahlverhalten lassen es dann zu, den jeweiligen Benutzer einer bestimmten Gruppe zuzuordnen, deren Mitglieder ähnliche Verhaltensweisen aufzeigen. Die Datenerhebung setzt sich kontinuierlich fort, wodurch die Qualität der darauf aufbauenden Personalisierung sich ständig verbessert, denn je mehr Daten zur Verfügung stehen, desto treffender kann eine Person charakterisiert und einer Gruppe zugeordnet werden.

**Kategorisierung und Indexierung**

Es existiert noch eine andere Art der Datenerhebung, nämlich die Kategorisierung und Indexierung der eigentlichen Inhalte. Um personalisierte Inhalte anbieten zu können, müssen diese Inhalte kategorisiert und indexiert werden. Dies kann zum Teil durch eine manuelle Verschlagwortung oder durch Analyseverfahren geschehen. Zu diesen Analyseverfahren gehören die morphologische Reduktion, die der Zerlegung des Textes in bedeutungtragende Teile (Morpheme) dient, die phonologische Analyse, die Unschärfe bezüglich der Morpheme zulässt, und die syntaktisch-linguistische Analyse, die einen konzeptuellen Index erzeugt, der wiederum

Informationen über die sprachlichen Relationen enthält. Die daraus entstehenden »Profile« der Inhalte dienen dann in weiteren Schritten der Personalisierung.

**Matchmaking**

Wenn die Daten erfasst sind, können sie auf unterschiedlichste Weise ausgewertet und für die personalisierte Darstellung von Inhalten genutzt werden. Um individuell angepasste Inhalte präsentieren zu können, muss das ermittelte Profil mit Standardprofilen verglichen werden. Dieser Vorgang wird auch »Matching« oder »Matchmaking« genannt. Auch das Matchmaking bedient sich unterschiedlicher Verfahren, wie die personalisierte Information an den Anwender gelangen kann.

Regelbasierte Verfahren verknüpfen dabei bestimmte Informationen aus dem Profil des Anwenders mit den Kategorisierungs- und Indizierungsinformationen von Inhalten. Die dem Verfahren zugrunde liegenden Regeln müssen von einer administrativen Instanz zuvor definiert werden. Eine solche Regel könnte z. B. sein, dass unterschiedlichen Hierarchiestufen in einer Community unterschiedliche Informationen zur Verfügung gestellt werden. Davon können bestimmte, vordefinierte Inhalte (z. B. einzelne Auswahlfelder in einer Navigationsleiste) oder Dokumentengruppen, die zuvor kategorisiert wurden, betroffen sein. Hat sich ein Community-Mitglied als Tennisfan geoutet, so erhält er eben Informationen über Tennis, während ein Motorsportbegeisterter an gleicher Stelle über den letzten Großen Preis von Monaco liest.

*Regelbasiertes Verfahren*

Inhaltsbasierte Verfahren benötigen den zuvor ermittelten konzeptuellen Index der vom Benutzer gelesenen Information und bieten ihm dann auf Grundlage dieses Index weitere Informationen an, deren Index diesem nahe kommt. Ausgang für die Empfehlung sollte eine themenspezifische Auswahl durch den Benutzer sein, durch die er ja sein Interesse an der jeweiligen Thematik erst zeigt. Natürlich können für die Empfehlungen auch die im Profil hinterlegten Präferenzen des Community-Mitglieds herangezogen werden.

*Inhaltsbasiertes Verfahren*

Verhaltensbasierte Verfahren analysieren die durch das Tracking ermittelten Klickpfade und Verhaltensmuster und versuchen durch Aggregation Cluster zu bilden, die ähnliche Verhaltensweisen bündeln. Das Verfahren ermittelt nun zu einem Zeitpunkt x die Wahrscheinlichkeit für eine bestimmte Interaktion des Anwenders auf Grundlage ähnlicher Klickpfade. Aktionen mit hoher Wahrscheinlichkeit aufgrund des aktuellen Verhaltensmusters werden dann erleichtert. Dies kann sich dann z. B. in

*Verhaltensbasiertes Verfahren*

einer für den jeweiligen Benutzer optimierten Navigationsstruktur nieder-
schlagen. Diese Verfahren ist dynamisch, und eine eindeutige Zuordnung
zu einem bestimmten Cluster ist zu keinem Zeitpunkt möglich, sondern
ändert sich von Aktion zu Aktion, weshalb auch mit Wahrscheinlichkeiten
gearbeitet wird. Auch auf dieser Grundlage können dem Community-Mitglied Empfehlungen für bestimmte Inhalte gemacht werden, da die
Zuordnung zu einem Cluster auch mit einem Interessenprofil korreliert.
Dieses Verfahren, »Collaborative Filtering« genannt, ist dem ähnlich, das
z. B. bei Amazon.com eingesetzt wird, um Kunden, die ein bestimmtes
Buch kaufen, weitere Bücher anzubieten, die von anderen Kunden
gekauft wurden, die auch das erste Buch gekauft haben.

**Synergieeffekte** Wie aus dem letzten Beispiel ersichtlich wird, ist es die Kombination der
drei Verfahren, die dem Benutzer einen greifbaren Mehrwert bringt.
Diese Arten der Personalisierung können natürlich auch genutzt werden,
um bestimmte Informationen zielgruppenspezifisch und damit hochwirk-
sam zu publizieren. Werbenahe Inhalte seien in diesem Zusammenhang
besonders hervorgehoben.

## Aktive Personalisierung

**Individual
Customizing** Die aktive Personalisierung, also die Anpassung des Angebots der Website
oder Teilen davon an die Anforderungen und Bedürfnisse des Community-Mitglieds, kann auch als »Individual Customizing« bezeichnet werden. Dabei wird dem Benutzer die Möglichkeit gegeben, Teile der Website nach seinem persönlichen Look&Feel zu gestalten. Dies bezieht sich
nicht nur auf Layoutfragen, sondern umfasst auch die Konfiguration des
Informationsangebots und kann sich auch auf die Navigationsstruktur
erstrecken. Solche auch als »My Portal« bezeichnete Anpassungsmöglichkeiten sind bereits State-of-the-art und erhöhen frei nach dem Leitspruch
»Wo ich mich wohlfühle, bin ich zuhause« die Motivation für weitere
Besuche und eine längere Verweildauer innerhalb der Community. Analysen dieser Benutzer-Konfiguration können wiederum Daten für das
Benutzerprofil liefern und den verschiedenen Verfahren der Personalisierung zugeführt werden.

## Recommendation

**Kein Ausschließ-
lichkeitscharakter** Die eigentliche Content-Empfehlung basiert auf den einzelnen Personalisierungsverfahren und übergibt dem Publikationssystem den für den
Betrachter ermittelten Inhalt. Da es sich hierbei um eine Empfehlung handelt, darf sie keinen Ausschließlichkeitscharakter haben. Vielmehr sollte
der empfohlene Inhalt durch eine priorisierte Anordnung gegenüber dem,

der im jeweiligen Kontext angeboten wird, hervorgehoben werden. Befindet sich das Community-Mitglied in einem Bereich, der sich mit Wirtschaft befasst, und die Personalisierungsverfahren haben ermittelt, dass das Interesse des Mitglieds vor allem auf den Börsenhandel abzielt, so sollten ihm dennoch nicht nur Börsennachrichten angeboten werden, sondern darüber hinaus andere Wirtschaftsinformationen in exponierter Art und Weise. Bei einer News-Auflistung könnten die für den Benutzer relevanten Nachrichten demnach am Anfang der Liste stehen. Eine weitere Möglichkeit der Content-Empfehlung ist die Darstellung des empfohlenen Inhalts an einer speziell dafür vorgesehenen und gekennzeichneten Stelle.

Wie bereits besprochen, kann sich eine Empfehlung aber auch auf die Anordnung der einzelnen Seiten oder Bereiche der Community innerhalb der Navigation auswirken. In diesem Fall wird in der Recommendations-Phase die dynamische Navigationsstruktur ermittelt und dem Publikationssystem zur Darstellung übergeben.

## 6.1.8 Content Management

Einer der wichtigsten Punkte in einer Community bilden die dort bereitgestellten Informationen, der so genannte »Content« (Inhalt). Je nach Größe und Komplexität der Community kann die Verwaltung des Contents eine Größenordnung erreichen, die mit herkömmlichen Mitteln nicht mehr zu bewältigen ist. Um die Community-Administratoren und -Manager bei der Verwaltung des Contents zu unterstützen, sollte deshalb Content Management innerhalb einer Community verwendet werden. Das kann einerseits durch Funktionalitäten geschehen, die direkt in die unterstützende Community-Plattform integriert sind, oder durch ein spezielles Content Management System (CMS).

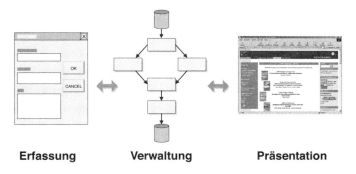

**Erfassung**　　　　**Verwaltung**　　　　**Präsentation**

**Abbildung 6.17** Der Lebenszyklus von Inhalten

Content Management hilft nicht nur bei der Verwaltung von Informationen, sondern bietet auch Unterstützung bei der Erfassung und Präsentation von Inhalten selbst. Für den Einsatz in Business Communities sollte
Content Management deshalb den gesamten Lebenszyklus von Inhalten
abdecken. Dieser Lebenszyklus ist in Abbildung 6.17 zu sehen.

## Erstellung/Erfassung von Inhalten

Der Lebenszyklus von Inhalten beginnt bei der Erstellung oder Erfassung
derselben. Dies kann je nach Art des Inhalts durch spezielle Editoren oder
Programme geschehen oder bei redaktionellen Inhalten durch ein integriertes oder externes Redaktions-Werkzeug. Ein Beispiel ist in DL2000.de
die persönliche MyDL2000.de-Redaktionsoberfläche der Mitglieder zum
Einstellen aller Community-Inhalte. Sollen bereits vorhandene Inhalte
durch das CMS verwaltet werden, so müssen dementsprechende Schnittstellen bereitgestellt werden. Da solche Inhalte in der Regel vorliegen,
kommt diesen Schnittstellen eine besondere Bedeutung zu. Wichtig ist in
diesem Zusammenhang, dass eine reine Übernahme von vorhandenen
Inhalten nur in den wenigsten Ausnahmen möglich sein wird, da deren
Verwaltung und Speicherung meist ein vorgegebenes Format impliziert.

Um einen Inhalt adäquat zu speichern, zu verwalten und zu präsentieren
muss dieser in einer bestimmten Form vorliegen. Gerade die Präsentation
des Inhalts auf verschiedenen Medien und in verschiedenen Kontexten
bedingt eine Trennung von Inhalt, Struktur und Layout, wie sie von SGML
oder XML vorgenommen wird. Dies ist einer der Gründe, warum CMS auf
eine XML-Unterstützung setzen und auch eine der Stärken von Content
Management: Inhalte können mehrfach publiziert (Content Syndication)
und dabei auch in unterschiedlicher Darstellung und Detaillierung wiedergegeben werden.

Je nach Art des Inhalts wird deshalb ein so genanntes »Template« definiert, das als Muster für eine Gruppe von Inhalten gesehen werden kann
und die Struktur der jeweiligen Content-Art definiert. Als Beispiel sei ein
News-Format genannt, dessen Struktur das Vorhandensein eines Titels,
einer Kurzzusammenfassung und des eigentlichen Inhalts vorschreibt. Die
Integration eines oder mehrerer Bilder kann ebenfalls im Template definiert sein. Dieses Template enthält aber nicht nur sichtbare Elemente, die
später publiziert werden können, sondern auch so genannte »Metainformationen«, um Content einheitlich zu beschreiben und parametrisierbar
(Verschlagwortung) zu machen. So kann in einem Template die Information des Publikationszeitraums oder eine Kategorisierung des Inhalts defi-

niert sein. Die vordefinierten Templates können auch die Grundlage für eine dynamische Formularerstellung für die Erfassung dieser Content-Arten bilden.

## Verwaltung von Inhalten

Ist der Inhalt erfasst und eventuell auch verschlagwortet, wird er der Verwaltung zugeführt. Die Verwaltung umfasst die Speicherung, Qualitätssicherung und Archivierung. Ein wichtiger Begriff in diesem Zusammenhang ist »Workflow«.

Ein Workflow stellt die automatisierte (rechnergestützte) Abarbeitung von sequenziellen, parallelen oder optionalen Arbeitsschritten dar. Da diese Arbeitsschritte personen- oder rollenbezogen ablaufen, bedingt eine Workflow-Unterstützung auch die Integration einer rollenbasierten Rechteverwaltung. Schon die Erfassung des Inhalts kann und sollte in einen Workflow integriert sein. Damit ist geregelt, wer welchen Content erfassen darf. Qualitätssicherung ist durch einen festgelegten Weg, den ein Inhalt von der Erfassung bis zur Publikation nehmen muss, weitgehend gewährleistet. Die einzelnen Werkzeuge zur Unterstützung von Content Management, ob eingebundene Funktionalität oder CMS, bieten inzwischen frei konfigurierbare mehrstufige Workflows, mit denen sich die meisten im Umfeld von redaktioneller Arbeit auftretenden Workflows umsetzen lassen.

*Workflow-Unterstüzung*

Zur Qualitätssicherung gehört neben der Kontrolle durch verschiedene Instanzen auch das Linkmanagement, das in einer vernetzten Welt wie der des Internets eine herausragende Stellung einnimmt. Der stetigen Veränderung, die durch die Erleichterung bei der Erstellung von Inhalten und durch deren Ausweitung auf eine größere Gruppe von Anwendern bedingt ist, muss durch die Überprüfung von Verweisen auf die unterschiedlichsten Quellen begegnet werden. Dabei ist es natürlich einfacher, Links zwischen Inhalten, die im CMS verwaltet werden, zu überprüfen, als Links auf externe Quellen zu verifizieren. Das interne Linkmanagement muss dabei bidirektional ausgelegt sein, da sowohl ein Link auf Inhalte, die inzwischen gelöscht wurden oder nicht mehr aktuell sind, als auch Inhalte, auf die von keiner Stelle aus mehr verwiesen wird, vom System erkannt und korrigiert werden müssen.

*Linkmanagement als Ergebnis steter Veränderung*

Eine Verwaltung des Inhalts bedingt eine adäquate Attributierung (Metainformationen) desselbigen und das Vorhandensein einer Benutzerverwaltung, um den Content den richtigen Bearbeitern und Publikationszeiten und -orten zuordnen zu können. Die Metainformationen sollten alle zur Verwaltung des Inhalts notwendigen Informationen enthalten. Zu

*Verschlagwortung und Benutzerverwaltung*

diesen Informationen gehören unter anderem Ersteller, mögliche Bearbeiter, Publikations- und Archivierungszeitraum, Wiedervorlagetermin, zugrunde liegendes Template, Layouttemplate, Kategorien und Schlagworte. Die Metainformation, wer den Inhalt und in welcher Form verwalten bzw. bearbeiten darf, muss gegen eine Benutzerverwaltung geprüft werden. Dazu ist eine vorherige Authentifizierung der Benutzer notwendig.

**Content Repository** Die Speicherung des Inhalts erfolgt im so genannten »Content Repository«. Das Content Repository kann sich entweder im Filesystem oder in einer Datenbank befinden. Die Speicherung in Datenbanksystemen hat den Vorteil, dass die Metainformationen strukturiert mit dem eigentlichen Inhalt abgelegt werden können und durch eine Indizierung eine Suche oder das Finden von Inhalten wesentlich erleichtert wird. Bei dem Datenbanksystem kann es sich um eine relationale oder um eine objektorientierte Datenbank handeln. Aus dem Content Repository werden die Daten zur Publikation kopiert oder zur Archivierung vollständig entnommen.

**Archivierung** Um die Performance des Content Repositorys nicht zu beeinträchtigen, sollte nichtpublizierter Content in ein Archiv verschoben werden. Die Archivierung der Inhalte gegenüber der Löschung hat einerseits den Vorteil, sie auch nach einer vorübergehenden Deaktivierung wiederverwenden zu können, andererseits besteht meist die Verpflichtung, publizierte Inhalte jederzeit rekonstruieren zu können. Dies bedingt die Aufnahme von Publikationszeiträumen in die Metainformationen des Inhalts.

### Präsentation/Publikation von Inhalten

Die Präsentation des Inhalts ist von vielen Faktoren abhängig. Diese bestimmen den Zeitpunkt und Ort der Publikation sowie das Layout für die Präsentation. Für den Zeitpunkt und Ort der Publikation sind einerseits die Metainformationen und andererseits die Faktoren des Zielorts zuständig. Dabei spielt unter anderem die Personalisierung (siehe Abschnitt 6.1.6) eine übergeordnete Rolle. Das Layout der Präsentation wird durch das dem Inhalt zugrunde liegende Template und dem ihm zugeordneten Layouttemplate bestimmt. Dieses Layouttemplate enthält Informationen darüber, wie welche strukturelle Einheit des Inhalts auf dem jeweiligen Ausgabemedium dargestellt werden soll. Ein Layouttemplate kann z. B. durch XSL bestimmt sein, das XML in HTML und CSS umwandelt, um die Informationen in einem Browser darzustellen, oder XML in WML umwandelt, um auf einem PDA darstellbar zu sein.

## Verwendung innerhalb einer Community

Die Verwendung eines Content-Management-Systems innerhalb einer virtuellen Community bzw. die Integration eines externen CMS in ein Community-Tool ist obligatorisch, sobald die virtuelle Gemeinschaft oder die Anzahl der zu publizierenden Content-Objekte eine bestimmte Größe übersteigt (siehe dazu auch Büchner 2001: 164f.). Existiert kein internes integriertes CMS, so muss ein externes integriert werden. Dabei ist auf die Verwendung einer gemeinsamen Benutzerverwaltung zu achten, um z. B. Mehrfachanmeldungen der Benutzer und Administrationsmehraufwand durch Anlegen mehrerer Profile für eine Person zu vermeiden. Schnittstellen zu bereits vorhandenen Inhalten sowie die Möglichkeit von nur partieller Verwendung der gegebenen Funktionalitäten sind von großer Wichtigkeit.

In diesem Zusammenhang sollten auch die Schnittstellen zu Content Brokern oder Content-Syndikatoren erwähnt werden, die Inhalte aus verschiedenen Quellen bedarfsgerecht zusammenstellen, kategorisieren und auch personalisiert ausliefern (vgl. contara 2001). Oft ist es ein unschätzbarer Mehrwert, tagesaktuelle und breitgefächerte Informationen in großer Zahl den Mitgliedern einer Community zur Verfügung stellen zu können. Die Bereitstellung eines Newsstreams kann auch für die Motivation, eine solche Community aufzusuchen, von unschätzbarem Wert sein, denn nichts ist langweiliger, als eine Webseite zu besuchen, die keine neuen Informationen bietet.

**Mehrwert durch Content-Syndikatoren**

### 6.1.9 Mobiler Zugriff

*Wenige E-Business-Unternehmen werden überleben, wenn sie nicht auch mobile E-Business-Unternehmen werden. (Neigel Deighton, Gartner Group)*

Diese Aussage betont die Wichtigkeit eines mobilen Zugriffs auf Internetangebote. Auch für Community-Plattformen als Angebote für Geschäftsgemeinschaften ist die Möglichkeit eines mobilen Zugriffs damit ein wichtiges Serviceangebot und unter Umständen sogar zwingende Voraussetzung für den Erfolg.

Technologisch gibt es die verschiedensten Endgeräte und Protokolle für den mobilen Zugriff auf Internetinhalte. Die Palette der Endgeräte reicht vom Handy über den PDA (Personal Digital Assistant) und kombinierten Smartphones bis zum Notebook. Einige der Protokolle für den mobilen Zugriff sind nachstehend beschrieben.

## SMS

SMS (Short Message Service) ist ein Telekommunikationsdienst, der textuelle Kurznachrichten zwischen Endgeräten vermittelt. Dabei handelt es sich um einen asynchronen Datenservice, der auf 180 Zeichen beschränkt ist. Eine gesendete SMS – nicht nur der Dienst wird in Deutschland als SMS bezeichnet, sondern die Kurznachricht selbst auch – wird beim Netzbetreiber gespeichert und von dort an das Empfangsgerät weitergeleitet, sobald dieses online ist. Dort wird die SMS in einer Mailbox zwischengespeichert und kann jederzeit abgerufen und beantwortet werden. Die Nachricht wird dabei über den Steuerkanal des Mobilfunk-GSM-Netzes übertragen. Als Vermittlungsstation zwischen den Kommunikationspartnern fungiert ein so genanntes »SMS-Gateway«, das ankommende SMS entgegennimmt und sternförmig an die Empfangsgeräte verteilt.

**Alternative Sende- und Empfangsmöglichkeiten**

Sende- und Empfangsgeräte können an das Mobilfunknetz angeschlossene Geräte oder inzwischen auch sämtliche internetfähigen Geräte sein, da spezielle GSM-Internet-Gateways bereitstehen. Es ist auch möglich, eine SMS an einen Festnetzanschluss zu versenden, indem die SMS an einen speziellen Dienst geschickt wird, der sie dann als Sprachmeldung ins Festnetz einspeist.

**Ubiquitäre Kooperation**

Dieser Dienst eignet sich gut, um einen ständigen bidirektionalen Kontakt mit der Community-Plattform zu halten. So ist es sowohl möglich, kurze Nachrichten aus der Community zu erhalten als auch solche in die Community abzusetzen. Gerade im Geschäftsbereich, wo Erreichbarkeit und ständige Präsenz eine wichtige Rolle spielen, kann über diesen Weg die Kooperation allgegenwärtig unterstützt werden. Eine in der Community-Plattform umgesetzte Erinnerungsfunktion oder eine schnelle Reaktion auf einen Forenbeitrag werden durch diesen Dienst realisierbar.

## WAP

WAP (Wireless Application Protocol) ist ein Standardprotokoll für die mobile Datenübertragung und legt die Regeln dafür auf den einzelnen Übertragungsebenen fest. Ein herausragendes Merkmal von WAP ist die so genannte »Push-Funktionalität«, die es erlaubt, dem Endgerät ereignisgesteuert Inhalte zu senden. Dabei wird auch der Verbindungsaufbau von der initiierenden Seite übernommen. Demnach muss ein WAP-Endgerät nicht ständig online sein, um diese ereignisgesteuerten Inhalte zu empfangen (vgl. Zobel 2001: 40f.). Die Inhalte sind dabei in der Beschreibungssprache WML (Wireless Markup Language) verfasst und werden wie gewöhnliche Webseiten (HTML) auf einem Webserver gespeichert.

Von dort aus werden sie mittels des HTTP-Protokolls zu einem WAP-Gateway geschickt, das die Schnittstelle zwischen Internet und dem Mobilfunknetz bildet. Das WAP-Gateway übermittelt die Daten dann, nachdem die WML-Seiten in ein binäres Format transformiert wurden, über das Mobilfunknetz an das WAP-fähige Endgerät.

Im Zusammenhang mit neuen Mobilfunkprotokollen wie UMTS (Universal Mobile Telecommunications System), die mit Paketvermittlung arbeiten und Übertragungsraten im MegaBit-Bereich (bis zu 2 Mbit) bieten, ergeben sich für das Community-Umfeld ganz neue Services und Funktionalitäten. So ist in Zukunft auch eine komplette Abbildung von Community-Plattform-Schnittstellen auf mobile Geräte vorstellbar, und eine Videokonferenz über Appliances (mobile Endgeräte, wie Handys, Organizer und Surf-Terminals) liegt im Bereich des Möglichen.

*Mobile Community durch WAP*

Durch die Lokalisierungstechnologien im Zusammenhang mit mobilen Funkverbindungen (vgl. Zobel 2001: 42) werden in diesem Umfeld kontext- und ortsabhängige Dienste möglich, auch Location Based Services (LBS) genannt. So kann einem Anwender je nach Aufenthaltsort ein spezifisches Wörterbuch, ein Stadtplan oder Community-Eventinformationen (z. B. für die Zielgruppe gehandicapter Personen, Life-Style etc.) zur Verfügung gestellt werden.

*Kontext- und ortsabhängige Dienste*

## Sprachunterstützung

*Sprachtechniken dürften zukünftig eine herausragende Rolle bei mobilen Anwendungen jedweder Art spielen; schließlich ist die Sprache das natürliche Kommunikationsmittel des Menschen. (Kuhlmann 2001: 27)*

Unter Sprachtechniken fasst man die Aufzeichnung, Erkennung und Ausgabe gesprochenen Wortes zusammen (vgl. Kuhlmann 2001). Sprachtechniken versprechen auch weitreichende Einsatzfelder im Internet. Ein Standard im Bereich Sprachunterstützung soll VoiceXML werden. Der geräteunabhängige und – durch den Einsatz natürlicher Sprache – intuitive Zugriff auf das Internet eröffnet gerade Geschäftsgemeinschaften neue Möglichkeiten der Interaktion untereinander und mit der unterstützenden Plattform. Diese Technologie bietet sich vor allem im Bereich der mobilen Kommunikation an, da dort der Einsatz von Sprache die Verwendung von platzraubenden oder unergonomischen Eingabegeräten erübrigt. Sprachbasierte Navigation im Internet, »sprechende Webseiten« oder automatisierte Stimmverifikation sind Szenarien, die sich mit dieser Technologie umsetzen lassen (vgl. Kuhlmann 2001: 27).

*Geräteunabhängiger und intuitiver Zugriff*

## 6.1.10 Transaktionen und Sicherheit

Was aber nützt einer Geschäftsgemeinschaft die beste Unterstützung für Kommunikation und Kooperation, wenn das namensgebende Ereignis der Gemeinschaft, das Geschäft, nicht auch elektronisch getätigt werden kann? Das bedeutet, dass eine elektronische Plattform für Business Communities auch den Kauf und Verkauf von Waren und Dienstleistungen unterstützen muss, um die gesamte Wertschöpfungskette abzubilden.

Kaufvorgang als Transaktion

Der Initialschritt eines Kaufs oder Verkaufs ist das Angebot einer Ware oder Dienstleistung bzw. die Bekundung eines Kaufinteresses. Haben sich Käufer und Verkäufer einer Ware oder Dienstleistung gefunden, geht es daran, den eigentlichen Kaufvorgang auszuhandeln. Dabei stehen Art der Bezahlung, Art der Lieferung und Preisvorstellungen beider Parteien im Vordergrund. Die Höhe und die Art der Bezahlung sowie der eigentliche Bezahlungsvorgang sind inzwischen ohne größere Hürden rein elektronisch abbildbar. Handelt es sich bei der Ware nicht um elektronische Daten oder die Dienstleistung selbst oder ihr Resultat kann nicht auf elektronischem Weg transferiert werden, so bedeutet die Zustellung einen Medienbruch. In allen anderen Fällen kann der gesamte Vorgang direkt über eine elektronische Plattform abgewickelt werden. Die Zustellung der Ware bildet dann auch den Abschluss des Vorgangs. Der gesamte Vorgang wird auch als Transaktion bezeichnet.

**Das ACID-Prinzip** Eine Transaktion ist durch vier Hauptcharakteristika (ACID/AKID-Prinzip) geprägt:

▶ **atomar**
Eine Transaktion ist unteilbar, d.h., entweder wird eine Transaktion komplett ausgeführt oder gar nicht. Sollte ein Teilschritt nicht ordnungsgemäß ausgeführt werden können, so werden alle bis dahin ausgeführten Teilschritte auch wieder rückgängig gemacht.

▶ **konsistent**
Eine Transaktion kann keine Inkonsistenzen innerhalb der sie betreffenden Daten hervorrufen. Gilt z.B., dass eine Transaktion kein Geld erzeugen kann, so muss eine Abbuchung eines Geldbetrags eine oder mehrere Buchungen mit demselben Gesamtbetrag nach sich ziehen.

▶ **isoliert**
Eine Transaktion darf weder durch andere Transaktionen beeinflusst werden noch darf sie andere Transaktionen beeinflussen. Transaktionen müssen demnach seriell ausgeführt werden, mit der Ausnahme, wenn eine parallele Verarbeitung in jedem Fall zum selben Ergebnis wie die serielle Verarbeitung derselben Transaktionen führt.

► **dauerhaft**

Eine getätigte Transaktion bzw. ihr Ergebnis ist in diesem Sinne dauerhaft, dass der dadurch hergestellte Zustand nachvollziehbar im System gespeichert werden muss. Eine Änderung ist dann nur noch durch andere autorisierte Transaktionen möglich.

Alle Schritte des Kaufvorgangs, die elektronisch abbildbar sind, können folglich als Transaktion ausgeführt werden. Schritte, die nicht elektronisch abbildbar sind, sind hingegen nicht Bestandteil einer Transaktion, können aber durch Bestätigungen auf elektronischem Weg in eine Transaktion integriert werden. Wird eine Ware per Versandhandel ausgeliefert, so kann die Lieferung der Ware nicht direkt elektronisch überprüft werden, die Bestätigung der Lieferung kann aber durch den Empfänger elektronisch erfolgen. Im nächsten Abschnitt werden die Teilschritte einer Kauftransaktion besprochen.

Wie weiter oben bereits erwähnt, bildet das Angebot einer Ware oder Dienstleistung bzw. die Bekundung eines Kaufinteresses den Initialschritt einer Kauftransaktion. Das Anbieten der Ware oder der Dienstleistung kann innerhalb der Community auf verschiedenste Weise erfolgen. Im Normalfall gibt es spezielle Bereiche innerhalb der Plattform, die dem Verkauf und Erwerb von Produkten oder Dienstleistungen dienen. Produktkataloge oder spezielle, durchsuchbare Anbieterseiten sind die üblichen Darbietungsformen. Dienstleistungen werden oft auch innerhalb eines integrierten Geschäftsprozesses angeboten. Wenn innerhalb einer Geschäftsgemeinschaft Dienstleistungen erbracht werden, so sollte der dazugehörige Geschäftsprozess integraler Bestandteil der Plattform sein. Ein Kaufgesuch kann innerhalb eines Schwarzen Bretts oder auf anderen speziell dafür ausgezeichneten Seiten bekannt gemacht werden. An der Stelle, an der nun die Ware oder Dienstleistung angeboten wird, sollte die Möglichkeit gegeben sein, ein direktes Kaufinteresse zu äußern, um mit dem Anbieter eine Kauftransaktion zu initiieren.

**Initiierung der Kauftransaktion**

Notwendige Voraussetzungen für die Initiierung der eigentlichen Kauftransaktion ist die Festlegung einiger Parameter. Dazu gehören der Kaufgegenstand, der Kaufpreis, die Verkaufsmenge, die Bezahlungsmethode, die Liefermethode sowie weitere Einzelheiten des Kaufvertrags. Sind alle diese Punkte geklärt, wird die Transaktion getätigt und beim Erhalt der Ware oder Dienstleistung mittels einer Bestätigung des Empfängers und einer Bestätigung der Bezahlung durch den Verkäufer abgeschlossen. Da zwischen eigentlichem Kaufabschluss und Lieferung der Ware oder der Dienstleistung einige Zeit vergehen kann, ist klar, dass die oben beschriebene Kauftransaktion keine atomare Einheit darstellt. Die durch das ACID-Prinzip aufgestellten Forderungen können deshalb nicht direkt über einen so genannten »Transaktionsmanager« überprüft werden, ihnen muss vielmehr auf anderem Wege entsprochen werden.

**Unterteilung in mehrere Trans-aktionen**

Eine Kauftransaktion wird deshalb in mehrere Transaktionen aufgeteilt. Die ersten Schritte bis zu dem Punkt, an dem der eigentliche Vertrag abgeschlossen wird, sind nicht Bestandteil einer Transaktion, da sie nicht dem ACID-Prinzip unterliegen müssen. Die Bezahlung der Ware oder Dienstleistung stellt dagegen eine Transaktion im eigentlichen Sinne dar und muss demnach mit Transaktionsmechanismen unterstützt werden. Um dem ACID-Prinzip gerecht zu werden, gibt es inzwischen mehrere Verfahren, mit denen eine rein elektronische Bezahlung über das Internet verwirklicht werden kann. In den kommenden Abschnitten sollen einige dieser Verfahren vorgestellt werden.

**Grundkriterien für Zahlungssysteme**

Elektronische Zahlungssysteme müssen dabei den folgenden Grundkriterien entsprechen (vgl. Mahnhart 2001):

▶ **Geschwindigkeit**
Zwischen Zahlungsanweisung und tatsächlicher Ausführung der Zahlung darf nur eine unwesentliche Zeitspanne vergehen.

▶ **Einfachheit**
Die Zahlungsabwicklung muss intuitiv und für den Nutzer leicht durchzuführen sein.

▶ **Sicherheit**
Die Zahlungsabwicklung muss ausreichend vor Missbrauch geschützt sein.

▶ **Vertraulichkeit**
Kein Dritter sollte in der Lage sein, abwicklungsrelevante Informationen ausspähen zu können.

▶ **Integrität**
Eine Manipulation der Daten auf dem Weg vom Absender zum Empfänger darf nicht möglich sein.

▶ **Authentizität**
Es muss sichergestellt sein, dass die Transaktionspartner diejenigen sind, für die sie sich ausgeben.

**Daten-verschlüsselung**

Zur Gewährleistung der Sicherheit, Vertraulichkeit, Integrität und Authentizität müssen die Daten der Transaktion verschlüsselt übermittelt werden. Bei der Datenverschlüsselung gibt es zwei grundsätzlich verschiedene Verfahren: symmetrische und asymmetrische. Diese unterscheiden sich in der Art, wie die eigentlichen Schlüssel verbreitet bzw. angewendet werden. Für weitere Informationen hierzu sei an dieser Stelle die Lektüre von (Treese 1998: 209ff.) empfohlen.

Ein gängiges Verfahren zur Sicherung von Online-Transaktionen ist SSL (Secure Socket Layer). Dabei wird über ein abgewandeltes HTTP-Protokoll (HTTPS) eine sichere Verbindung zum Server des Verkäufers aufgebaut. Vom »Verkaufsserver« wird dazu ein Zertifikat zur Authentifizierung und dessen öffentlicher Schlüssel angefordert. Dem anfordernden Client wird dieser Schlüssel zusammen mit einer Prüfsumme und einer ID zugesandt. Der Client prüft nun anhand dieser Daten, ob die Verbindung zu dem Server stattgefunden hat, der von ihm angefordert wurde. Daraufhin verständigen sich der Server und der Client auf einen symmetrischen Schlüssel, der dann für die Abwicklung des Datentransfers verwendet wird (siehe Abbildung 6.18).

**SSL**

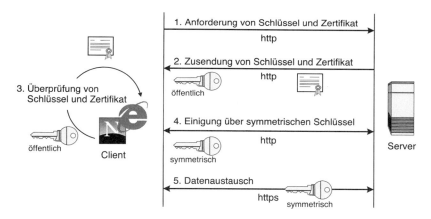

**Abbildung 6.18** Etablieren einer SSL-Verbindung zwischen Client und Server

Im Gegensatz zu SSL stellt das SET-Protokoll (Secure Electronic Transactions) ein Verfahren zum Online-Bezahlen und nicht nur ein Sicherheitsprotokoll dar. Grundlage des Verfahrens sind eine Kreditkarte auf Kundenseite und Zertifikate von Kunde und Händler, die von einem Trustcenter bestätigt sind. Eine SET-Transaktion beginnt mit der Bekanntgabe eines Kaufinteresses durch den Kunden. Der Händler schickt ihm daraufhin eine Datei mit den Bestellinformationen. Ein spezielles Softwareprogramm auf Seiten des Kunden, das SET-Wallet, überprüft nun die Bestellinformationen des Händlers und fügt eigene Kreditkarteninformationen hinzu. Diese verschlüsselten Daten werden dem Händler übersandt, der sie an das so genannte »SET Payment Gateway« weitergibt.

**SET**

Dieses überprüft nun die Zertifikate der beiden beteiligten Parteien und gibt bei einem positiven Ergebnis eine Zahlungsaufforderung an die Bank des Kunden weiter. Nach erfolgter Bestätigung sendet das Gateway diese an den Händler weiter, der die erfolgte Bezahlung auch dem Kunden mitteilt (siehe Abbildung 6.19). Das SET-Protokoll definiert auch die Nachrichtenformate und Verschlüsselungsmethoden, die zum Abschluss einer Transaktion erforderlich sind. Über welchen Weg die einzelnen Schritte abgewickelt werden, HTTP, HTTPS oder gar E-Mail, ist allerdings nicht vorgeschrieben.

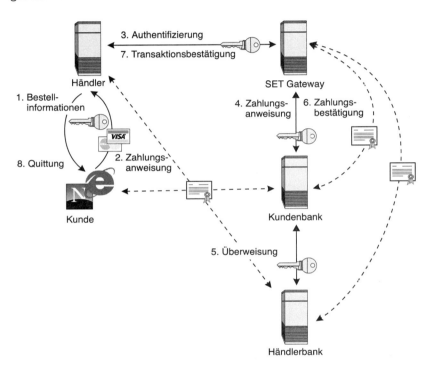

**Abbildung 6.19** Abschluss einer SET-Transaktion

E-Cash Ein weiteres Verfahren zur Bezahlung über das Internet ist das so genannte »E-Cash«. Ein großer Vorteil gegenüber SET-Transaktionen ist der, dass es sich auch für Kleinstbeträge (Micropayments) eignet. Grundlage dieses Verfahrens ist die Erzeugung von »digitalen Münzen« auf dem Rechner des Käufers mittels einer speziellen Software. Diese »digitalen Münzen« müssen anschließend von der Bank freigegeben werden. Dazu wird der Gegenwert vom Konto des Kunden abgebucht, die Münzen werden elektronisch signiert und mit einer Seriennummer an den Kunden zurückgeschickt. Dieser kann diese Münzen nun im Internet zur Bezahlung verwenden. Der jeweilige Händler kann die Münzen überprüfen lassen und bei positiver Bewertung dem Kunden die Ware zukommen und sich den Betrag bei der Bank gutschreiben lassen. Einer der Nachteile dieser Lösung ist, dass dieses Verfahren nur von einer Bank angeboten wird und demnach Kunde und Händler bei derselben Bank Kunde sein müssen. Als weiterer Nachteil sei angeführt, dass das erzeugte digitale Geld nur auf dem Rechner verwendet werden kann, auf dem die Software installiert ist und auf dem das Geld erzeugt wurde. Der gesamte Vorgang ist nochmals in Abbildung 6.20 wiedergegeben.

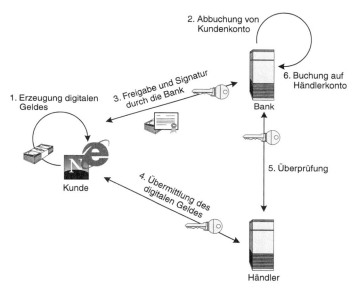

**Abbildung 6.20**  Abwicklung einer E-Cash-Bezahlung

In letzter Zeit etablieren sich auch Zahlungssysteme rund um das Handy, mit denen z.B. Micropayments über die Telefonrechnung abgewickelt oder über den authentifizierbaren Handykanal eine Überweisung autorisiert werden können. Ein Beispiel hierfür ist paybox, ein neues, mobiles Zahlungssystem, das sich über jedes handelsübliche Handy abwickeln lässt[1]. Zahlungen werden bei paybox einfach per Lastschriftverfahren über das Handy abgewickelt. Dabei funktioniert das System völlig unabhängig von den einzelnen Mobilfunkanbietern. Ein Bankhaus, das zu 50 % Eigentümer von paybox ist, ist dabei verantwortlich für den reibungslosen Ablauf von Überweisungen und Rechnungstilgungen. Wie das paybox-Verfahren bei der Bezahlung im Internet abläuft, beschreiben die folgenden Schritte (siehe auch Abbildung 6.21 ):

**Zahlen per Handy**

---

1  vgl. www.paybox.net

1. Im Internet wählt der Käufer die Zahlungsoption »paybox« und gibt seine Mobiltelefon-Nummer ein.

2. Automatisch werden die Transaktionsdaten über eine sichere Datenverbindung zu paybox geschickt, diese ruft den Käufer sofort unter der angegebenen Nummer zurück.

3. Der Käufer gibt die Transaktion durch Eingabe seiner paybox-PIN frei.

4. Die paybox.net AG zieht das Geld per Lastschrift vom Kundenkonto ein.

5. Das eingezogene Geld wird an das Handelsunternehmen weitergeleitet.

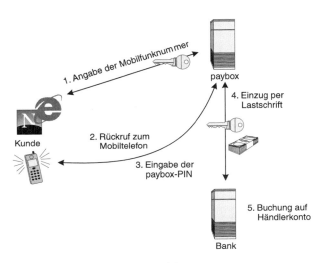

**Abbildung 6.21** Das paybox-Verfahren

**Abschluss des Kaufvorgangs** Stellvertretend für andere gängige Verfahren mögen diese Beispiele genügen, um die Komplexität von Transaktionsabwicklungen zu zeigen. Wie bereits erwähnt, ist dann der Abschluss des Verkaufsgeschäfts, die Warenlieferung, nicht Bestandteil einer Transaktion, kann aber über eine elektronische Bestätigung der Lieferung durch den Kunden in eine erweiterte Transaktion aufgenommen werden. Dabei ist es dann durchaus vorstellbar, dass das bereits auf der Verkäuferbank eingegangene Geld bis zu dieser Bestätigung durch die Bank gesperrt ist und erst nach Erhalt derselben explizit freigegeben wird. Dies bietet einen guten Schutz vor Fehl- oder mangelhaften Lieferungen.

## 6.1.11 Communities in 3D für kommerzielle und professionelle Anwendungen[2]

Dank größerer Bandbreiten und neuer Technologien hält 3D Einzug in das Internet und damit auch in die Welt der virtuellen Communities. Was oft als Spielerei oder gar unnutzes Beiwerk abgetan wird, hat durchaus auch in der Geschäftswelt seine Daseinsberechtigung. In der realen Welt ist Dreidimensionalität eine wichtige Voraussetzung für die Orientierung, und genau diese kann sie auch im Internet unterstützen.

### Internet-Mehrbenutzeranwendungen mit 3D-Features

Auf Anwendungen für E-Commerce und E-Business können Unternehmen immer weniger verzichten. Doch sowohl die Benutzerakzeptanz als auch der wirtschaftliche Erfolg vieler Anwendungen entsprechen bisher nicht den äußerst optimistischen Erwartungen der letzten Jahre. Dies hängt nicht zuletzt mit der wenig attraktiven Benutzerumgebung zusammen, in die die kommerziellen Angebote oft noch eingebettet sind. Vor allem in visueller Hinsicht sind nun aber durch Entwicklungen im Bereich der dreidimensionalen Virtuellen Communities völlig neue Möglichkeiten geschaffen worden, einen großen Schritt zu machen weg von der oft kritisierten, abstrakten und unpersönlichen Welt der »grauen Kästen« hin zu Netzwerkwelten, in denen sich Menschen nicht nur treffen, sehen und miteinander kommunizieren, sondern in denen auch gemeinsam gearbeitet, eingekauft werden kann sowie Geschäfte getätigt werden können.

Das Erscheinungsbild virtueller Welten und die Plattformen, auf denen sie existieren, sind schon lange nicht mehr auf rein textbasierte Lösungen fixiert. Ein bislang kleiner Kreis von Softwareanbietern kombiniert Virtual-Community-Kommunikationstechnologien mit den aus Offline-/Online-Spielen und dem Virtual-Reality-Bereich bekannten 3D-Technologien. Diese Softwarelösungen bieten mehreren Benutzern gleichzeitig neben synchronen Kommunikationskomponenten auch 3D-Visualisierungskomponenten in integrierter Form zur Navigation und Interaktion in 3D-Welten an. Eine 3D Community versucht, eine virtuelle Umgebung möglichst realistisch – vergleichbar mit in Science-Fiction-Szenarien beschriebenen holografischen Simulationen – wiederzugeben. Ziel einer derart gestalteten virtuellen Welt ist es, möglichst viele Sinne des Benutzers anzusprechen. Beispielsweise wäre eine Beratung im virtuellen Reisebüro durch das audiovisuelle Bereitstellen (Streaming Multimedia) des geplanten Urlaubsortes (Hotel, Strand, Schwimmbad etc.) oder der Besuch eines in

*Virtuelle Welten und Communities*

---

2  Beitrag von Dirk Wäscher, Andrea Müller und Thomas Fleckstein, Fraunhofer IAO

einem anderen Teil der Erde stattfindenden Medienereignisses (Konzert, Fußballspiel) für den Konsumenten äußerst interessant, zumal wenn er selbst in irgendeiner Form an dem jeweiligen virtuellen Szenario teilnehmen kann[3].

**Avatare**  Diese Teilnahme wird möglich durch den Einsatz von Avataren, mit Hilfe derer die Besucher in der virtuellen Welt kommunizieren, interagieren und navigieren können. Avatare sind also virtuelle Repräsentanten von Besuchern dreidimensionaler Welten. Diese Figuren bewegen sich in der virtuellen Welt und machen die Präsenz des Benutzers in dieser Welt sichtbar. Hierbei können die Avatare je nach Anwendung sowohl als realistische Abbilder der jeweiligen Person als auch als abstrakte Fantasiefiguren dargestellt werden.

Außer in Virtuellen Communities für den Freizeit- und Unterhaltungsbereich finden Avatare mittlerweile auch zunehmend in kommerziellen Anwendungen im Internet Verwendung. So repräsentieren sie z. B. Käufer in dreidimensionalen Online-Shops, in denen man sich zusammen mit anderen Käufern bewegt und die Möglichkeit hat, mit diesen beim gemeinsamen Einkaufsbummel zu kommunizieren. Avatare können aber auch dann eingesetzt werden, wenn es nötig ist, Produkte in ihrem Gebrauch sehen und beurteilen zu können. Hier kann dem Avatar beispielsweise Kleidung angezogen werden, um Aussehen und Passform der ausgewählten Produkte besser einschätzen zu können. In solchen Online-Shops können Avatare schließlich die Funktion virtueller Einkaufsberater übernehmen, die den Kunden bei der Produktauswahl unterstützen und dessen Fragen beantworten[4].

## Technische Komponenten und Funktionalitäten

Die Darstellung von 3D-Welten, Avataren und interaktiven Objekten stellt besondere Anforderungen an die Software, die Hardware und an die Benutzer. Die meisten bisher angebotenen Systeme beinhalten eine Vielzahl von Komponenten in einer integrierten Form. Auf der anderen Seite ermöglichen die meisten Anbieter jedoch auch die Kombination von Komponenten verschiedener Hersteller und erstellen dazu Programme für einen geeigneten Datenaustausch zwischen diesen Komponenten. Der Gesamtnutzen einer 3D-Community-Anwendung ergibt sich aus einem Zusammenspiel des Clients, der dem Benutzer als Zugangsmöglichkeit zu den Diensten der Community dient, des Servers und der dazugehörenden Administrationshilfen und Ergänzungsmodule.

---

3  z. B. EU-Forschungsprojekt VR-Shop www.vr-shop.iao.fhg.de
4  z. B. EU-Forschungsprojekt FashionMe www.fashion-me.com

Speziell entwickelte Clients bilden die Zugangssoftware zu einer 3D-Community-Anwendung. Sie stellen dem Anwender eine Benutzungsoberfläche zur Verfügung, über die eine Interaktion mit anderen Teilnehmern und die Navigation durch verschiedene Informationsbestände und 3D-Welten stattfinden kann. Vertrieben wird die Client-Software größtenteils über das Internet oder auf CD-ROM. Abhängig vom Anwendungsbereich sind beim kostenpflichtigen Erwerb der Software neben den Lizenz- häufig auch Beitritts- oder Benutzungsgebühren enthalten, insbesondere wenn es sich um Anwendungen im Unterhaltungsbereich handelt.

*Client*

Die Berechnung (das so genannte »Rendering«) von 3D-Grafiken erfolgt heute vorwiegend auf dem Client-Rechner, der dazu jedoch mit einer schnellen 3D-Grafikkarte ausgestattet werden muss. Die weit verbreiteten 3D-Grafikformate wie VRML oder Java3D und die von den Werkzeugen eingesetzten proprietären Formate setzen darauf, dass nur die Koordinaten und Bewegungsvektoren der anderen Nutzer übertragen werden und damit auch Systeme bei schmalbandigen Netzen ausreichend schnell reagieren. Die bildhafte Darstellung multimedialer Daten ist ein unverzichtbarer Bestandteil von 3D-Community-Anwendungen. So müssen unterschiedliche Medien, wie z.B. Text, Grafiken oder Streaming Audio/Video, problemlos integrierbar sein, nach Möglichkeit sogar innerhalb der virtuellen 3D-Umgebung. Dabei muss das System schnell reagieren und z.B. die grafischen 3D-Render-Prozesse flüssig, ruckelfrei und bildschirmfüllend in einer fotorealistischen Qualität durchführen können. Die Benutzeroberfläche des Clients eröffnet dem Anwender den Zugriff auf verschiedene Steuerelemente und Funktionen einer 3D-Community-Anwendung.

Der Serverkomponente von 3D-Community-Anwendungen kommt im operativen Betrieb eine besondere Bedeutung zu: Einerseits müssen konventionelle Internetinhalte wie Texte oder Multimedia-Daten übertragen werden, andererseits ist ein zusätzlicher Aufwand erforderlich, um das Mehrbenutzermanagement bei der Kommunikation oder bei der Bereitstellung der 3D-Welten zu bewältigen. So müssen beispielsweise Interaktionen eines Benutzers unmittelbar an alle in der gleichen virtuellen Umgebung anwesenden Teilnehmer weitergegeben werden. Verzögerungen stoßen beim Benutzer schnell auf Unverständnis. Die Anforderungen werden nochmals erhöht, wenn breitbandige Anwendungen, wie z.B. Audio- und Videokommunikation oder Multimedia-Streaming, aktiviert sind. Auch Benutzerverwaltungskomponenten (Rechte- und Rollenverwaltung), Automatisierungsmodule (z.B. intelligente Agenten) oder

*Server*

Datenbankanbindungen erfordern ein stabiles und leistungsfähiges System. Trotz dieser Anforderungen stellt die Serversoftware bei heutigen Systemen in der Regel keine unerfüllbaren Hardwareanforderungen, da (mit Ausnahme weniger Systeme) die enorm rechenintensive Grafikberechnung auf dem Client-Rechner stattfindet. So sind handelsübliche Rechner durchaus in der Lage, als Server zu dienen.

**Administrations-hilfen**

Ein wichtiger Bestandteil der Serversoftware für den Betreiber einer Community-Anwendung sind die Administrationstools. Die Schnittstelle zum Server kann eine speziell geschriebene Software sein, über die der Server gesteuert werden kann. Mit einem Community Builder ist es möglich, die Struktur einer Community zu erstellen und zu verändern. Die dargestellten Welten werden dann in den verschiedenen Bereichen der Community eingesetzt und mit Hilfe von Object Buildern (generierten Objekten) gefüllt. Diese Objekte innerhalb der Welten können von den Nutzern manipuliert werden, um gemeinsame Aktionen durchzuführen oder die Welten interaktiv zu gestalten. Solche Objekte sind nicht an einzelne Welten gebunden, sondern können von den Nutzern auch in andere Welten bewegt werden.

**Ergänzungs-module**

Die Anbindung externer (3rd-Party-)Lösungen kann zu einer erheblichen Erweiterung der Funktionalität von 3D-Community-Anwendungen führen. Die Anbindung von z.B. E-Commerce-Software ermöglicht das Betreiben interaktiver Shops, in denen die dreidimensional dargestellten Produkte von mehreren Personen gleichzeitig und interaktiv begutachtet werden können. Unternehmensinterne Abläufe können durch den Einsatz von Mehrbenutzer-Kommunikationstools ebenso unterstützt werden wie die Kommunikation nach außen.

### Einsatzmöglichkeiten

Wurden 3D-Community-Anwendungen bislang vorwiegend im Unterhaltungs- und Freizeitbereich eingesetzt, so ergeben sich mittlerweile zunehmend auch Einsatzbereiche im kommerziellen und professionellen Umfeld. Auf die Online-Shops mit Community-Charakter und 3D-Visualisierung wurde bereits hingewiesen. Im professionellen Bereich gibt es darüber hinaus die unterschiedlichsten Arbeits- und Geschäftsfelder, die durch den Einsatz von 3D-Mehrbenutzer-Kommunikationsplattformen profitieren könnten. Bei der (Fern-)Kommunikation mit anderen Mitarbeitern, dem Austausch von Wissen, dem gemeinsamen Planen, dem gemeinsamen Bearbeiten bereitgestellter Dokumente und 3D-Zeichnungen sowie der Automatisierung sich wiederholender Abläufe – über alle Stufen der Wertschöpfungskette hinweg – ist eine sinnvolle Implementierung entsprechender Systeme denkbar. Ob es sich um Mitarbeiterschulung, Organisations-, Planungs-, Beschaffungs- und Produktionsvorgänge oder Marketing-, Vertriebs- und Serviceangebote handelt: Die gemeinsame und gleichzeitige Nutzung von kommerziellen und geschäftlichen Internetanwendungen könnte mit Hilfe von 3D-Mehrbenutzer-Kommunikationsplattformen wesentlich vorangetrieben werden. Im Folgenden werden einzelne ausgewählte Stufen der Wertschöpfungskette innerhalb des Lebenszyklus eines Produktes bzw. einer Dienstleistung kurz dargestellt und auf ihre Potenziale hinsichtlich des Einsatzes von 3D-Community-Anwendungen untersucht.

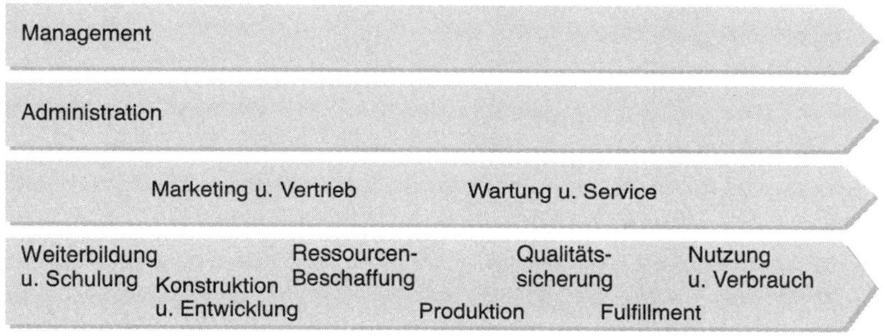

**Abbildung 6.22** Wertschöpfungsstufen während eines Produktlebenszyklus

Typische wertsteigernde Tätigkeiten im Management sind im Wesentlichen Steuerungs- und Kontrollaufgaben. Um die dazu erforderlichen Entscheidungen treffen zu können, müssen vielfältige Informationen aufgenommen und verarbeitet werden. Ein Anwendungsszenario für eine Management-Kommunikationsplattform sind virtuelle Konferenzen mittels 3D Conferencing-Tools, die die Kooperation und Kommunikation unterstützen. Virtuelle Kommunikations- und Präsentationsplattformen können hier an Bedeutung gewinnen, egal ob Baufortschritte, Börsenkurse, Projektstände oder Fahrzeugsimulationen visualisiert werden sollen. Hierbei ist ein Vorteil, dass schmalere Bandbreiten als bei Videokonferenzen genutzt werden können. Avatargestützte Konferenzen vermitteln den Teilnehmern zudem ein weitaus besseres Präsenzgefühl als dies bei reinen Text-Chats ohne visuelle Darstellung der Teilnehmer der Fall ist. Das »Sich-bewusst-machen« der Konferenzsituation und vor allem der Anwesenheit der anderen Teilnehmer wird dadurch wesentlich erleichtert[5].

**Management**

---

5  z.B. EU-Forschungsprojekt AvatarConference www.info-engineering.iao.fhg.de

**Administration** Eine 3D-Kommunikationssoftware zur Unterstützung des Verwaltungsbereichs scheint im Rahmen der angestammten Aufgaben nur wenig sinnvoll, da eine Reihe gut funktionierender Werkzeuge bereits auf dem Markt ist (z. B. Lotus Notes, Dokumentenmanagement-Software, ERP). Die hier existierenden Tools zu substituieren, dürfte ein wenig erfolgversprechendes Unterfangen sein. Sie aber um wesentliche Kommunikationskomponenten zu erweitern bzw. bereits existierende Softwaretools entsprechend zu integrieren, verspricht einen erheblichen Mehrnutzen.

**Marketing und Vertrieb** Der Bereich Marketing und Vertrieb könnte in hohem Maße vom Einsatz von 3D-Community-Anwendungen profitieren. Mitarbeiter von Marketing und Vertrieb bekämen z. B. die Möglichkeit, bei ihren Außendiensttätigkeiten gemeinsam mit den Kunden mittels Laptop auf Simulationsanwendungen in 3D-Qualität zurückzugreifen, um in Verkaufsgesprächen eine praktische, nahe an der Realität liegende Präsentation und Illustration von Produkten oder Verfahren anbieten zu können. Die Anforderungen an eine 3D Community für den Bereich Marketing und Vertrieb sind allerdings noch weitreichender. Da diese Plattform die zentrale elektronische Kontaktschiene des Unternehmens darstellen könnte, müssten sämtliche Formen der elektronischen Kommunikation (Internet-Telefonie, E-Mail, Video-Conferencing etc.) unterstützt werden können. Insbesondere die Anbindung an eventuell vorhandene Customer-Relationship-Management-Systeme und Customer-Care-Center ist hierbei ein wichtiges Kriterium[6].

**Wartung und Service** Wachsende Anforderungen erfordern unterstützende Software, die die Kommunikation zwischen Kunde und Unternehmen in der After-Sales-Phase erleichtert. Immer häufiger wird in die Steuerungselemente von Maschinen ein Fernwartungselement eingebaut, das eine Diagnose von Systemfehlern auch ohne Anwesenheit eines Technikers an einer Maschine erlaubt. Derartige Diagnosetools können durch eine 3D-Simulation der Maschine und ihrer näheren Umgebung unterstützt werden, so dass durch das direkte Feedback auch bei einer Fernwartung mögliche Gefahren und Fehler rechtzeitig erkannt werden.

**Weiterbildung und Schulung** Die Verwendung von 3D-Community-Anwendungen im Bereich Weiterbildung und Schulung würde für die teilnehmenden Mitarbeiter eines Unternehmens völlig neue Lernszenarien mit sich bringen. So wäre es denkbar, dass bislang in der Regel als Präsenzseminare ablaufende »On-the-Job«-Trainingsmaßnahmen in Zukunft mehr und mehr von 3D-Community-Seminaren abgelöst werden könnten, welche Firmen ihren Mitar-

---

6   z. B. EU-Forschungsprojekt Advice www.advice.iao.fhg.de

beitern anbieten. Gerade für Mitarbeiter, die etwa im Ausland für ein Unternehmen tätig sind oder die aus sonstigen Gründen nur erschwert die Präsenz am Ort der Schulung bewerkstelligen können, wären solche Angebote ideal, um in virtuellen, realitätsgetreuen Nachbildungen von Seminarräumen zusammen mit anderen Mitarbeitern und mit den Trainern (alle durch ihre Avatare repräsentiert) an spezifischen Weiterbildungs- und Schulungsmaßnahmen teilzunehmen[7].

Die Anforderungen an eine 3D-Plattform, die die Konstruktions- und Entwicklungsabteilungen nutzenbringend unterstützen könnte, betreffen vor allem die Kollaborationsmöglichkeiten. Hier geht es primär um das Bereitstellen einer virtuellen Konstruktions- und Entwicklungsumgebung, in der mehrere Mitarbeiter von verteilten Standorten aus gemeinsam planen und entwickeln und auf verteilte Wissensdatenbanken zugreifen können. Darüber hinaus sollte eine solche Plattform Schnittstellen und Formate etablierter Entwicklungs- und CAD-Software unterstützen.

*Konstruktion und Entwicklung*

Da in erster Linie Steuerungs- und Kontrollaufgaben übernommen werden müssten, welche eine spezifische Schnittstelle verlangen, erscheint die konkrete Unterstützung des Produktionsbereichs durch eine 3D-Community-Anwendung wenig sinnvoll. Eine Ausnahme ist die Möglichkeit, Maschinen zum Beispiel bei einer Produktionsumstellung gezielt fernzusteuern und mittels einer virtuellen dreidimensionalen Darstellung ein Feedback zu erhalten, das den Arbeitsablauf der Maschine darstellt.

*Produktion*

Nach diesen Einblicken in die Technologien rund um eine virtuelle Community soll im folgenden Abschnitt ein Überblick darüber gegeben werden, welche Funktionalitäten mit dem Einsatz dieser Technologien zur Unterstützung von Geschäftsgemeinschaften elektronisch abgebildet und den Community-Mitgliedern angeboten werden können.

## 6.2 Funktionales Design

Die Funktionalität einer Community bildet die Basis für Information, Kommunikation/Kooperation sowie Transaktion und orientiert sich direkt am Zweck der virtuellen Gemeinschaft. Sie bilden das »Handwerkzeug« für die virtuelle Gemeinschaft. Und genau wie für einen Schreiner gutes Werkzeug zur Holzbearbeitung die Grundlage für seinen Broterwerb bildet, so stellen die Funktionalitäten, die innerhalb einer Community bereitgestellt werden, die Basis für eine funktionierende Arbeitsgemeinschaft dar. Die Community-Werkzeuge müssen dabei genau auf die

*Community-Werkzeuge*

---

7    z.B. EU-Forschungsprojekt Invite http://invite.fh-joanneum.at

Bedürfnisse und Geschäftsprozesse dieser Gemeinschaft abgestimmt werden, um einen optimalen Prozessablauf zu gewährleisten und damit eine Nutzung der Funktionalitäten durch die Mitglieder zu fördern. Das bedeutet, dass je nach Art der Geschäftsgemeinschaft, die durch die technische Plattform unterstützt werden soll, und je nach Art der über diese Plattform abzuwickelnden Prozesse, die Funktionalitäten jeweils andere sind. Es kann demnach für eine Business Community keine Standardausrüstung an Funktionalitäten geben, sondern sie müssen vielmehr individuell zusammengestellt werden. Ein wichtiger Grundsatz gilt allerdings für alle Geschäftsgemeinschaften: Die dort angebotenen Services und Inhalte sollten jederzeit erreichbar, zuverlässig, einfach zu benutzen und erschwinglich sein (vgl. Gurstein 2001: 40).

Zuordnung von Funktionen zu Prozessen
Die benötigten Funktionalitäten einer Gemeinschaft lassen sich aus den Prozessen ableiten, die eine Plattform zur Unterstützung dieser Gemeinschaft abbilden sollte. Abbildung 6.23 stellt die Zuordnung von Funktionalitäten zu den davon unterstützten Prozessen dar. Dunkle Balken in einem der Felder geben dabei an, dass eine Funktion vom jeweiligen Prozess maßgeblich benötigt wird, während ein heller Balken aussagt, dass zur Abbildung eines Prozesses dies für die jeweilige Funktion nur teilweise der Fall ist.

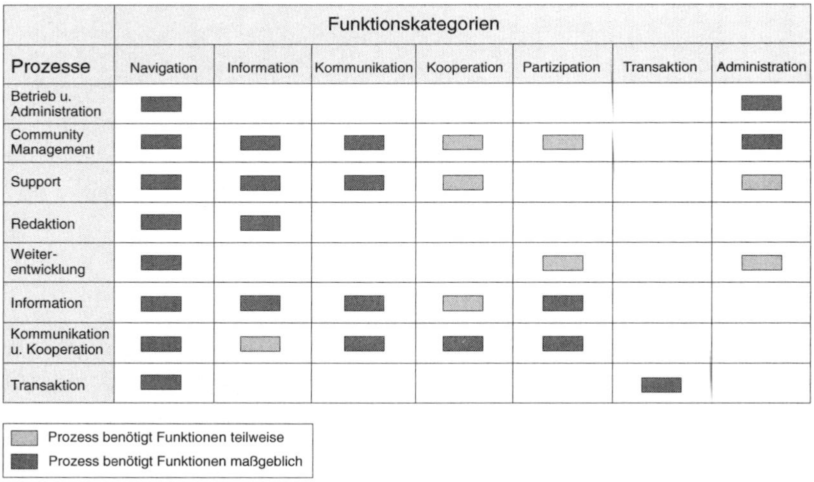

| Prozesse | Funktionskategorien | | | | | | |
|---|---|---|---|---|---|---|---|
| | Navigation | Information | Kommunikation | Kooperation | Partizipation | Transaktion | Administration |
| Betrieb u. Administration | ■ | | | | | | ■ |
| Community Management | ■ | ■ | ■ | □ | □ | | ■ |
| Support | ■ | ■ | ■ | □ | | | □ |
| Redaktion | ■ | ■ | | | | | |
| Weiterentwicklung | ■ | | | | □ | | □ |
| Information | ■ | ■ | ■ | □ | ■ | | |
| Kommunikation u. Kooperation | ■ | □ | ■ | ■ | ■ | | |
| Transaktion | ■ | | | | | ■ | |

□ Prozess benötigt Funktionen teilweise
■ Prozess benötigt Funktionen maßgeblich

**Abbildung 6.23** Zuordnung von Funktionen zu Prozessen

Aus dieser Übersicht und dem Wissen, welche Prozesse über die technische Community-Lösung abgewickelt werden sollen, können die dafür benötigten Funktionskategorien abgeleitet werden. Für eine detaillierte

Auswahl von Funktionalitäten kann die nachfolgende Beschreibung der Funktionalitäten und eine Bedarfsanalyse der Community herangezogen werden.

Funktionen, die eine Community unterstützen, lassen sich nach ihrem Verwendungszweck in sieben Kategorien einteilen:

Funktions-
kategorien

▶ Navigation
▶ Information
▶ Kommunikation
▶ Kooperation
▶ Partizipation
▶ Transaktion
▶ Admininstration/Moderation

### 6.2.1 Navigation und Hilfefunktionen

Funktionalitäten zur Navigation liefern einen entscheidenden Beitrag zur Akzeptanz einer Community-Plattform. Nur wenn sich ein Benutzer schnell und intuitiv innerhalb der Community Site zurechtfindet, wird er sie gerne und oft nutzen. Fehlt es dagegen an Übersichtlichkeit und Strukturiertheit, so kann auch das ausgefeilteste Funktionsangebot diese offensichtlichen Mängel nicht ausgleichen. Was nützt die beste Prozess-unterstützung, wenn die dazu notwendigen Informationen und Funktionalitäten nicht gefunden werden?

Übersichtlichkeit
und Strukturiert-
heit

Zusätzlich zu einer konsequent verfolgten Strukturierung und Übersichtlichkeit auf den einzelnen Seiten einer Community-Plattform verbessern bestimmte Funktionselemente die Orientierung und helfen den Anwendern, das Angebot optimal zu nutzen.

### Navigationsleiste

Die Navigationsleiste zeigt an einer für die Community-Site spezifischen Stelle auf jeder Seite eine Funktionsübersicht als Linkliste, über die der Anwender zu den einzelnen Seiten bzw. Funktionalitäten gelangen kann. Nach Möglichkeit sollte die Navigationsleiste individuell konfigurierbar sein und sich dynamisch generieren lassen.

### Guided Tour

Eine Guided Tour ist eine Zusammenstellung von Internetseiten, die eine kompakte Einführung in die Funktionsvielfalt und den Aufbau der Community bieten. Oft ist eine solche Tour wie ein Film aufgebaut, der die

Community – mit einer Führung in einem Museum vergleichbar – vorstellt. Zur Umsetzung genügen dabei meist Standard-HTML-Seiten, die miteinander vernetzt sind. Soll die Guided Tour aufwändiger gestaltet oder gar animiert sein, so bietet sich eine Umsetzung mit Macromedia Flash an.

## Site Map

Eine Site Map gibt einen grafischen Überblick über die Zusammenstellung der Webseiten des kompletten Angebots der Community-Plattform. Sie ist meist hierarchisch aufgebaut und hilft den Benutzern, sich möglichst schnell zurechtzufinden. Auch hier ist eine dynamisch generierte Hierarchie von Vorteil. Eine Verlinkung der einzelnen Elemente der Site Map mit den durch die Elemente symbolisierten Seiten bietet eine weitere Navigationshilfe. Abbildung 6.24 zeigt eine grafische Site Map von Fit4Service.com. Zum besseren Verständnis wurde die Metapher einer Bungalowsiedlung gewählt, da sich die Community aus verschiedenen Clubs zusammensetzt und jeder dieser Bungalows im Bild einen solchen Club repräsentiert.

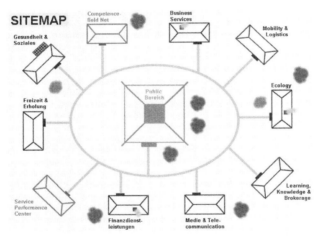

**Abbildung 6.24** Site Map der Fit4Service-Community des Fraunhofer IAO[8]

### 6.2.2 Information

**Inhalt als Triebfeder**

Informationen oder auch Inhalt sind neben der Kommunikation und Kooperation (Collaboration) die Triebfedern für die aktive Teilnahme an einer Community. Nur wer im B2B-Bereich entsprechende Inhalte mit der adäquaten Aktualität und Seriosität bieten kann, ist in der Lage, die Benutzer längerfristig zu binden. Dabei kommt der Darstellung und Strukturierung der Informationen hohe Bedeutung zu. Informationen bzw. Inhalte, die in

8  www.fit4service.com

den Tiefen eines Internetangebots verschwinden, sind für die Nutzer verloren. Informationen müssen deshalb gut auffindbar bzw. recherchierbar und auch dementsprechend aufbereitet sein. So gibt es für unterschiedliche Arten von Informationen unterschiedliche Arten der Darstellung. Kurznachrichten müssen anders dargestellt werden als Termine oder Meldungen an einzelne Benutzer. Aus diesem Grund gibt es in einer virtuellen Community eine Menge verschiedener Funktionalitäten zur Darstellung, Organisation und Suche von Informationen.

**News**

Aktuelle, auf die Benutzer individuell abgestimmte Nachrichten geben den Community-Mitgliedern die Möglichkeit, sich gezielt zu informieren. Gerade die Aktualität bietet auf diesem Medium einen Mehrwert, den z. B. Tageszeitungen nicht bieten können. Durch die Personalisierung der Nachrichten wird ein Filter geschaffen, der dem Benutzer nur noch für ihn relevante Informationen zukommen lässt. Die News können dabei sowohl von so genannten »Content Providern« (externe Agenturen), Redakteuren oder aber von den Mitgliedern kommen. Technisch gesehen sind News nichts anderes als normaler Inhalt, dessen Publikationszeitraum relativ begrenzt ist. Die aktuelle und individuell angepasste Darstellung erfolgt normalerweise mittels Personalisierungsmechanismen eines integrierten CMS in abgegrenzten Bereichen der Seite (Newsframe).

**Newsletter**

Der Newsletter ist eine Zusammenfassung von Informationen eines bestimmten Zeitraums zu spezifischen Themen. Er sollte möglichst automatisch aus den im CMS gespeicherten News generiert und zyklisch an die Abonnenten verschickt werden.

**Mitgliederverzeichnis**

Ein Mitgliederverzeichnis bietet einen guten Überblick über die gesamte Benutzergruppe der virtuellen Community. Es sollten hier nur Informationen publiziert werden, die das einzelne Mitglied dafür freigegeben hat. Dies bedingt, dass im Benutzerprofil eine Auswahl der zur Publikation freigegebenen Informationen getroffen werden muss.

Eine integrierte Suche nach einzelnen Mitgliedern über sowie eine Sortierung des Mitgliederverzeichnis nach verschiedenen Kriterien helfen den Benutzern beim Auffinden spezieller Kommunikationspartner. Hier können auch Funktionen zur direkten Kommunikation mit den jeweiligen Mitgliedern bereitgestellt werden.

**Suche und Sortierung**

## Kalender

Mit Hilfe des Kalenders können bestimmte Ereignisse angekündigt werden. Dabei kann zwischen globalen, personalisierten und individuellen Kalendern sowie Mischformen unterschieden werden.

Kalendertypen
In globalen Kalendern werden durch Administratoren oder Mitglieder Ereignisse eingestellt, die dann für alle publiziert werden. Personalisierte Kalender zeigen individuell gefilterte Einträge an. In individuellen Kalendern sind auch persönliche Eintragungen möglich. Es können an dieser Stelle auch Erinnerungsfunktionen integriert werden, welche die einzelnen Benutzer per E-Mail oder SMS auf Termine aufmerksam machen.

Eventliste
Eine besondere Art von Kalender ist die Eventliste, die für die Community relevante Ereignisse und Termine in ihrer zeitlichen Abfolge auflistet und normalerweise nach deren Ablauf automatisch löscht.

## Related Links

Hat ein Benutzer Informationen aus einem bestimmten Gebiet angefordert oder wird durch sein Verhalten ein Interessengebiet offenkundig, so ist das Angebot von weiteren Informationen aus diesem Gebiet meist von Interesse und stellt einen praktischen Mehrwertdienst dar. Da das weiterführende Angebot von Informationen meist aus einer Ansammlung von Verweisen besteht, spricht man auch von »Related Links«. Diese Related Links können entweder über eine explizite Kategorisierung der Inhalte gefunden werden, oder es kann durch Analyse des Surfverhaltens der Community-Mitglieder ermittelt werden, welche Informationen durch kurze Pfade in eine »thematische Nähe« zueinander gebracht werden können. Es wird demnach ermittelt, welche weiteren Informationen von einem Benutzer abgerufen werden, der Informationen aus einem bestimmten Themengebiet abgefragt hat.

»Thematische Nähe« von Informationen
Dies kann technisch realisiert werden, indem die Pfade der einzelnen Benutzer durch das Informationsangebot protokolliert und anschließend ausgewertet werden. Die »thematische Nähe« wird dabei durch einen Faktor bestimmt, der daraus berechnet wird, wie vielen Verweisen ein Benutzer folgen musste, um von der einen Information zur anderen zu gelangen.

## FAQ

Bei den FAQ (Frequently asked Questions) handelt es sich um eine Liste von Fragen, die von den meisten Benutzern am Anfang gestellt werden, mit den dazugehörenden Antworten. Hat ein neues Mitglied ein Problem mit der Plattform oder den dortigen Gepflogenheiten, dann ist die Wahrscheinlichkeit sehr groß, dass er dieses Problem durch Lektüre der FAQ lösen kann. Sie entlasten damit den Support entscheidend und sollten in keiner Community fehlen. Präsentationsform, Umfang und Interaktionsmöglichkeiten können von Community zu Community stark variieren.

## Neuheitenanzeige

Alle technischen und organisatorischen Neuerungen innerhalb der Community werden in einem speziellen Bereich angezeigt. Dieses Element ist vor allem dafür geeignet, die Benutzer der Plattform mit Neuerungen vertraut zu machen, um eine schnelle und volle Integration in die Community zu gewährleisten. Gerade bei organisatorischen Veränderungen ist eine schnelle Verbreitung und Anwendung der neuen Regeln von großer Wichtigkeit, um die Akzeptanz zu fördern und so die Neuerungen ganzheitlich durchzusetzen.

## Veränderungsanzeige

Durch das Setzen von so genannten »Triggern« auf bestimmten Seiten wird der Benutzer bei Änderungen benachrichtigt. Diese Benachrichtigung kann zentral an einer bestimmten Stelle (z. B. spezieller Frame in der Startseite) oder über bestimmte Kommunikationskanäle erfolgen (per E-Mail, SMS etc.). Mit Hilfe dieser Funktion wird der Benutzer von einer zyklischen Überprüfung relevanter Seiten entbunden. Die für eine Beobachtung in Frage kommenden Seiten sind im Normalfall von semidynamischen Charakter, d. h., sie ändern ihre Inhalte für gewöhnlich nur in relativ großen Abständen (Diskussionsforen, Produktkataloge etc.).

## 6.2.3 Kommunikation

Merkmal einer Gemeinschaft ist der stete Austausch zwischen den Mitgliedern. Demnach muss die Kommunikation in einer virtuellen Gemeinschaft durch eine elektronische Plattform unterstützt werden. Dabei treten je nach Zweck der zu unterstützenden Gemeinschaft unterschiedliche Kommunikationsformen auf, die dementsprechend technisch umgesetzt werden müssen. Synchrone Kommunikation, d. h. Kommunikation zwischen zwei oder mehreren Personen, die zur Zeit des Austauschs online sein müssen, erfordert andere Funktionalitäten und technische Realisierungen als asynchrone Kommunikation, die keine gleichzeitige Anwesenheit der Gesprächspartner erfordert.

**Optimale Unterstützung des Austauschs**

## Chat

Ein Chat-System dient der synchronen Kommunikation mehrerer Mitglieder. Herkömmliche Systeme bieten eine textbasierte Austauschplattform, die aus einem Eingabe- und einem Ausgabefenster besteht. Im Ausgabefenster sind für jeden Teilnehmer alle Beiträge aller Teilnehmenden dargestellt. Der Benutzer gibt seinen Beitrag im Normalfall per Tastatur im Eingabefenster ein und publiziert ihn durch eine anschließenden Knopfdruck für alle sichtbar im Ausgabefenster. Zur besseren Übersichtlichkeit hat sich die Verwendung verschiedener Farben oder von kleinen Symbolen/Icons für die einzelnen Chat-Teilnehmer bewährt.

**Visualisierung** Um auch der visuellen Komponente eines Gesprächs gerecht zu werden, können auch so genannte »Avatare«, 3D-Darstellungen, die die jeweiligen Gesprächsteilnehmer repräsentieren sollen, in einer 3D-Umgebung eingesetzt werden (siehe Abschnitt 6.1.11). Diese Form der Visualisierung sollte gerade in Business Communities nicht voreilig als Spielerei abgetan werden. Das »greifbare« Gegenüber ist in Einzelgesprächen eine wichtige Komponente und hilft, Vertrauen aufzubauen und Ressentiments, die sich aus einer »blinden Kommunikation« ergeben, entgegenzuwirken.

**Moderation** Um bei lebhaften Diskussionen einen konstruktiven Dialog aufrechtzuerhalten, sollten Moderatoren eingesetzt werden, die den verschiedenen Gesprächspartnern auf Anfrage das Wort erteilen oder nur bestimmte Chatbeiträge freistellen. Moderierte Chats werden auch eingesetzt, wenn den Diskussionen bestimmte Themen zugrunde gelegt werden. Der Moderator übernimmt hier die von Podiumsdiskussionen her bekannte Funktion.

**Raumkonzept** Chat-Systeme sind üblicherweise aus verschiedenen Räumen zusammengesetzt, die über eine Raumliste angesprungen werden können. Die Alleinstellungsmerkmale der einzelnen Räume sind meist thematischer Art. Räume können sowohl offener als auch privater Natur sein. Oft besteht auch die Möglichkeit, dass die Mitglieder der Gemeinschaft eigene Räume eröffnen.

**Administration** In jedem Raum sollte ein mit besonderen Rechten ausgestatteter Administrator anwesend sein, der den Umgang der Gesprächsteilnehmer untereinander oder die Einhaltung der vorgegebenen Thematik überwacht. Die ihm verliehenen Rechte gestatten es ihm, bei groben Verstößen einzelne Teilnehmer aus der Diskussion auszuschließen oder eben ein Thema vorzugeben. Diese Administratorenrechte müssen nicht unbedingt vom Betreiber der Community wahrgenommen werden, sondern können durchaus an »verdiente« Mitglieder übertragen werden. Ist die Eröffnung eigener Räume erlaubt, so wird der Initiator automatisch zum Administrator.

In Business Communities haben vor allem Expertenchats, also themengebundene Diskussionsrunden mit Experten, eine Daseinsberechtigung. Auch Diskussionen innerhalb von Projektgruppen oder im Rahmen eines Beratungsgesprächs rechtfertigen den technischen Einsatz von Chat-Systemen.

Expertenchats

Neuere Entwicklungen entbinden den Chat von seiner textbasierten Form und machen ihn zu einem sprachorientierten Dienst. Da bei der sprachlichen Kommunikation die zeitgleiche Verbreitung von Beiträgen ein Problem darstellt, müssen hier besondere Funktionen bereitgestellt werden. Diese Funktionen sorgen dafür, dass jeweils nur ein Teilnehmer zu Wort kommt. Auch hier bietet sich der Einsatz von Moderatoren an.

Einsatz von Sprache

## Diskussionsforen/Newsgroups

Diskussionsforen dienen dem asynchronen Austausch von Informationen zwischen den Mitgliedern einer virtuellen Gemeinschaft. Dabei bilden die einzelnen Beiträge eine hierarchische Ordnung. In der obersten Ebene werden entweder Fragen gestellt oder Themen zur Diskussion aufgeworfen. Auf diese Fragen kann nun ein oder mehrere Antwortbeiträge erstellt werden, die dann hierarchisch auf der nächsten Ebene liegen. Darunter liegen dann Antworten auf diese Beiträge usw. Ein solcher »Frage- und Antwort«-Baum wird Thread genannt.

Ein wichtiges Merkmal dieser Foren ist der Archiv-Charakter, d.h., jeder Benutzer kann zu jeder Zeit Diskussionsthreads nachverfolgen und auf jeder beliebigen Ebene mit einer eigenen Antwort einsteigen. Ein Diskussionspfad ist damit nicht auf einen kurzen Zeitabschnitt begrenzt, sondern kann sich über lange Zeiträume erstrecken, was eine tiefgehende und vollständige Behandlung einer Frage ermöglicht (vgl. Brunold 2000). Forenbeiträge sind deshalb im Regelfall von hoher Qualität und damit eine wichtige Wissensquelle. Werden die einzelnen Threads thematisch gruppiert und in verschiedenen Diskussionsforen geführt, so kann damit einfaches Wissensmanagement realisiert werden (siehe Kapitel 5).

Wissensmanagement

Die Eingabe der einzelnen Forenbeiträge kann E-Mail- oder Browsergestützt über ein HTML-Formular erfolgen. Im Allgemeinen wird neben dem Beitragstext der Name des Verfassers, das Erstelldatum sowie das Betreff angegeben. Die einzelnen Beiträge und ganze Threads eignen sich

Erstellung von Beiträgen

für das als Voting beschriebene Verfahren der Bewertung durch die Diskussionsforenteilnehmer. Dadurch lässt sich die Qualität und Relevanz der Foren noch weiter erhöhen.

## Message Board/Schwarzes Brett

Trendindikator

Das Message Board dient der spontanen asynchronen Kommunikation. Es sollte in der Regel öffentlich zugänglich und thematisch nicht begrenzt sein. In ihm spiegelt sich nachvollziehbar der allgemeine Stimmungstrend in der Mitgliedergemeinschaft wieder. Es sollte deshalb von den Betreibern bzw. Administratoren beachtet werden und als Indikator für die Notwendigkeit für Eingriffe oder Änderungen gelten. Dies rechtfertigt auch den Einsatz dieser unstrukturierten und eher spielerisch wirkenden Funktionalität in Business Communities.

Historien-Browser

Neuen Nutzern kann es einen guten Überblick über die sozialen Strukturen und Verhaltensweisen in der virtuellen Gemeinschaft verschaffen. Hat das Message Board Archivcharakter kann in ihm auch ein eventueller Wandel innerhalb der Community abgelesen werden. Dies macht bestimmte Strukturen und Verhaltensregeln meist besser nachvollziehbar.

Ort und Anzahl von Message Boards muss je nach Geschäftsgemeinschaft variiert werden. Auch Zugriffsbeschränkungen und Publikationsdauer müssen auf den Einsatzzweck abgestimmt werden. Wie in allen Bereichen sollte auch hier der Grundsatz der Redefreiheit gelten. Zensuren sind nur bei groben Verstößen gegen die guten Sitten oder die Netiquette einzusetzen und sollten gegenüber den Mitgliedern dokumentiert werden. Als praktisch erweist sich eine Sortierfunktion, die es den Anwendern ermöglicht, die Einträge nach verschiedenen Kriterien zu sortieren.

## E-Mail-Dienst

E-Mail-Dienste innerhalb einer Community können entweder auf die virtuelle Gemeinschaft begrenzt sein oder auch nach außen freigeschaltet sein. Sie ermöglichen eine direkte 1:1-Kommunikation zwischen den Mitgliedern und sind bei fehlender Personalisierungsfunktionalität der Plattform ein guter Weg, Mitglieder einzeln und gezielt zu kontaktieren.

Einsatz in Business Communities

Bei Business Communities ist der Einsatz dieser Art der asynchronen und gerichteten Kommunikation ein wichtiges Instrument und sollte angeboten werden, falls nicht alle Mitglieder der Geschäftsgemeinschaft über einen Zugriff auf andere E-Mail-Dienste verfügen. Auf jeden Fall sollte es eine Funktion geben, um Mails innerhalb der Community auf andere Mailkonten weiterleiten zu können.

## Gästebuch

Auch beim Gästebauch handelt es sich wie beim E-Mail-Dienst um eine Art der asynchronen und gerichteten Kommunikation. Allerdings werden hierbei die Einträge nicht verschickt, sondern über ein HTML-Formular direkt auf einer speziellen Seite des Adressaten eingegeben. Eine Versendung gleichzeitig an mehrere Adressaten wie bei E-Mail ist nicht möglich. Das Gästebuch kann im Gegensatz zu E-Mail auch von anderen Mitgliedern als dem Adressaten selbst eingesehen werden.

## Internettelefonie

Da auch der Transport von Sprachdaten über das Internet möglich ist, kann man über dieses Netz auch telefonieren. Dabei werden die über ein Mikrophon eingegebenen und von der Soundkarte digitalisierten Sprachdaten von einem Computer zu einem anderen transportiert, wo sie dann über Lautsprecher oder Kopfhörer ausgegeben werden. Die Bandbreite der zur Verfügung stehenden Verbindung bestimmt dabei die Qualität der Sprachübermittlung. Durch Komprimierungsverfahren ist es heute möglich, Sprachübermittlung mit Telefonqualität internetweit anzubieten. Dieser Dienst ist eine billige, synchrone Kommunikationsform und vor allem in Verbindung mit der Dokumentenverwaltung zur Unterstützung von Geschäftsgemeinschaften bei der Kooperation geeignet.

## Instant Messaging

Bei Instant Messaging handelt es sich um eine Funktionalität, die es dem einzelnen Benutzer erlaubt, mit bestimmten Personen, die zwar online sind, sich aber irgendwo im Internet aufhalten, zu kommunizieren. Dies bedingt, dass die Personen, die miteinander kommunizieren möchten, spezielle Programme im Hintergrund laufen haben, die miteinander in Verbindung stehen. Einzelne Community Tools bieten eine ähnliche Funktionalität unter dem Namen »Alerter«. Dabei handelt es sich um eine Zusatzsoftware, die dem Community-Mitglied jederzeit mitteilt, ob sich bestimmte Personen in der Community aufhalten. Mit dieser Software lassen sich auch Botschaften in die Community verschicken, und Personen können von der Community-Plattform aus Nachrichten auf den »Alerter« anderer Mitglieder senden, ohne dass diese in der Community anwesend sind.

### 6.2.4 Kooperation

Kooperation als
Basis von Gemein-
schaften

Geschäftsgemeinschaften finden sich aufgrund eines Kooperationsgedankens zusammen. Die angestrebte Kooperation der einzelnen Mitglieder untereinander muss von der technischen Plattform mittels verschiedener Funktionalitäten gefördert werden, die den Benutzern Mittel und Werkzeuge in die Hand geben, um ihre Geschäftsprozesse elektronisch abzubilden und ohne Medienbrüche zu verbinden, um so einen gemeinsamen, durchgängigen Geschäftsprozess mittels Internettechnologien abzubilden.

### Dateien-Down- und -Upload/File-Transfer

Kooperation über das Internet bedeutet vor allem den Austausch von Dokumenten und Programmen, sprich von Dateien. Aus diesem Grund ist eine benutzerfreundliche und einfache Umsetzung eines File-Transfers für eine Community-Plattform im B2B-Bereich Voraussetzung für Benutzbarkeit und Akzeptanz. Ein File-Transfer sollte dabei Folgendes unterstützen (vgl. Bentley 1997a):

▶ gleichzeitiger Up- und Download mehrerer Dateien

▶ automatische Typerkennung

▶ Anzeige des Vorgangsstatus

▶ Angaben von Metadaten wie Größe, Autor usw.

Technische
Umsetzung

Die technische Umsetzung kann je nach zugrunde liegender Plattform verschiedenster Art sein. Beispiele hierfür sind File-Transfer per FTP-Protokoll, Realisierung über serverseitige Skripte, Ausnutzung von Browserfunktionalitäten etc.

### Dokumentenverwaltung

Dokumente, die von mehreren Personen bearbeitet werden sollen, können innerhalb der Community-Plattform abgelegt und dort eventuell auch verteilt bearbeitet werden. Zur strukturierten Ablage der Dokumente ist es notwendig, verschiedene thematische Bereiche für die Ablage der Dokumente zu schaffen. Dies kann entweder durch Administratoren oder durch die Benutzer selbst geschehen. In jedem Fall ist es wichtig, diese Bereiche nur den jeweiligen Bearbeitungsgruppen zugänglich zu machen und verschiedene Rechte für den Umgang mit den einzelnen thematischen Bereichen und Dokumenten zu definieren.

Wichtige Funktionalitäten in Zusammenhang mit einer verteilten Bearbeitung der Dokumente sind allgemein die Änderungsdokumentation, die exklusive, kurzzeitige Sperrung von Teilbereichen und die Visualisierung von Änderungen in Realzeit zur synchronen Bearbeitung sowie die Anbringung individueller Kommentare und die Versionsverwaltung bei asynchroner Bearbeitung der Dokumente.

Verteilte Bearbeitung

Bei der synchronen Bearbeitung bieten sich synchrone Kommunikationsdienste zur Unterstützung an. Internettelefonie oder Chat machen eine gemeinsame Bearbeitung von Dokumenten innerhalb einer Gruppe sogar erst möglich. Dabei ist eine exklusive, kurzzeitige Sperrung von Teilbereichen des Dokuments durch den momentanen Bearbeiter unbedingt notwendig, um das gleichzeitige Ändern von Inhalten durch verschiedene Personen zu verhindern. Des Weiteren sollen diese Änderungen allen Gruppenmitgliedern sofort sichtbar gemacht bzw. die geänderten Stellen auffallend visualisiert werden, um eine gemeinsame, synchrone Bearbeitung zu ermöglichen und ebenfalls eine zeitgleiche Änderung von Inhalten durch mehrere Bearbeiter zu verhindern.

Synchrone Dokumentenbearbeitung

Bei der asynchronen Bearbeitung sind eine Versionsverwaltung und Funktionalitäten zum Abgleich verschiedener Versionen von größerer Bedeutung. Dabei soll gewährleistet werden, dass Änderungen durch verschiedene Bearbeiter in verschiedenen Versionen gespeichert werden, die dann zu definierten Zeitpunkten zusammengeführt werden können. Darüber hinaus sollten Passagen des Dokuments von verschiedenen Bearbeitern mit individuellen Kommentaren versehen werden können, um eine gemeinsame Erstellung eines Dokuments zu vereinfachen.

Asynchrone Dokumentenbearbeitung

Bei beiden Arten der gemeinsamen Dokumentenbearbeitung ist es notwendig, die vorgenommenen Änderungen zu dokumentieren, um diese später nachvollziehen zu können. Diese Dokumentation, die Kommentare und Sperrvermerke können entweder im Dokument oder der Dokumentenversion selbst gespeichert werden, was eine Änderung des Dateiformats voraussetzt. Alternativ können sie in einer Datenbank zusammen mit einem Verweis auf das Dokument hinterlegt werden, was die Benutzung herkömmlicher Dokumentenformate erlaubt. Beide Formen der Speicherung bringen bestimmte Einschränkungen mit sich, die mit Blick auf die Verwendung überprüft werden sollten.

Speicherung der Zusatzinformationen

## Dokumentenmappe

Bei der Dokumentenmappe handelt es sich um eine Funktionalität, die es ermöglicht, bereichsübergreifend verschiedene Dokumentenarten innerhalb der Community-Plattform mit sich zu führen. In diese Mappe können verschiedene Inhalte kopiert und natürlich auch wieder aus ihr entnommen werden. Die unterstützten Dokumentenarten wie Textdokumente, Links oder Linklisten, Bilder, Audiofiles etc. variieren je nach Einsatzzweck. Diese Funktionalität erspart das explizite Herunterladen, Zwischenspeichern auf lokalen Speichermedien und den anschließenden Upload von Dokumenten bei einem Dokumententransfer innerhalb der Plattform. Eine Ausweitung auf Benutzerprofile, Warenkörbe oder Suchanfragen macht die Dokumentenmappe zu einem mächtigen Werkzeug, das auch zum direkten Austausch zwischen Mitgliedern verwendet werden kann.

### Application Sharing

Effizientes Zusammenarbeiten zwischen räumlich getrennten Personen lässt sich meist nur dann bewerkstelligen, wenn alle Beteiligten direkt am Arbeitsprozess mitwirken. Dies lässt sich über das Internet mittels Application Sharing in die Tat umsetzen. Beim Application Sharing wird es räumlich getrennten Akteuren ermöglicht, quasi parallel am selben »Werkstück« zu arbeiten. Als Beispiel sei ein Dokument genannt, das von allen Beteiligten bearbeitet werden kann und dessen Änderungen allen Anderen sofort sichtbar werden. Zur Koordination und Verwaltung dieser gemeinsamen Bearbeitung sind spezielle Programme und Protokolle notwendig, da die ausgetauschten Informationen intelligent verteilt und komprimiert werden müssen. Auch die Frage nach dem Speicherort der bearbeiteten Dateien und dem Ort, an dem die eigentliche Bearbeitung stattfindet, verdient in diesem Zusammenhang Beachtung.

### Besprechungsplaner

Wie im realen Leben muss auch in einer virtuellen Umgebung alles geplant werden, da Terminknappheit und Vergesslichkeit vor Firewalls und Community-Toren keinen Halt machen. Ein Besprechungsplaner, der berechtigten Personen Einblick in die Termine aller für eine Besprechung notwendigen Personen gewährt, erleichtert die Festsetzung eines Termins. Ein dort eingerichteter Gruppenkalender und die Möglichkeit der Einsicht von Agenda und relevanten Dokumenten bieten weitere Unterstützung. Der Ausbau dieser Funktionalität zum Tagungs- und Workshop-Manager macht es zu einem wichtigen Werkzeug innerhalb einer Geschäftsgemeinschaft. Dazu sind Funktionalitäten wie Wissensträgerdatenbanken, Teilnehmerverwaltung usw. hinzuzufügen.

## Teamkonfigurator

Um bei der Kooperation optimale Ergebnisse zu erreichen ist die Zusammenstellung des Teams von großer Wichtigkeit. Ein Werkzeug, das bei der Zusammenstellung interdisziplinärer Teams Unterstützung leistet, bietet innerhalb einer Business Community einen klaren Mehrwert. Dazu sind Übersichten über Kompetenzträger und Interessen einzelner Mitglieder hilfreich. Eine Komponente, die erforderliche Kompetenzen und Ressourcen mit vorhandenen Kompetenzen und Verfügbarkeiten zusammenbringt, ist dabei von unschätzbarem Wert.

## Projektmanagement

Zur Unterstützung von Projektplanung und -durchführung leistet ein Projektmanagement-Tool wertvolle Dienste. Die durch ein solches Werkzeug bereitgestellten Dienste können von der Ressourcenplanung über das Projektcontrolling bis hin zur Projektabrechnung und -dokumentation reichen.

## 6.2.5   Partizipation

Ein Mitglied einer Gemeinschaft muss diese Gemeinschaft prägen und verändern können. Dazu gehört neben der Redefreiheit bzw. dem Zugriff auf freie Foren auch die Möglichkeit, aktiv mitzubestimmen, wie die technische Plattform und ihre Inhalte aussehen. Die Akzeptanz für eine virtuelle Umgebung, die man selbst mitgestaltet hat, ist im Regelfall viel höher, als die für etwas fest Vorgegebenes. Eine Geschäftsgemeinschaft sollte deshalb in der Lage sein, ihr Umfeld den eigenen Bedürfnissen entsprechend auszustatten.

*Mitgestaltungsmöglichkeiten*

## Content-Management-Funktionalitäten

Eine der wichtigsten Bestandteile für die Partizipation ist die Möglichkeit für jedes Mitglied, eigene Inhalte innerhalb der Community publizieren zu können. Dies kann durch die Integration von Content-Management-Funktionalitäten erreicht werden. Content Management und die dazugehörigen Funktionalitäten sind in Kapitel 6.1.6 genauer beschrieben. Für die Partizipation an der Community sind sie unabdingbar. Wichtig ist es, zu erwähnen, dass solche Funktionalitäten oft eine ordnende Instanz benötigen, die beispielsweise durch die Etablierung eines Freigabe-Workflows geschaffen werden kann. Abbildung 6.25 zeigt die Publikationsmöglichkeiten der Nutzer der DL2000-Community.

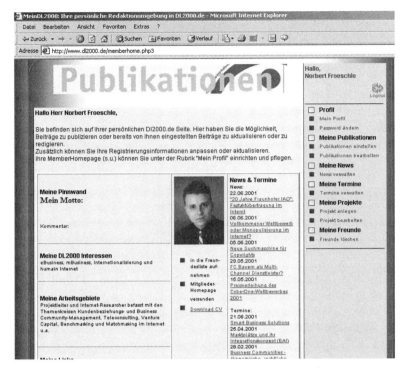

**Abbildung 6.25** Redaktionsumgebung der DL2000-Community[9]

## Homepages

Partizipation schließt meist ein Sich-Einbringen, Sich-Darstellen ein. Um diesem Selbstdarstellungsdrang gerecht zu werden, sollte eine Community Bereiche schaffen, in denen sich die Mitglieder anderen Mitgliedern vorstellen können. Dies umfasst neben Bildmaterial und selbstverfassten Texten auch eine Schilderung von Aktivitäten innerhalb der Community und eine Beschreibung der Stellung, die das jeweilige Mitglied innerhalb der Gemeinschaft einnimmt. Die Stellung kann durch Ränge, aber auch durch Vertrauenspunkte, die durch andere Mitglieder vergeben wurden, verdeutlicht werden (siehe Kapitel 4).

## Artikelbewertung

Ein Feature mit Steuerungscharakter, das auch der Qualitätssicherung dient, ist die so genannte »Artikelbewertung« (Voting). Dabei handelt es sich um eine Funktionalität, die es gestattet, dass innerhalb der Community publizierte Inhalte durch die Mitglieder bewertet werden. Diese

---

9  www.dl2000.de

Bewertung kann entweder wie ein Schulnotensystem umgesetzt sein oder mittels einer detaillierteren Einschätzung des Artikels geschehen. Bei der detaillierteren Einschätzung kann z. B. angegeben werden, ob der Inhalt informativ oder aktuell ist oder ob der Artikel bei einem bestimmten Problem hilfreich war. Durch die Formulierung des Problems kann dieser Artikel dann bei ähnlichen Fragestellungen anderer Mitglieder hilfreich wirken. So leistet diese Funktion auch einen direkten Beitrag zum Wissensmanagement.

## Anreizsysteme

Anreizsysteme sollen die Motivation zur Partizipation der einzelnen Mitglieder erhöhen. Es gibt folgende wichtige Anreizsysteme:

▶ Belohnungssysteme (z. B. monetäre Vergütungen, Rabatte, Coupons)

▶ Aufbau eines Kompetenz-/Wissenspools (Reputation, Anerkennung als Experte)

▶ Bewertungssysteme und Auszeichnungen (z. B. durch Hervorheben der Leistungen auf exponierten Webseiten)

▶ Fun-Elemente (z. B. Gewinnspiele)

Eine genaue Beschreibung dieser Anreizsysteme befindet sich in Abschnitt 4.3.

## Evolutionäre Anpassungswerkzeuge

*The greatest value of virtual community remains in its self-organizational aspects. (Rheingold 2000)*

Dieses in Howard Rheingolds Zitat erwähnte Potenzial muss durch technische Unterstützung verfügbar gemacht werden. Denn eine Online Community generiert ihre Qualität nicht unbedingt aus der technischen Umsetzung an sich, sondern in großem Umfang aus den Fähigkeiten und Informationen der Mitglieder, die sie der Community zur Verfügung stellen. Demzufolge muss sich die technische Plattform an die Bedürfnisse und Anforderungen der Mitglieder anpassen und nicht umgekehrt. Eine virtuelle Community hat somit evolutionären Charakter, und die Entwicklung der Community muss interaktiv möglich sein.

Organische Community

Von den Anpassungen sind sowohl das Design, als auch die Funktionalität betroffen. Während Designveränderungen innerhalb einer virtuellen Community für die meisten Softwareprodukte keine unüberwindbare Hürde darstellen, sind Modifikationen der Funktionalität bis jetzt eher von langfristiger Dauer und bleiben nur ausgewiesenen Experten mit Programmiererfahrung vorbehalten.

Design- und Funktionalitätsanpassungen

**bedarfsorientiert und kontext-sensitiv**

Werkzeuge zur interaktiven Anpassung der technischen Plattform müssten einerseits bedarfsorientiert vom Benutzer angewendet werden können, um fehlende Funktionalitäten nachzurüsten. Andererseits müssen sie sich kontextsensitiv selbst aktivieren, um Schwachstellen durch Erkennung von Anwendungs- bzw. Bedienungsfehlern zu identifizieren und zu verbessern.

So wäre es vorstellbar, dass bei einer längeren Verweildauer ohne Aktion eines Anwenders an einer Stelle, an der eine Eingabe erwartet wird, das System davon ausgeht, dass der Anwender an dieser Stelle mehr Informationen benötigt. Es sollte nun diesem Anwender freigestellt werden, eine Hilfefunktion zu integrieren, die auch anderen Anwendern die benötigten Mehrinformationen zur Verfügung stellt.

### 6.2.6 Transaktion

Innerhalb der virtuellen Community werden im Normalfall auch Dienste oder Produkte angeboten, die bezahlt werden müssen. Der Erwerb und die damit verbundene Bezahlung der Dienstleistungen oder Produkte sollte möglichst ohne Medienbrüche erfolgen können. Das bedeutet, dass die technische Plattform Transaktionen unterstützen sollte. In diesem Zusammenhang spielen auch Sicherheitsüberlegungen eine große Rolle. Gerade wenn es um den Geldtransfer oder die Übermittlung von Kreditkarteninformationen über das Internet geht, sind bestimmte Sicherheitsmechanismen unabdingbar (siehe Abschnitt 6.1.10).

### Shop-Systeme

Wer etwas erwerben will oder etwas zu verkaufen hat, der geht in ein Geschäft oder macht ein solches auf. In einer virtuellen Gemeinschaft ist das ebenso. Anbieter von Waren oder Dienstleistungen eröffnen einen virtuellen Laden oder beteiligen sich an einem solchen, und Käufer besuchen dieses Geschäft, um sich dort nach ihren Bedürfnissen einzudecken. Diese so genannten »Shop-Systeme« müssen demnach die Möglichkeit bieten, Waren und Dienstleistungen zu präsentieren und eine Bezahlung und Lieferung dieser Waren und Dienstleistungen in die Wege zu leiten.

**Katalog, Warenkorb, Bestell- und Abrechnungswesen**

Ein Shop-System besteht prinzipiell aus drei Komponenten: dem Katalog, dem Warenkorb und der Schnittstelle zum Bestellwesen des Anbieters (vgl. Kossel 1998). Eine Anbindung an die Abwicklungsstellen bestimmter Online-Zahlverfahren sollte inzwischen ebenfalls Bestandteil der Lösung sein (siehe Abschnitt 6.1.10). Der Katalog wird im folgenden Abschnitt genauer betrachtet. Der Warenkorb, der während eines Shop-Besuchs durch einen Kunden die Artikel enthält, die sich dieser bereits aus dem Angebot herausgesucht hat, sollte durch den Kunden jederzeit verändert werden können. Der Anwender muss jederzeit die Gelegenheit haben, die Bestellmenge zu variieren und Artikel wieder aus der Bestellung zu entfernen. Die Schnittstelle zum Bestellwesen des Anbieters sollte ebenfalls eine Anbindung an ein Warenwirtschaftssystem erlauben, um so Medienbrüche zu vermeiden und einen durchgängigen Workflow zu realisieren.

Weitere Funktionalitäten, die mit einem Shop-System verbunden sein sollten, sind ein CallCenter für den Support, ein Lieferservice, der den Transport der Artikel zum Kunden übernimmt sowie die Möglichkeit für den oder die Betreiber, Marketingaktionen für ihr Shop-System innerhalb der Community (evtl. auch nach außen) durchführen zu können.

Shop-Systeme sind natürlich nicht nur im B2C-, sondern auch im B2B-Geschäft anzusiedeln. Dass die technischen Lösungen voneinander abweichen, liegt an den zugrunde liegenden Prozessen und ihren Parametern. Für eine Einkäufergemeinschaft ist es z. B. überaus wichtig, Warenkörbe akkumulieren, direkter auf Rabattsysteme zugreifen und Preisverhandlungen führen zu können. Shop-Systeme für den B2B-Bereich können auch mit Auktionssystemen gekoppelt werden und bilden dann einen so genannten »Marktplatz«, der Händler- und Käufernetze unterstützt.

Shop-Systeme für<br>den B2B-Bereich

## Kataloge

Kataloge sind Aufzählungen von Artikeln oder Dienstleistungen und bilden einen wichtigen Teil eines Shop-Systems oder Marktplatzes. Um der Dynamik des Marktes und dem Informationsbedürfnis der Anwender gerecht zu werden, sollte ein Katalog dynamisch aus Datenbankinhalten generiert werden. Dabei sollte jedes Element eines Katalogs innerhalb der Datenbank so gespeichert werden, dass es folgende Angaben enthält:

▶ Wie es dargestellt werden soll. Es kann z. B. eine Grafik oder eine textuelle Beschreibung hinterlegt sein.

▶ Wie es mit einer Transaktion verknüpft wird. Was passiert, wenn der Anwender durch einen Klick auf die Darstellung des Elements signalisiert, dass er das Element käuflich erwerben möchte?

Des Weiteren ist es nützlich und von großem Mehrwert, eine Darstellung von Varianten vorzusehen. Das bedeutet, dass wenn der Kunde z. B. eine bestimmte Farbe auswählt, das Produkt auch in dieser Farbe dargestellt wird. Kataloge sollten außerdem nach verschiedenen Kriterien sortierbar sein und den Kunden bei der Suche nach Produkten oder Dienstleistungen bestmöglich unterstützen. Kriterien sind hier u. a. Produktgruppen, Preise, Neuerscheinungen. Ein Katalog sollte auch individualisierbar sein, da z. B. Preise vom einzelnen Kunden abhängen (Rabattsystem) oder die Produktnummern nach dem System des Kunden angezeigt werden sollten. So ist es auch vorstellbar, dass für die Kunden verschiedene Produktgruppen existieren, deren Abbildung im Katalog eine Orientierung erheblich erleichtert.

Eine Schnittstelle zwischen Katalog und Warenwirtschaftssystem bzw. ERP-System (Enterprise Resource Planning) hilft dabei, den Verkauf vergriffener Ware zu vermeiden. Wie in allen Bereichen gilt auch bei den transaktionsnahen Systemen, dass Schnittstellen zu möglichst vielen benachbarten Systemen einen Mehrwert bieten. Durch diese Schnittstellen wachsen Shop-Systeme, Kataloge und Auktionssysteme zu einer nützlichen Transaktionsplattform zusammen, die einer Geschäftsgemeinschaft die Geschäftsabwicklung erleichtern, wenn nicht gar erst möglich machen kann. Es haben sich inzwischen einige Standards und Protokolle für den Aufbau und Austausch von Katalogen etabliert. Wichtig ist es auch hier, einen Standard zu definieren, um Kataloge möglichst universell einsetzen und deren Inhalte ohne Modifikationen austauschen zu können.

### Auktionen

Auktionen dienen der Preisfindung und werden in großem Stil meist in der Materialwirtschaft eingesetzt. Dabei finden sich an zentraler Stelle Bieter, denen verschiedene Offerten mit Mindestgebot gemacht werden. Innerhalb einer vorgegebenen Zeit können die Bieter Gebote abgeben. Das höchste Gebot, das in der definierten Periode abgegeben wurde, erhält dann den Zuschlag. Was sich im B2C-Markt immer größerer Beliebtheit erfreut und den Bietern mitunter Schnäppchen beschert, die anders kaum zu bekommen wären, dient im B2B-Geschäft der Preisfindung und reguliert so den Markt. Interessant für Geschäftsgemeinschaften sind auch reverse Auktionen, bei denen der Bieter einen Höchstpreis vorgibt und Anbieter möglichst niedrige Gebote abgeben.

Auktionen können funktional relativ einfach per E-Mail umgesetzt werden oder über ein komplexes System mit vielen hilfreichen Funktionen abgebildet werden. Solche Funktionen sind die Anzeige des aktuell höchsten Gebots, Hintergrundinformationen über Anbieter und Bieter, Überblick über den Gesamthandel etc.

### 6.2.7 Administration/Moderation

Die virtuelle Gemeinschaft muss verwaltet werden. Den verschiedenen Mitgliedern müssen unterschiedliche Rechte eingeräumt werden, Inhalte müssen begutachtet und anschließend publiziert werden, Events und Experten-Chats müssen organisiert und moderiert werden usw. Für diese Administrations- und Moderationsaufgaben müssen den verantwortlichen Personen adäquate Funktionalitäten zur Verfügung gestellt werden, um deren Erledigung so einfach und effizient wie möglich zu gestalten.

### Registrierung

Die Anmeldung oder Registrierung eines Community-Mitglieds sollte von ihm selbständig vorgenommen werden können. Dabei muss das Mitglied in spe einen so genannten »Nicknamen« (user name) und ein Passwort angeben, das ihn bei weiteren Besuchen eindeutig identifiziert. Die Erhebung weiterer Benutzerdaten ist optional und dient der Erfassung der Personendaten. So groß der Anreiz für die Ermittlung möglichst vieler und genauer Daten auch sein mag, so sollte stets beachtet werden, dass der Aufwand, der für das Ausfüllen der Anmeldung nötig ist, in direktem Zusammenhang mit der Höhe der Eintrittsbarriere steht. In diesem Zusammenhang sei auch erwähnt, dass ausreichende Informationen über die sich für den Anwender ergebenden Konsequenzen einer solchen Anmeldung schon im Vorfeld das Vertrauen gegenüber den Betreibern und damit die Akzeptanz erhöhen können.

Die Zusendung eines Registriercodes oder auch eines automatisch generierten Passworts, die den erstmaligen Login regelt, stellt ein Sicherheitsmerkmal dar, da dadurch die Existenz der angegebenen E-Mail-Adresse überprüft werden kann.

*Registriercode*

### Benutzerverwaltung

Das Erreichen der »kritischen Masse« ist ein unbedingtes Muss für eine virtuelle Community. Kritische Masse bedeutet auf jeden Fall eine hohe Anzahl von Benutzern. Diese Benutzer müssen verwaltet werden. Sie müssen, falls dies nicht durch den Benutzer selbst geschieht, durch einen Administrator registriert werden. Dabei werden dem Benutzer ein Benutzername und ein Passwort zugewiesen.

Dem Benutzer sollte ein Profil zur Verfügung gestellt werden, das spezifische Merkmale (Adresse, E-Mail-Adresse, Hobbys etc.) von ihm enthält und teilweise für die anderen Mitgliedern bereitgestellt wird. Diese persönlichen Angaben unterliegen in den meisten Fällen dem Datenschutz,

*Profil*

und es bedarf daher einer Aufklärung der Benutzer über deren Verwendung und einer Einverständniserklärung der Benutzer für deren Publikation in bestimmten Bereichen.

**Authentifizierung und Rechtevergabe**
Nach der Registrierung ist der Benutzer von den anderen Mitgliedern und vom System identifizierbar. Diese Identifizierung bildet die Basis, um ihn mit bestimmten Rechten ausstatten zu können. Meldet sich ein Benutzer beim System mittels seines Namens und des Passworts an, so wird er vom System authentifiziert und ihm werden bestimmte Rechte zugebilligt. Diese Rechte können verschiedenster Art sein:

▶ Zugang zu bestimmten Bereichen der Community

▶ Zugang zu bestimmten Inhalten. Es wird dabei zwischen lesendem und/oder schreibendem Zugang unterschieden.

▶ Zugriff auf bestimmte Daten (Userdaten, Projektdaten). Es wird dabei zwischen lesendem und/oder schreibendem Zugang unterschieden.

▶ Weisungsbefugnis gegenüber anderen Mitgliedern, inkl. dem Recht der Rechtevergabe an andere Mitglieder

**Rollenkonzept**
Diese Rechte können einzelnen Anwendern eingeräumt oder über ein Rollenkonzept verteilt werden. Dazu kann man verschiedene Rollen definieren, die jeweils mit unterschiedlichen Rechten ausgestattet sind. Als Beispiel sei hier die Rolle des »Forenadministrators« genannt, der im Unterschied zu anderen Mitgliedern Forenbeiträge löschen, bestimmte Personen mit Lese- und Schreibrechten ausstatten und neue Foren eröffnen kann. Die Rolle »Forenadministrator« kann auf einzelne Community-Mitglieder übertragen werden. Es ist auch möglich, einer Person mehrere Rollen zuzuweisen. Dabei werden die einzelnen Rechte addiert. Zwei grundsätzliche Verfahren stehen dabei zur Auswahl:

1. Genehmigungen heben Verbote auf, d.h., hat eine Rolle das Recht, in ein Forum zu schreiben, einer andere Rolle steht das nicht zu, dann ergibt sich aus der Kombination der Rollen, dass das Schreibrecht gewährt wird.

2. Verbote beschneiden Genehmigungen, d.h., darf eine Rolle eine bestimmte Stelle der technischen Plattform betreten, einer anderen Rolle ist der Zutritt aber verwehrt, so bleibt bei der Kombination der beiden Rollen das Zutrittsverbot bestehen

**Einfache und durchdachte Bedienung**
Je nach Komplexität der Rechtevergabe kann die Registrierung bzw. nachträgliche Änderung eines Benutzerprofils einen mehr oder weniger aufwändigen Prozess darstellen. Um den Arbeitsaufwand eines Community-

Managers so gering wie möglich zu halten, muss deshalb auf eine durchdachte und einfache Bedienung der Benutzerverwaltung geachtet werden. Verteilten Konzepten ist dabei meist der Vorzug zu geben.

Verteilte Konzepte der Benutzerverwaltung zeichnen sich dadurch aus, dass ein Benutzer nicht nur an einer Stelle (Computer) und von einer bestimmten Person verwaltet werden kann, sondern die Verwaltung rollenorientiert ist und sich von jedem (definierten) Internetarbeitsplatz aus bedienen lässt. Gerade bei geschlossenen Gemeinschaften, wie es Geschäftsgemeinschaften sind, benötigt man eine Kontrollinstanz, die bestimmten Personen den Zutritt zur Gemeinschaft gestattet oder verweigert. Bei großen Gemeinschaften mit einer komplexen Struktur ist das meist nicht durch eine Person zu leisten bzw. aufgrund der Struktur unter Umständen auch nicht möglich. In diesen Fällen ist eine verteilte Benutzerverwaltung unabdingbar. Abbildung 6.26 zeigt die verteilte Freischaltung der Mitglieder der Fit4Service-Community für einen so genannten »Club«, einen geschlossenen Bereich innerhalb der Community. Mittels des abgebildeten Werkzeugs sind mehrere Clubadministratoren in der Lage, verteilt Interessenten für diesen Club zuzulassen.

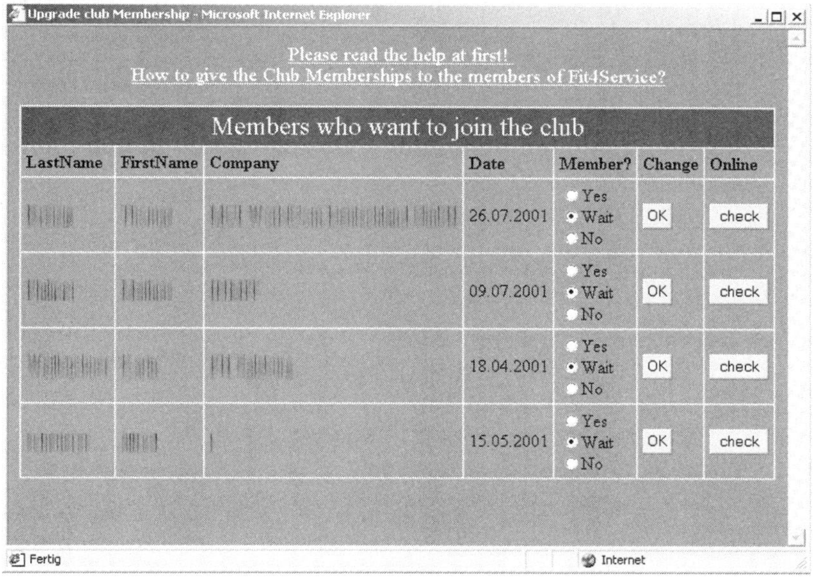

**Verteilte Benutzerverwaltung**

**Abbildung 6.26** Verteilte Freischaltung der Mitglieder bei der Fit4Service-Community des IAO

## Publikationsworkflow

Wenn mehrere Personen innerhalb der Community publizieren können, dann sollte dies meist in geordneter Weise erfolgen. Aus diesem Grund sind viele Content-Management-Systeme mit der Möglichkeit zur Definition eines Publikationsworkflows ausgestattet. Mit ihm kann man rollenbasiert festlegen, welche Schritte bis zur Veröffentlichung von Inhalten durchlaufen werden müssen und welche definierten Instanzen diese Schritte überwachen sollen. Eine detailliertere Beschreibung liefert Abschnitt 6.1.8.

## Zensur

Trotz Meinungsfreiheit in einer Community gibt es verschiedene Inhalte, die von den Administratoren gefiltert werden müssen. Dazu gehören z.B. Inhalte diskriminierender, verleumderischer oder pornografischer Art. Ein Werkzeug, das eingestellte Inhalte nach Schlüsselwörtern durchsucht und verdächtige Elemente den Administratoren anzeigt, entbindet diese vom zyklischen Durchsuchen der gesamten Community und von der Notwendigkeit eines Publikationsworkflows, falls dieser nicht aus anderen Gründen gebraucht wird.

## Analyse-Werkzeuge

Mit die wichtigsten Werkzeuge eines Community-Managers sind so genannte »Analyse-Werkzeuge«. Diese gestatten es dem Community-Manager, bestimmte Parameter innerhalb der Community zu überwachen und bei bestimmten Ereignissen, die in Zusammenhang mit diesen Parametern stehen, zu reagieren. Die folgende Aufzählung listet einige dieser Parameter:

▶ Anzahl der sich online befindenden Mitglieder

▶ Anzahl der sich im Chat befindenden Mitglieder

▶ Anzahl der Postings in den einzelnen Foren

▶ Sortierung der Mitglieder nach

  ▶ Name

  ▶ Nickname

  ▶ Mitgliedsdauer

  ▶ Rolle

  ▶ Punkte

  ▶ Log-ins

- ▶ Inaktivitätszeitraum
- ▶ Status
▶ Übersicht über Besuchhäufigkeit bestimmter Bereiche
▶ Übersicht über durchschnittliche Aufenthaltsdauer in den verschiedenen Bereichen
▶ Fehlermeldungen

Diese und andere Parameter, deren Relevanz von Community zu Community unterschiedlich ist, können dazu dienen, der Dynamik einer virtuellen Gemeinschaft Herr zu werden. Mittels der Überwachung von Parametern können bestimmte Bedarfe innerhalb der Community abgelesen und damit kann adäquat darauf reagiert werden. Es gehört mit zu den schwierigsten Aufgaben, die richtigen Parameter zur Administration einer Community zu ermitteln und Schwellwerte sowie Maßnahmen festzulegen. Wenn diese Schwellenwerte mit Bordmitteln der elektronischen Plattform überwacht werden können, so dass bei Erreichen derselben automatisch Maßnahmen eingeleitet werden können, so bietet dies einen unschätzbaren Mehrwert bei der Administration einer virtuellen Community.

**Parameter, Schwellenwerte und Maßnahmen**

## Moderation

Die meisten Werkzeuge, die einen Community-Moderator bei seinen Aufgaben unterstützen, sind die in die Chat-Software integrierten Funktionen für moderierte Chats bzw. die Möglichkeiten innerhalb von Foren, diese zu moderieren. Weitere Werkzeuge für die Unterstützung der Moderationstätigkeit sind in den Analyse-Tools zu finden, die helfen können, Moderationsbedarf aufzudecken und mit geeigneten Mitteln zu begegnen. Auch hier ist darauf hinzuweisen, dass auf eine verteilte Moderation zu achten ist, um weder eine einseitige Moderation noch eine Überforderung des Moderators zu riskieren.

Dieses Kapitel gab im ersten Teil einen Ein- und Überblick über die Technologien, die beim Aufbau und Betrieb einer elektronischen Plattform zur Unterstützung von Geschäftsgemeinschaften eine Rolle spielen. Im zweiten Teil wurde aufgezeigt, welche Funktionalitäten eingesetzt werden können, um die von einer Geschäftgemeinschaft benötigten Prozesse umsetzen zu können. Es ist allerdings nur in Einzelfällen anzuraten, die benötigten Funktionalitäten mittels der vorgestellten Technologien selbst abzubilden, da es inzwischen genügend Systeme auf dem Markt gibt, die über diese Funktionalitäten bereits verfügen oder zumindest bei deren

Implementierung eine wesentliche Hilfe sind. Das folgende Kapitel beschreibt den Prozess der Auswahl einer geeigneten Software für die Umsetzung einer Unterstützungsplattform für Geschäftsgemeinschaften und enthält einen Überblick über aktuelle Systeme, deren Eigenschaften und eine Beurteilung nach verschiedenen Kriterienblöcken.

# 7 Auswahl von Community-Software

*Und stehen am Ende eines Auswahlprozesses zwei gleichwertige Produkte, so hat man nicht die Qual der Wahl, sondern das Glück, nach weniger quantifizierbaren Kriterien entscheiden zu können.*

Technische Grundlage einer virtuellen Community ist die Internet-Plattform, durch die die Gemeinschaft unterstützt werden soll. Diese Plattform besteht im Normalfall aus vielen verschiedenen Komponenten, die im vorherigen Kapitel detailliert besprochen wurden. Viele dieser Komponenten oder gar Komplettlösungen sind bereits auf dem Markt. Das folgende Kapitel soll einen Einblick geben, was diese Software-Lösungen leisten und welche sich für welchen Zweck eignen. Der Leser sollte nach Lektüre dieses Kapitels in der Lage sein, ein für ihn und seine Belange geeignetes Software-Produkt auszuwählen.

## 7.1 Allgemeines Auswahlverfahren

Ein Auswahlverfahren zur Ermittlung einer geeigneten Software-Lösung setzt sich aus verschiedenen einzelnen Schritten zusammen, die in Abbildung 7.1 wiedergegeben sind. In den folgenden Abschnitten wird näher auf diese Schritte eingegangen.

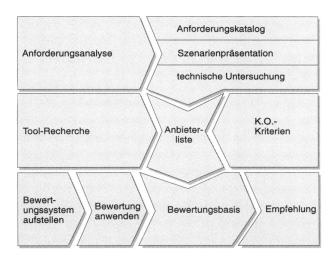

**Abbildung 7.1** Vorgehen bei der Auswahl einer Community-Software

### 7.1.1 Anforderungsanalyse

Die klassische Anforderungsanalyse erfasst die Dienste, Einschränkungen und Ziele des Systems mittels Befragung von Benutzern und beschreibt dieselben anschließend auf eine Weise, die sowohl Systementwickler als auch die Anwender verstehen können. Sie ist in der Softwareentwicklung die Grundlage für Design und Implementierung neuer Software. Wenn dies die Grundlage zur Entwicklung eines Systems ist, dann ist die Anforderungsanalyse natürlich auch ein probates Mittel zur Auswahl von Software und dient im vorgestellten Auswahlverfahren als Basis für die Auswahl einer Community-Software. Die Schritte dieses Prozesses unterscheiden sich natürlich von denen bei der Entwicklung und sind in Abbildung 7.2 wiedergegeben.

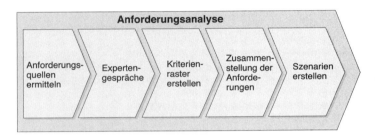

**Abbildung 7.2** Anforderungsanalyse – Vorgehen

Zunächst sollten die Anforderungsquellen erhoben werden, d.h., es muss ermittelt werden, wer Anforderungen an die einzuführende Software stellen kann. Wichtig ist dabei, wirklich jeden und alles zu berücksichtigen. Denn werden von der Einführung einer Software betroffene Personen frühzeitig am Auswahlvorgang beteiligt, kann ein Akzeptanzproblem von vornherein vermieden werden.

*Vermeidung von Kompetenzgerangel ...*

Mit den ermittelten Personen sollten dann Expertengespräche geführt werden. Diese Expertengespräche sollten Interviewcharakter haben und als Ergebnis eine Liste von Anforderungsbeschreibungen liefern. Wichtig ist es hierbei, darauf zu achten, die richtigen Leute an einem Tisch zu versammeln, damit Kompetenzgerangel und Verständnisschwierigkeiten den Auswahlprozess nicht negativ beeinflussen können. So kann es sich z.B. als der Sache wenig dienlich erweisen, wenn Personen verschiedener Hierarchiestufen gemeinsam befragt werden, da ein Mitarbeiter seinem anwesenden Vorgesetzten eventuell nicht widersprechen will, obwohl er über bessere fachliche Kompetenzen verfügt. Genauso kann es passieren,

*... und Verständnisschwierigkeiten*

dass sich Mitarbeiter aus verschiedenen Bereichen nicht verstehen, da sie sich im Fachjargon äußern. In diesem Fall wäre die Anwesenheit eines »Übersetzers« oder die Erstellung eines Fachwörterbuchs anzuraten.

Die ermittelten Anforderungen müssen geordnet werden. Dazu bietet sich die Aufstellung eines Kriterienrasters an. Es sollten Oberbegriffe für die einzelnen Anforderungen gefunden werden, in die diese Anforderungen dann eingruppiert werden können. Dieser Schritt erleichtert die folgende Gewichtung der Anforderungen durch die am Auswahlprozess Beteiligten, da eine solche Gewichtung dann nicht mehr für die Einzelanforderungen vorgenommen werden muss, sondern auf die gesamten Anforderungsgruppen angewendet wird.

*Erstellung von Anforderungsgruppen*

Anschließend sollten die Einzelanforderungen allgemeinverständlich und einem allgemeingültigen Schema entsprechend umformuliert werden. Dazu können unter anderem auch die eventuell vorher aufgestellten Fachwörterbücher herangezogen werden. Ergebnis dieses Schrittes sollte ein Anforderungskatalog sein, der sowohl intern (alle Beteiligten, verschiedene Abteilungen) als auch extern (Software-Anbieter, Systemhäuser) als Spezifikationsgrundlage dienen kann. Dieser Anforderungskatalog sollte dann auch als so genannter »Request for Proposal« an die in einem anderen Schritt ermittelten Software-Anbieter geschickt werden können, um sie mit den Anforderungen zu konfrontieren.

*Interne und externe Spezifikationsbasis*

An dieser Stelle bietet es sich an, mit den Experten typische Anwendungsszenarien zu entwerfen, die helfen sollen, den Einsatzzweck des Tools klar zu umreißen. Dabei muss nicht jede Funktionalität erfasst werden, die das zu beschaffende Tool erfüllen sollte, sondern es sollte vielmehr darauf geachtet werden, dass diese Szenarien die typischen Arbeitsabläufe widerspiegeln. Die Funktionsabdeckung kann dabei durchaus auch unter der 80%-Marke liegen.

*Beschreibung typischer Arbeitsabläufe*

## 7.1.2 Erstellung einer Anbieterliste

Zur Erstellung einer Liste mit relevanten Anbietern für ein Software-Produkt gibt es viele erfolgsversprechende Verfahren. Eine Vorgehensweise ist die Recherche nach Anbietern und eine gleichzeitige Definition von K.o.-Kriterien, wobei diese Aufgaben durchaus von unterschiedlichen Teams erledigt werden können. Daran anschließend werden die ermittelten Produkte hinsichtlich der K.o.-Kriterien untersucht und Tools, die diese nicht erfüllen, vom weiteren Verfahren ausgeschlossen (siehe Abbildung 7.3).

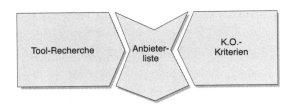

**Abbildung 7.3** Anbieterliste – Erstellung

Hauptanfor-
derungen –
K.o.-Kriterien

Die Recherche nach den verschiedenen Anbietern und ihren Produkten sollte anhand von Hauptanforderungen durchgeführt werden. Hauptanforderungen unterscheiden sich von K.o.-Kriterien aufgrund ihrer Spezifität. Eine Hauptanforderung könnte z.B. sein, dass es sich um ein Produkt handelt, das Chats und Foren unterstützt, während ein entsprechendes K.o.-Kriterium aussagt, dass die Foren verteilt administriert werden können. Hauptanforderungen sollten demnach auch bei einer oberflächlichen Recherche überprüfbar sein, während K.o.-Kriterien im Normalfall einer genaueren Analyse bedürfen.

Aktuelle
Recherchen

Die eigentliche Recherche kann sich aus den verschiedensten Quellen speisen. Zu nennen wären hier das Internet, unterschiedliche Studien oder eine Vorauswahl, wie sie in diesem Buch durchgeführt wird (siehe Abschnitt 7.2.3). Dabei können Vorauswahlen oder Studien nur bedingt als Ausgangsbasis dienen, da Software-Produkte in diesem Bereich kurzen Produktzyklen unterliegen und damit steten Veränderungen ausgesetzt sind. Außerdem ist dieser Markt noch jung genug, um für neue Anbieter lohnenswert zu erscheinen, was zu Neuerscheinungen führt, die auch analysiert werden müssen.

Ausgewogene
Anbieterliste als
Ausgangsbasis

Bei der Definition der K.o.-Kriterien-Liste muss einerseits darauf geachtet werden, dass diese nicht zu restriktiv ausfällt, und andererseits, dass die Ausschlusskriterien nicht zu schwach ausfallen. Eine zu kleine Anbieterliste als Ausgangsbasis für das weitere Verfahren kann dazu führen, dass diese späterhin wieder aufgestockt werden muss, da die Ergebnisse des Verfahrens in den verschiedenen Anforderungsgruppen nicht vergleichbar sind oder sich zu wenig Alternativen ergeben. Als Beispiel wäre hier eine drei Einträge umfassende Anbieterliste zu nennen, deren weitere Auswertung ergibt, dass alle drei Anbieter ihre Stärken in unterschiedlichen Bereichen haben, dafür aber auch Schwächen in den anderen. Welcher Anbieter liefert nun das passende Produkt? Eine zu große Anbieterliste hingegen kann das anschließende Verfahren unnötig verkomplizieren, da die nachfolgenden Analysen für jeden verbleibenden Anbieter bzw. sein Produkt durchgeführt werden müssen.

### 7.1.3 Analyse der Systeme

Alle auf der Anbieterliste verbliebenen Anbieter bzw. deren Produkte müssen nun hinsichtlich dreier Schwerpunkte untersucht werden (siehe Abbildung 7.4):

1. Erfüllungsgrad der Anforderungen
2. Abdeckung der geforderten Anwendungsszenarien
3. Eignung bezüglich technischer Details

**Abbildung 7.4** Systemanalyse – Bestandteile

Der Erfüllungsgrad der Anforderungen wird mittels eines Fragebogens ermittelt. Dieser so genannte »Request for Proposal« (RfP) sollte eine Beschreibung des Unternehmens, den Einsatzzweck des Produkts und den Anforderungskatalog in Fragebogenform enthalten. Mit Hilfe dieser Angaben sollten sich die Anbieter ein Bild davon machen können, wofür ihre Produkte und in welcher Umgebung sie eingesetzt werden sollen. Gleichzeitig sollten sie in die Lage versetzt werden, die Fragen nach bestem Wissen und Gewissen zu beantworten. **RfP als Informationsquelle für beide Seiten**

Die Untersuchung der Abdeckung der geforderten Anwendungsszenarien erfordert eine Beschreibung derselbigen, wie im Abschnitt 7.1.1 geschildert. Diese Beschreibung sollte den Anbietern eine angemessene Zeitspanne vor der Präsentation zur Verfügung gestellt werden, damit sie eventuell Anpassungen vornehmen und die Präsentationen vorbereiten können. Die eigentliche Präsentation sollte von Entscheidungsträgern, Experten (hinsichtlich der Anforderungen bzw. Szenarien) und späteren Anwendern begleitet werden. Während von den Experten eine an den typischen Anwendungsszenarien orientierte Bewertung der allgemeinen Verwendungsfähigkeit vorgenommen werden sollte, kann mit Hilfe der Entscheidungsträger und Anwender bei dieser Gelegenheit auch eine Usability-Bewertung hinsichtlich ergonomischer Gesichtspunkte und personenspezifischer Erwartungen oder Neigungen erfolgen, die dann auch subjektive Aussagen zur Bewertungsgrundlage beisteuert. **Objektive und subjektive Usability-Bewertung**

**Proof of concept** Die technische Untersuchung der einzelnen Systeme ist Aufgabe von Experten und bedarf eines relativ großen Aufwands, da im Allgemeinen zahlreiche Fachgespräche mit den Entwicklern geführt werden müssen. Die Untersuchung konzentriert sich im Normalfall stark auf Integrationsaspekte, da sich das neue System möglichst einfach in die bestehende Systemlandschaft einfügen sollte und in den meisten Fällen auch bereits vorhandene Systeme, die relevante Informationen für die Community beinhalten, dem neuen System zugänglich gemacht werden müssen. Aufgrund der Komplexität und dem damit verbundenen Aufwand sollte dieser Schritt so spät wie möglich im Verlauf des Auswahlprozesses erfolgen. Da die Integrationsfähigkeit des zu beschaffenden Systems aber fast immer eine wichtige Rolle spielt, ist das Ergebnis dieses Schrittes, das so genannte »Proof of concept«, oft auch Voraussetzung für weitere Entscheidungen.

### 7.1.4 Bewertung der Systeme

**Vorschrift für vergleichbare Bewertung** Das Bewertungssystem als solches soll eine klar definierte Vorschrift für die Bewertung der einzelnen Anbieter bzw. ihre Produkte darstellen, damit sie hinsichtlich ihrer Anforderungserfüllung in eine Rangfolge gebracht werden können. Um diese Rangfolge den Anforderungen der einzelnen Anforderungsquellen anzupassen, müssen die vorher definierten Anforderungsgruppen (Kategorien) entsprechend gewichtet werden (Kategoriegewichtung). Dies kann z. B. mit dem so genannten »9:1-Verfahren« geschehen. Hintergrund ist der, dass diese Art der Gewichtung die am Auswahlprozess beteiligten Personen davon befreit, eine Gewichtung auf den Einzelanforderungen vornehmen zu müssen. Als Ergebnis steht dann eine Priorisierung der einzelnen Kategorien, die einen direkten Einfluss auf das Auswahlergebnis hat. Wird z. B. eine Kategorie, die Anforderungen bezüglich der Integrationsfähigkeit des Systems enthält, sehr hoch priorisiert, so werden vor allem Systeme bei der Auswahl berücksichtigt werden, die sich gut in die bestehende Systemlandschaft einfügen lassen. Die einzelnen Schritte von der Erstellung eines Bewertungssystems bis hin zur Empfehlung zeigt Abbildung 7.5.

**Abbildung 7.5** Systembewertung – Vorgehen

Das 9:1-Verfahren sieht eine unabhängige Gewichtung der Kategorien durch die einzelnen Anforderungsquellen vor. Gewichtungsgrundlage ist eine *n:n*-Matrix aus *n* Kategorien. Es werden paarweise Punkte dafür vergeben, ob eine Kategorie eine höhere Priorität hat als die andere. Dabei bekommt die wichtigere Kategorie die höhere Punktzahl (die zwischen 1 und 9 liegen muss) und die Punkte der beiden verglichenen Kategorien müssen zusammen 10 ergeben. In Abbildung 7.6 werden z. B. Kategorie 2 und Kategorie 4 miteinander verglichen (Pfeilenden), wobei 4:6 für Kategorie 2 gewertet wird, d.h., Kategorie 4 ist wichtiger als Kategorie 2. Es muss also strenggenommen nur die Hälfte der Matrix ausgefüllt werden, nämlich jene, die oberhalb der Diagonalen liegt, da sich die andere Hälfte automatisch ergibt. Wenn alle Kategorien paarweise verglichen wurden, werden die Punkte jeder Kategorie aufsummiert. Diese Summe ist dann die Höchstpunktzahl, die bei Erfüllung aller Einzelanforderungen der Kategorie erreicht werden kann. In Abbildung 7.6 können damit bei der Erfüllung aller Einzelanforderungen aus der Kategorie 4 maximal 40 Punkte erreicht werden.

| | Kategorie 1 | Kategorie 2 | Kategorie 3 | Kategorie 4 | Kategorie 5 | Kategorie 6 | Kategorie 7 | Gew. |
|---|---|---|---|---|---|---|---|---|
| Kategorie 1 | | 4 | 3 | 3 | 2 | 8 | 4 | 24 |
| Kategorie 2 | 6 | | 5 | 4 | 4 | 8 | 6 | 33 |
| Kategorie 3 | 7 | 5 | | 5 | 4 | 9 | 6 | 36 |
| Kategorie 4 | 7 | 6 | 5 | | 5 | 9 | 8 | 40 |
| Kategorie 5 | 8 | 6 | 6 | 5 | | 9 | 9 | 43 |
| Kategorie 6 | 2 | 2 | 1 | 1 | 1 | | 5 | 12 |
| Kategorie 7 | 6 | 4 | 4 | 2 | 1 | 5 | | 22 |

**Abbildung 7.6** Kategoriegewichtung bei 7 Kategorien

Um eine bessere Berücksichtigung der Einzelanforderungen bzw. eine Priorisierung innerhalb der Kategorie zu erreichen, kann nun noch eine Gewichtung der Anforderungen der einzelnen Kategorien (Anforderungsgruppen) vorgenommen werden. Dabei hat es sich bewährt, diese Gewichtung nur noch auf einem groben Niveau vorzunehmen, d.h. für die einzelnen Anforderungen nur noch 3 verschiedene Gewichtungsstufen zu vergeben (1, 2 oder 3 Punkte). Dadurch werden die Einzelanforderungen in unwichtige, normale und wichtige Anforderungen aufgeteilt. Nach dieser erneuten Gewichtung müssen alle Punkte zusammengezählt und das Einzelgewicht jeder Anforderung muss durch die Differenz zwischen Kategoriegewicht und Gesamtpunktzahl aller Einzelanforderungen geteilt werden. Daraus ergibt sich für die Berechnung der Gewichte pro

Einzelanforderung die Formel $\varphi_E = \pi_E * \dfrac{\varphi_K}{\pi_K}$ (mit $\varphi_K$ = Einzelgewicht,

$\pi_E$ = Einzelpunkte, $\varphi_K$ = Kategoriegewicht, $\pi_K$ = Kategoriepunkte).

Aus Abbildung 7.7 geht hervor, dass z. B. Kategorie 5 ein Kategoriegewicht $\varphi_K$ von 42 hat. Anforderung 9 hat 3 Einzelpunkte $\pi_E$. Die Kategoriepunkte $\pi_K$ von Kategorie 5 betragen 6. Daraus errechnet sich nach obiger Formel eine Einzelgewichtung $\varphi_E$ von Anforderung 9 von 21 (=3×(42/6)).

| Anforderungen | Kategorie | int. Gew. | Gewicht | | | |
|---|---|---|---|---|---|---|
| Anforderung 1 | 1 | 1 | 5 | | Kategorie 1 | 37 |
| Anforderung 2 | 1 | 3 | 16 | | Kategorie 2 | 35 |
| Anforderung 3 | 1 | 3 | 16 | | Kategorie 3 | 37 |
| Anforderung 4 | 2 | 2 | 18 | | Kategorie 4 | 21 |
| Anforderung 5 | 2 | 2 | 18 | | Kategorie 5 | 42 |
| Anforderung 6 | 3 | 3 | 28 | | Kategorie 6 | 27 |
| Anforderung 7 | 3 | 1 | 9 | | Kategorie 7 | 11 |
| Anforderung 8 | 4 | 2 | 21 | | | |
| Anforderung 9 | 5 | 3 | 21 | | | |
| Anforderung 10 | 5 | 2 | 14 | | | |
| Anforderung 11 | 5 | 1 | 7 | | | |
| Anforderung 12 | 6 | 2 | 18 | | | |
| Anforderung 13 | 6 | 1 | 9 | | | |
| Anforderung 14 | 7 | 3 | 6 | | | |
| Anforderung 15 | 7 | 3 | 6 | | | |

**Abbildung 7.7** Beispiel – Berechnung der Einzelgewichte

**Einordnung der Anforderungen**
Damit ist die Erstellung des Berechnungsmodells abgeschlossen, und die Anbieter bzw. ihre Produkte können anhand des Modells vergleichbar bewertet werden. Es muss nun noch festgelegt werden, welche Anforderungen aus welcher Quelle in die Bewertung mit einfließen sollen. Anforderungen aus dem RfP können natürlich direkt übernommen werden. Anforderungen aus den Szenarienpräsentationen oder der technischen Untersuchung müssen zunächst noch in eine der Kategorien eingeordnet werden, um sie dem Bewertungsmodell zugänglich zu machen (siehe Abbildung 7.8).

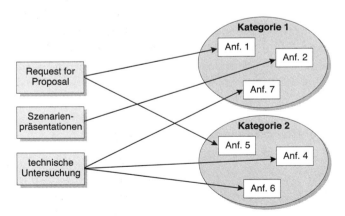

**Abbildung 7.8** Beispiel – Zuweisung der Anforderungen aus den einzelnen Quellen zu Kategorien

Danach müssen die Erfüllungsgrade der Einzelkategorien bestimmt und verrechnet werden. Erfüllungsgrade meint in diesem Zusammenhang die prozentuale Abdeckung der Einzelanforderungen. Am einfachsten ist es, eine Anforderungen entweder als erfüllt (1) oder als unerfüllt (0) zu bewerten; es sind aber sämtliche Abstufungen von diskret bis kontinuierlich vorstellbar. Das Ergebnis dieses Schritts ist eine Rangfolge der Anbieter und ihrer Produkte geordnet nach deren Eignung zur Erfüllung der Anforderungsgruppen (siehe Abbildung 7.9).

| Kategorie | Anforderungen | Gew. | C=S 1 | C=S 2 | C=S 3 |
|-----------|---------------|------|-------|-------|-------|
| 1 | Anforderung 7 | 5 | 0 | 1 | 1 |
| 1 | Anforderung 14 | 16 | 0 | 1 | 1 |
| 1 | Anforderung 2 | 16 | 0 | 1 | 0 |
| 2 | Anforderung 4 | 18 | 1 | 0 | 0 |
| 2 | Anforderung 18 | 18 | 1 | 1 | 1 |
| 3 | Anforderung 22 | 28 | 1 | 1 | 0 |
| 3 | Anforderung 3 | 9 | 0 | 1 | 1 |
| 4 | Anforderung 8 | 21 | 1 | 1 | 0 |
| 5 | Anforderung 6 | 21 | 1 | 1 | 0 |
| 5 | Anforderung 20 | 14 | 1 | 0 | 1 |
| 5 | Anforderung 32 | 7 | 0 | 1 | 1 |
| | Summe | 172 | 119 | 141 | 69 |
| | | | 2 | 1 | 3 |

**Abbildung 7.9** Beispiel – Bewertungsergebnis

## 7.2 Auswahlverfahren für und mit der Community-Tool-Studie

### 7.2.1 Auswahl- und Bewertungsverfahren der Studie

Das Verfahren zur Erstellung einer Studie über Community-Software gleicht in groben Zügen dem im vorherigen Abschnitt besprochenen. Da es sich in diesem Fall aber nicht um eine Auswahl für ein bestimmtes Projekt oder Vorhaben handelt, weicht es etwas vom allgemeinen Verfahren ab und soll deshalb in den folgenden Abschnitten kurz erläutert werden (siehe Abbildung 7.10).

### Anforderungsanalyse und Fragebogenerstellung

Da in diesem Fall kein Tool für ein bestimmtes Vorhaben gesucht wurde, mussten die Anforderungen umfassenden Charakters sein, um so möglichst viele Einsatzzwecke abzudecken. Grundlage der Anforderungsanalyse waren Fachgespräche mit Experten auf dem Gebiet Business Communities. Das Vorgehen bezüglich des Kriterienrasters wurde an diesem

Punkt umgedreht. Zunächst wurden Anforderungsgruppen bestimmt und dann für die einzelnen Kategorien relevante und aussagekräftige Anforderungen formuliert (siehe Abbildung 7.11).

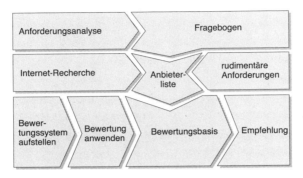

**Abbildung 7.10** Vorgehen zur Erstellung der Community-Tool Studie

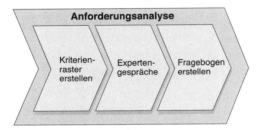

**Abbildung 7.11** Studie – Anforderungsanalyse

**Bestimmung der Kategorien**

Als für die Bewertung einer Community-Software wichtig, wurden die folgenden Kriterien definiert:

▶ **Kosten/Wirtschaftlichkeit**
Entscheidend für die Zuordnung von Anforderungen in diese Kategorie ist die Ausrichtung auf Nutzen-/Kostenaspekte. Unter diesem Punkt sind alle Anforderungen bezüglich des gesamten Lizenzmodells des jeweiligen Anbieters zusammengefasst.

▶ **Usability**
Der Fokus innerhalb dieser Kategorie liegt auf dem Endanwender, d.h., es sollten vor allem Anforderungen in Bezug auf die Benutzungsschnittstellen des Systems, die dessen Akzeptanz maßgeblich bestimmen, betrachtet werden.

▶ **Strategie**
Zur Kategorie »Strategie« gehören Anforderungen mit langfristigen Aspekten. Mit Hilfe der innerhalb dieser Kategorie gestellten Fragen soll sich zeigen, ob ein Anbieter oder sein Produkt unter strategischen

Gesichtspunkten Bestand hat und ob mit diesem Produkt ein durch vorhergegangene Entscheidungen eingeschlagener Weg weiterverfolgt werden kann.

▶ **Eignung für Auftrittsumfang**

Mit diesen Anforderungen soll eruiert werden, ob ein Produkt geeignet ist, aktuelle und zukünftige Vorhaben im Umfeld E-Business in den zu erwartenden Größenordnungen umzusetzen.

▶ **Integration/Customizing**

Anforderungen dieser Kategorie betreffen die Integration der Community Software in die vorhandene bzw. geplante Architektur des Unternehmens sowie Möglichkeiten und Umfang von Anpassungen an die Gegebenheiten und Spezifikationen.

▶ **Funktionalität**

Anforderungen in dieser Kategorie betreffen sämtliche Funktionalitäten, die für den Betrieb und die Administration der Business Community benötigt werden. Dabei wurde noch in folgende Unterkategorien unterteilt:

- ▶ spezifische Community-Funktionalitäten
- ▶ Funktionalitäten, die der Personalisierung dienen
- ▶ Content-Management-Funktionalitäten
- ▶ zusätzliche Funktionalitäten, die einen Mehrwert im Community-Umfeld bieten

▶ **Administration/Benutzerverwaltung**

Hiermit sollen alle die Administration und Benutzerverwaltung betreffenden Anforderungen zusammengefasst werden. Wichtig ist dabei die Abgrenzung zu den Funktionalitäten im Administrations- und Benutzerverwaltungsbereich.

▶ **Betrieb**

Fragen zu Umfang und anfallenden Kosten von Betrieb, Support, Wartung und Anpassungen sowie Schulungen und Weiterbildung gehören zur Kategorie »Betrieb«.

Die in den Expertengesprächen ermittelten Anforderungen der einzelnen Kategorien wurden dann in einem Fragebogen zusammengestellt. Dieser enthält neben einer kurzen Einleitung Fragen über den Anbieter sowie jeweils eine kurze Erklärung der einzelnen Kategorien. Die einzelnen Kategorien umfassen im Durchschnitt zehn Fragen. Der komplette Fragebogen kann unter der Internetadresse http://www.businesscommunities. iao.fhg.de eingesehen werden.

Es wurde versucht, die Fragen so spezifisch wie möglich zu formulieren, um für die Beantwortung so wenig wie möglich Interpretationsspielraum zu lassen. Dieses Vorhaben ist natürlich nicht 100-prozentig umsetzbar, was Auswirkungen auf die Aussagekraft der Bewertung hat. Daraus folgt, dass das folgende Bewertungssystem sowie die eigentliche Bewertung keinen Anspruch darauf haben, als eindeutige Empfehlung zu gelten.

**Auswirkungen auf Aussagekraft der Bewertung** *(Randnotiz)*

### Entwurf eines Bewertungssystems

**Neutrale Kategoriegewichtung** *(Randnotiz)*

Auch dieser Schritt orientiert sich an dem in Abschnitt 7.1.4 vorgestellten Verfahren. Da die Bewertung der Systeme nicht für bestimmte Kategorien priorisiert werden sollte, fiel das 9:1-Verfahren und damit die Kategoriegewichtung weg. Für die Bewertung der Systeme innerhalb der Studie wurden deshalb alle Kategorien gleich gewichtet. Die maximale Punktzahl, die bei Vollerfüllung einer Kategorie erreicht werden konnte, wurde auf 12,5 festgesetzt. Mit dieser Punktzahl pro Kategorie können dann bei Vollerfüllung aller Anforderungen genau 100 Punkte erreicht werden, was eine Einordnung der Ergebnisse erleichtert.

**Gewichtung der Einzelanforderungen** *(Randnotiz)*

Zur Gewichtung der Einzelanforderungen innerhalb der Kategorien wurden durch Experten 1 bis 3 Punkte, je nach Aussagekraft der Anforderung für die Kategorie vergeben. Die einzigen Kriterien, die in die Bewertung aufgenommen wurden, waren die im Fragebogen beantworteten Fragen durch die Anbieter, da weder eine Szenarienpräsentation, noch eine technische Untersuchung stattgefunden hatte.

### Recherche der verschiedenen Systeme

**Produktrecherche mittels minimaler Anforderungen** *(Randnotiz)*

Zur Ermittlung der auf dem Markt befindlichen Softwarelösungen für virtuelle Communities wurde eine umfassende Internetrecherche durchgeführt. In die Anbieterliste wurden Systeme aufgenommen, die rudimentäre Anforderungen an eine virtuelle Gemeinschaft im Internet abdecken können. Diese Anforderungen sind im Folgenden aufgeführt:

▶ Das Produkt basiert auf Internettechnologien, d.h., die mit dieser Software umgesetzten Communities sind mittels eines derzeit üblichen Browsers nutzbar; die »normale« Nutzung des Angebots erfordert nicht die Installation eines eigenen Programms (ausgenommen sind Thin-Clients für erweiterte Funktionalitäten).

▶ Das Produkt unterstützt wesentliche Community-Funktionalitäten.

▶ Das Produkt beinhaltet eine – wenn auch einfache – Benutzerverwaltung.

Die Internetrecherche lieferte ca. 40 Systeme, die diesen Anforderungen gerecht wurden. Die Liste der ermittelten Systeme (siehe Tabelle 7.1) erhebt keinen Anspruch auf Vollständigkeit, sollte aber einen guten Überblick über diesen Markt erlauben.

| Firma | Produkt | Testergebnisse |
| --- | --- | --- |
| AEC/communications GmbH | AEC/community | keine Antwort |
| Akonix | Akonix | keine Antwort |
| ArsDigita GmbH | ACS Plattform | im Folgenden |
| Bea | BEA Weblogic | kein Interesse |
| blaxxun interactive | virtual worlds platform | im Folgenden |
| cassiopeia AG | cassiopeia community | im Folgenden |
| Caucus | Caucus | keine Antwort |
| ChatSpace Inc. | Community Server | im Folgenden |
| communities.com | Passport | keine Antwort |
| Conceptware AG | GateBuilder | im Folgenden |
| eCircle AG i.G. | Community solution | im Folgenden |
| eshare | eShare | keine Antwort |
| Everyone.net | Plug-in-Community | keine Antwort |
| EXITEC AG | EXITEC CommunityTools »Necst« | im Folgenden |
| ezboards | ezboards | keine Antwort |
| Heymax | heymax.com v2 | keine Antwort |
| ICQ | ICQ | keine Antwort |
| Jelsoft | vBulletin | keine Antwort |
| Living Systems | living markets | keine Antwort |
| Lotus | Lotus Quickplace + Lotus Sametime | im Folgenden |
| Motet | Motet | keine Antwort |
| Multex | Buzzpower | keine Antwort |

Tabelle 7.1 Liste der ermittelten Systeme

| Firma | Produkt | Testergebnisse |
|---|---|---|
| Multimedia Software GmbH | CommunityPORTAL | im Folgenden |
| Orbital Software | Organik | keine Antwort |
| oreilly.com | Oreilly Webboard | keine Antwort |
| Pendulab | Chatblazer | im Folgenden |
| PeopleLink | PeopleLink Suites | keine Antwort |
| Prospero | Prospero | keine Antwort |
| Question Technologies | Marketmaker | keine Antwort |
| RealCommunities | CiviServer | keine Antwort |
| SiteScape | SiteScape | keine Antwort |
| Someon GmbH | someon community software | im Folgenden |
| Thinkfactory.de | Opentopic | keine Antwort |
| Tribal | PowWow | eingestellt |
| Wcsoft | Wired Community Software | keine Antwort |
| Webb Interactive Services | AccelX – Webb | keine Antwort |
| Webcrossing | Webcrossing | keine Antwort |
| Webfair | Community Engine | im Folgenden |
| Worldweb | Worldweb | keine Antwort |

**Tabelle 7.1** Liste der ermittelten Systeme (Forts.)

**30% Rücklauf**

Wie aus dieser Übersicht klar ersichtlich ist, war die Bereitschaft zur Teilnahme an dieser Studie den Erwartungen entsprechend (ca. 30% Rücklauf). Die Anbieter wurden mindestens zweimal schriftlich kontaktiert und daraufhin telefonisch auf unser Anliegen und den Redaktionsschluss Ende Mai 2001 aufmerksam gemacht. Es muss berücksichtigt werden, dass ein Großteil der Anbieter aus den USA kommt. Deren Interesse am europäischen Markt ist eher gering, und auch die Protagonisten der Studie sind dort nicht so bekannt.

### 7.2.2 Verwendung der Community-Tool-Studienergebnisse

Die Verwendung der vorliegenden Ergebnisse orientiert sich natürlich auch am allgemeinen Auswahlverfahren (siehe Abschnitt 7.1). Allerdings vereinfachen sich einige der Schritte bzw. fallen sogar gänzlich weg. Die einzelnen Modifikationen des Auswahlverfahrens werden in den kommenden Abschnitten kurz erläutert.

In jedem Fall sollte eine Anforderungsanalyse durchgeführt werden. Umfang und Detaillierung hängt dabei von der Tragweite der Entscheidung ab. Manchmal genügt schon die Aufstellung von K.o.-Kriterien, die dann später im Verfahren als Ausschlusskriterien verwendet werden können. Sollte sich bei der Erstellung eines Kriterienrasters eine andere Zusammenstellung als die in der Studie ergeben, so sind die Ergebnisse der Studie natürlich nur noch eingeschränkt verwendbar. Das Kriterienraster bzw. die Kategorien der Studie sollten im Normalfall aber genügen.

Eine Anforderungsanalyse ist obligatorisch.

Die Tool-Recherche kann entweder ganz entfallen oder sollte aufgrund der Aktualität von Software auf der Basis der genannten Anbieter erfolgen. Der weitere Ausschluss von Anbietern sollte dann über eine Gewichtung der Kategorien nach den projektbezogenen Erfordernissen erfolgen. Diese Gewichtung auf der Basis der neutral gewichteten Kategorien kann die Reihenfolge der Anbieter in Bezug auf deren Eignung stark verändern. Davon sollten dann die besten 5-10 Anbieter im Verfahren verbleiben. Auf diese verbliebenen Produkte sollten dann die K.o.-Kriterien angewendet werden, um den Anbieterkreis weiter einzugrenzen. Mit den restlichen drei bis fünf Kandidaten sollten dann genauere Untersuchungen, wie Szenarienpräsentationen und technische Untersuchungen stattfinden. Danach sollte der bestgeeignete Anbieter bzw. das bestgeeignete Produkt für das Vorhaben gefunden sein.

Tool-Recherche und Reduktion der Anbieterliste

Die nachfolgende Tabelle gibt eine Gesamtübersicht über die Studienergebnisse. Jedes Produkt wird darin mit den Erfüllungsgraden für die einzelnen Anforderungsgruppen/Kategorien aufgeführt. Der Prozentwert in den Spalten gibt an, wie hoch die prozentuale Erfüllung der jeweiligen Anforderungsgruppe durch das Produkt ist. Eine 50-prozentige Erfüllung der Anforderungsgruppe/Kategorie »Usability« bedeutet, dass das Produkt die Hälfte der in der Kategorie zu erreichenden Punkte erhalten hat. Ein Wert von 80% in der Reihe »Content Management« bedeutete, dass das System 80% aller Anforderungen in diesem Bereich erfüllt. Durch eine Verrechnung mit den spezifischen Kategoriegewichten (siehe Abschnitt 7.1.4) kann eine projektspezifische Gesamtbewertung der Systeme errechnet werden.

Interpretation der Studienergebnisse

Das Gesamtergebnis finden Sie in der Tabelle 7.2. Im Anschluss daran sind die einzelnen Systeme mit ihren spezifischen Firmen- und System-Parametern aufgeführt, die aus den Rückläufen der Fragebögen stammen. Zu jedem Anbieter sind noch einmal die jeweiligen Einzelergebnisse der Studie aufgeführt und Produktbeschreibungen wiedergegeben, die entweder den Zusendungen der Anbieter entstammen oder eine Übersetzung des jeweiligen Internetauftritts darstellen. Sie geben demnach keine Wertung des Autorenteams wieder und sind dementsprechend kritisch zu betrachten. Als Grobüberblick können sie dennoch dienen.

| Firma | Inland | | | | | | | | | | | Ausland | |
| | arsdigita | blaxxun | cassiopeia | concept ware | eCircle | exitec | Lotus Sametime | Lotus QuickPlace | MMS Dresden | someon | webfair | pendulab | ChatSpace |
|---|---|---|---|---|---|---|---|---|---|---|---|---|---|
| **Erfüllungsgrad - Gesamt** | | | | | | | | | | | | | |
| Wirtschaftl | 71% 1) | 63% | 67% | 58% | 79% 2) | 56% | 63% | 59% | 85% | 90% | 64% | 94% | 86% |
| Usability | 83% | 94% | 75% | 98% | 95% | 82% | 73% | 73% | 72% | 92% | 82% | 86% | 100% |
| Strategie | 100% | 100% | 97% | 99% | 81% | 19% | 84% | 84% | 60% | 78% | 97% | 27% | 40% |
| Eignung | 89% | 98% | 78% | 96% | 98% | 79% | 100% | 100% | 79% | 83% | 95% | 42% | 64% |
| Integration | 87% | 92% | 79% | 94% | 65% | 75% | 92% | 91% | 66% | 80% | 86% | 61% | 77% |
| Funktion | 74% | 51% | 82% | 55% | 62% | 49% | 68% | 62% | 41% | 78% | 83% | 23% | 81% |
| Administr | 83% | 88% | 92% | 75% | 84% | 72% | 100% | 56% | 68% | 92% | 79% | 46% | 79% |
| Betrieb | 75% | 76% | 68% | 71% | 70% | 69% | 83% | 60% | 81% | 73% | 71% | 63% 3) | 81% 3) |
| **Erfüllungsgrad - Funktionen** | | | | | | | | | | | | | |
| Community | 85% | 100% | 100% | 23% | 51% | 90% | 88% | 52% | 50% | 88% | 88% | 23% | 75% |
| Personalisierung | 90% | 0% 4) | 85% | 62% | 56% | 70% | 35% | 52% | 35% | 87% | 87% | 60% | 87% |
| Content Mgmt | 74% | 0% 4) | 64% | 90% | 66% | 0% | 83% | 91% | 46% | 76% | 96% | 0% | 91% |
| Zusätzl. Fkt | 54% | 93% | 83% | 35% | 71% | 52% | 52% | 44% | 31% | 68% 5) | 62% | 27% | 73% |

**Tabelle 7.2**  Gesamtergebnis der Studie

1) Die Software ist eigentlich kostenlos, aber Kosten für Customizing und Maintenance sind relativ hoch.
2) eCircle vertreibt Lizenzen, tritt aber auch als ASP auf.
3) Support von USA oder Singapur aus, daher sind bestimmte Aussagen (z. B. 24h-Support) kritisch zu betrachten.
4) Die Integration von Fremdsystemen ist möglich und bereits erprobt.
5) Die Angaben beziehen sich auf optionales CMS.

# ArsDigita Deutschland GmbH – ArsDigita Community System

| | |
|---|---|
| Name der Herstellerfirma | ArsDigita Deutschland GmbH |
| Entstehungsjahr | 9/1997 ArsDigita Inc.<br>3/2000 ArsDigita Deutschland GmbH |
| Niederlassungen oder Zweigstellen | USA: Atlanta, Boston, Los Angeles, Pittsburgh, Philadelphia, San Francisco, Washington<br>Europa: München, London<br>Asien: Tokyo |
| Anzahl der Angestellten (Vertrieb/Entwicklung) | 220 Angestellte<br>40 Vertrieb und Organisation, 180 Entwickler |
| Anschrift und Sitz des Unternehmens | ArsDigita Deutschland GmbH<br>Orleansstr. 4<br>81669 München |
| URL | http://www.arsdigita.com |
| Ansprechpartner für technische Fragen | Peter Monien<br>pmonien@arsdigita.com |
| Ansprechpartner für Vertrieb | Dr. Peter Bodden<br>Managing Director<br>pbodden@arsdigita.com |
| Produktname | ArsDigita Community System (ACS) |
| Alter des Produktes, aktuelles Release | erster offizieller Release 1997; Entwicklung seit 1993<br>aktuelle Releases: ACS 4.1 tcl, ACS 4.0 java |

| Firma | arsdigita |
|---|---|
| Wirtschaftl. | 71% |
| Usability | 83% |
| Strategie | 100% |
| Eignung | 89% |
| Integration | 87% |
| Funktion. | 74% |
| Administr. | 83% |
| Betrieb | 75% |
| | |
| Community | 85% |
| Personalisierung | 90% |
| Content Mgmt. | 74% |
| Zusätzl. Fkt. | 54% |

Basierend auf dem umfangreichen Erfahrungsschatz des Unternehmens in den Bereichen Content-Management, Knowledge-Management und Kollaboration, bietet diese E-Business -Plattform eine umfangreiche Lösung für die Implementation von Web-Anwendungen, die die Absatzseite des Collaborative Commerces unterstützt. Mit dem ACS ist der Einsatz unterschiedlicher Einzellösungen, um eine End-to-end-E-Business -Lösung einzurichten, nicht mehr notwendig.

Das ACS bietet alle Lösungen um Web-Applikationen für jegliches Geschäftsmodell zu entwickeln. Durch diese Flexibilität steht Unternehmen die gesamte Leistungsfähigkeit des Webs zur Verfügung. Dabei werden folgende Bereiche abgedeckt:

▶ B2B-, B2C- oder B2B2C-Commerce

▶ Online-Handel

▶ Knowledge-Management

▶ Intranets

▶ Extranets

▶ Online Communities

Das ACS besteht aus einer Basisplattform mit integrierten Kollaborations- und Verwaltungsfunktionen, die Workflow, Zugangsberechtigungen, Projektmanagement und Seitenvorlagen enthalten. Unternehmen sind außerdem in der Lage, vollständig integrierte Anwendungen auf die Plattform aufzusetzen. Diese Anwendungen umfassen u.a. Content Management, Commerce, Personalisierung, Marketing, Analyse und Kundenbetreuung.

## blaxxun interactive – Virtual Worlds Platform

| | |
|---|---|
| Name der Herstellerfirma | blaxxun interactive |
| Entstehungsjahr | 1995 |
| Niederlassungen oder Zweigstellen | München (Hauptsitz), San Francisco |
| Anzahl der Angestellten (Vertrieb/Entwicklung) | 90 |
| Anschrift und Sitz des Unternehmens | Elsenheimerstraße 61-63 80687 München |
| URL | http://www.blaxxun.com |
| Ansprechpartner für technische Fragen | Elmar Merget (VP Development) |
| Ansprechpartner für Vertrieb | Franz Buchenberger (CEO) |
| Produktname | Virtual Worlds Platform |
| Alter des Produktes, aktuelles Release | 4 Jahre, 5.0 |

| Firma | blaxxun |
|---|---|
| Wirtschaftl. | 63% |
| Usability | 94% |
| Strategie | 100% |
| Eignung | 98% |
| Integration | 92% |
| Funktion. | 51% |
| Administr. | 88% |
| Betrieb | 76% |
| | |
| Community | 100% |
| Personalisierung | 0% |
| Content Mgmt. | 0% |
| Zusätzl. Fkt. | 93% |

Die Virtual Worlds Platform 5 ist ein modulares Software-System, mit dem Internet-basierte Kommunikationslösungen geschaffen werden können. Der Einsatzbereich umfasst Communities, Virtuelle Welten und serviceorientierte Anwendungen für Entertainment, E-Commerce und E-Business.

Mit der Virtual Worlds Platform 5 ist eine umfassende Menge an Features verfügbar. Basistechnologien aus den Bereichen Multi-User, Community und Multi-Media sind nahtlos integriert und erlauben Aufbau und Betrieb hochskalierbarer und stabiler Anwendungen.

▶ **Multi-User**
Basis für die synchrone und asynchrone Kommunikation ist die Benutzerverwaltung. Gäste und registrierte Mitglieder einer Community oder Virtual World erhalten spezifische Zugriffsrechte auf deren Inhalte.

▶ **Community**
Chat, Schwarze Bretter, Foren und Clubs sind die typischen Kommunikationsmedien. Darüber hinaus bietet die Virtual Worlds Platform 5 Technologien, die den Aufbau einer echten Online-Gemeinde mit sozialer Infrastruktur ermöglichen. Dazu gehört, dass Mitglieder bestimmte Rollen annehmen können und damit auch gewisse Rechte und Pflichten übernehmen.

▶ **Multi-Media**
Eine blaxxun Virtual World kann als dreidimensionale interaktive Umgebung modelliert werden. Die Besucher bewegen sich dann auf Straßen, Plätzen und in Gebäuden, nicht nur auf HTML-Seiten. Egal ob in 2D oder 3D, Streaming von Audio- und Video-Daten, Voice over IP und Text-to-Speech sind ebenfalls integraler Bestandteil der Virtual Worlds Platform 5.

Der Zugriff auf die Funktionalitäten der Virtual Worlds Platform 5 erfolgt Browser-basiert wahlweise per HTML, Java oder mittels eines Plug-ins.

## cassiopeia AG – cassiopeia Community

| | |
|---|---|
| Name der Herstellerfirma | cassiopeia AG |
| Entstehungsjahr | 1996 |
| Niederlassungen oder Zweigstellen | Sitz: München, Vertriebsniederlassungen in Köln, Hamburg, London, Zürich, Singapur |
| Anzahl der Angestellten (Vertrieb/Entwicklung) | 95 (Stand März 2001) |
| Anschrift und Sitz des Unternehmens | cassiopeia AG<br>Lipowskystrasse 15<br>81373 München |
| URL | http://www.cassiopeia.com |
| Ansprechpartner für technische Fragen | Carsten Hecht (Co-Founder) |
| Ansprechpartner für Vertrieb | Christoph Baumhoer (Director Sales) |
| Produktname | cassiopeia Community |
| Alter des Produktes, aktuelle Release | 5 Jahre<br>Release 3 |

| Firma | cassiopeia |
|---|---|
| Wirtschaftl. | 67% |
| Usability | 75% |
| Strategie | 97% |
| Eignung | 78% |
| Integration | 79% |
| Funktion. | 82% |
| Administr. | 92% |
| Betrieb | 68% |
| | |
| Community | 100% |
| Personalisierung | 85% |
| Content Mgmt. | 64% |
| Zusätzl. Fkt. | 83% |

Die cassiopeia Community ist eine Plattform für Kommunikation und Kollaboration. Sie ermöglicht und unterstützt auf der Basis von Many-to-Many-Kommunikation die effiziente Zusammenarbeit von und zwischen Unternehmen, Mitarbeitern und Kunden. Sie vernetzt Teilnehmer zu einem E-Business -Netzwerk.

Das Produkt besteht aus dem Community Application Server (CAS) – einem hochperformanten Basissystem – und einer Vielzahl von Modulen, die an eine offengelegte Schnittstelle des CAS angedockt werden.

Die cassiopeia Community ist multilingual ausgelegt und kann gleichzeitig in verschiedenen Zeitzonen genutzt werden. Über eine Java-API und ein XML-Gateway kann der CAS erweitert und in bestehende Umgebungen integriert werden.

cassiopeia und seine Partner bieten eine Vielzahl von Modulen für den CAS an. Neben Diensten wie Personalisierung, E-Mail, Gruppenkalendern, Instant Messaging, Adress-, Dokumenten-, Aufgaben- und Workflowverwaltung steht auch ein Konferenzsystem zur Verfügung, das synchrone Kommunikation per Text, Audio oder Video ermöglicht. Chats können ebenso wie Diskussionsforen und Blackboards moderiert werden. Beliebige – auch externe – Datenbestände können in der Community zugänglich gemacht werden. Für mehr Transparenz sorgen außerdem persönliche Gästebücher und Homepages. Alle Anwendungen können mit Zugriffsrechten versehen werden.

## ChatSpace – Community Server 2.1

| | |
|---|---|
| Name der Herstellerfirma | ChatSpace |
| Entstehungsjahr | 1997 |
| Niederlassungen oder Zweigstellen | Carlsbad, CA<br>New Jersey<br>Texas |
| Anzahl der Angestellten (Vertrieb/Entwicklung) | 20 |
| Anschrift und Sitz des Unternehmens | ChatSpace, Inc.<br>1901 Camino Vida Roble<br>Carlsbad, CA 92008<br>USA |
| URL | http://www.chatspace.com |
| Ansprechpartner für technische Fragen | Steve Niles<br>Sniles@chatspace.com |
| Ansprechpartner für Vertrieb | Tom Perkowski<br>Tperkowski@chatspace.com |
| Produktname | Community Server 2.1 |
| Alter des Produktes, aktuelles Release | 1996 2.0 |

| Firma | ChatSpace |
|---|---|
| | |
| Wirtschaftl. | 86% |
| Usability | 100% |
| Strategie | 40% |
| Eignung | 64% |
| Integration | 77% |
| Funktion. | 81% |
| Administr. | 79% |
| Betrieb | 81% |
| | |
| Community | 75% |
| Personalisierung | 87% |
| Content Mgmt. | 91% |
| Zusätzl. Fkt. | 73% |

Der ChatSpace Community-Server ist die perfekte Lösung für jegliche Arten von Gruppen, Teams oder Organisationen, die beabsichtigen, ihre eigene Chat Community aufzusetzen. Diese Software deckt sämtliche Funktionen ab, die es den Mitgliedern gestatten, über das Internet in Verbindung zu bleiben und einen Gemeinschaftssinn zu entwickeln. Beziehungen können via Tastatur besser etabliert und gepflegt werden, als es mittels Reisen möglich wäre.

Der ChatSpace Community Server ist ein Komplettpaket bestehend aus einem hochperformanten Chat/Web-Server sowie HTML- und Java-Code für die Clients. Das System bietet die komplette Kontrolle über die Chat Community einschließlich der Erstellung von Chat-Räumen, Benutzerregistrierung, Sicherheitskontrollen, Chat-Moderation und Server-Fernwartung.

## ConceptWare – GateBuilder

| | |
|---|---|
| Name der Herstellerfirma | conceptware ag |
| Entstehungsjahr | 1992 Gründung als Consulting Dienstleister<br>1999 Umstrukturierung in Produkt-Company |
| Niederlassungen oder Zweigstellen | Niederlassungen in Berlin, Boston, Hamburg, London, Mailand, München |
| Anzahl der Angestellten (Vertrieb/Entwicklung) | insgesamt 70 Mitarbeiter, davon 24 in Vertrieb/Entwicklung<br>(Joint Venture in Indien mit zusätzlich 15 Mitarbeitern) |
| Anschrift und Sitz des Unternehmens | conceptware ag (http://www.conceptware.de )<br>Am Kronberger Hang 2a<br>65824 Schwalbach a.Ts. |
| URL | http://www.conceptware.com |
| Ansprechpartner für technische Fragen | Tel: +49 (0)6196- 4732-0, E-Mail: info@conceptware.de |
| Ansprechpartner für Vertrieb | Tel: +49 (0)6196- 4732-0, E-Mail: info@conceptware.de |
| Produktname | GateBuilder |
| Alter des Produktes, aktuelles Release | Beginn der Entwicklung von GateBuilder Mitte 1999<br>aktuelles Release GateBuilder 1.6 |

| Firma | concept ware |
|---|---|
| Wirtschaftl. | 58% |
| Usability | 98% |
| Strategie | 99% |
| Eignung | 96% |
| Integration | 94% |
| Funktion. | 55% |
| Administr. | 75% |
| Betrieb | 71% |
| | |
| Community | 23% |
| Personalisierung | 62% |
| Content Mgmt. | 98% |
| Zusätzl. Fkt. | 35% |

GateBuilder kombiniert Know-how, Erfahrung und Vision zu einem einmaligen Produkt im Bereich des E-Business. Damit stellt die conceptware ag eine Standardsoftware zur Verfügung, die den Aufbau von Internetportalen, Marktplätzen und dynamischen Websites ermöglicht. So wird eine den jeweiligen Bedürfnissen entsprechende, optimale Kombination von Content, Community und Commerce in kurzer Zeit kostengünstig bereitgestellt. Ein wichtiger Faktor des Erfolgs von GateBuilder ist sein modularer Aufbau. Auf der Basis des Applikationsservers ColdFusion von Allaire lassen sich mit Hilfe so genannter »Gatelets« Websites individuell zusammenstellen, anpassen und erweitern. Das Produkt unterstützt alle gängigen Komponentenstandards wie COM, Corba, EJB und Integrationsnormen wie XML und LDAP. Dadurch lassen sich E-Shop- und ERP-Systeme einfach anbinden.

## eCircle – Community solution

| | |
|---|---|
| Name der Herstellerfirma | eCircle AG i.G. |
| Entstehungsjahr | 1999 |
| Niederlassungen oder Zweigstellen | London, Paris, Madrid und Milan |
| Anzahl der Angestellten (Vertrieb/Entwicklung) | 50 Vertrieb/25 Entwicklung |
| Anschrift und Sitz des Unternehmens | Nymphenburger Strasse 86<br>80636 München<br>Deutschland |
| URL | http://www.ecircle-soluti-ons.com/de_DE/D/solutions_1.html |
| Ansprechpartner für technische Fragen | Sebastian Roehrich |
| Ansprechpartner für Vertrieb | Johannes Sasse<br>tel +49-89-18 95 56-61<br>*sasse@ecircle-solutions.com* |
| Produktname | Community solution |
| Alter des Produktes, aktuelles Release | 1 Jahr, 2.0 |

| Firma | eCircle |
|---|---|
| Wirtschaftl. | 79% |
| Usability | 95% |
| Strategie | 81% |
| Eignung | 98% |
| Integration | 65% |
| Funktion. | 62% |
| Administr. | 84% |
| Betrieb | 70% |
| | |
| Community | 51% |
| Personalisierung | 56% |
| Content Mgmt. | 66% |
| Zusätzl. Fkt. | 71% |

eCircle solutions entwickelt Lösungen für Knowledge und Business Communities auf der Basis einer flexiblen, einfach bedienbaren, leicht zu implementierenden Software, die auf die professionelle Unterstützung der Gruppenkommunikation fokussiert.

Mit eCircle solutions werden Mitarbeiter, Kunden, Partner und andere Experten strukturiert in Communities of Practice vernetzt. Der Community-Manager kann die intensive Gruppenkommunikation moderieren oder eine freie Diskussion zulassen sowie darüber hinaus weitere Gruppenparameter definieren (Rollen & Rechte). Der Wissensaustausch findet über Webbrowser und vor allem über E-Mail statt, so dass eine unkomplizierte Integration in die täglichen Arbeitsabläufe gewährleistet ist. Die sekundenschnelle Verteilung der Informationen innerhalb der Gruppen läuft über unterschiedlichste Medien wie WWW, E-Mail, SMS und sorgt für eine transparente Verfügbarkeit des Wissens.

Die Technologische Basis ist eine moderne Java 4-Layer-Architektur, die schnelle und einfache Anpassung der Komponenten/Module sowie die Integration anderer Anwendungen ermöglicht. Der Anwender benötigt lediglich Webbrowser und/oder E-Mail Client.

## EXITEC AG – EXITEC Community Tools »Necst«

| | |
|---|---|
| Name der Herstellerfirma | EXITEC AG |
| Entstehungsjahr | 1999 |
| Niederlassungen oder Zweigstellen | Flensburg |
| Anzahl der Angestellten (Vertrieb/Entwicklung) | 25 |
| Anschrift und Sitz des Unternehmens | Friesische Str. 9 24937 Flensburg |
| URL | http://www.exitec.com |
| Ansprechpartner für technische Fragen | Andrè Sabosch |
| Ansprechpartner für Vertrieb | Oliver Pfeiffer |
| Produktname | EXITEC CommunityTools »Necst« |
| Alter des Produktes, aktuelles Release | jetzige webbasierte CommunityTools = 0,5 Jahre |

| Firma | exitec |
|---|---|
| Wirtschaftl. | 56% |
| Usability | 82% |
| Strategie | 19% |
| Eignung | 79% |
| Integration | 75% |
| Funktion. | 49% |
| Administr. | 72% |
| Betrieb | 89% |
| | |
| Community | 90% |
| Personalisierung | 70% |
| Content Mgmt. | 0% |
| Zusätzl. Fkt. | 52% |

EXITEC bietet als Application Service Provider (ASP) ein Full-Service-Angebot für den Aufbau und die Pflege maßgeschneiderter Communities. So lassen sich die Community Tools der EXITEC beliebig untereinander kombinieren: Die Rubriken Chat & Co. fügen sich daher optimal in jeden Internet-Auftritt ein. Die flexible Oberfläche garantiert zudem die Anpassung an das Corporate Design mit dem Vorteil, dass der Benutzer optisch nie die Site verlässt.

Alle Tools funktionieren vollständig webbasiert: Download und Installation seitens des Benutzers sind nicht notwendig, für die Teilnahme an einer Community reicht eine Registrierung. Sämtliche EXITEC Tools sind plattformübergreifend einsetzbar, sie werden »On Demand« von Servern geladen, weshalb immer die neueste Version zur Verfügung steht. EXITEC bietet seine Produkte nach dem Baukastenprinzip an. Da der Application Service Provider zweckgerichtete Lösungen gemeinsam mit seinen Kunden erarbeitet, können individuelle Bedürfnisse berücksichtigt werden.

Mit CyberBill bietet die EXITEC AG ein speziell für Online-Transaktionen entwickeltes Werkzeug an, das einen reibungslosen Zahlungsverkehr im Internet ohne Kreditkarte oder die Angabe persönlicher Daten erlaubt. Die Abrechnung erfolgt bequem und transparent über die Telefonrechnung des Kunden. Beide Systeme können sowohl mit Block- (»pay per click«) als auch mit Zeittarifen (»pay per minute«) belegt werden.

## Lotus Development Corporation – QuickPlace

| | |
|---|---|
| Name der Herstellerfirma | Lotus Development Corporation |
| Entstehungsjahr | 1982 |
| Niederlassungen oder Zweigstellen | weltweit |
| Anzahl der Angestellten (Vertrieb/Entwicklung) | Ca.9000 |
| Anschrift und Sitz des Unternehmens | Lotus Development GmbH Oskar-Messter-Str.20 85737 Ismaning |
| URL | http://www.lotus.com/home.nsf/welcome/quickplace |
| Ansprechpartner für technische Fragen | Lotus Infoline:0180-54123 |
| Ansprechpartner für Vertrieb | Lotus Infoline:0180-54123 |
| Produktname | Lotus QuickPlace |
| Alter des Produktes, aktuelles Release | seit 1999, akt. Version 2.06 |

| Firma | Lotus QuickPlace |
|---|---|
| Wirtschaftl. | 59% |
| Usability | 73% |
| Strategie | 84% |
| Eignung | 100% |
| Integration | 91% |
| Funktion. | 62% |
| Administr. | 58% |
| Betrieb | 60% |
| Community | 52% |
| Personalisierung | 52% |
| Content Mgmt. | 91% |
| Zusätzl. Fkt. | 44% |

Lotus QuickPlace ist das Self-Service-Web Tool für sofortige Zusammenarbeit. Es ermöglicht die Erstellung eines gemeinsam genutzten Team-Arbeitsplatzes im Web. Teams benutzen QuickPlace, um Ideen zu organisieren und zu verbreiten, Inhalte und Aufgaben für beliebigen Projekte zu erstellen oder um adhoc Initiativen aufzugreifen. QuickPlace stellt einen strukturierten und zentralen On-Line-Arbeitsplatz zur Verfügung. QuickPlaces »Zeigen und Klicken«-Oberfläche erleichtert die Interaktion, die ein Team benötigt, um erfolgreich sein gestecktes Ziel zu erreichen. Es verbessert die Kommunikation innerhalb des Teams und erhöht die Effektivität, indem es Durchlaufzeiten verkürzt und die Qualität der Teamergebnisse steigert.

Mit Lotus QuickPlace erfolgt eine nahtlose Microsoft Office 2000-Integration. Es ermöglicht ein integriertes Aufgabenmanagement zur Projektsteuerung, bietet Chat-Funktion und weitreichende Anpassungsmöglichkeiten. Neben dem Import von HTML-Masken kann durch die HTML-Nutzung das Erscheinungsbild des Lotus QuickPlaces durch eigene Themen verändert werden. Weitere Anpassungsmöglichkeiten bieten sich durch die Nutzung von Java, LotusScript oder C, um das Design und die Funktionalität des Lotus QuickPlaces programmiertechnisch zu verändern.

## Lotus Development Corporation – Sametime

| | |
|---|---|
| Name der Herstellerfirma | Lotus Development Corporation |
| Entstehungsjahr | 1982 |
| Niederlassungen oder Zweigstellen | weltweit |
| Anzahl der Angestellten (Vertrieb/Entwicklung) | ca. 9000 |
| Anschrift und Sitz des Unternehmens | Lotus Development GmbH Oskar-Messter-Str.20 85737 Ismaning |
| URL | http://www.lotus.com/home.nsf/ welcome/sametime |
| Ansprechpartner für technische Fragen | Lotus Infoline:0180-54123 |
| Ansprechpartner für Vertrieb | Lotus Infoline:0180-54123 |
| Produktname | Lotus Sametime |
| Alter des Produktes, aktuelles Release | seit 1998, akt. Version 1.5 |

| Firma | Lotus Sametime |
|---|---|
| Wirtschaftl. | 63% |
| Usability | 73% |
| Strategie | 84% |
| Eignung | 100% |
| Integration | 92% |
| Funktion. | 68% |
| Administr. | 100% |
| Betrieb | 83% |
| | |
| Community | 88% |
| Personalisierung | 35% |
| Content Mgmt. | 83% |
| Zusätzl. Fkt. | 52% |

Durch Lotus Sametime realisiert Lotus den nächsten Schritt bei der kontinuierlichen Weiterentwicklung kooperativer Geschäftsanwendungen – die Kommunikation in Echtzeit. Durch einen kompletten Satz von Werkzeugen für Wahrnehmung (awareness), Konversation (conversation) und gemeinsame Nutzung von Objekten (object sharing) entsteht eine ausgefeilte Plattform für die Echtzeitkooperation. Die Produktfamilie von Lotus Sametime umfasst Clients, Server, Werkzeuge für die Anwendungsentwicklung und zugehörige Dienste. Lotus Sametime lässt sich auch mit asynchronen Kooperationsanwendungen kombinieren und nimmt so eine herausragende Stellung im Markt ein. Die Produktfamilie Lotus Sametime kann sowohl unter Lotus Domino als auch in anderen Umgebungen eingesetzt werden. Lotus Sametime ermöglicht die Echtzeit-Kooperation im Unternehmensalltag und sorgt so für eine direkte und effiziente Kommunikation.

Zur Lotus Sametime Produktfamilie gehören Lotus Sametime Server, Lotus Sametime Connect Client und eine Reihe von Werkzeugen für die Anwendungsentwicklung. Lotus Sametime Server unterstützt den T.120-Standard und ist mit Clients anderer Hersteller, zum Beispiel mit Microsoft NetMeeting, kompatibel. Lotus Sametime Server versteht sich problemlos mit allen anderen gängigen Browsern und mit Lotus Notes. Lotus Sametime bietet zusätzlich einzigartige Möglichkeiten, E-Mail, Diskussionsdatenbanken, Dokumentbibliotheken und eine Reihe anderer Anwendungen mit Funktionen für die Echtzeit-Kooperation auszustatten.

## Multimedia Software GmbH Dresden

| | |
|---|---|
| Name der Herstellerfirma | Multimedia Software GmbH Dresden |
| Entstehungsjahr | 1995 |
| Niederlassungen oder Zweigstellen | Bonn |
| Anzahl der Angestellten (Vertrieb/Entwicklung) | 200 |
| Anschrift und Sitz des Unternehmens | Multimedia Software GmbH Dresden Riesaer Straße 5 01129 Dresden |
| URL | http://www.mms-dresden.de |
| Ansprechpartner für technische Fragen | Dirk Röhrborn Tel.: 0351/8505-843, Dirk.Roehrborn@telekom.de |
| Ansprechpartner für Vertrieb | Jens Jannasch Tel.: 0351/8505-252 Jens.Jannasch@telekom.de |
| Produktname | CommunityPORTAL |
| Alter des Produktes, aktuelles Release | 1 Jahr Release 1.0 |

| Firma | MMS Dresden |
|---|---|
| Wirtschaftl. | 85% |
| Usability | 72% |
| Strategie | 60% |
| Eignung | 79% |
| Integration | 66% |
| Funktion. | 41% |
| Administr. | 68% |
| Betrieb | 81% |
| | |
| Community | 50% |
| Personalisierung | 35% |
| Content Mgmt. | 46% |
| Zusätzl. Fkt. | 31% |

Mit der Softwarelösung CommunityPOR-TAL der Multimedia Software GmbH Dresden steht Ihnen ein Werkzeug zur Verfügung, mit dem sich der Aufbau virtueller und verteilter Communities im Unternehmen realisieren sowie der Austausch und die Verteilung von Wissen zwischen den Mitgliedern unterstützen lässt.

Der Einsatzbereich des CommunityPOR-TALs ist sehr vielseitig. Unabhängig von der Branche und dem Markt, auf dem das Unternehmen agieren will, bietet die Software die folgenden Möglichkeiten:

▶ Aufbau einer Wissensbasis für unterschiedliche Themen, Verfahren und Produkte

▶ Realisierung eines Informations- und Ideenaustauschs mit Ihren Kooperations- und Geschäftspartnern

▶ Recherche und automatische Überwachung ausgewählter Internetquellen

▶ Aufbau mehrsprachiger Communities, um die Kommunikation und den Wissensaustausch zwischen den Mitgliedern auf internationaler Ebene zu unterstützen

Aufbauend auf den modernsten und leistungsfähigsten Internet-Technologien lässt sich das Community-Portal einfach und problemlos in das gewohnte Arbeitsumfeld integrieren.

# Pendulab

| | |
|---|---|
| Name der Herstellerfirma | Pendulab |
| Entstehungsjahr | 1999 |
| Niederlassungen oder Zweigstellen | North America, Singapore |
| Anzahl der Angestellten (Vertrieb/Entwicklung) | 8 |
| Anschrift und Sitz des Unternehmens | Pendulab<br>7 Temasek Boulevard<br>#29-01, Suntec Tower One<br>Singapore 038987 |
| URL | http://www.pendulab.com/cb.htm |
| Ansprechpartner für technische Fragen | |
| Ansprechpartner für Vertrieb | Christopher Low |
| Produktname | Chat Blazer Gold |
| Alter des Produktes, aktuelles Release | 2 Jahre<br>Version 3 |

| Firma | pendulab |
|---|---|
| Wirtschaftl. | 94% |
| Usability | 86% |
| Strategie | 27% |
| Eignung | 42% |
| Integration | 61% |
| Funktion. | 23% |
| Administr. | 46% |
| Betrieb | 63% |
| | |
| Community | 23% |
| Personalisierung | 60% |
| Content Mgmt. | 0% |
| Zusätzl. Fkt. | 27% |

Die Wertschöpfungskette des E-Commerces besteht aus drei unterschiedlichen und unternehmenskritischen Aspekten, die den Erfolg von Online-Geschäften ausmachen. Real Time Interaction, Kundenbeziehungsmanagement und Performance Marketing. Chat Blazer als Chat-Software bietet die Grundlage zur Unterstützung dieser Aspekte. Der moderierbare Chat bietet außerdem noch die Möglichkeit, Lernprozesse weitgehend abzubilden.

## someon GmbH – community software

| | |
|---|---|
| Name der Herstellerfirma | someon GmbH |
| Entstehungsjahr | 2000 |
| Niederlassungen oder Zweigstellen | 1 |
| Anzahl der Angestellten (Vertrieb/Entwicklung) | 9 (2/5) |
| Anschrift und Sitz des Unternehmens | Elberfelder Str. 8 40822 Mettmann Deutschland |
| URL | http://www.someon.com |
| Ansprechpartner für technische Fragen | Matthias Winkelmann Tel. 02104-171337, winkelmann@someon.com |
| Ansprechpartner für Vertrieb | Milan Guenther guenther@someon.com |
| Produktname | Someon community software |
| Alter des Produktes, aktuelles Release | 1 Jahr, 1.1 |

| Firma | someon |
|---|---|
| Wirtschaftl. | 90% |
| Usability | 92% |
| Strategie | 78% |
| Eignung | 83% |
| Integration | 80% |
| Funktion. | 78% |
| Administr. | 92% |
| Betrieb | 73% |
| | |
| Community | 88% |
| Personalisierung | 87% |
| Content Mgmt. | 76% |
| Zusätzl. Fkt. | 68% |

Mit der someon-community-software lassen sich in kurzer Zeit professionelle virtuelle Gemeinschaften einrichten und effizient verwalten. Die someon-community-software ist modular aufgebaut. Neben dem Basissystem existieren vielfältige Module mit deren Hilfe der Community-Betreiber ein an seine Anforderungen angepasstes Community-System erstellen kann. Auch die spätere Änderung der Modulkonfiguration ist möglich. Zurzeit verfügbar sind neben dem Basismodul, das Funktionalität für die Benutzeranmeldung, -authentifizierung, und -suche bereitstellt, Module für Chat, Foren, Online-Abstimmungen, User-Homepages, Sub-Communities, Favoritenverwaltung, Benutzertracking und Benutzerprofiling. Aufgrund einer dokumentierten API können zusätzliche Module auch vom Community-Betreiber selbst oder von Drittfirmen entwickelt werden.

Über ein umfassendes Administrationsinterface können durch den Administrator beliebige Benutzergruppen eingerichtet ihnen diesen verschiedenste Rechte eingeräumt werden. Benutzer können diesen Gruppen manuell oder automatisch (z. B. bei Erreichen eines bestimmten Punktestandes) zugeordnet werden.

Die Anpassung des Designs erfolgt über HTML-Templates, spezielle Fachkenntnisse sind nicht erforderlich. Das System ist grundsätzlich mehrsprachig ausgelegt. Für jede Sprache kann ein eigener Template-Satz definiert werden. Jeder Benutzer kann eine primäre und mehrere sekundäre Sprachen angeben. Fremdsprachige Texte können bei Bedarf durch eine eingebundene externe Sprachsoftware oder manuell übersetzt werden.

## webfair – Community Engine

| | |
|---|---|
| Name der Herstellerfirma | webfair AG |
| Entstehungsjahr | 1997 |
| Niederlassungen oder Zweigstellen | Es bestehen Niederlassungen in USA und Rumänien. |
| Anzahl der Angestellten (Vertrieb/Entwicklung) | 100 Mitarbeiter, davon 10 im Vertrieb und 25 in der Entwicklung |
| Anschrift und Sitz des Unternehmens | webfair AG Tumblinger Str. 23 80337 München |
| URL | http://www.webfair.com |
| Ansprechpartner für technische Fragen | Kurt Kleeberger (Professional Services) Tel: +49 (0)89 242294 – 264, k.kleeberger@webfair.com |
| Ansprechpartner für Vertrieb | Sandra Hausmann (Pre-Sales) Tel: +49 (0)89 242294-211; s.hausmann@webfair.com |
| Produktname | Community Engine |
| Alter des Produktes, aktuelles Release | Das Produkt ist seit 3 Jahren auf dem Markt, bei der aktuellen Version handelt es sich um Community Engine 4.1. |

| Firma | webfair |
|---|---|
| Wirtschaftl. | 64% |
| Usability | 82% |
| Strategie | 97% |
| Eignung | 96% |
| Integration | 86% |
| Funktion. | 83% |
| Administr. | 79% |
| Betrieb | 71% |
| | |
| Community | 88% |
| Personalisierung | 87% |
| Content Mgmt. | 96% |
| Zusätzl. Fkt. | 62% |

Die standardmäßige Integration von Informations- und Kommunikationstools, also von interaktiven Komponenten wie Content-bezogenes Feedback, Content- und User-Bewertungen, contentspezifischen Diskussionsforen, Business Chats und Voice ist die Voraussetzung für ein effizientes Management von Business Communities.

Über einfache Benutzeroberflächen kann jeder Teilnehmer einer Inter-, Intra- oder Extranet-Community zum aktiven Inhaltslieferanten werden und so seine Informationen zielgruppenspezifisch zur Verfügung stellen, Feedback auf bestehende Inhalte geben oder existierende Informationen gemäß seinen Erfahrungen bewerten.

Die zentrale Datenbank enthält alle Informationen, die für das tägliche Geschäft wichtig sind: Artikel, Sachbeiträge, Ideen, Diskussionen, Konzepte, Feedback, Dokumente, Notizen und Charts – kurz: das gesammelte, ständig wachsende Wissen aller Teilnehmer. Die modular aufgebaute Software ist für alle Unternehmensbereiche flexibel einsetzbar. Basierend auf modernsten Internet-Technologien bildet sie ein komplexes Informationsnetz, dessen Grenzen durch das steuernde Unternehmen bestimmt werden.

Mit Community Engine sind Unternehmen in der Lage, zeitnah auf Marktentwicklungen zu reagieren, Geschäftsmodelle kundenorientiert weiterzuentwickeln, unternehmensinterne Arbeitsprozesse zu beschleunigen und Informations-, Kommunikations- und Verwaltungskosten drastisch zu senken – alles Mehrwerte, die in klaren Wettbewerbsvorteilen resultieren.

# 8 Herausforderungen für die Zukunft?

*In Zukunft wird man nicht mehr explizit von Business Communities sprechen, sie werden integraler Bestandteil der Internet Economy sein. In diesem Punkt sind sich die Autoren dieses Buches und zahlreiche Experten, die zum Thema Business Communities befragt wurden, einig.*

Diese Kapitel gibt einen Ausblick auf relevante Rahmenbedingungen, die die Entwicklung von Business Communities beeinflussen werden, stellt die Meinungen verschiedener Experten dar und skizziert die zentralen Herausforderungen, denen Business Communities begegnen müssen aus Praktikersicht.

Anfang 2001 trafen sich im Stuttgarter Office Innovation Center des Fraunhofer Instituts für Arbeitswirtschaft und Organisation (IAO) Stuttgart Business Community-Experten, um über die Zukunft von Business Communities zu diskutieren. Die Betreiber, Technologieanbieter, Berater und Wissenschaftler diskutierten dabei gemeinsam über zukünftige Rahmenbedingungen und Herausforderungen, denen sich Business Communities gegenübergestellt sehen. Dabei wurden Zukunftsthesen aufgestellt, die sich den folgenden Schwerpunktbereichen zuordnen lassen:

*Experten-Roundtable zur Zukunft von Business Communities*

- ▶ Entwicklungspfade und -trends
- ▶ Nutzen
- ▶ Erfolgskriterien
- ▶ Funktionalitäten
- ▶ Technologie
- ▶ Konvergenz von Business Communities und Wissensmanagement bzw. -integration

Nachfolgend werden die Ergebnisse des ersten Experten-Roundtables zur »Zukunft von Business Communities« thesenartig als Zitate wiedergegeben.

*Vor den »Business Communities« kommen die »Corporate Communities«.*
*(Wolfram Kläger, Memphis Consulting)*

*In fünf Jahren werden nur noch die Business Communities erfolgreich am Markt sein, die über ein starkes Branding aus der Real Economy (REC = Real Economy Communities) verfügen oder aber bis dahin ihr Branding etabliert haben (Yahoo, AOL, Amazon).*
*(Frank Nagorschel, KPMG)*

*Communities sind nichts anderes als ein uraltes Konzept sozialer Beziehungsnetze, die sich im Cyberspace lediglich in neuen Interaktionsformen manifestieren.*
*(Jan-Marco Leimeister, Universität Hohenheim)*

*Informations-Portale wie wir sie heute sehen, werden mittelfristig keine Überlebenschance haben.*
*(Manfred Weber, webfair AG)*

*Es wird bei Business Communities ein Konzentrationsprozess über Fusionen, Verkäufe und Konkurse einsetzen, sowohl vertikale als auch horizontale Kooperationsformen werden an Bedeutung gewinnen.*
*(Uwe Hofmann, jobfair 24)*

*In fünf Jahren wird es keine expliziten Business Communities mehr geben, vielmehr werden Business Communities integraler Bestandteil von E-Business-Seiten im Internet sein.*
*(Frank Nagorschel, KPMG)*

*Business Communities werden kein Selbstzweck mehr sein, sondern integraler Bestandteil von Internetangeboten.*
*(Timo Baumann, Fraunhofer IAO)*

*Business-Community-Komponenten werden zum integrierenden Bestandteil aller E-Business-Bereiche (z. B. E-Procurement, E-Commerce, E-Learning, E-Collaboration etc.)*
*(Oliver Mack, Fraunhofer IAO)*

*Kein Königsweg. Aufbau und Management von Communities kennt verschiedene Entwicklungspfade: Der geschäftliche Erfolg ist evolutionär abhängig vom Mix der technologisch-organisationalen Funktionen, welcher Geschäftsziel und Geschäftsmodell entsprechen muss.*
*(Norbert Fröschle, Fraunhofer IAO)*

*Haupttrends. Punktuelle Live Web-Events und institutionelle B2B-Markets sind Haupttrends in der Business-Communities-Entwicklung.*
*(Norbert Fröschle, Fraunhofer IAO)*

Online Communities wachsen langsam, Business Communities sehr langsam.
*(Wolfram Kläger, Memphis Consulting)*

Über 50 % der Befragten einer Umfrage bei Nutzern von Internetmarktplätzen belegen: Online Communities sind eine zuverlässige Basis für die Abwicklung von Geschäftsprozessen. (Quelle: Participate.com).
*(Raimund Mollenhauer, SAP AG)*

**Nutzen**

Das größte Nutzenpotenzial ist jenseits von Marketing und PR zu heben.
*(Wolfram Kläger, Memphis Consulting)*

Communities werden die treibende Kraft für einen Wandel der Kooperationskultur.
*(Walter Weber, blaxxun interactive)*

Durch »Business Communities« erhalten auch kleinste Unternehmenseinheiten die Chance, Kompetenzen darzustellen!
*(Ditmar Ihlenburg, Festo AG)*

Durch »Branchen Business Communities« werden die direkten Interaktionen zwischen Experten gefördert!
*(Ditmar Ihlenburg, Festo AG)*

Durch »Business Communities« werden Produktmarken und -image zukünftig eine untergeordnete Rolle spielen!
*(Ditmar Ihlenburg, Festo AG)*

Business Communities sind immer dann erfolgreich, wenn zwei Kriterien erfüllt sind:

**Erfolgskriterien**

▶ the company is listening (man hört dem Kunden zu, erkennt seine Bedürfnisse und richtet die neue Produktstrategie danach aus)

▶ the company acts as trusted advisor (man geht auf den Kunden ein, beantwortet seine Fragen, das Unternehmen fungiert als zuverlässiger Berater).
  *(Raimund Mollenhauer, SAP AG)*

Zentrale Herausforderung für C2C-Communities wird die Entwicklung von Billable Services sein, da nur so ein nachhaltiges und langfristig erfolgversprechendes Geschäftsmodell entstehen kann.
*(Jan-Marco Leimeister, Universität Hohenheim)*

Ohne entsprechende Anpassungen in der Organisationsstruktur der Unternehmen sind Knowledge Communities zum scheitern verurteilt.
*(Manfred Weber, webfair AG)*

*Die Akzeptanz von Business Communities, insbesondere der Enduser, hängt sehr stark von der Verschmelzung der verschiedenen DV-Systeme in den Unternehmen ab.*
*(Manfred Weber, webfair AG)*

*Das Angebot an Content und weiterführenden Informationen wird in Zukunft entscheidend sein für den Erfolg und die Anzahl User einer Business Community.*
*(Uwe Hofmann, jobfair 24)*

*Der zukünftige Erfolg eines Unternehmens im E-Business hängt maßgeblich von der gezielten Einbindung in und der aktiven Einbeziehung unterschiedlicher Business Communities ab!*
*(Oliver Mack, Fraunhofer IAO)*

*Die Unternehmen müssen den Mitgliegern ihrer Community freie Meinungsäußerung einräumen – eine Zensur negativer Kommentare über das Unternehmen darf nicht stattfinden. Das Bekenntnis geht klar in Richtung Offenheit und Meinungsfreiheit und weg von der »Marketing-Verlautbarung«.*
*(Raimund Mollenhauer, SAP AG)*

*Today´s technical support is under enormous pressure – a new way of customer support that leverages and co-opts the collective knowledge of a company´s business community is the key to customer satisfaction and loyality in the future. (Eine der größten Herausforderungen für High Tech Unternehmen liegt in der Bewältigung des Kunden-Support-Problems. Dies erfordert neue Lösungen, die das kollektive Wissen einer erweiterten Unternehmensgemeinschaft externalisieren und dem Kunden-Support zur Verfügung stellen. Hierin liegt der Schlüssel für nachhaltige Kundenzufriedenheit und -loyalität.)*
*(Beate Zirn, QUIQ Inc.)*

**Funktionalitäten**     *Insbesondere werden Transaktionen die Funktionalität von Business Communities massiv beeinflussen.*
*(Timo Baumann, Fraunhofer IAO)*

*Funktionalitäten zur interaktiven Anpassung der Community-Plattform an die Bedürfnisse der Community-Mitglieder werden eine neue Generation von virtuellen Communities ermöglichen.*
*(Thomas Trunzer, Fraunhofer IAO)*

*Web Content Management (WCM) ist ein Muss für Community Software.*
*(Thomas Trunzer, Fraunhofer IAO)*

Das Zusammenwachsen von Community-Elementen, Transaktionsmög-
lichkeiten und Content-Management-Funktionalitäten garantiert den
dauerhaften Erfolg im B2B-Markt.
(Thomas Trunzer, Fraunhofer IAO)

Community-Browser. 1-zu-1-Kommunikation trägt die Hauptschuld für
Medien-, Vertrauens- und Performancebrüche in der sich internetionalisierenden Wirtschaft. Über neuartige Community-Browser, z.B. eingesetzt in Projekt-Communities, werden wir UMS und Real Time Communities miterleben und Ergebnisse beeinflussen.
(Norbert Fröschle, Fraunhofer IAO)

In fünf Jahren werden die Community-Funktionalitäten dem Anwender **Technologie**
neben den klassischen Medien (PC, PDA, Handy) parallel über das Medium Fernsehen angeboten werden.
(Frank Nagorschel, KPMG)

Communities in Verbindung mit mobilen Zugangsmöglichkeiten (Mobile
Communities) werden für die Unterstützung sozialer Netzwerke in einer
sich zunehmend segmentierenden Gesellschaft von zentraler Bedeutung
sein; somit kommt der Ubiquität des Community-Zugangs eine elementare Rolle zu.
(Jan-Marco Leimeister, Universität Hohenheim)

Die Welt ist 3D. Die erfolgreichen Business Communities der Zukunft
ebenfalls.
(Walter Weber, blaxxun interactive)

Der mobile Zugang zu Business Communities und Mobile Commerce über
Technologien wie WAP, GPRS und UMTS wird sich kurz- und mittelfristig
nicht auf breiter Basis durchsetzen.
(Uwe Hofmann, jobfair 24)

Technologisch wird die Zukunft von Business Communities maßgeblich
durch die Trends in den Bereichen Mobilität/Ubiquität, Content Management, VR sowie Audio- und Videostreaming beeinflusst werden.
(Oliver Mack, Fraunhofer IAO)

By strengthening collaboration and leveraging their company's core assets **Konvergenz von**
– the existing community of customers, partners and employees – into the **Business Commu-**
support challenge, companies will find that this approach helps them im- **nities und Wis-**
mensely in capturing external AND internal knowledge. (Unternehmen, **sensmanagement**
die die Kooperation zwischen den Teilnehmern der erweiterten Unterneh- **bzw. -integration**
mensgemeinschaft fördern und Kunden, Partnern und Mitarbeitern aktiv

*in den Kunden-Support einbinden, werden bemerken, dass dieser Ansatz es ermöglicht, externes Wissen freizusetzen und es gleichzeitig für interne Prozesse nutzbar zu machen.)*
*(Beate Zirn, QUIQ Inc.)*

*QUIQ predicts that companies will find immense value in merging »internal« and »external« knowledge about products and services into a »collective knowledge repository« that relies on the community principles of credibility, reputation and trust. (QUIQs These für die Zukunft: Unternehmen werden erheblichen Wert darin finden, internes und externes Wissen zu verschmelzen und dieses aufbauend auf den Community-Grundsätzen Glaubwürdigkeit, Reputation und Vertrauen in einem gemeinsamen Wissens- und Kompetenzpool zu speichern.)*
*(Beate Zirn, QUIQ Inc.)*

*Business Communities ersetzen Intranet-Portale und werden DAS Knowledge Management-Werkzeug der nächsten Zeit.*
*(Patrick Gruban, cassiopeia)*

*Die Sieger von morgen werden Communities effektiv nutzen, um mit der immer weiter wachsenden Kluft zwischen Information und Wissen umzugehen.*
*(Walter Weber, blaxxun interactive)*

*Die momentan noch relativ klare Abgrenzbarkeit von Business Communities zu anderen Info-, Kommunikations- und Kooperationsanwendungen wie Systeme für Content-Management, Wissensmanagement oder Dokumentenmanagement werden zunehmend verwischen.*
*(Timo Baumann, Fraunhofer IAO)*

**Fazit der Experten** Insgesamt waren sich die Experten darin einig, dass Business Communities zukünftig integraler Bestandteil erfolgreicher Internet-Economy-Strategien sein werden und im gezielten Online-Beziehungsmanagement mit Hilfe von Business Communities ein erhebliches wirtschaftlich Potenzial verborgen liegt. Die größten Herausforderungen werden im aktiven Management des durch die Community-Mitglieder erzeugten Wissens, in der Motivation der Mitglieder zur aktiven Teilnahme, der Definition von passenden Kriterien zur Erfolgsmessung sowie der Integration von Community-, Content- und Knowledge-Management-Technologien gesehen.

Konsens bestand auch darüber, dass die überhöhte Stellung von Technologie sich zu Gunsten der an den virtuellen Gemeinschaften partizipierenden Menschen und ihren Bedürfnissen unterordnen muss. Das heißt, Technik sollte nur als Enabler gesehen werden, der Faktor Mensch ist das Potenzial, das in einer virtuellen Gemeinschaft liegt.

Uneingeschränkt gilt auch die Ansicht, dass die Administration und Pflege einer Community durch engagierte und gut geschulte Mitarbeiter einer der Haupterfolgsfaktoren für die Abbildung einer Geschäftsgemeinschaft im Internet ist.

Wir würden den Diskussionsprozess über die Zukunft von Business Communities auch mit Ihnen gerne fortführen. Treten Sie in Dialog mit uns?

**www.businesscommunities.iao.fhg.de**

# Executive Summary und Checklisten

*Schaffe, net schwätza!*[1]
*(Prof. Dr. Hans-Jörg Bullinger)*

Wollen Sie Ihre klassischen Unternehmenswebsites, Portale und Markt-plätze im Sinne eines professionellen Beziehungsmanagements umbauen, um den Erfolg von E-Business zu materialisieren?

Entlang des Vorgehenszyklus für die Realisierung einer Business Commu-nity möchten die Autoren an dieser Stelle Ihnen die wichtigsten Entschei-dungshilfen zum Thema Business Communities und deren Einsatz in kom-pakter Form als Arbeitsmaterialien an die Hand geben.

**Welchen Typ einer Business Community zielen Sie für Ihr Vor-haben/Ihre Geschaftstätigkeit an?**

Phase
Geschäftsstrategie

▶ Kunden- oder Produkt-Communities (Typ 1)

▶ Unternehmens-Communities (Typ 2)

▶ Service-Communities (Typ 3)

▶ Projekt-Communities (Typ 4)

▶ Wissens-Communities (Typ 5)

---

1 Schwäbisch für: arbeiten, nicht diskutieren!

▶ Online-Shops Communities (Typ 6)

▶ E-Market Communities (Typ 7)

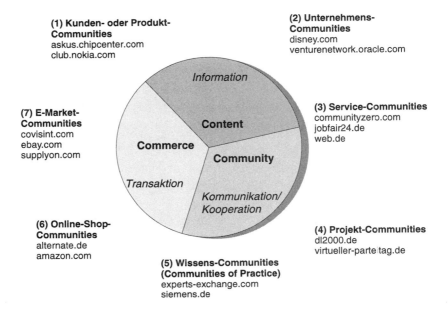

**(1) Kunden- oder Produkt-Communities**
askus.chipcenter.com
club.nokia.com

**(2) Unternehmens-Communities**
disney.com
venturenetwork.oracle.com

**(7) E-Market-Communities**
covisint.com
ebay.com
supplyon.com

**(3) Service-Communities**
communityzero.com
jobfair24.de
web.de

**(6) Online-Shop-Communities**
alternate.de
amazon.com

**(4) Projekt-Communities**
dl2000.de
virtueller-parteitag.de

**(5) Wissens-Communities (Communities of Practice)**
experts-exchange.com
siemens.de

## Wie beantworten Sie die Wer-macht-wie-was-Fragen?

▶ Wer ist Anbieter, und wer ist Betreiber?

▶ Wie? Welche technologisch-organisationalen Werkzeuge werden eingesetzt?

▶ Was?

  ▶ Thema?

  ▶ Ort(sbezug)?

  ▶ Zeit(bezug)?

  ▶ Funktion (Information und/oder Kommunikation/ Kooperation und/oder Transaktion)?

  ▶ Zielgruppen?

**Welche Kompetenzen sind bei Anbieter und Betreiber notwendig, und welche wollen Sie bei sich im Haus innehaben?**

▶ **Community-Kompetenz**: Management einer Gemeinschaft von Mitgliedern

▶ **Domänen-Kompetenz**: Wissen über das Fachgebiet der Community, z.B. Produkt-Know-how oder Expertenwissen zum Thema internationales Benchmarking

▶ **Technologie-Kompetenz**: ausfallsicherer Betrieb einer elektronischen Plattform

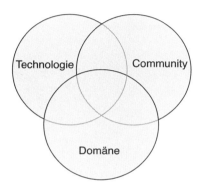

**Welche Rollen können Sie als Anbieter und Betreiber einnehmen, welche lagern Sie aus?**

▶ **Community Platform Services Provider**: Akteure dieses Typs schaffen durch Bereitstellung der technischen Infrastrukturen die Voraussetzungen für erfolgreiche Business Communities. Beispielsweise gehören ISPs zu dieser Klasse.

▶ **Community Management Services Provider**: Diese Akteure bieten Softwareprodukte und Dienstleistungen rund um den Betrieb von Business Communities an, wie z.B. Moderation von Chats und Diskussionsforen, Helpdesk für Mitglieder oder Auswertung des Nutzerverhaltens.

▶ **Community Intermediary**: Intermediäre sind Vermittler und sorgen mittel- oder unmittelbar für Transaktionen via Web. Ein klassisches Beispiel sind Anbieter von E-Market-Communities oder Einkaufsgemeinschaften.

▶ **Community Supported Vendor**: In dieser Rolle vermitteln Unternehmen nicht, sondern wählen den direkten Internet-Verkaufsweg für ihre eigenen Produkte und Dienstleistungen.

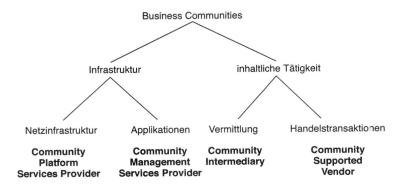

## Wie verdienen Sie mit Business Communities Geld?

▶ Als »Dritter Partner« Dienstleistungen verkaufen

▶ Business Community Service Provider

▶ Kostenpflichtige Mehrwertdienste und Mitgliedsgebühren

▶ Rabattmodelle

▶ kaufmännische Einnahmemodelle Groß- und Einzelhandel

▶ Verkauf von Nutzer- und Produktdaten

▶ Werbung und Sponsoring

Phase Service-
Design und
-Engineering

## Welche Funktionalitäten und Dienste soll Ihre Business Community haben?

| Checkliste: Funktionalitäten | |
| --- | --- |
| **Navigation und Hilfefunktionen** | |
| Navigationsleiste | ☑ |
| Guided Tour | ☑ |
| Site Map | ☑ |
| **Information** | |
| News | ☑ |
| Newsletter | ☑ |
| Mitgliederverzeichnis | ☑ |
| Kalender | ☑ |
| Related Links | ☑ |

## Checkliste: Funktionalitäten

| | |
|---|---|
| FAQ | ☑ |
| Neuheitenanzeige | ☑ |
| Veränderungsanzeige | ☑ |

### Kommunikation

| | |
|---|---|
| Chat | ☑ |
| Diskussionsforen/Newsgroups | ☑ |
| Message Board/Schwarzes Brett | ☑ |
| E-Mail-Dienst | ☑ |
| Gästebuch | ☑ |
| Internettelefonie | ☑ |
| Instant Messaging | ☑ |

### Kooperation

| | |
|---|---|
| Dateien-Down- und Upload/File-Transfer | ☑ |
| Dokumentenverwaltung | ☑ |
| Dokumentenmappe | ☑ |
| Application Sharing | ☑ |
| Besprechungsplaner | ☑ |
| Teamkonfigurator | ☑ |
| Projektmanagement | ☑ |

### Partizipation

| | |
|---|---|
| Content-Management-Funktionalitäten | ☑ |
| Homepages | ☑ |
| Artikelbewertung | ☑ |
| Anreizsysteme | ☑ |
| evolutionäre Anpassungswerkzeuge | ☑ |

| Checkliste: Funktionalitäten | |
|---|:---:|
| **Transaktion** | |
| Shop-Systeme | ☑ |
| Kataloge | ☑ |
| Auktionen | ☑ |
| **Administration/Moderation** | |
| Registration | ☑ |
| Benutzerverwaltung | ☑ |
| Publikationsworkflow | ☑ |
| Zensur | ☑ |
| Analysewerkzeuge | ☑ |

## Welche Komponenten und Technologien soll Ihre Business Community haben?

| Checkliste: Technologien | |
|---|:---:|
| Webserver/Datenbankserver | ☑ |
| ODBC | ☑ |
| JDBC | ☑ |
| Integrierte Web-/Datenbank-Server | ☑ |
| **Applikationsserver/Middleware** | |
| Common Gateway Interface | ☑ |
| Server Side Includes | ☑ |
| Server Application Programming Interface | ☑ |
| Servlets | ☑ |
| ASP | ☑ |
| JSP | ☑ |
| RMI | ☑ |
| CORBA | ☑ |
| COM/DCOM | ☑ |

| Checkliste: Technologien | |
| --- | --- |
| **Internet-Programmiersprachen** | |
| SGML | ☑ |
| HTML | ☑ |
| XML | ☑ |
| WML | ☑ |
| JavaScript | ☑ |
| Java | ☑ |
| Perl | ☑ |
| TCL | ☑ |
| PHP | ☑ |
| ActiveX-Komponenten | ☑ |
| **Checkliste: Hauptkomponenten** | |
| Content Management | ☑ |
| Personalisierung | ☑ |
| Schnittstellen | ☑ |
| 3D | ☑ |
| mobiler Zugriff | ☑ |
| Transaktionen und Sicherheit | ☑ |

## Wie manage ich Business Communities (vgl. Kim 2001, Mongoose 2000)?

Phase Management und Betrieb

▶ Definition der Zielsetzung

▶ Einrichten flexibler Treffpunkte

▶ Erstellen und Pflegen aussagekräftiger Mitglieder-Profile

▶ Berücksichtigung verschiedener Rollen

▶ Entwicklung eines Führungsprogramms

▶ Etablierung einer geeigneten Etikette

▶ Förderung regelmäßiger Ereignisse und Veranstaltungen

▶ Integration von Ritualen

▶ Option, Untergruppen einzurichten

- Durchgängige, intuitiv verwendbare Benutzungsschnittstelle mit Wiedererkennungswert
- Ermöglichen der Interaktion zwischen den Mitgliedern
- klare Grenzen, wer und was innerhalb und außerhalb der Community ist
- Ausdruck des Selbstverständnisses der Community und der Community-Aktivitäten
- Aufbau von Vertrauen der Mitglieder zueinander und zum Anbieter und Betreiber durch folgende Maßnahmen:
  - Orientierung innerhalb der Business Community
  - Motivation und Anreize
  - gezielter Vertrauensaufbau
- Reputation der Mitglieder durch Feedback-Mechanismen und Toplists
- Austausch von Wissen, Gütern und Dienstleistungen
- Berücksichtigen von Wachstum und Veränderungen von Geschäftsgemeinschaften
- Erstellen und Pflegen von Möglichkeiten für Rückmeldungen der Mitglieder an den Betreiber
- Übertragen von Kompetenzen vom Betreiber auf Mitglieder im Laufe der Zeit

Hier schließt sich der Kreis, und der Vorgehenszyklus der Realisierung und des Betriebs einer Business Community beginnt erneut.

# A   Glossar

**Account**   Benutzerkonto, das dem Zugangsschutz zu Communities z. B. für Lese-, Schreibrechte oder der Abrechnung dient. *Siehe* auch Log-in.

**Anbieter**   Personen, Firmen, Stiftungen oder andere Rechtsformen, die für die Geschäftsstrategie einer Business Community verantwortlich zeichnen und damit also die grundlegende Idee einer Community verfolgen. Anbieter können, müssen aber nicht notwendigerweise auch Betreiber sein.

**Anforderungsanalyse**   Die klassische Anforderungsanalyse erfasst die Dienste, Einschränkungen und Ziele des Systems mittels Befragung von Benutzern und beschreibt diese dann anschließend auf eine Weise, die sowohl Systementwickler als auch die Anwender verstehen können.

**Anforderungskatalog/Request for Proposal (RfP)**   Ein Anforderungskatalog umfasst alle Anforderungen an eine einzuführende Software und sollte sowohl intern (alle am Auswahlprozess Beteiligten, verschiedene Abteilungen) als auch extern (Software-Anbieter, Systemhäuser) als Spezifikationsgrundlage dienen.

**Anreizsysteme**   Unter Anreizsystem im engeren Sinne sind alle Maßnahmen zu verstehen, deren vorrangiges Ziel die Erhöhung der Mitarbeiter-Motivation ist. Für Unternehmen sind diejenigen Anreize interessant, welche die Motivation im Sinne der Erreichung des Unternehmensziels fördern.

**Applikationsserver**   Ein Rechner, der anderen Computern die Ausführung bestimmter Anwendungen/Applikationen als Dienst anbietet. Ein Applikationsserver bietet Programmierschnittstellen, damit man auf ihm diese spezifische Dienste implementieren kann.

**Awareness**   Als Awareness im Zusammenhang mit Business Communities wird das Bewusstsein für die virtuelle Präsenz und Anwesenheit anderer Community-Mitglieder bezeichnet, das eine einfachere Kommunikation ermöglicht. Awareness kann z. B. durch Instant-Messaging-Funktionalitäten unterstützt werden.

**Betreiber**   Personen, Firmen, Stiftungen oder andere Rechtsformen, die für den technologischen und organisatorischen Betrieb einer Community-Plattform sorgen. Betreiber können, müssen aber nicht notwendigerweise auch Anbieter sein.

**Beziehungsmanagement**   Es ist Aufgabe des Beziehungsmanagements, das Zusammenspiel der Bausteine des E-Business, – die drei »C« Content, Community, Commerce – zu konzipieren und umzusetzen. Grundfunktionen der Verknüpfung sind hierbei Information, Kommunikation/Kooperation und Transaktion.

**Business Communities**   Business Communities sind Geschäftsgemeinschaften im Internet für professionelles Beziehungsmanagement zwischen Mitarbeitern, Kunden und B2B-Partnern.

**Chat**   Ein Chat-System dient der synchronen Kommunikation mehrerer Benutzer. Herkömmliche Systeme bieten eine textbasierte Austauschplattform, die aus einem Eingabe- und einem Ausgabefenster besteht. Im Ausgabefenster sind für jeden Teilnehmer alle Beiträge aller Teilnehmenden dargestellt. Der Benutzer gibt seinen Beitrag in der Regel per Tastatur im Eingabefenster ein und publiziert ihn durch einen anschließenden Knopfdruck für alle sichtbar im Ausgabefenster.

**Commerce**   Die marktwirtschaftliche Verwertung für das Unternehmen in Form von indirekten Kostenersparnissen und direkten Gewinnen.

**Community**   Begriff für Gruppe, Gemeinde, Gemeinschaft. Wird angewandt für reale oder virtuelle Gemeinschaften. *Siehe* Virtuelle Communities und Business Communities.

**Community Intermediary**   Einer von vier grundlegenden Typen von Business-Community-Akteuren. Intermediäre sind Vermittler und sorgen mittel- oder unmittelbar für Transaktionen in Business Communities.

**Community Management Services Provider**   Einer von vier grundlegenden Typen von Business-Community-Akteuren. Management Services Provider bieten Softwareprodukte und Dienstleistungen rund um den Betrieb von Business Communities an.

**Community Platform Services Provider**   Einer von vier grundlegenden Typen von Business-Community-Akteuren. Platform Provider schaffen durch Bereitstellung der technischen Infrastrukturen die Voraussetzungen für erfolgreiche Business Communities.

**Community Supported Vendor**   Einer von vier grundlegenden Typen von Business-Community-Akteuren. Unternehmen, die den direkten Internet-Verkaufsweg für ihre eigenen Produkte und Dienstleistungen über Business Communities wählen.

**Community-Kultur**   Als Business-Community-Kultur bezeichnet man die Verwendung einer gemeinsamen Sprache, die Schaffung gemeinsamer Werte und Normen, das Teilen unterschiedlicher Einstellungen und Überzeugungen sowie die Einhaltung gemeinsamer Regeln innerhalb einer Geschäftsgemeinschaft im Internet. Sie unterstützt die Community-Teilnehmer in der Orientierung innerhalb der Business Community, bietet Anreize und motiviert zur aktiven Kooperation und schafft damit Vertrauen zwischen den Teilnehmern und in die Community, als Basis für geschäftliche Transaktionen.

**Community-Management**   In erster Linie Bezeichnung für die Steuerung und Kontrolle einer Community durch Anbieter und Betreiber. Bei Anbieter und Betreiber ist auch die Rolle des Community Managers zu finden. Darüber hinaus sind z.T. auch die Mitglieder in das Community Management mit einbezogen, z.B. als VIP mit besonderen Rechten und Pflichten in Chats oder Foren.

**Content**   Alles was ein Unternehmen in digitalisierter Form internettauglich zur Unterstützung seiner Geschäftsmodelle, Geschäftsfelder und Geschäftsprozesse vorhält, z.B. Broschüren, Kundenerfahrungen, Zielgruppen-E-Mailverteiler, Angebotskonfiguratoren etc.

**Content Management**   Content Management umfasst die Erfassung, die Verwaltung und die Präsentation jeglicher Art von Informationen. Content-Management-Systeme unterstützen die dafür benötigten Funktionalitäten elektronisch.

**Datenbankserver**   Ein Datenbankmanagementsystem, das die Beschreibung, Speicherung, Manipulation und Wiedergewinnung großer Mengen von Daten auf permanenten Speichermedien erlaubt und auf einem Server installiert ist, der die Services dieses Systems für andere Rechner verfügbar macht.

**E-Business**   Das elektronische Geschäft lässt sich entlang der Wertschöpfungskette definieren: von der Beschaffung (E-Procurement) über die Produktion und Leistungserstellung (E-Supply Chain Management, E-Collaboration&Workflow&Datamanagement) bis hin zu Marketing (E-Customer Relationship Management) und Vertrieb (E-Commerce).

**E-Market-Communities**   Einer von sieben Business-Community-Typen. Charakteristisch für ihn ist, dass mehrere Anbieter auf der Angebots- und/oder Nachfrageseite oder ein unabhängiger Betreiber als E-Market Maker eine Community betreiben und die funktionale Hauptorientierung auf Transaktion liegt. Bsp.: Covisint, eBay, SupplyOn.

**E-Services** Elektronische Dienstleistungen. Netzbasierte, kooperative Leistungserstellung zwischen Unternehmen, Kunden, Mitarbeiter und Geschäftspartnern zur Optimierung bestehender Geschäftsprozesse und zur Erschließung neuer Geschäftsfelder in Form von Produkten, Dienstleistungen und Märkten.

**Expertenprofil** Darstellung der Expertise eines Experten.

**FAQ** Eine Auflistung häufig gestellter Fragen (Frequently Asked Questions) mit den dazugehörigen Antworten.

**Forum** Diskussionsforen dienen dem asynchronen Austausch von Informationen zwischen den Mitgliedern einer virtuellen Gemeinschaft. Dabei bilden die einzelnen Beiträge eine hierarchische Ordnung. In der obersten Ebene werden entweder Fragen gestellt oder Themen in die Diskussion gebracht. Für diese Fragen können ein oder mehrere Antwortbeiträge erstellt werden, die dann hierarchisch auf der nächsten Ebene liegen.

**Geschäftsmodell** Geschäftsmodelle beschreiben, wie Anbieter oder Betreiber mit einer Business Community Geld verdienen oder sparen wollen. Wichtige Elemente eines Geschäftsmodells sind Umsatzideen wie z.B. kostenpflichtige Mehrwertdienste.

**Geschäftsstrategie** Die grundlegende Idee hinter einer Business Community: die strategische Vision, der Produkt- und Marktumfang, der Differenzierungsumfang sowie ein oder mehrere Geschäftsmodelle.

**Instant Messaging** Instant Messaging bezeichnet die Möglichkeit, zu sehen, ob eine ausgewählte Person

(z.B. ein Kollege oder Geschäftspartner) gerade online ist, und, wenn ja, direkt mit der entsprechenden Person in Kontakt zu treten, z.B. via Text- oder Voice-Chat. Durch die Verbindung so genannter »Buddy-Lists« (durch das Community-Mitglied definierte, persönliche »Freundschafts-Listen«) mit den oben genannten Kommunikationsfunktionen wird eine virtuelle Präsenz der Teilnehmer, die so genannte »Awareness« aufgebaut und eine Kommunikation zwischen den Teilnehmern kommt einfacher zustande.

**Internet Economy** Phase des ausgehenden 20. Jahrhunderts, in der das Internet maßgeblich die Wirtschaft mitbestimmt. In der Internet Economy werden physische Vorgänge durch vernetzte digitale Prozesse ersetzt. Ihre Alleinstellungsmerkmale und Anforderungen an ihre Teilnehmer sind die Bewältigung von Wirtschaftsprozessen in Real-Time, die Beschleunigung des Lernens und die Virtualisierung von Unternehmen in Richtung Business Communities.

**Internetionalisierung** Die Wirtschaft des ausgehenden 20. Jahrhunderts »internetionalisiert« sich: Durch Globalisierung und Digitalisierung schafft sie als Chance den allgegenwärtigen Kunden »anytime« und »anywhere«. Als Risiko entsteht ein Hyperwettbewerb bezüglich Geschwindigkeit und Größe zwischen Konkurrenten, die sich nur einen Click vom Kunden entfernt befinden.

**Kunden- oder Produkt-Communities** Einer von sieben Business-Community-Typen. Charakteristisch für ihn ist, dass ein Anbieter seine Community betreibt, die funktionale Hauptorientierung dabei auf Information liegt sowie Produkte, Kundenerfahrung und Kundenbeziehungen untereinander das thematische Zentrum bilden. Bsp.: Club Nokia, ChipCenter Ask-us-Community.

**Lebenszyklus** Lebenszyklen für Mitglieder beschreiben die verschiedenen Stufen einer Mitgliedschaft in Business Communities (z. B. Gast, aktives Mitglied). Analog lassen sich aus unternehmerischer Sicht auch Lebenszyklen für die Phasen von Business Communities selbst definieren (z. B. Initialisierungs- und Expansionsphase).

**Lernbeziehung** Bezeichnung für das Auswerten von Beiträgen und der Nutzung von Business Communities seitens des Anbieters, um Rückschlüsse auf die Anforderungen, Bedürfnisse und Kenntnisse von Zielgruppen zu ziehen.

**Log-in** Nach erfolgreicher Registrierung kann durch ein Log-in die Anmeldung in einer Community erfolgen, wobei die Benutzerkennung und ein persönliches Passwort abgefragt und mit den Daten des Accounts verglichen werden. Darüber hinaus dient das Log-in zur Identifizierung des Anwenders und macht es möglich, genauere Profile der Nutzer zu erstellen.

**Middleware** Umschreibung für eine heterogene Gruppe von Spezifikationen, Softwarekomponenten und Protokollen, die dem Austausch zwischen Web-Client und den zur Erbringung der geforderten Dienste benötigten Servern zwischengeschaltet sind.

**Mitgliedschaft** Grundprinzip der Beteiligung an einer Business Community. Sie eröffnet die Möglichkeit, den Zugang zu einem bestimmten, auch kostenlosen Service einzuschränken, zu kontrollieren oder exklusiv für bestimmte Kunden, Mitarbeiter und B2B-Partner einzuräumen. Hierfür durchläuft der Teilnehmer die Registrierung und erhält einen Account für den Log-in.

**Newsletter** Zusammenfassung von Informationen eines bestimmten Zeitraums zu spezifischen Themen, die im Normalfall per E-Mail an registrierte Interessenten verschickt wird.

**Online-Shop-Communities** Einer von sieben Business-Community-Typen. Charakteristisch für ihn ist, dass ein Anbieter seine Community betreibt und die funktionale Hauptorientierung auf Transaktion liegt. Bsp.: Amazon, Community@Alternate.

**Personalisierung** Individuelle Gestaltung von Internet-Diensten anhand des Profils der Anwender. Profile können statisch (Angabe von Präferenzen wie z. B. Hobbies) oder dynamisch erstellt und gepflegt werden (Auswertung des Mitgliederverhaltens wie z. B. Themen von Beiträgen in Foren).

**Personalisierung** Dienste und Funktionalitäten zur Anpassung einer Site an die individuellen Bedürfnisse eines Anwenders. Diese Anpassungen können vom Anwender bewusst herbeigeführt worden sein oder aufgrund der Analyse von Verhaltensmustern vom System vorgenommen werden.

**Produkt- oder Kunden-Communities** *siehe* Kunden- oder Produkt-Communities

**Projekt-Communities** Einer von sieben Business-Community-Typen. Charakteristisch für ihn ist, dass ein oder mehrere Anbieter die Community betreiben und die funktionale Hauptorientierung auf Kommunikation/Kooperation liegt. Projekt-Communities sind zeit- und projekterfolgsbezogen angelegt und arbeiten (zunächst) mit einem geschlossenen Pool von Community-Mitgliedern. Bsp.: DL2000.de, COSMOS, Virtueller Parteitag.

**Protokolldateien** Die Nutzung der Dienste in Business Communities hinterlässt digitale Spuren, die in so genannten »Log-Files« protokolliert werden. Diese Log-Files dienten ursprünglich aus technischer Sicht primär der Leistungs- und Fehleranalyse des Systems. Heutzutage werden diese Daten hauptsächlich dafür eingesetzt, Zugriffsstatistiken auf Web-Sites zu erheben, um so den Erfolg von Marketingmaßnahmen zu evaluieren

**Prozesse**   Prozesse für Anbieter, Betreiber und Mitglieder beschreiben die Abläufe in Business Communities (z. B. Administration und Informationsprozesse). Der klassische Begriff in der betriebswirtschaftlichen Literatur ist Ablauforganisation.

**Real-Time**   Bezeichnung für Prozesse, die in Echzeit oder annähernd in Echtzeit stattfinden. Beispiele sind Finanzkontenabfragen, Internet-Trading oder Online-Kauf von Software.

**Registrierung**   Vorgang zur Einrichtung eines Accounts in einer Business Community. *Siehe* auch Log-in.

**Rollen**   Rollen für Anbieter, Betreiber und Mitglieder beschreiben, wer in Business Communities wofür verantwortlich ist (z. B. Domänen- und Technologiekompetenz). Der klassische Begriff in der betriebswirtschaftlichen Literatur ist Aufbauorganisation.

**Service-Communities**   Einer von sieben Business-Community-Typen. Charakteristisch für ihn ist, dass Anbieter und Betreiber der Community nicht identisch sind, der Betreiber dem Anbieter und den Mitgliedern also Services zur Verfügung stellt. Die funktionale Hauptorientierung liegt auf Kommunikation/Kooperation. Bsp.: Communityzero.com, Jobfair24.de, Web.de.

**Site Map**   Grafischer Überblick über die Webseitenzusammenstellung des kompletten Angebots eines Internetauftritts.

**Transaktion**   Eine Aktion, die atomar, konsistent, isoliert und dauerhaft ausgeführt werden kann. Eine Transaktion verläuft nach dem »Alles oder Nichts«-Prinzip, d.h., entweder können alle Teilschritte einer solchen Aktion komplett ausgeführt werden oder es wird keiner dieser Teilschritte ausgeführt.

**Transaktionskosten**   In allen Phasen einer Markttransaktion (Information, Vereinbarung/Verhandlung, Abwicklung) verursacht die Inanspruchnahme eines Marktes so genannte »Transaktionskosten«. Durch den Einsatz geeigneter Informations- und Kommunikationstechnologien über alle drei Phasen der Markttransaktion hinweg lassen sich die Transaktionskosten in transaktionsorientierten Business Communities im Vergleich zu klassischen Märkten erheblich verringern.

**Unter-Communities**   (Teil-)Geschlossene Räume für bestimmte autorisierte Mitglieder innerhalb von Business Communities, z. B. thematische Clubs.

**Unternehmens-Communities**   Einer von sieben Business-Community-Typen. Charakteristisch für ihn ist, dass ein Anbieter seine Community betreibt, die funktionale Hauptorientierung dabei auf Information liegt sowie Unternehmen(steile) und verknüpfte inhaltliche Felder v.a. zum Zweck des Branding selbst das thematische Zentrum bilden. Bsp.: Disney.com, Shell.com, Venturenetwork.oracle.com.

**Vertrauen**   Vertrauen ist ein zentraler Bestandteil von Business Communities. In Abhängigkeit der ausgetauschten Informationen und der gehandelten Produkte und Services, kommt dem Vertrauen in die Geschäftspartner eine wichtige Rolle zu, da die Geschäftstransaktionen dadurch erst möglich werden. In einer virtuellen Geschäftswelt, in der sich die Geschäftspartner oftmals nicht persönlich kennen, wird dies umso wichtiger und zum kritischen Erfolgsfaktor für die Geschäftsbeziehung.

**Virtualisierung**   Bezeichnung für die Entgrenzung von Wirtschaftsunternehmen und -prozessen in räumlicher, zeitlicher und institutioneller Dimension. Dies erfordert gleichzeitig ein adäquates Beziehungsmanagement.

**Virtuelle Communities**  Virtuelle Communities sind ein Zusammenschluss von Menschen mit gemeinsamen Interessen, die untereinander mit gewisser Regelmäßigkeit und Verbindlichkeit per Computer Informationen austauschen und Kontakte knüpfen (nach Rheingold, *siehe* Döring 2001: 93f.); *siehe* zum Unterschied Business Communities.

**Webserver**  Computer, die mit dem Internet verbunden sind und in ihrer Gesamtheit die Inhalte des World Wide Webs bereitstellen. Auf einem Webserver sind viele Internetseiten gespeichert, die von den Internetnutzern mittels Clients, den so genannten »Browsern«, abgerufen werden können.

**Wissen**  Für den Begriff Wissen existieren eine Vielzahl von Definitionen. In diesem Buch wird auf die Definition von Davenport/Prusak zurückgegriffen: »Wissen ist eine fließende Mischung aus strukturierten Erfahrungen, Wertvorstellungen, Kontextinformationen und Fachkenntnissen, die in ihrer Gesamtheit einen Strukturrahmen zur Beurteilung und Eingliederung neuer Erfahrungen und Informationen bietet. Entstehung und Anwendung von Wissen vollzieht sich in den Köpfen der Wissensträger.« (Davenport/Prusak 1998)

**Wissens-Communities**  Einer von sieben Business-Community-Typen. Charakteristisch für ihn ist, dass ein oder mehrere Anbieter die Community betreiben, die funktionale Hauptorientierung auf Kommunikation/Kooperation liegt sowie produkt- und abtei-

lungs-/unternehmensübergreifendes Wissen bzw. Wissens-(netz)werke das thematische Zentrum bilden. Bsp.: Experts-Exchange, GENO Banken-Community.

**Wissensmanagement**  Für den Begriff Wissensmanagement existiert eine Vielzahl von Definitionen. In diesem Buch wird auf die Definition von Davenport/Prusak zurück gegriffen. »Wissensmanagement ist eine formale, strukturierte Initiative zur Verbesserung der Erzeugung, Verteilung und Nutzung von Wissen einer Organisation. Es ist ein formaler Prozess zur Wandlung des Wissens einer Unternehmung in Unternehmenswert.« (Davenport/Prusak 1998)

**Wissensnetz**  Wissensmanagement-Szenario, bei dem die Entwicklung neuen Wissens, das auf der Integration und Kombination von Erfahrungswissen beruht, im Vordergrund steht. Der Fokus liegt auf der Identifikation von Wissensträgern und der Zusammenführung der Mitarbeiter zu realen und virtuellen »Erfahrungsaustauschgruppen« zur Förderung der Kommunikation.

**Wissenswarehouse**  Wissensmanagement-Szenario, bei dem die Standardisierung und Nutzung strukturierten Wissens im Vordergrund steht, um darauf aufbauend klar definierte Lösungen umzusetzen. Entsprechend liegt der Fokus auf der Strukturierung des relevanten Wissens und der Darstellung des Wissens in einem IT-System. Die direkte Kommunikation zwischen Personen erfolgt nur in Ausnahmefällen.

# B Literatur

Abbate, Janet 1994: Inventing the Internet. MIT Press, Cambridge

Adam, Dietrich 1998: Produktionsmanagement. Gabler, Wiesbaden

Amor, Daniel 2000: Dynamic Commerce. Online-Auktionen. Handeln mit Waren und Dienstleistungen in der Neuen Wirtschaft. Galileo Business, Bonn

Bager, Jo 1998: Der Turmbau im Web. XML. Des WWW neue Sprachen. in: c't Heft 21/1998, 308

Bain&Company (Hrsg.) 2000: One Economy oder die Macht einer Idee. Whitepaper, www.bain.de/anzeigen/results_101100.pdf

Bange, Jörg/Maas, Stefan/Wasert, Julia 2001: Recht im E-Business. Internetprojekte juristisch absichern. Galileo Business, Bonn

Bea, Franz Xaver/Haas, Jürgen 2001: Strategisches Management. Lucius & Lucius Verlagsgesellschaft, Stuttgart

Bentley, Richard 1997a: Basic Support for Cooperative Work on the World Wide Web. in: International Journal of Human Computer Studies, Academic Press, Cambridge

Bentley, Richard/Horstmann, Thilo/Trevor, Jonathan 1997b: The World Wide Web as enabling technology for CSCW. CSCW Group (GMD FIT), Sankt Augustin

Bernholz, Peter/Breyer, Friedrich 1984: Grundlagen der Politischen Ökonomie. 2. Auflage, J. C. B. Mohr (Paul Siebeck), Tübingen

Boulton, Richard/Libert, Barry/Samek, Steve 2000: Value Code. Werte schaffen in der Neuen Wirtschaft. Erfolgsstrategien – Geschäftsmodelle – Praxisbeispiele. Arthur Andersen/Econ Ullstein List, München

Bradshaw, Jeffrey 1997: Software Agents. MIT Press, Cambridge

Brunold, Joachim/Merz, Helmut/Wagner, Johannes 2000: www.cyber-communities.de. Virtual Communities: Strategie, Umsetzung, Erfolgsfaktoren. verlag moderne industrie, Landsberg/Lech

Büchner, Heino/Zschau, Oliver/Traub, Dennis/Zahradka, Rik 2001: Web Content Management. Websites professionell betreiben. Galileo Business, Bonn

Bullinger, Hans-Jörg 1999: Kunde@com. Kundenbeziehungen und Business Communities im Internet. Vortrag auf dem Fraunhofer IAO Forum »Kunde@com« am 14. Oktober 1999 in Stuttgart, www.businesscommunities.iao.fhg.de

Bünte, Oliver 2000: XML auf dem Vormarsch. in: c't Heft 10/2000, 200

Clement, Michel/Runte, Matthias 2000: Intelligente Software-Agenten im Internet. in: der markt, Nr. 152, 39. Jg., Heft 2000/1, 18

Computerwoche spezial (Hrsg.) 2001: Business Communities leben von der Mitarbeit. Interview mit Norbert Fröschle und Oliver Mack, Heft 01/2001, 19

Contara.de (Hrsg.) 2001: Content wird Wissen. Broschüre der contara ag

Davenport, Thomas/Prusak, Lawrence 1998: Wenn Ihr Unternehmen wüsste, was es alles weiß. Das Praxisbuch zum Wissensmanagement. verlag moderne industrie, Landsberg/Lech

Deutsche Bank/Fraunhofer IAO (Hrsg.) 1999: Wettbewerbsfaktor Wissen. Leitfaden zum Wissensmanagement. Frankfurt/M.

Diebold (Hrsg.) 2000: Wanted: Ein Überlebensmodell für die Musikindustrie. Napster und die Folgen. Whitepaper der Diebold Deutschland GmbH, www.diebold.de

Diercks, Jürgen 1999: Schirmherrschaft. Das Web. Plattform für Firmenanwendungen. in: iX Heft 01/1999, 104

Döring, Nicola 1999: Sozialpsychologie des Internet. Die Bedeutung des Internet für Kommunikationsprozesse, Identitäten, soziale Beziehungen und Gruppen. Hofgrefe, Göttingen

Döring, Nicola 2001: Netzwärme im Ausverkauf. Online Communities zwischen Utopie und Profit. in: c't Heft 11/2001, 92

Filos, Erastos/Banahan, Eoin 2000: Towards the Smart Organisation. An Emerging Organisational Paradigm and the Contribution of the European RTD Programmes. Paper for the Submission to the Journal of Intelligent Manufacturing, Special Issue: »Virtual Enterprises«

Frey, Bruno S./Osterloh, Margit 1997: Sanktionen oder Seelenmassage? Motivationale Grundlagen der Unternehmensführung. in: Die Betriebswirtschaft, Jg. 57, 1997, 307

Freyermuth, Gundolf S. 2000a: Digitales Tempo. Computer und Internet revolutionieren das Zeitempfinden. in: c't Heft 14/2000, 74

Freyermuth, Gundolf S. 2000b: Mit Gott rechnen. Der Zusammenhang zwischen Wissenschaft und Religion wird neu entdeckt. in: c't Heft 02/2000, 90

Gamma, Erich/Helm, Richard/Johnson, Ralph/Vlissides, John 1994: Design Patterns. Elements of Reusable Object-Oriented Sofware. Addison-Wesley, Reading

Golem.de (Hrsg.) 2000: Rabattsystem Payback geht online. Online Artikel vom 11.05.2000, www.golem.de

Gräf, Lorenz/Krajewski, Markus (Hrsg.) 1997: Soziologie des Internet. Campus Verlag, Frankfurt/M.

Guggenberger, Bernd 1999: Digitales Nirwana. Rowohlt, Hamburg

Gurstein, Michael 2000: Community informatics. Enabling communities with information and communications technologies. Idea Group Publishing, London, Hershey

Hafner, Katie 1997: The epic saga of The Well. in: wired 5/97, www.wired.com/wired/archive/5.05/ff_well_pr.html

Hagel, John/Armstrong Arthur G. 1997: Net Gain. Profit im Netz. Märkte erobern mit virtuellen Communities. Gabler, Wiesbaden

Hamel, Gary 2001: Das revolutionäre Unternehmen. Econ Verlag, München

Heintz, Bettina/Müller, Christoph 1999: Fallstudie: Die Sozialwelt des Internet. http://sozweber.unibe.ch//ii/virt_d.html

Hengstbach, Axel 2001: Internet-Rabattsysteme. in: Connect, Heft 06/2001, 156

Himmelein, Gerald/Beier, Andreas/Brauch, Patrick 2000: HTML für Handwerker. in: c't Heft 05/2000, 180

Hoffmann, Anke/Zilch, Andreas 2000: Unternehmensstrategie nach dem E-Business-Hype. Geschäftsziele, Wertschöpfung, Return on Investment. Galileo Business, Bonn

Holzer, Thomas/Knöfel, Sabine/Siegling, Ilka 2000: Mit XML um die Welt. in: c't Heft 10/2000, 214

Jung, Achim 1995: HTML/CGI-Tutorial. www.leo.org/~junga/html-kurs/cgi-bin.html

Kaeding, Nadja 2001: Absolute Rechte in Communities. Begründung, Teilhabe, Transfer. Vortrag auf dem Diskussionsforum »Business Communities. Ökonomische, rechtliche und technische Aspekte« des Deutschen Multimedia Verbands (dmmv) am 28. Februar 2001 in München, www.graefe-partner.de

Kaplan, Steven/Sawhney, Mohanbir 2000: Revolution im Einkauf. Die neuen Marktplätze. in: Harvard Business manager 06/2000, 56

Kelly, Kevin 1999: NetEconomy. Zehn radikale Strategien für die Wirtschaft der Zukunft. Econ, München

Kim, Amy Jo 2001: Community Building. Strategien für den Aufbau erfolgreicher Web-Communities. Galileo Business, Bonn

Klute, Rainer 1998: Mehr als Applets. Java: plattformunabhängig, ohne GUI. in: iX Heft 11/1998, 60

Kollock, Peter 1999: The economies of online cooperation. Gifts and Public goods in cyberspace. In: Smith, M. A./Kollock, P. (Hrsg.) 1999: Communities in Cyberspace. Routledge, New York

Kraus, Thilo 2001: Prämienprogramme im Internet. Surfen auf der Bonuswelle. in: Focus Online, Abfrage vom 09.04.2001, www.focus.de

Kroeber-Riel, Werner 1963: Die betriebliche Wertschöpfung unter besonderer Berücksichtigung der Wertschöpfung des Handels. Duncker u. H., Berlin

Kröger, Carsten 2000: Webmiles & More. in: Diebold Management Report Heft Nr. 02/2000, 11-14

Kuhlmann, Ulrike 2001: Nie mehr sprachlos. Sprachtechniken spielen mit. in: c't Heft 04/2001, 27

Kunze, Michael 1998: LAMP. Datenbankgestütztes Web-Publishing-System mit Freeware. in: c't Heft 12/1998, 230

Kurz, Eberhard/Ortwein, Eckhard 1999: Integrierte Unternehmensstrategien für Electronic Commerce im B2B-Bereich. Bedeutung, Konzeption und Fallbeispiele von Business Networks. in: Hermanns, A./Sauter, M. (Hrsg.) 1999: Management-Handbuch Electronic Commerce, Vahlen Verlag, München

Kurzweil, Ray 2000: Homo sapiens. Leben im 21. Jahrhundert. Was bleibt vom Menschen? Econ Taschenbuch Verlag, München

Laukien, Marc/Resendes, Robert 1998: Versteckte Details. Einführung in die CORBA-Programmierung. in: iX Heft 12/1998, 158

Lobin, Daniela/Rudeck, Thorsten/Kreuels, Bernd 1999: Virtuelle Communities als strategische Option im Online-Marketing. Ergebnisse einer Delphi-Studie. In: Reips U.-D. et al. (Hrsg.). Current Internet Science. Trends, Techniques, Results. Aktuelle Online Forschung. Trends, Techniken, Ergebnisse. Online Press, Zürich, http://dgof.de/tband99

Macharzina, Klaus 1995: Unternehmensführung. Das internationale Managementwissen. Konzepte, Methoden, Praxis. Gabler Verlag, Wiesbaden

Maes, Pattie (Hrsg.) 1990: Designing Autonomous Agents. MIT Press, Cambridge MA/USA

Meissner, René 1998: Java serviert. Suns Java-Server bringt Java auf die Serverseite. in: c't Heft 03/1998, 144

Merz, Michael 1999: Electronic Commerce. Marktmodelle, Anwendungen und Technologien. dpunkt Verlag, Heidelberg

Meyer, Jörg 2000: Der Einsatz Virtueller Gemeinschaften im Marketing. Eine netzwerkanalytische Betrachtung von Virtual Communities. Arbeitspapier zur Marketingtheorie Nr. 10, www.marketing.uni-trier.de/virtueller-wettbewerb/docs/ap10.pdf

Mongoose Technology (Hrsg.) 2000: Shared Knowledge and Common Purpose. Using the 12 Principles of Communication to build Web Communities. Whitepaper, www.mongoosetech.com

Moravec, Hans 1988: Mind Children. The Future of Robot and Human Intelligence. Harvard University Press, Cambridge MA/USA

Negroponte, Nicholas 1995: Being Digital. Hodder & Stoughton, London

Neidhardt, Friedhelm (Hrsg.) 1983: Gruppensoziologie. Perspektiven und Materialien. Kölner Zeitschrift für Soziologie und Sozialpsychologie, Sonderheft 25, Westdeutscher Verlag, Opladen

Nielsen, Jakob 2000: Erfolg des Einfachen. Jakob Nielsen's Webdesign. Markt&Technik, München

Niemeier, Joachim 1998: Internet-Communities als Geschäftsmodell. in: zfo online, www.zfo.de/archiv/98040005.htm

Noeding, Tom 2001: Der Community-Manager. Vortrag community-stammtisch.de, www.telemat.de

Nonaka, Ikujiro/Takeuchi, Hirotaka 1995: The Konowledge-Creating Company. How Japanese Companies Create the Dynamics of Innovation. Oxford University Press, New York/Oxford

North, Klaus/Romhardt, Kai/Probst, Gilbert 2000: Wissensgemeinschaften. Keimzellen lebendigen Wissensmanagements. in: io Management, Jg. 69, Heft 07-08/2000, 52

Oberdörster, Alexander 2000: XML mit Serviervorschlag. XML-Dokumente mit XSL formen und formatieren. in: c't Heft 06/2000, 244

Patrzek, Daniela 2001: Game it!, in: Business 2.0, Heft vom 06.04.2001

Paul, Claudius/Runte, Matthias 1998: Virtuelle Communities. in: Albers, S./Clement, M./Peters, K. (Hrsg.) 1998: Marketing mit Interaktiven Medien – Strategien zum Markterfolg, IMK-Verlag, Frankfurt/M., 151

Paul, Claudius/Runte, Matthias 1999: Wie ziehe ich den Kunden an? Virtuelle Communities. in: Albers, S./Clement, M./Peters, K. (Hrsg.): Commerce. Einstieg, Strategien und Umsetzung im Unternehmen. FAZ-Institut für Management-, Markt- und Medieninformation, Frankfurt/M.

Peoplelink (Hrsg.) 2000: What's the value of eCommunity? Understanding the Return on Investment of eCommunities. Whitepaper, www.peoplelink.com

Pfeiffer, Astrid 2001: Erfolg und Bauchlandung. in: Net Investor, Heft 04/2001

Picot, Arnold/Reichwald, Ralf/Wigand, Rolf T. 2001: Die grenzenlose Unternehmung. Th. Gabler, Wiesbaden

Plachy, Johannes/Schmidt, Jürgen 2000: Dynamischer Service. Java-Servlets erzeugen dynamische Web-Inhalte. in: c't Heft 02/2000, 198

Plessl, Christian/Wilde, Erik 2001: Dienstbare Geister. in: iX Heft 03/2001, 88

Porter, Michael E. 1999: Wettbewerbsstrategie. Methoden zur Analyse von Branchen und Konkurrenten. Campus Verlag, Frankfurt/M.

Puder, Arno/Römer, Kay 1998: Im Innern des ORB. Implementierungsdetails eines Object Request Broker. in: iX Heft 05/1998, 154

Reimann, Michael 1996: Eine Einführung in CGI. www.gwdg.de/~mreiman1/wwwf/kcgi.html

Rheingold, Howard 1994: Virtuelle Gemeinschaft. Soziale Beziehungen im Zeitalter des Computers. Addison-Wesley, Bonn

Rheingold, Howard 2000: Community Development in the cybersociety of the future. www.partnerships.org.uk/bol/howard.htm

Rötzer, Florian 1989: Digitaler Schein. Ästhetik der elektronischen Medien. Suhrkamp, Frankfurt/M.

Roßbach, Peter/Schreiber Hendrik 1999: Java-Server und Servlets. Portierbare Web-Applikationen effizient entwicklen. Addison-Wesley, München

Schmid, Beat 1999: Elektronische Märkte. Merkmale, Organisation und Potentiale. in: Hermanns, A./Sauter, M. (Hrsg.) 1999: Management-Handbuch Electronic Commerce. Vahlen Verlag, München

Schmidt, Andreas 1997: SGML. Wege aus der babylonischen Sprachverwirrung. Seminarvortrag, Universität Karlsruhe

Schrader, Stephan 1990: Zwischenbetrieblicher Informationstransfer. Eine empirische Analyse kooperativen Verhaltens, Betriebswirtschaftliche Forschungsergebnisse BFO 96. Duncker & Humblot, Berlin

Schumann, Matthias 2000: Aufbau und Entwicklung von Unternehmensnetzwerken. Ein Überblick. Vortrag auf den it.net Fachtagen: Unternehmensnetzwerke. Chancen und Risiken für Kleine und Mittlere Unternehmen (KMU). am 5. September 2000 im Expo2000 Außenstandort Nordwolle Delmenhorst, www.ris-it.net/veranstaltungen/050900

Sohr, Karsten 2000: Sandkastenspiele. Java-Sicherheitsmodelle. in: c't Heft 11/2000, 226

SRI Consulting (Hrsg.) 1999: Business Intelligence Program. Report No. 849

Staehle, Wolfgang H. 1999: Management. Vahlen, München

Stoll, Clifford 1996: Die Wüste Internet. Geisterfahrten auf der Datenautobahn, S. Fischer, Frankfurt/M.

Stolpmann, Markus 2000: Kundenbindung im E-Business. Loyale Kunden
– nachhaltiger Erfolg. Galileo Business, Bonn

Sun Company (Hrsg.) 1996: The Java Language. Whitepaper,
http://java.sun.com

Thiedeke, Udo (Hrsg.) 2000: Virtuelle Gruppen. Charakteristika und Pro-
blemdimensionen. Westdeutscher Verlag, Opladen

Tilkov, Stefan 1999: Ganz oder gar nicht. JTS: der Java Transaction Service.
in: iX Heft 08/1999, 116

Treese, Winfield G./Steward Lawrence C. 1998: Designing systems for
Internet commerce. Addison-Wesley, Reading

Urchs, Ossi 1999: Internet-Ökonomie: »Value-Net« vs. »Value-Chain«.
Vortrag auf Fraunhofer IAO Forum »Kunde@com« am 14. Oktober 1999
in Stuttgart, www.businesscommunities.iao.fhg.de

Utz, Sonja 1999: Soziale Identifikation mit virtuellen Gemeinschaften.
Bedingungen und Konsequenzen. Pabst, Lengerich

Versteegen, Gerhard/Mühlbauer, Susanne 1999: Dem Wissen auf der
Spur. in: IS-Report Heft 02/1999, 10-14

Waarden, Frans van 1992: Dimensions and types of policy networks. in:
European Journal of Political Research 21/1992, 29-52

Waltert, Jochen 2001: Elektronische Kommunikationsforen als Element
des Wissensmanagements. Dissertation, in Veröffentlichung

Waltert, Jochen/Danzer, Thomas 2000: Gute Nutzung und hoher Nutzen.
Wissensmanagement in der Praxis bewährt. in: IS-Report Heft 12/2000,
16-20

Wapforum.org (Hrsg.) 2000: Wireless Markup Language Specification
Version 1.3. Whitepaper von Wireless Application Protocol Forum Ltd,
www.wapforum.org

Warms, Alan/Cothrel, Joseph/Hyrne, Chris/Vetteth, Felicia 1999: Business Communities: Communication, Collaboration, and Commerce in the
New Economy. Participate.com Whitepaper,
www.participate.com/research

Warms, Alan/Cothrel, Joseph/Underberg, Tom 2000: Return on Community. Proving the Value of Online Communities in Business. Partici-
pate.com Whitepaper, www.participate.com/research

Weber, Volker 2000: Netzkugel. IBM baut Applikationsserver WebSphere zur Softwareplattform aus. in: c't Heft 15/2000, 54

Weltner, Tobias 1999: Microsoft Active Server Pages lernen und beherrschen. Microsoft Press Deutschland, Unterschleißheim

Wenger, Etienne 1998: Communities of Practice. Learning, Meaning and Identitiy. University Press, Cambridge

Wenger, Etienne/Snyder, W.M. 2000: Communities of Practice. The Organizational Frontier. in: Harvard Business Review, Heft Jan-Feb/2000, 139

Willers, Michael 2001: Weite Reise. Microsofts Weg zu .NET. in: c't Heft 06/2001, 252

Wüthrich, Hans A./Philipp, Andreas F. 1999: Virtuelle Unternehmen: Leitbild digitaler Geschäftsabwicklung? in: Hermanns, A./Sauter, M. (Hrsg.) 1999: Management-Handbuch Electronic Commerce. Vahlen Verlag, München

Zahner, Matthias 2000: Electronic Commerce in der Schweiz 1999. ftp://www.im.iwi.unibe.ch/pub/LizArbeiten/liz-mzahner.pdf

Zakon, Robert H. 2000: Hobbes' Internet Timeline v5.0. www.isoc.org/zakon/Internet/History/HIT.html

Zirn, Beate 2001: Business Communities im Internet als Plattform für Kundeninteraktionen. Analyse und Gestaltungsempfehlungen. Diplomarbeit an der Rechts- und Wirtschaftswissenschaftlichen Fakultät Universität Bayreuth

Zobel, Jörg 2001: Mobile Business und M-Commerce. Die Märkte der Zukunft erobern. Hanser Verlag, München

# C Die Autoren

**Hans-Jörg Bullinger**

Prof. Dr.-Ing.-habil. Prof. e.h. Dr. h.c.

Institutsleiter des Fraunhofer Institut für Arbeitswirtschaft und Organisation (IAO) Stuttgart

Jahrgang 1944

Ausbildung: Mittlere Reife, Lehre als Betriebsschlosser, Abitur 2. Bildungsweg, Maschinenbau-Studium (Fachrichtung Fertigungstechnik), Promotion 1974, Habilitation 1978.

Beruflicher Werdegang: 1971-1980 angewandte Industrieforschung, 1980-1982 o. Professor Universität Hagen, seit 1982 o. Professor Universität Stuttgart.

Gegenwärtige Stellung: Leiter des Instituts für Arbeitswissenschaft und Technologiemanagement (IAT) der Universität Stuttgart und des Fraunhofer Instituts für Arbeitswirtschaft und Organisation (IAO) Stuttgart.

Aufgabenbereich: Die Schwerpunkte der Institutsarbeit liegen im Bereich Informationsmanagement (Unternehmensführung, Informationssysteme, Arbeitsgestaltung) und Produktionsmanagement (Produktionsplanung, F & E-Management, Personalmanagement).

Hinweise zur Institutsarbeit: An den Instituten IAO und IAT sind z.Zt. 240 Mitarbeiter und ca. 400 wissenschaftliche Hilfskräfte beschäftigt. Die Finanzierung der Institutsarbeit erfolgt zu über 90% aus eigenen Erträgen – davon kommen 70% direkt aus der Wirtschaft.

Auszeichnungen: Otto-Kienzle-Gedenkmünze der Hochschulgruppe Fertigungstechnik, VDI-Ehrenring in Gold, Human Factors Society`s Distinguished Foreign Colleague Award, Ehrendoktorwürde der Universität Novi Sad 1991, Ehrenprofessor der University of Science and Technology of China 1991, Mitglied der World Academy of Productivity Science 1993, Ehrenmitglied der rumänischen Gesellschaft für Maschinenbauingenieure 1994, Verleihung Arthur-Burkhardt Preis 1995, Verleihung des Bundesverdienstkreuzes am Bande 1998.

Autor und Mitautor zahlreicher Bücher und von über 1000 Veröffentlichungen.

**Timo Baumann**

Dipl.-Inform. Med.

Jahrgang 1974

Timo Baumann ist nach mehrjähriger Tätigkeit als wissenschaftlicher Mitarbeiter am Fraunhofer IAO als Business Consultant bei der GFT Technologies AG tätig. Sein besonderes Interesse gilt der ganzheitlichen Betrachtung von Geschäftsstrategien und -modellen, Organisationsstrukturen und technischen Lösungen.

Nach dem Studium der medizinischen Informatik in Heidelberg konnte Timo Baumann bei einem mittelständischen Unternehmen Erfahrungen im Bereich der Administration und des User Supports sammeln. Des Weiteren war er Entwickler für ein Softwarehaus. Timo Baumann ist Autor eines Buches über das Informix-Datenbanksystem Dynamic Server 2000 sowie Dozent an der Berufsakademie Stuttgart.

**Norbert Fröschle**

M.A.

Jahrgang 1969

Studium der Volkswirtschaftslehre und Politikwissenschaft in Heidelberg und Tübingen. Neben Studien-Schwerpunkten Internationale Wirtschaftspolitik, Rational Choice/Spieltheorie, Deutsche Einheit, Steuerreform u.a. Rundfunkpraktikum SDR, Wahlforschungsprojektarbeit mit der Forschungsgruppe Wahlen e.V., Moderation von Bundestagskandidaten-Podiumsdiskussionen sowie Konzeption und Durchführung der ersten MP3-Disco in Deutschland.

Seit Januar 1999 wissenschaftlicher Mitarbeiter im Competence Center Dienstleistungswirtschaft des Fraunhofer IAO. Als Projektleiter und Internet-Researcher befasst in regionalen und internationalen Beratungs-, Forschungs- und Entwicklungsprojekten mit den Themenkreisen Business Communities (Aufbau, Management, Geschäftsentwicklung), Teleconsulting, Benchmarking und Matchmaking im Internet. Autor von Fachveröffentlichungen und Referent auf Tagungen.

**Oliver Mack**

lic. oec. publ.

Jahrgang 1969

Studium der Wirtschaftswissenschaften an den Universitäten Konstanz und Zürich. Während des Studiums freiberufliche Tätigkeiten für ein großes Ingenieurbüro in den Bereichen Markt- und Wirtschaftlichkeitsuntersuchungen für die Energie- und Verkehrswirtschaft sowie für einen großen Zeitungsverlag in den Bereichen Marktforschung, Marketing, Neue Medien und Online Services.

Von 1997-1998 wissenschaftliche Mitarbeit am Institut für Arbeitswissenschaften und Technologiemanagement der Universität Stuttgart. Seit 1999 Projektleiter im Marktstrategieteam New Business Development des Fraunhofer IAO. Im Rahmen von Beratungs- und Forschungsprojekten beschäftigt er sich dort mit der eBusiness-Geschäftsmodellentwicklung, der Strategieentwicklung und dem Management von Business Communities sowie der Virtualisierung von Unternehmens- und Wertschöpfungsstrukturen durch den Einsatz innovativer Organisationsmodelle und Internettechnologien.

Oliver Mack ist Autor von Fachveröffentlichungen und Referent auf Fachtagungen und Kongressen sowie Dozent an Mittelstandsakademien und der Verwaltungs- und Wirtschaftsakademie Stuttgart.

**Thomas Trunzer**

Dipl.-Inform.

Jahrgang 1969

Thomas Trunzer ist bei der caatoosee ag im Bereich Produktmanagement angestellt. Nach seinem Informatikstudium an der Universität Stuttgart war er wissenschaftlicher Mitarbeiter am Fraunhofer IAO. Seine Tätigkeit umfasste dabei die Arbeit in Forschungsprojekten und Beratung. Herr Trunzers Hauptaugenmerk als Leiter des Community und des Software Labors am IAO lag auf der Konzeption und Umsetzung von Business Communities und der Marktanalyse, Auswahl und Einführung von Community-Tools und Content Management-Systemen. Des Weiteren beschäftigte er sich mit dem Themenfeld Data Warehousing. Herr Trunzer ist außerdem Dozent an der Berufsakademie und Referent auf Fachtagungen.

**Jochen Waltert**

Dipl.-Inf.-Wiss., Dipl.-Betrw. (BA)

Jahrgang 1971

Jochen Waltert ist bei der Allianz Lebensversicherungs AG im Bereich Informationssysteme Vertrieb tätig. Nach seinem Studium an der Berufsakademie Stuttgart war er zunächst als IT-Projektleiter bei der Landeszentralbank in Baden Württemberg angestellt, bevor er Informationswissenschaft an der Universität Konstanz studierte. An das Studium schloss sich eine mehrjährige Tätigkeit als wissenschaftlicher Mitarbeiter am Fraunhofer IAO an, bei der er als Projektleiter für Forschungs- und Beratungsprojekten verantwortlich war. Seine Arbeitsschwerpunkte lagen in den Themengebieten Wissensmanagement, Business Communities, Portale und Data Warehouse, wobei sein besonderes Augenmerk den Finanzdienstleistern galt. Jochen Waltert ist Dozent an der Berufsakademie Stuttgart und promoviert zum Thema Wissensmanagement.

# Index

# Dies ist nicht die letzte Seite ...

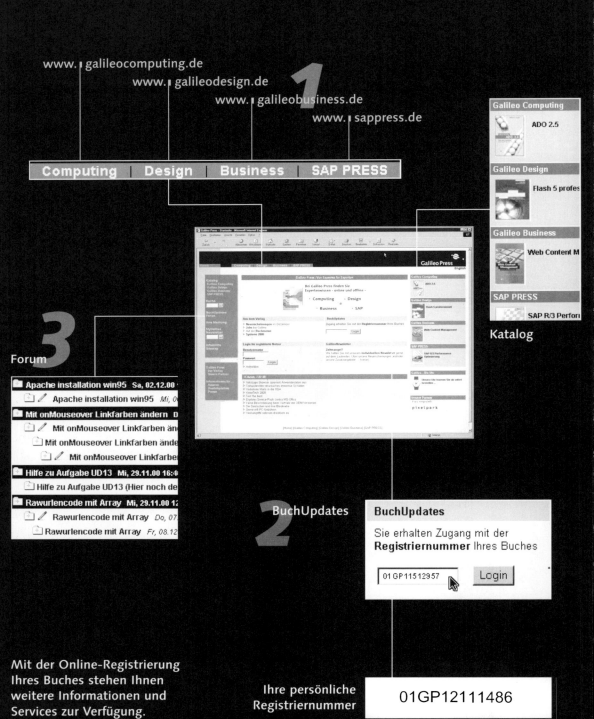

www.¡galileocomputing.de
www.¡galileodesign.de
www.¡galileobusiness.de
www.¡sappress.de

**1**

| Computing | Design | Business | SAP PRESS |

Galileo Computing
ADO 2.5

Galileo Design
Flash 5 profes

Galileo Business
Web Content M

SAP PRESS
SAP R/3 Perfor

Katalog

**3**

Forum

📁 Apache installation win95  Sa, 02.12.00
  📄✏️ Apache installation win95  Mi, 0
📁 Mit onMouseover Linkfarben ändern  D
  📄✏️ Mit onMouseover Linkfarben äno
    📄 Mit onMouseover Linkfarben äno
      📄✏️ Mit onMouseover Linkfarber
📁 Hilfe zu Aufgabe UD13  Mi, 29.11.00 16:4
  📄 Hilfe zu Aufgabe UD13 (Hier noch de
📁 Rawurlencode mit Array  Mi, 29.11.00 12
  📄 Rawurlencode mit Array  Do, 07.
  📄 Rawurlencode mit Array  Fr, 08.12

BuchUpdates

**2**

## BuchUpdates

Sie erhalten Zugang mit der
**Registriernummer** Ihres Buches

| 01 GP 11512957 | | Login |

Mit der Online-Registrierung
Ihres Buches stehen Ihnen
weitere Informationen und
Services zur Verfügung.

Ihre persönliche
Registriernummer

**01GP12111486**